幽幽子——著

金枝攻略

影响中国历史的公主们

图书在版编目（CIP）数据

金枝攻略：影响中国历史的公主们 / 幽幽子著. —北京：当代世界出版社，2018.10
ISBN 978-7-5090-1470-7

Ⅰ.①金… Ⅱ.①幽… Ⅲ.①公主—生平事迹—中国—古代 Ⅳ.①K828.5

中国版本图书馆CIP数据核字（2018）第224866号

书　　名：	金枝攻略：影响中国历史的公主们
出版发行：	当代世界出版社
地　　址：	北京市复兴路4号（100860）
网　　址：	http://www.worldpress.org.cn
编务电话：	（010）83908456
发行电话：	（010）83908409
	（010）83908455
	（010）83908377
	（010）83908423（邮购）
	（010）83908410（传真）
经　　销：	全国新华书店
印　　刷：	北京盛彩捷印刷有限公司
开　　本：	710毫米×1000毫米　1/16
印　　张：	21
字　　数：	330千字
版　　次：	2019年1月第1版
印　　次：	2019年1月第1次
书　　号：	ISBN 978-7-5090-1470-7
定　　价：	59.00元

如发现印装质量问题，请与承印厂联系调换。
版权所有，翻印必究；未经许可，不得转载！

自 序

公主，乃中国古代对帝王女、诸侯女及宗族女的一种称谓。

先秦远古炎黄时代至商朝，君王女儿之分封制度，至今未明。

周朝，男子称氏，女子称姓，因周王室为姬姓，故周天子之女，就被称为"王姬"。《诗经·召南·何彼襛矣》：何彼襛矣，美王姬也。

公主这一名称，则是从春秋战国时期才开始出现的。《春秋公羊传》："天子嫁女于诸侯，至尊不自主婚，必使同姓者主之。谓之公主。"女儿出嫁，本应由自己亲生父亲来主婚，但是贵为天子的周王，自然不可能亲自出面来为女儿主持婚礼，于是就请同姓姬姓中地位最高的"公"（西周春秋爵，王以下可大致分为公、侯、伯、子、男五级）来代劳。这样周天子的女儿，也就有了一个特殊的称呼：公主。再后来，诸侯的女儿也被称为"公主"（也称"郡主"）了。《史记》卷65《吴起列传》："公叔为相，尚魏公主。"是说公叔当了国相后，娶了魏国诸侯的女儿为妻。

西汉时期，皇女和宗女之册封、晋封，逐渐形成一定的制度。皇帝的女儿称为"公主"，为县公主等级，诸侯王的女儿，称为"翁主"——其父（翁）为其主婚之意也——当然因出塞和亲等缘故为国出嫁的宗女或宫女，往往也被加封以公主之称号。比如原江都王刘建的女儿刘细君，原楚王刘戊的孙女刘解忧，她们在和亲乌孙时，汉武帝都封她们为大汉公主，以公主应有之仪制送她们出塞。到了东汉时期，皇女及诸王之女，统统都被称为公主。皇女一般为县公主，也有郡公主等级，诸王女则为乡公主、亭公主等级。

曹魏时期，大致沿用汉制。东吴公主则往往被冠以夫姓，如吴大帝孙权的长女孙鲁班、三女孙鲁育，就分别冠以夫姓全姓和朱姓，被称作"全公主"和"朱公主"。

逮及两晋，皇女多为郡公主，简称郡主，诸王之女则多封为县公主。到了南北朝时期，皇女多封为郡公主，王女则有郡、县、乡三等级之分。

隋朝规定，帝女为郡公主，王女为县公主。

唐朝以降，公主则只能是帝女或和亲公主之称谓了，郡主特指太子之女，亲王之女则一般被称为县主。

宋朝，帝女为公主，皇太子亲王女为郡主，郡王女称为县主，跟唐朝差不多。宋政和三年（公元1113年），应大臣蔡京之奏，宋徽宗改公主号为帝姬，如柔福帝姬、荣德帝姬、安淑帝姬等，并改郡主为宗姬、县主为族姬。到了南宋，则又都改回原称呼。

金朝，皇女为县公主，亲王女为县主，但不得称为县公主，一字之差显其出生与尊卑等级。

元朝时期，皇女、诸王之女皆称为公主。

明朝规定，皇帝之女为公主，亲王之女为郡主，郡王之女为县主，郡王之孙女为郡君，曾孙女为县君，玄孙女为乡君。

清朝在后金时期，皇女与宗女皆称为格格（格格乃满语"小姐"之意，是清朝对皇族女儿的统一称呼）。自清太宗皇太极始，改称皇女为公主。清世祖顺治十七年（1660年），朝廷始制订出一套皇女、宗女封号制度，规定皇后嫡出皇女为固伦公主，嫔妃所生之女则为和硕公主（"固伦""和硕"分别是满语"国、至尊"和"一方"的意思）。格格分为郡主、县主、郡君、县君、乡君五等，不在五等之内的则称为宗女。当然也有例外，比如乾隆帝就封惇妃所生之女为固伦和孝公主，下嫁和珅之子丰绅殷德；乾隆第九女，虽为孝仪纯皇后所生，却只被封为和硕和恪公主。咸丰帝抚养其弟、恭亲王奕訢之长女，咸丰十一年，被特旨封为固伦公主，恭亲王固辞，诏改荣寿公主。光绪年间，慈禧又晋封其为荣寿固伦公主。

历代公主之封号，大致可分为三种：一是以国名为号，如宁国公主、岐国公主、陈国公主等；二是以郡县名，如新城公主、馆陶公主、长乐公主、平阳公主等；三是冠以美名者，如太平公主、文成公主、安乐公主、宁定公主，等等。

历朝历代，公主基本上都是她们父皇母后手中的政治筹码，成为一个个可资他们运筹帷幄治国理政平天下去谋篇布局，甚至冲锋陷阵的棋子，她们的婚姻基本上也都是毫无自主选择可言的政治婚姻。《史记》卷1《五帝本纪》载，当有人向尧推荐虞舜，说他可以顺应天命，接替他之位来治理天下时，"尧曰：'吾其试哉。'于是尧妻之二女，观其德于二女。"他二话没说，就将女儿娥皇、女英嫁给了舜，以期通过她们去考察舜之德行、能力，看看能否可担当起君临天下之大任。公元前744年，郑武公决定用兵胡国，他先是"以其女妻胡君以娱其意"（《韩非子·说难》），首先将女儿嫁给胡国国君，让罩着红盖头的女儿先他而去缴了胡君的械。而后，郑武公发动突然袭击，不费吹灰之力轻取胡国。公元前636年，"狄伐郑，取栎"，狄人攻伐郑国，夺取栎地，算是为周天子报了那一箭之仇。此后，周襄王"德狄人，将以其女为后"（《左传·僖公二十四年》）。虽遭到大臣极力反对，但周襄王最后还是娶了狄女为后。周襄王此举，一是感谢狄人为他出了一口恶气，二也是向天下人表明，他跟狄人，已经结为同仇敌忾的同盟了，而这个"结"，就是那位狄女狄"公主"。

历朝历代的公主们，因为她们特殊的身份、人脉、资源，即便是在数千年前的男权社会，也仍不可避免地成为一股或大或小、或强或弱的社会力量、政治势力——尽管她们可能碌碌无为——当然，更有一些公主，她们顺势而为，充分利用其特殊身份所带来的优势，努力去追求去实现她们那林林总总的生活欲求人生理想。无可避免地，她们之一举一动，她们之所作所为，自然会对家人，对身边人，对国家，对社会产生影响，从而在历史长河中留下她们那美丽的身影与缕缕印痕。历史有时也会因了她们而不得不打个旋儿或拐个弯儿，显现出别样的曼妙风景。

春秋初期，齐僖公禄甫生有一对貌若天仙的姐妹花，特别是妹妹文姜，其惊人的美貌，出众的才华，让她未曾出嫁即已名满天下。但因为被拒婚投入哥哥怀抱，随即被人们称为"荡妇"。为了她，齐襄公甚至甘冒天下之大不韪，擅杀了鲁桓公，让齐鲁大地顿生诸多变数。汉文帝刘恒的女儿馆陶公主刘嫖，她一生都在高水平高品位设计、规划着自己及家人的人生美景，却又一生都在规划、设计着别人。她为了女儿阿娇，以种种手腕让弟弟另择了皇后，新换了太子，让汉武帝刘彻得以惊险上位，从而开启了他为我巍巍华夏开疆拓土，为我大汉民族奠万世之基的辉煌人生之旅。三国时期吴国，因为诸子幼弱，孙权大帝很多大政方针都与其长女全公主商定。于是这位全公主，便成为朝廷上下不可一世的人物，成了东吴政坛不折不扣的"搅屎棍"，最终也成为将全氏家族及东吴政权带入悲剧性结局的罪魁祸首之一。《旧唐书》卷7《中宗本纪》："时安乐公主志欲皇后临朝称制，而求立为皇太女，自是与后合谋进鸩。"这位创下多项记录的安乐公主，"性惠敏，容质秀绝"，"光艳动天下"，堪称是大唐最美艳，最受宠，也最有权势的公主，她本该也是天底下最幸福的公主，可就是那份难以抑制的贪婪，那种极端的"公主病"，不但让她从天堂坠入阿鼻地狱，成为一个永远也翻不了身的"悖逆庶人"，而且也害了她父皇，害了大唐帝国！说这位安乐公主是个坑爹的鼻祖，恐怕一点也不为过。再说说安乐公主的小姑姑太平公主，她有一个皇帝父亲，一个皇帝母亲，还有三个皇帝哥哥，一个皇帝侄儿。她一生参与神龙、唐隆政变，推翻了一个皇帝，拥立了两个皇帝，最后自己也死于皇帝之手。"太平公主依上皇之势，擅权用事，与上有隙，宰相七人，五出其门。文武之臣，太半附之。"（《资治通鉴》卷210《唐睿宗开元元年》）这位第一公主血管里流淌着的是女皇武则天的血液，她之一生，深度嵌入大唐政坛，在这个盛世王朝历史上留下极其浓墨重彩的一笔。

唐肃宗李亨的女儿和政公主，堪称中国真实版之"乱世佳人"。安史之乱安禄山军队攻陷长安，和政公主飞马将新寡在家的异母姐姐宁国公主救了出来，一路上和丈夫拎水打柴，生火做饭，千辛万苦侍奉她逃难到蜀地。"郭千仞反，玄宗御玄英楼谕降之，不听。潭率折冲张义童等殊死斗，主彀弓授潭，潭手斩贼五十级，平之。"到了蜀地后，恰遇蜀军首领郭千仞反。被团团围住的唐玄宗站在阳台上，向下面苦口婆心地喊话劝降，可就是没有人听他的。倒是和政公主夫妇，一个弯弓劲射，一个在旁边一支接一支地递箭，一口气接连射倒了五十多人，一下子压住了阵势，才最终平息了这场叛乱。另外，不光是紧要关头挺身而出勇于担当，和政公主品性还特别好。"性敏惠，事妃有孝称。""肃宗有疾，主侍左右勤劳，诏赐田，以女弟宝章主未有赐，固让不敢当。"不但敏惠孝顺，精明强干，还很有政治眼光，顾大局识大体，一点也不贪财。"初，潭兄澄之妻，杨贵妃姊也，势幸倾朝，公主未尝干以私；及死，抚其子如所生。"她的丈夫柳潭的哥哥柳澄，娶的是杨贵妃姐姐秦国夫人，可是和政公主夫妇却从未想到利用这种关系去为自己谋取点什么。倒是柳澄夫妇死后，公主将他们的孩子接来，如亲生儿子般抚养成人。"聚众美于一身，邻太虚而独立者，其唯和政公主乎？"（颜真卿《和政公主神道碑》）可惜的是，广德年间吐蕃入侵时，刚生完孩子的她不顾丈夫反对，坚持入宫去和哥哥代宗商讨备边迎战事宜，因产后太过虚弱，加之疲劳过度病魔入侵，第二天就不幸去世了。

当然，更有唐肃宗的女儿宁国公主，唐德宗李适的第八个女儿咸安公主以及唐宪宗李纯的女儿太和公主，另外还有元世祖忽必烈幼女忽都鲁揭里迷失，元顺帝孛儿只斤·妥懽帖睦尔的亲孙女宝塔失里等天子真女，当然还有清朝的诸多公主们，她们跨出国门，以柔软的肩膀，似水柔情，以她们青春与智慧，血泪与生命，去充当国家无形的兵戈、城堡与纽带，在历史紧急关头，勇敢地担当起家国重任，以她们的情与爱，血与泪，铺就万里和亲路，从而化干戈为玉帛，为国家，为人民带来和平与安宁（详见拙作《和亲：那些远去的倩影》）。这些美丽的公主们，她们堪称民族之功臣，千古之民范。

《清史稿》卷166《公主表》中的最后一位公主是荣寿固伦公主。据许指严先生《荣寿公主》载，荣寿公主"有干事才，谙掌故，宫中有大事，太后必与商榷，以其甚娴典礼，且事事能持大体，虽极忙迫之际不乱也"。这位沉稳低调的公主，"遇事能持正，心不善太后之奢侈"，"久之，太后颇畏惮公主，每相见，必为之改容"。她还努力调和光绪与慈禧之间的矛盾。光绪戊戌变法失败，慈禧本想废掉光绪，将其乱棒打死，有人探得消息，报告了去热河省亲的荣寿公主。她连夜赶往西苑，跪求太后："皇上君临天下垂三十年，其他尚无失德，太后可恕则恕之；一旦变易，动人观听，恐非国家之福，但得太后训示，徐图回复机宜，臣民幸甚。儿意如此，未知当否？"这样，光绪才得以保住了帝位和性命，珍妃也没有被赐死。慈禧晚年，倾心外交，而出面安排外事接洽事宜的，正是这位荣寿公主，"与各公使夫人等情谊接洽者，俱公主之媒介，俾无隔膜之虞。其后凡宴会、跳舞、谈话，公主无不参与，太后亦非公主不欢也"。（以上引文均见许指严先生《荣寿公主》）荣寿公主，晚清最后一位，当然也是中国历史上最后一位公主，对晚清政坛之影响，自是不可小觑。

作为以儒家伦理道德思想体系为治国理念基础的男权社会，中国几千年封建王朝向来不喜女人参政、干政，即便贵为公主，她们当中大多数人甚至连名字都没有留下来。但是毋庸置疑，历朝历代的公主们，其特殊的身份，注定了她们自呱呱坠地,就成为一个特殊的政治存在,对当时及历史的影响与推动力,是难以避免与忽略的,更何况她们当中更不乏像馆陶、太平、安乐公主那样对参政、议政表现出极端热忱的主儿。她们当中之尤甚者如文姜、夏姬、平阳以及太平公主等人,千百年来屡屡被后人叨之念之,她们的非凡人生随着时间的推移不断被赋予新的解读,新的内涵,这早已让她们跳出那个时代,成为一种流芳千古,值得我们去深度挖掘、探究的历史文化现象了。当然,更为值得一提的是,我们今天通过对某位公主当年生平事迹、所作所为的搜罗剔耙,更可让我们能够换一个角度,换一种心境,对公主所处那个时代来一个大不一样的深度品读,让我们能够温故而知新,有所发现,有所启迪,不亦乐乎也哉!

是为序。

2018年6月4日夜于濠滨雨庐

目 录

001　文姜：我改变了四个男人、三个国家的命运
002　因被拒婚，投入哥哥怀抱
006　为情妹妹，齐襄公撺杀鲁桓公
010　忍辱负重，鲁庄公夹缝中谋壮大
016　长袖善舞，蜕变交际花

023　夏姬：杀三夫、一君、一子，亡一国、两卿，谁之过？
025　三男一女，玩得忘乎所以
029　一句戏言，陈灵公亡身亡国
031　你争我夺，谁知黄雀在后
034　一份情爱，把无数人押上祭台
038　倾国倾城，是祸水还是动力

045　息妫：三个男人大打出手，两国遭殃，一国走强
048　遭姐夫调戏，丈夫借刀杀人
053　谁是螳螂，谁又是黄雀
056　昔日息夫人，今日楚"国母"
061　红颜祸水还是红颜薄命，关卿何事

065	馆陶公主：为了女儿，让皇弟换了皇后换了太子
067	初露峥嵘，储君易位
071	助力女婿，却九千万买不来一个外孙
074	灰姑娘进宫，弄巧成拙帮女儿倒忙
079	老牛吃嫩草，开风气之先
087	平阳公主：两次献美行动，改变武帝朝格局
088	歪打正着，助卫子夫上位
091	横扫大漠，一门五侯
096	开启又一春，昔日骑奴今夫婿
099	平阳一句话，武帝得佳人
103	父子相残，卫氏族灭
108	机关算尽也枉然，帝位回归太子孙
114	盖长公主：一心扳倒霍光，反把自己赔了进去
115	长姐为母，抚育幼弟
118	为一"外人"，卷入宫廷斗争
125	孤注一掷，反送了卿卿性命
130	大道轮回，刘病已上位
132	祸及数千家，霍家退出历史舞台
137	全公主：只为一己之利，葬送东吴国运
139	小试一刀，舌头根子害死人
142	棋高一着，二宫构争全氏全胜
148	唆使情人杀首辅大臣，及妹妹母子三人
152	全氏全败，帝位回归废太子一脉

159	永兴公主：坑爹鼻祖，不知道德底线为何物	
160	捉弄丈夫，投入叔叔怀抱	
165	欲登皇后位，其实只是别人一颗棋子	
168	一个小动作，弑父大戏功败垂成	
170	"主薨死，帝竟不临之。"	

175	平阳公主：身执金鼓功参佐命，军礼下葬风流千古	
177	风云激荡，李三娘子揭竿而起	
181	攻入长安，"娘子军"名震天下	
184	一"妇"当关，万夫莫开	
190	军礼下葬，独彪千秋	

196	高阳公主：跟大伯子过不去，其实就是跟国家过不去	
197	一只玉枕，辩机丧命	
204	傲娇高阳，爱上和尚	
209	为夺爵位，屡屡诬害大伯子	
212	反诬洗诬，三王爷三驸马殒命	

220	安乐公主：当"皇太女"不成，她竟然毒杀父皇	
222	生于路次，小名裹儿	
225	丑小鸭变身小天鹅　贩夫走卒"斜封官"	
228	"穷极壮丽，帑藏为之空竭。"	
231	激变太子，只因当不上"皇太女"	
237	情人变丈夫，母女同侍一"夫"	
239	毒杀父皇，一刀毙命	

246	太平公主：三次政治争斗，大唐政权三更迭
247	两段婚姻，父皇母后政治棋子
251	贵盛天下，武则天闺中高参
255	神龙、唐隆政变，太平镇国
259	姑侄斗法，睿宗传位李三郎
266	全军覆没，红装时代成绝响
271	同昌公主：最亲近的三个人，以她之名义"谋杀"了大唐
272	秦可卿与同昌公主
275	爱女出嫁，父皇搬空国库
279	母亲、丈夫，联手扎刺
283	为早夭女儿，唐懿宗大开杀戒
286	一场婚礼、一场葬礼，大唐以国运买单
291	福庆公主：她救了母亲，母亲拯救了大宋
292	两岁夭亡，母后中枪
297	冷宫三十载，孟皇后变身妙静仙师
299	侥幸逃过一劫，助力大宋复国
303	再次垂帘，扶上马又送上一程
312	附录：星星之火，她们也同样对历史产生了影响

文姜：我改变了四个男人、三个国家的命运

> 有女同车，颜如舜华，将翱将翔，佩玉琼琚。彼美孟姜，洵美且都。
>
> 有女同行，颜如舜英，将翱将翔，佩玉将将。彼美孟姜，德音不忘。
>
> ——《诗经·郑风·有女同车》
>
> 夫人谮公于齐侯，公曰：同非吾子，齐侯之子也。齐侯怒，与之饮酒。于其出焉，使公子彭生送之，于其乘焉，搚干而杀之。
>
> ——《春秋公羊传·庄公元年》

故事背景：春秋时期（公元前770年—前477年）

公元前770年，因为内乱和犬戎入侵，周平王东迁洛邑（今河南省洛阳市），建立东周（公元前770—前256年）。东周时期，大权逐渐旁落，王室走向衰微，强大的诸侯国以"尊王攘夷"为号召，捆绑邻邦小国，各自为政，互相攻伐。公元前708年，由于边境问题，周桓王率军讨伐郑国，郑庄公不仅领兵抗拒，还一箭射中了周桓王的肩膀。此后，齐桓公、晋文公、宋襄公、秦穆公、楚庄王相继称霸（史称春秋五霸）。春秋时期，发生大小战事四百八十多起，诸侯间朝聘和盟会达四百五十余次，有四十三名君主被臣下或敌国杀死，五十二个诸侯国被灭。这一段乱哄哄你方唱罢我

登场的历史阶段，因孔子《春秋》一书而被称之为"春秋时期"（历史上一般将此段截止时间定为周敬王四十三年，即公元前477年）。

文姜（？—前673年），春秋初期齐国齐僖公禄甫一对貌若天仙的姐妹花中的妹妹[1]，也是鲁桓公姬允的夫人，齐襄公姜诸儿同父异母的妹妹。可这位"手若柔荑，肤若凝脂"，出身高贵，嫁入豪门的绝世美女，千百年来却被人称为"荡妇"。当然，也有人称她为女军事家、外交家、政治谋略家，了不起的巾帼英雄。其实，对于她，这两种评定都有失偏颇。细察其人，文姜不过是一个漂亮的小公主，令人羡慕的诸侯之妻，春秋时期外交沙龙中一朵耀眼的木槿花，以及一位我行我素，敢作敢为的超级"白骨精"而已。然而，特殊的身份、地位，特定的历史机遇与舞台，成就了文姜，让她在短短的一生中，至少影响了三个国家，改变了四个男人的命运，让风云激荡的春秋时期之整体布局与历史走向，产生诸多变数，当然也让她背负了"荡妇"之名。

因被拒婚，投入哥哥怀抱

文姜不仅长得漂亮，还是一位才女（此乃名之曰"文"之故也）。惊人的美貌，出众的才华，使文姜在少女时代就誉满天下。齐家有女初长成，慕名前来求婚的世家公子，不在少数，每日穿梭往来的媒人们真是快要把齐宫的门槛都给踩低了。也不知是遵了父母之命、媒妁之言，还是文姜自己独具慧眼，总之最后文姜手中这颗绣球，落在了郑庄公能征善战的大子（也就是世子），周王后裔姬忽的头上。

说到这位姬忽，堪称是天下公认的有为好青年。他英俊潇洒，一表人才，且练就一身安国兴邦好本事。当齐国受到北戎部落袭击，齐僖公无奈之下向郑国等诸侯求救时，正是这位姬忽公子，果敢出击，手到擒来，押着戎军的两名主帅，砍了戎军三百多人的首级，送到齐都齐僖公脚下。

一个是"高富帅"，一个是"白富美"，真是羡煞天下人的绝配。不要说双方当事人，就连当时的郑国人，也都特别认同这门婚姻，急切盼望着文姜能早点嫁过来，他们甚至还特地为文姜做了一首诗去到处传唱：

有女同车，颜如舜华，将翱将翔，佩玉琼琚。彼美孟姜，洵美且都。

有女同行，颜如舜英，将翱将翔，佩玉将将。彼美孟姜，德音不忘。

这首收录于《诗经·郑风》中的《有女同车》，不仅极力渲染文姜宛如水灵灵木槿花般轻盈娇艳，还毫不吝啬地称颂她的德行如叮当佩玉般温润可人，诗中对他们未来的这位国君夫人，其赞赏、期待之情，真可谓溢于言表。

然而好事多磨！原本是一桩门当户对，令无数人艳羡不已的美好姻缘，最终却未能遂天下人所愿。也不知是听信了什么谗言，还是真的有自卑感，大子（世子）姬忽忽然提出要退婚，他不想迎娶文姜为妻了。至于退婚的理由，在《左传·桓公六年》中记得很清楚："齐侯欲以齐文姜妻郑大子忽，大子忽辞。人问其故，大子曰：'人各有耦，齐大，非吾耦也。'（成语'齐大非偶'即出于此）《诗》云：'自求多福。在我而已'，大国何为？"[2] 姬忽的意思就是说，每个人都要找适合自己的配偶，一个人追求幸福要靠自己，齐国那么强大，但我没必要娶文姜为妻，去仰仗他齐国。换句话说，姬忽觉得自己小国之人，如果娶了大国国君的女儿，人家定会说他是攀高枝儿，算不得什么英雄好汉；算了，还是自强自立吧，免得别人闲话。我们如果揣摩一下此时姬忽大子的心理，可能就相当于现在非洲哪个小国的太子突然喜从天降被美国总统赐以美国公主（小姐），头晕目眩一夜春梦醒来，一拍大腿猛一激灵，还是觉得自己高攀不上驾驭不了也供养不起，没有勇气与底气答应，结果只能婉拒一样吧。

世上原来还有这样的懦夫！"拒婚"？理由说得那么冠冕堂皇，还不就等于告诉世人，你文姜这个女子有不可告人的缺陷，我看不上你了，不要你了！！一向心高气傲，以美貌才情自诩的文姜真是做梦也没有想到，自己竟然会被男人拒绝，落到没人要的地步！真是晴天霹雳，奇耻大辱啊！遭此打击，昔日光彩照人的文姜逐渐变得自怨自艾起来，终于身心俱疲，恹恹成疾。一朵娇艳欲滴，令人赏心悦目的木槿花，尚未完全开放，眼看着就要凋零于东周大地上了。

这时候，有一个人匆匆向文姜走来。谁？就是她那长她两岁同父异母的哥哥姜诸儿。姜诸儿与文姜从小一起嬉戏玩耍，兄妹情长，两小无猜，当哥哥的对这位漂亮可人的小妹妹，自然是处处呵护有加。如今虽都已长大了，但平日两人依旧是亲密无间,难分彼此,更谈不上什么男女有别了。这一次,妹妹遭遇如此打击,整日郁郁寡欢,哥哥第一时间就来安抚她。看着哥哥眼里那无尽的担忧与疼惜,沐浴在哥哥那无微不至的抚慰之下,受尽了委屈的文姜终于控制不住自己,扑在哥哥的怀里失声痛哭。从小就对妹妹充满怜爱,容不得妹妹受一丁点儿委屈、伤害的姜诸儿这时候也是激情难抑,紧紧抱住了文姜那火热颤抖的身子……

很快,两人就犹如一对恋人般相依相偎,形影不离了。春秋时代,尚处于人类社会发展之初级阶段,男女关系还算开放,双方只要你情我愿,即可自由相恋相爱,并不受后世的那些个条条框框约束。但是不管怎么说,有着血缘关系的兄妹之间发生儿女私情,也是为礼法和世情所不允的,会受到众人谴责。姜诸儿与文姜,本是同父异母的亲兄妹啊,现在竟然如此不分场合,俨然是一对甜蜜的小恋人,这还了得?于是先是被人窃窃私语指指点点,最后终于沸沸扬扬直闹得满城风雨了。

这一下,齐僖公再也坐不住了。这两个小孽子,竟然这般不顾礼义廉耻!当然,家丑不可外扬,公开场合,他睁一只眼闭一只眼,就当什么都没发生过。私下里,他一面把儿子叫来,狠狠痛责一番,一面采取严密措施,严禁姜诸儿再与文姜相会。与此同时,他还急急托亲求友,想来个釜底抽薪,早一点儿把女儿嫁出去,以免这对儿女又做出什么伤风败俗让老父更加丢脸的事情来。

恰在此时,齐的邻国鲁国鲁桓公新即位,他一心想要与大国结缘,以争取强援,就派人来向齐国求婚。

真是刚想睡觉就有人送来了枕头!齐僖公强压住心头的狂喜,当即欣然应允。随后,各怀心思的齐、鲁两国很快就商定吉期,谈妥了嫁娶事宜。

鲁桓公三年(公元前709年),齐僖公以丰厚的嫁妆,送女出嫁。关于文姜的出嫁情况,《春秋》及《左传》分别有以下记载:

"公子翚如齐逆女。九月,齐侯送姜氏于讙。公会齐侯于讙。夫人姜氏至自齐。"(《春秋》)

"秋,公子翚如齐逆女。修先君之好,故曰'公子'。

"齐侯送姜氏于讙,非礼也。凡公女嫁于敌国,姊妹则上卿送之,以礼于先君;公子则下卿送之;于大国,虽公子亦上卿送之;于天子,则诸卿皆

行,公不自送;于小国,则上大夫送之。"(《左传·桓公三年》)

这两段记载告诉我们,文姜出嫁,鲁国派"公子翚如齐逆女",而作为父亲的齐僖公,则亲自把女儿送到了"欢"这个地方。父亲送女儿出嫁,说明他不放心、舍不得女儿,千叮万嘱再送一程,这在今天看来,没什么呀,是很正常的一件事情。可是在当时,齐僖公此举,"非礼也",却是很严重的违规行为。因为按照《周礼》:"凡公女嫁于敌国,姊妹则上卿送之,以礼于先君;公子则下卿送之"。文姜作为一位"公子",齐僖公之(子)女,出嫁时只能由"下卿送之",贵为国君的齐僖公是不能亲自送的。那么齐僖公为什么非要违规亲自送女儿出嫁呢?这当然是为了防患于未然,让文姜跟哥哥姜诸儿不再有单独见面的机会,以免关键时刻节外生枝。

俱往矣!就这样,带着满腔的不舍与思念,哀怨与企盼,文姜嫁到了鲁国,成了鲁桓公夫人。

女儿终于被送出国门,与别人结婚了,齐僖公长舒了一口气,但他还是有点不放心,生怕姜诸儿又会整出什么出格的事情,同时也担心夜长梦多,女儿在鲁国露出马脚,让鲁桓公嗅出风声来。于是文姜出嫁不久,齐僖公就派弟弟仲年带着礼物去了鲁国,名为看望文姜,实为探听虚实。此后,他又以探望女儿为名,不断派人去鲁国。还好,谢天谢地,一切正常——毕竟两千七百多年前,交通不便,通讯不畅,谁想做点儿什么事也不容易——渐渐地,齐僖公一颗悬着的心,终于放了下来。

鲁桓公六年(公元前706年)九月丁卯,文姜生下了一个儿子。由于是第一个儿子,鲁桓公"以大子生之礼举之,接以大牢,卜士负之,士妻食之。公与文姜、宗妇命之"。这孩子刚一出生,鲁桓公就封他为大子(世子),而且,因为这天恰好也是鲁桓公的生日,父亲特地给孩子取名为"同":"是其生也,与吾同物,命之曰同。"(以上引文均见《左传·桓公六年》)之后,文姜又生下了儿子姬季友。

得了外孙,齐僖公自然也很是开心,他不断派人前去鲁国看望女儿跟外孙子,自己由于国事,也屡屡与女婿鲁桓公相会,给女儿捎去各种口信、礼物,但由于担心他们兄妹会旧情复燃,十多年来他以谨守周礼为由,一直拒绝文姜归宁,也从不让姜诸儿参与有关鲁国的一切活动,齐鲁边境,儿子一步也不许涉足。这样十多年下来,当初那段兄妹绯闻就渐渐被人们遗忘了。

为情妹妹，齐襄公擒杀鲁桓公

鲁桓公十四年（公元前698年），齐僖公去世，姜诸儿上位，是为齐襄公。鲁桓公十八年（公元前694年），为协调齐、鲁两国间的关系，鲁桓公准备出访齐国，去会会这位大舅子。

多年来，齐国一直想要吞并周边小国纪国，纪国只好先后数次求鲁国出面调停，鲁桓公也多次表明态度，希望齐国不要轻举妄动。可双方你来我往几经讨价还价，两国关于纪国的谈判还是没谈拢。谈不拢那就只有打了。公元前699年，也就是在齐僖公去世前，齐襄公即位的前一年，鲁国联合纪国和郑国，打败了齐国、宋国、卫国和燕国的联军。虽然遭到了挫败，但齐襄公即位后，仍然想按既定方针办，想要吞并纪国。唇亡齿寒，兔死狐悲，鲁国自然还是要保护纪国，不让齐国得逞。这样剑拔弩张，舅子跟妹夫为了一个小国，眼看着又要擦枪走火，刺刀见红了。

毕竟打仗可不是什么好玩的事情。面对黑云压城风雨欲来的严峻局势，鲁桓公想缓和一下与齐国的紧张关系，就决定亲自去趟齐国，跟自己这个大舅子好好谈一谈。

一听说丈夫要去齐国，文姜不由得脱口而出："能不能带我一起去？我已经十五年没回娘家了，正好可以回去一趟！"

出嫁的女儿回娘家，这个行为在今天来看，根本不算什么，但在春秋时期，却是很严重的违礼行为了。因为《周礼》明确规定，出嫁的女儿是不能返回娘家的。文姜此言，算是给丈夫出了一个大难题。更何况，由于众所周知的原因，齐鲁两国多年来一直形成一种默契，那就是尽量不让文姜回齐国跟哥哥姜诸儿见面。因此，一听说文姜想要跟鲁桓公去齐国，鲁大夫申繻首先站出来表示坚决反对："女有家，男有室，无相渎也，谓之有礼，易此，必败。"（《左传·桓公十八年》）他告诫鲁桓公说，女人成了家，男人娶了老婆，各有归宿，就不能再去做冒犯对方的事情，不要再去干涉别人的生活，这就叫作守礼。要是有人违反了这一点，那可就要惹下祸乱倒大霉了。主公，你可要三思啊。

话说到这个份上，意思再清楚不过了，可鲁桓公不知是出于什么原因，大概是架不住妻子死缠烂打哭泣哀求，大概是觉得十五年时光早已冲淡了一切，即便当初发生过什么，毕竟时过境迁，孩子都这么大了，那曾经的激情，应该早已雨收云散，谁也回不到过去了；或者更有可能鲁桓公压根儿就是想打一张美人牌，来一次夫人外交，以女人的裙摆来作为讨价还价的筹码，让妹妹的柔情去缴哥哥的械吧，总之对于申繻的再明白不过的劝谏，他竟然置若罔闻，执意带着文姜一起上路。

可后来发生的事情，却是偏偏被申繻不幸而言中！带着文姜去，鲁桓公果真就倒了大霉了：他是竖着去，横着回来的！

相关史书是这样记载这一突发事件的：

《春秋左氏传·桓公十八》："公会齐侯于泺，遂及文姜如齐，齐侯通焉。公谪之，以告。夏，四月丙子，享公。使公子彭生乘公，公薨于车。"

《春秋公羊传·庄公元年》："夫人谮公于齐侯，公曰：同非吾子，齐侯之子也。齐侯怒，与之饮酒。于其出焉，使公子彭生送之，于其乘焉，搚干而杀之。"

《史记》卷32《齐太公世家》："齐襄公故尝私通鲁夫人。鲁夫人者，襄公女弟也。自僖公时嫁为鲁桓公妇。及桓公来而襄公复通焉。鲁桓公知之，怒夫人，夫人以告齐襄公。齐襄公与鲁君饮，醉之，使力士彭生抱上鲁君车，因拉杀鲁桓公，桓公下车则死矣。"

《史记》卷33《鲁周公世家》："十八年春，公将有行，遂与夫人如齐。申繻谏止，公不听，遂如齐。齐襄公通桓公夫人。公怒夫人，夫人以告齐侯。夏四月丙子，齐襄公飨公，公醉，使公子彭生抱鲁桓公，因命彭生搚其胁，公死于车。"

看得出来，各家所记，大同小异，但侧重点还是有所不同，细节也稍有差异。我们且来梳理一下，看看这一悲剧性事件究竟是怎么发生的。

先是齐襄公听说鲁桓公夫妇来访，大喜过望，他亲自跑到"泺"这个地方，以隆重的外交礼仪，迎接妹夫、妹妹一行，然后陪他们一起回到齐国都城临淄（今山东省淄博市临淄区）。

不难想象，此时的文姜三十出头，高贵典雅，性感妖娆。而此时作为一国之君的姜诸儿，稳健，英武，褪去了少年的青涩，举手投足间充满了成熟男人的魅力与知性。这兄妹俩一见面，两股目光即不顾礼仪，忘乎所以地紧紧绞在了一起了！

本来，对这对兄妹间旧事，鲁桓公自然也有耳闻，只是不太敢相信，也不想去追究罢了，但是鲁桓公万万没有想到，一到临淄，齐襄公即派人一阵风似的将文姜带走了。此后一连多日，鲁桓公连妻子的影子都不曾见到。他什么都明白了！但为了国家的利益，当然也是为了顾及双方的脸面，他只得忍着。但鲁桓公忍着，有人却忍不住了。谁？齐都的老百姓。他们眼见自己的国君与鲁桓公夫人竟然做出如此伤风败俗的事情来，而作为受害者的鲁桓公却又表现得如此的软弱，就愤怒地作了一首歌去到处传唱：

敝笱在梁，其鱼鲂鳏。齐子归止，其从如云。
敝笱在梁，其鱼鲂鳏。齐子归止，其从如雨。
敝笱在梁，其鱼唯唯。齐子归止，其从如水。

这首《诗经·齐风·敝笱》，如果翻译一下，那意思就是：

破烂鱼笼放鱼梁，鲂鳏进出不惊慌。齐女文姜回娘家，随从如云匆匆忙。
破烂鱼笼放鱼梁，鲂鳏游入不惊慌。齐女文姜回娘家，随从多如阵雨降。
破烂鱼笼放鱼梁，鱼群来来又往往。齐女文姜回娘家，随从如水不可挡。

《毛诗·序》云："《敝笱》，刺文姜也。齐人恶鲁桓公微弱，不能防闲文姜，使至淫乱，为二国患焉。"诗中把文姜比作鱼，而把鲁桓公比作破鱼笼，又说鱼儿不惊不慌，悠游自在，可见漏网之鱼文姜，是何等的逍遥快活了。"如云""如雨""如水"，鱼水之欢、云雨之情，男欢女爱，无所顾忌。其讽刺意味，不可谓不辛辣高超也。

当然，沸沸扬扬闹到这种地步，恐怕是谁也撑不住了。一次，待文姜哼着小调脚步轻盈地回到馆舍，怒不可遏的鲁桓公禁不住当面揭穿了他们兄妹的奸情。可文姜听了，不但不知羞愧，反而跟他吵了起来。怒火中烧的鲁桓公不由得脱口而出："同非吾子，齐侯之子也。"谁不知道你们兄妹早就有一腿，儿子到底是谁的，还真很难说呢！

其实，鲁桓公心里比谁都清楚，姬同不可能是齐襄公的儿子，因为"夫人之至在桓公三年秋，子同之生乃在六年九月故也。"（见《春秋公羊传注疏》卷6）当然，此话一出，窗户纸被彻底捅破了。虽然文姜也明明知道错在自己，是自己对不起丈夫，但心高气傲的公主又怎肯轻易去向别人低头认错？

她心中又怎能放下她的情哥哥，让他受半点委屈？！于是两人大吵一场后，文姜哭着去了齐襄公的宫中。

听到妹妹的哭诉，齐襄公自知理亏，但一是担心丑事外扬，引发多米诺骨牌效应，二是他也不愿就此跟妹妹分开，不忍心看着妹妹受如此委屈，于是他一咬牙：算了，事已至此，干脆就无毒不丈夫吧！妹夫，你可别怪我心狠手辣，谁让你自己送上门来的！

于是乎，中国历史上最悲惨最无耻的一幕，上演了——

齐襄公先是不动声色，在临淄的牛山设下筵席，说是要好好款待一下远道而来的妹夫一行。鲁桓公虽满腹狐疑，一百个不情愿，但他身在齐国，又处于不尴不尬的感情纠葛之中，且又带着国家使命而来，也只好强打起精神，勉力其行了。宴席上，鲁桓公开始还十分警惕，处处小心，无奈齐襄公满脸堆笑一个劲儿地劝酒，再加之自己心绪不佳，也想借酒浇愁，结果几大口闷酒喝下去，不一会儿，他就云飘雾涌，一头栽倒在桌子上了。

齐襄公见此，假意调笑几句，然后喊来心腹公子彭生，吩咐他小心送鲁桓公回去。可就在抱鲁桓公上车时，彭生猛下杀手"撸其胁"，一双大手生生把他给掐死了！

可怜鲁桓公，一个来自礼仪之邦的堂堂国君，戴了这么多年绿帽子不说，最后竟然死在妻子不伦之恋的情哥哥的手上。人生悲催如此，真是让人情何以堪啊！而作为一国国君，齐襄公因难以启口的乱伦之情去谋杀另一国国君，这在中国历史上，恐怕也是空前绝后的了。

听到国君的死讯，鲁国上下先是大吃一惊，继而愤怒万分：我们是去修好的，我们君王是带着诚意去的，怎么不明不白就死了？而且还死得如此恐怖如此惨烈！

但是鲁国毕竟太弱小了，兴师问罪，无异于拿鸡蛋去碰石头。于是鲁国上下选择了一个"忍"字，他们先是拥世子姬同继位（即鲁庄公），然后派人到齐都，迎回鲁桓公的灵柩。当然，他们也向齐国提出了最为强烈的外交抗议，要求他们彻查鲁桓公猝死的原因，严惩凶手，给鲁国一个交代："寡君畏君之威，不敢宁居，来修旧好。礼成而不反，无所归咎，恶于诸侯，请以彭生除之。"（《左传·桓公十八年》）真不愧为礼仪之邦，尽管恨得咬牙切齿，恨不得将齐襄公碎尸万段，但说出来的话还是那样的有礼有节,不失外交风度,当然至于这弦外之音,只要不傻,你齐襄公自个儿琢磨去吧。

追查的结果当然是明摆着的:刚刚还洋洋得意邀功请赏的那位公子彭生,转眼就成了刀下鬼,成了齐襄公的一只替罪羊,成了齐国给鲁国的一个"交代"。

鲁桓公的灵柩被以极为隆重的礼仪迎回鲁国,但鲁桓公的妻子文姜,却没有随鲁桓公一起回来,而是被齐襄公以妹妹哀伤过度,需要得到亲人的安抚为由,留在了临淄。当然此时的文姜,恐怕也没有勇气回到鲁国去面对千夫所指万人唾面的场景了。"不敢归鲁",《史记》卷33《鲁周公世家》中一个"敢"字,可谓力透纸背一语道破天机。

忍辱负重,鲁庄公夹缝中谋壮大

然而,有时候一个"情"字,真的会令人忘乎所以。"不敢归鲁",留在临淄的新寡文姜,非但没有像人们所希望的那样去含悲守丧痛改前非,反而每天把自己收拾得清清爽爽漂漂亮亮的,"巧笑倩兮!美目盼兮!"与哥哥齐襄公同乘一车,毫无顾忌地招摇过市。

我们且来看《诗经·齐风》中一首《南山》诗是怎样记述当时情景的:

南山崔嵬,雄狐绥绥,鲁道有荡,齐子由归。

既曰归止,曷又怀止?

葛屦五两,冠緌双止。鲁道有荡,齐子庸止。

既曰庸止,曷又从止?

蓺麻如之何?衡从其亩。娶妻如之何?必告父母。

既曰告止,曷又鞠止?

析薪如之何?匪斧不克。娶妻如之何?匪媒不得。

既曰得止,曷又极止?

把这首诗翻译成现代文,那就是:

巍峨南山中,雄狐徘徊。去鲁国的道路宽又平,齐王的女儿从这里出嫁。既然她已经嫁人了,为什么又还想着要她回来?

葛麻鞋成对，帽带成双，去鲁国的道路宽又平，齐王的女儿顺着这条路去了鲁国。既然她已经出发了，你为什么又如此的不舍不放？

麻该怎么种？当然横竖成行种在地里。娶妻该怎么做？必须要禀告父母。既然已经禀明了父母，事情怎么又会弄得如此的糟糕？

柴该怎么劈？没有斧头当然不行。娶妻该怎么做？没有媒人当然不行。可是既然已经按礼结了婚，事情怎么又会坏到这般地步？

这对兄妹，不依父母之命，也无媒妁之言，如此乱伦苟且，肆无忌惮，已经闹到连老百姓都看不下去大家异口同声一致谴责的地步了。关于这首诗，在《诗经·有女同车》篇的孔颖达注疏中，有这样一段话：

《郑志》张逸问曰："此序云'齐女贤'，经云'德音不忘'，文姜内淫，适人杀夫，几亡鲁国，故齐有雄狐之刺，鲁有敝笱之赋，何德音之有乎？"答曰："当时佳耳，后乃有过。或者早嫁，不至于此。作者据时而言，故序达经意。"

"当时佳耳，后乃有过"，也就是说在后人看来，《诗经·有女同车》时期的文姜，跟后来的不顾礼义廉耻，把死去的夫君，年幼的儿子抛在了一边只图自己风流快活的文姜，已经是不可同日而语，判若两人了。

文姜在齐国如此无所顾忌，毫无羞耻之心，有一个人看不下去也忍不下去了。这个人就是文姜十二岁的儿子，鲁庄公姬同。从个人来讲，姬同恨不得将母亲千刀万剐，恨不得她永远不要踏上鲁国一步。但作为一国之君，作为人之子，虽然羞愧难当，毕竟还要顾及孝义人伦之礼、国家的脸面与利益。因此，听说母亲在齐国的情形后，鲁庄公最后还是派人按礼去了齐国，接回了自己的母亲，也是自己的杀父仇人文姜。

这样在如胶似漆抵死缠绵了大半年之后，文姜又很不情愿地跟她的情哥哥洒泪而别，回到了鲁国。不过人是回来了，她的心却一刻也没有离开齐国，离开她的姜诸儿。而这边的齐襄公，对于妹妹文姜，自然也是"一日不见，如隔三秋兮"。于是乎，他们频频制造着见面的机会。

《春秋》《左传》中记载：

二年："冬，夫人姜氏会齐侯于禚，书，奸也。"（《左传》）

四年："春，王二月，夫人姜氏享齐侯于祝丘。"（《春秋》）

五年："夏，夫人姜氏如齐师。"（《春秋》）

六年:"冬,齐人来归卫宝。文姜请之也。"(《左传》)

七年:"春,文姜会齐侯于防。齐志也。"(《左传》)

七年:"冬,夫人姜氏会齐侯于谷。"(《春秋》)

鲁庄公二年冬,也就是文姜回来之后仅过了一年,她即与姜诸儿相会于两国边境禚(zhuó)地;鲁庄公四年春,文姜又再次出发,与姜诸儿共宴于"祝丘";庄公五年夏,文姜更是径自前往齐国,去会她那朝思暮想的情哥哥了,这一去,自然就是好多天;而在庄公七年,两人更是先会于"防",再会于"谷",两人如此频繁相会干什么?不言而喻,正如《左传》所云:"奸也"。

文姜作为一国之母,如此频繁地出境与另一国国君齐襄公约会,齐、鲁两国人自然看在眼里,恨恼在心里,我们且来看《诗经·齐风》中一首《载驱》诗:

载驱薄薄,簟茀朱鞹,鲁道有荡,齐子发夕。

四骊济济,垂辔濔濔,鲁道有荡,齐子岂弟。

汶水滔滔,行人儦儦,鲁道有荡,齐子遊遨。

车外缀满各种华美的饰物,车内铺着软软的兽皮,四匹骏马拉着,一阵风似的从鲁国大道上疾驰而过,这是谁如此张狂?哦,原来是"齐子"文姜披星戴月,急不可耐地去会她的情哥哥姜诸儿。汶水滔滔,路人侧目,这对兄妹却罔顾一切,同乘一车,一路调笑着招摇过市。"薄薄""济济""弥弥""儦儦",从这些叠词,我们不难想象,高踞在车厢里的那一对"狗男女",是怎样的一种趾高气扬而又急切无耻!而齐鲁两国的百姓,又是怎样的无可奈何而又义愤填膺!

为堵天下悠悠之口,鲁庄公四年(公元前690年),年届四旬的齐襄公鼓起勇气向"王姬"——周庄王的妹妹求婚。当此时,嗣位未久的周庄王也正需要大国的支持,于是不顾外面的纷纷议论,欣然应允。

按照《周礼》,"王姬"的婚礼是要由同姓公侯来主持的,周庄王于是派人去鲁国,要同样姓姬(周王室姓姬)的齐之邻国鲁国鲁庄公来主持这场婚礼。

这真是哪壶不开提哪壶了!对于鲁庄公姬同而言,齐襄公是他的亲舅舅,又是他不共戴天的杀父仇人,还是他母亲文姜的情夫,是齐鲁两国人所公愤的对象,竟然要为这样的人来主婚,天下还有比这更悲催的事吗?但王命不可违,更何况他鲁国可是天下公认的礼仪之邦,岂可因为个人的恩怨情仇而置国家天下公器于不顾?鲁庄公于是动身前往齐国,去主持这场特殊的婚礼,去会会他那位未曾见面已成仇人的舅舅了。

大概是一个是爱屋及乌,自感内疚,一个则憚于齐国之强大,又不得不守晚辈之礼吧,当然,这其中更少不了具有多重身份的文姜所起的关键性作用,总之,这次难得的甥舅首次相会,气氛竟是出奇的好。自此之后,双方还建立起了长期的沟通合作关系。这一年冬天,鲁庄公还亲自到禚地与齐襄公狩猎,一年后的庄公五年,两国又联合攻伐卫国。

此后不久,齐襄公生下了一个女儿(是否为王姬所生,不得而知),文姜马上要求已近二十岁的鲁庄公与尚在襁褓中的这位小表妹定亲。鲁庄公虽然很不情愿,但是母命难违,只得派人去齐国下聘。十八年后,鲁庄公又亲自如齐"逆女",迎娶了这位表妹哀姜姑娘。事实上,在母亲的影响下,在齐襄公称霸、齐强鲁弱的情况之下,鲁庄公不汲于个人恩怨,而是采取灵活机动的外交策略,极力去化解强邻威胁而赢得外交主动,从而拓展自己的生存空间,这也不失为一种明智之举。

可是,齐、鲁两国的老百姓却不可能都站在国家利益高度上去看待这一切,他们看到夫人文姜频频去与齐襄公相会,鲁庄公又如此姑息母亲讨好齐襄公,就专门写了一首歌来表达他们的愤懑:

猗嗟倡兮,颀而长兮,抑若扬兮,美目扬兮。

巧趋跄兮,射则臧兮,猗嗟名兮,美目清兮。

仪既成兮,终日射侯,不正出兮,展我甥兮。

猗嗟娈兮,清扬婉兮,舞则选兮,射则贯兮。

四矢反兮,以御乱兮。

这首《诗经·齐风》中的《猗嗟》诗,首章写鲁庄公是如何的英俊威武,次章称赞他的箭法是如何的高超,末章则进一步说他一身本领足可以御乱保国。然而,作者其真正用意,却是在"刺"鲁庄公:"《猗嗟》,刺鲁庄公也。齐人伤鲁庄公有威仪技艺,然而不能以礼防闲其母,失子之道,人以为齐侯之子焉。"(《毛诗·序》)讽刺他空有一身好武艺,却任其母文姜淫乱,和杀父仇人相善,"失子之道",弄得自己倒像是齐襄公的亲儿子似的。

但是不管别人怎么议论，文姜照样是去齐国去得勤，齐襄公照样是迎得欢，鲁庄公也照样是送得快。不过，如此有悖伦理之事，时间长了自然难免会弄出点风风雨雨，甚至凄风苦雨出来。首先是齐国："初，襄公之醉杀鲁桓公，通其夫人，杀诛数不当，淫于妇人，数欺大臣，髃弟恐祸及，故次弟纠奔鲁。其母鲁女也。管仲、召忽傅之。次弟小白奔莒，鲍叔傅之。"（《史记》卷32《齐太公世家》）由于齐襄公的"醉杀鲁桓公""淫于妇人，数欺大臣"等种种的胡作非为，齐国开始人心惶惶社会动荡不安起来，于是管仲侍奉公子姜纠（其母为鲁国人）出奔鲁国，齐大夫鲍叔牙则奉公子姜小白去了莒国，而后，齐襄公则咎由自取死于一场内乱之中。《左传·庄公八年》载：

"齐侯使连称、管至父戍葵丘。瓜时而往，曰：'及瓜而代。'期戍，公问不至。请代，弗许。故谋作乱。

"僖公之母弟曰夷仲年，生公孙无知，有宠于僖公，衣服礼秩如适。襄公绌之。二人因之以作乱。连称有从妹在公宫，无宠，使间公，曰：'捷，吾以女为夫人。'

"冬十二月，齐侯游于姑棼，遂田于贝丘。见大豕，从者曰：'公子彭生也。'公怒曰：'彭生敢见！'射之，豕人立而啼。公惧，坠于车，伤足丧屦。反，诛屦于徒人费。弗得，鞭之，见血。走出，遇贼于门，劫而束之。费曰：'我奚御哉！'袒而示之背，信之。费请先入，伏公而出，斗，死于门中。石之纷如死于阶下。遂入，杀孟阳于床。曰：'非君也，不类。'见公之足于户下，遂弑之，而立无知。"

其实一开始，大夫连称及管至父与齐襄公并没有什么深仇大恨，两人被奉派戍边，当问到戍守期限时，齐襄公也许正在吃瓜，便随口答道："及瓜而代"，即以明年瓜熟之时为期（"瓜代"一词即由此而来）。可第二年瓜熟时节，齐襄公也许正与文姜畅游呢，压根儿就忘了这"瓜代"之约，于是这两人就又向齐襄公打了一份报告，说要求派人来换他们回去，可齐襄公不知什么原因，还是没有派人去换下他们来。于是乎，连称与管至父这两个业已超期服役的倒霉蛋，"故谋作乱"，索性一不做二不休，要大闹一场了。而此时，在齐国的贵族宗室里头，也有个人想闹上一闹，浑水摸个鱼。这个人就是齐襄公的叔伯兄弟公孙无知。公孙无知乃齐襄公叔叔的儿子，齐襄公的父亲齐僖公在位时，特别喜欢这个孩子，视如己出，"衣服礼秩如适"，给他的待遇跟姜诸儿是一样的，这当然会令作为大子的姜诸儿心里非常的不爽了，所以齐襄公登位，"绌之"，就有意降低了公孙无知的待遇。这样一来，公孙无知当然就更不爽了：血肉相连的叔伯兄弟，以前过的都是一样的日子，凭啥你当上了风光四面的国君，我就得像个阶下囚似的成天夹着尾巴过日子？！于是乎，连称、管至父、公孙无知，这三个对齐襄公心怀不满的人，自然而然地就勾结到了一起。连称甚至还拉进了自己在后宫无宠的堂妹，让她去做间谍，监视齐襄公的一举一动，向他们报告齐襄公的日常行程，公孙无知许诺："捷，吾以女为夫人"，如果事成我登大位，就娶你做正牌夫人，让你登上王后之位。

鲁庄公八年（公元前686年）冬天，齐襄公先到一个叫姑棼的地方去巡视，再到贝丘去打猎，尽兴而归。归途中，天色渐暗，林木萧萧，忽然，一只大野猪窜到路中央，立于车前，挡住了去路，旁边的人哆哆嗦嗦告诉齐襄公，这是被冤死的公子彭生变的，他是来索命的。齐襄公当然不信这一套，他大吼一声"彭生敢见"，拔箭就射。说也奇怪，那只野猪竟然站了起来，还口作人语，哭叫不停。这回齐襄公撑不住了，吓得一头从车上栽了下来，把脚也摔伤了。吓破了胆的齐襄公赤着脚战战兢兢地跑回行宫，当天夜里就被人给杀害了，连一点点的防卫、挣扎与反抗都没有。

就这样，一个威风八面颐指气使的诸侯王，因为一个被自己热恋的女人和一个被自己冷落的女人，因为一次爽约，丢掉了自己的性命。我们不难猜想，野猪，彭生，还有当晚的叛乱，这些都是策划好的，齐襄公绝命于斯，那是有人早就预定好了的。还是应了那句话，出来混，早晚是要还的。想当年情杀鲁桓公，不可一世的齐襄公，可曾想到他也会有今天！

齐襄公被弑，公孙无知如愿当上了齐国国君，可是他在那张好不容易夺来的王座上屁股还没有坐热，第二年春天，即被一个叫雍廪的人给杀了。

公孙无知被杀，齐国就处于无国君的权力真空之中了，于是远奔莒地的由鲍叔牙拥戴的公子姜小白与奔鲁的由管仲辅助的姜纠，两人马不停蹄，争分夺秒地往回赶。时间就是位子，谁先到谁就是新国君！为助公子纠一臂之力，鲁庄公还派人在路上设伏截杀小白，姜小白装死逃过一劫并成功麻痹对方后，快马加鞭抢先一步回国，成为齐国新国君（即齐桓公）。可惜这一次鲁庄公弄巧成拙，帮了个倒忙。

再说说文姜。朝思暮想魂牵梦绕的情哥哥被杀，文姜自然悲痛难当，恨不得立马飞到齐国，再回去看一眼她的姜诸儿，送他一程，然后一刀宰了那几个乱臣贼子。但是此时的文姜，也已经是身不由己了，首先儿子业已长大成人，羽翼丰满，不可能由着她乱来；再则，齐国人自然把齐襄公被杀齐国大乱的责任一股脑儿都推到她身上，正想着拿她找补呢。儿子不让她去，她也不能去，没办法，她只能远在鲁国，遥送她的诸儿哥哥一程了。

长袖善舞，蜕变交际花

此后两年不到，鲁庄公十年（公元前684年）春，齐、鲁发生长勺之战（中学课本《曹刿论战》即记述此战），鲁庄公乘齐国大乱之际，在曹刿的协助下，大败齐国。同年夏天，在乘丘之战中，鲁国又战胜与齐结盟的宋国，翌年，又一次将宋国打败。这一些，虽然史无明文记载，但应该有文姜的功劳在内。此时在文姜的心中，娘家齐国已然成了记忆中的圣土，现实中一块伤心之地了。打败杀死她情哥哥的齐国人，出一口恶气，这可是文姜求之不得的事情。

此后又过了四五年，据《春秋》记载，鲁庄公十五年（公元前679年）的夏天，"夫人姜氏如齐"，文姜回了一次娘家。那么时隔七年，文姜为什么又要去已经没有了她情哥哥的齐国，难道就不怕睹物伤怀，悲情毁身？难道就不怕齐国人当面给她难堪，让她下不了台？其实，她这一次去齐国，是为她的儿子去的。原来，两年前的鲁庄公十三年春，齐桓公跟宋、陈、蔡、邾等国举行"北杏之盟"，结成政治、军事同盟。这一年夏天，"齐人灭遂而成之"，这些对鲁都构成了一定的威胁。此年冬天，鲁庄公与齐"盟于柯"，寻求与齐结盟修好的可能性，但是显然没有成功，一心要称王称霸的齐桓公（文姜另一个弟弟姜小白）除了表面应付，自然不会真的跟渐渐强大的鲁国结盟。鲁庄公十五年春，"齐侯、宋公、陈侯、卫侯、郑伯会于鄄"（《春秋·庄公十五年》），"齐始霸也"，可偏偏就是不理睬你鲁庄公，将你鲁国排除在外，于是在这一年的夏天，"夫人姜氏如齐"，很显然，她是拼着她这张老脸，去为儿子解套去的。果然在第二年，"冬十有二月，会齐侯、宋公、陈侯、卫侯、郑伯、许男、滑伯、滕子同盟于幽"（《春秋·庄公十六年》），鲁国又再次加入了由齐国为主导的这一大联盟中，文姜总算是不虚此行啊。

鲁庄公十九年的秋天和二十年的春天，"夫人姜氏如莒"，文姜还去了一个叫"莒"的小国家，业已五十多岁的文姜不顾旅途劳顿接连两次跑去这个小国家干什么？其实，她还是为了儿子去的。原来此时，齐国正采取东西线两面夹击的策略，联合诸国攻鲁，西线是齐、宋、陈联军，东线则由齐、莒联军或莒军单独进攻。文姜赴莒，凭借其特殊的身份、名望与外交经历，极力以利害说服莒国君臣，要他们消极以对不要出兵，不要跟在齐国后面为虎作伥，做亲者痛仇者快，唇亡齿寒的事情。文姜此行也获得了成功，鲁庄公十九年冬，当齐、宋、陈三国由西线联合进攻鲁国，东线无战事，鲁国得以集中优势兵力于西线，挡住了联军的强势进攻，此役鲁国基本上未受到什么损失。所以次年春天，文姜再次至莒，自然是去兑现承诺，感谢莒国作壁上观的。

鲁庄公二十一年（公元前673年）的七月戊戌，外交家文姜因病去世。一生是非不断屡占花边新闻头条的一代名女齐文姜的精彩人生，由此落幕。第二年春，鲁庄公以隆重的仪式，安葬了母亲。

鲁庄公时期，文姜仅生活了二十一年，但在《春秋》《左传》中，她的名字却被提及十五次之多。她的身影屡屡出现于齐、鲁、莒等国之间，或出面调停，或出访沟通，或游说劝和，她不断凭自己的特殊身份，以自己特殊的影响力，去修补去影响着鲁跟齐以及周边国家的关系，进而无形中影响着春秋初期诸国争雄的时代格局与历史走向。我们再说得具体一点，齐襄公在位时，齐、鲁之间未有战事，这不能说与文姜无关。鲁庄公五年（公元前689年）冬，鲁国与齐国等联合其他诸侯伐卫，即是文姜这一年夏入于"齐师"协调沟通的结果。次年，齐派人到鲁国归卫俘、卫宝等战利品，借此来抬升鲁国地位，《左传》则明言是"文姜请之也"，也就是说此举是应文姜之请，是文姜跟齐侯事先商量好了的。

也正是在母亲的帮助和影响下，鲁庄公年少即位，在齐强鲁弱的情况下，一直采取灵活多变的外交策略，致力于跟强齐结盟。在齐襄公被弑、齐国内乱之时，鲁庄公先是与齐国大夫盟誓，后又送公子纠返齐继位，虽然没有成功，但看得出来，此时鲁对齐的影响，在诸国中可谓无出其右者。后来，虽然在长勺之战中鲁国打败了齐国，然鲁庄公还一直以修好双方关系为要务，尽量不与齐国为敌。文姜去世后，鲁庄公与齐国几十年的恩怨情仇，似乎可以有一个了断了，但作为一国之君，鲁庄公心中明白，他根本就不可能忽视强大齐国的存在，现在母亲不在了，自己更应该花精力去维护齐鲁间这种来之不易的友好关系。因此，在安葬完母亲之后的这一年七月，鲁庄公与齐大夫高傒盟于防，这一年的冬天，"公如齐纳币"，鲁庄公又亲自到齐国去送聘礼，准备迎娶十几年前由母亲定下来的齐襄公的女儿，也是自己的表妹哀姜。次年夏天，鲁庄公又违背相关礼仪，"如齐观社"，到齐国去观看社祭之礼，以联络感情巩固双方关系（当然估计也是想顺便去看看未婚妻哀姜）。而就在这一年，鲁庄公还两次跟齐侯会面，一次"公及齐侯遇于谷"，一次是，"十有二月甲寅，公会齐侯盟于扈。"（以上参《春秋》）

鲁庄公二十四年（公元前670年）夏天，鲁庄公又带着礼物仪仗来到齐国，以隆重礼仪迎娶哀姜。八月，哀姜至鲁（齐国还嫁一送一以叔姜为媵女陪嫁），"公使宗妇觌，用币，非礼也。御孙曰：'男贽，大者玉帛，小者禽鸟，以章物也。女贽，不过榛、栗、枣、修，以告虔也。今男女同贽，是无别也。男女之别，国之大节也；而由夫人乱之，无乃不可乎？'"（《左传·鲁庄公二十四年》）也就是说，在新娘子哀姜到鲁国时，鲁庄公竟不顾礼制，要求命妇们在拜见哀姜时以丝帛而不是通常的红枣干豆等为礼物，无形中将对哀姜的待遇提高了一个档次[3]。正是因为实施了适当灵活的外交策略，夹缝中求生存的鲁国在鲁庄公时期，其实力和地位不断攀升，最后发展成一个经济军事较强，在诸国争强中也能够屡屡获胜的国家。

文姜，一位才貌双全的神奇女性，她作为鲁国国母，凭借其特殊的身份与声望，帮助儿子处理政事，谋于军事，穿梭各国合纵连横，鲁国的走向强盛，自然有她的一份功劳。然而，因为一份不伦之恋，让自己名正言顺的丈夫死于非命，情投意合的哥哥死于乱剑之下，也让自己贵为一国之君的儿子为天下人耻笑，自己千百年来也成了"淫妇"的代名词，被钉在了道德耻辱柱上。

其实，正如西方著名心理学家弗洛伊德所言，每一个人孩童时期，都有一个"俄狄浦斯情结"，男孩会爱上自己母亲并憎恨自己的父亲，而女童则会爱上自己父亲并憎恨母亲。在人类发展的早期,这种动物性的乱伦现象也在所难免。在《圣经》中,就记载有父女乱伦,在古希腊神话中,乱伦的故事也占有很大的篇幅,兄妹乱伦、继父和女儿的乱伦、儿子和继母的乱伦、兄弟与嫂嫂的乱伦等更是充斥于西方文学作品之中。就连大诗人歌德给情人献诗,也常常有这样的句子:"啊,在那遥远的古代,你曾经是我的姐妹,或者我的妻子"。莎士比亚名著《哈姆莱特》中,哈姆莱特与母亲有乱伦情结、叔父克劳迪斯与嫂嫂的乱伦婚姻,还有大臣波罗涅斯的儿子雷阿提斯与妹妹奥菲利亚的兄妹恋以及哈姆莱特与好友霍拉旭的同性恋等,堪称是各种乱伦情结的集大成者。另外像日本紫式部的《源氏物语》,王尔德的《莎乐美》,奥尼尔的《榆树下的欲望》,马尔克斯的《百年孤独》以及福克纳的《喧嚣与骚动》等,都写有乱伦的故事。人类发展到今天,不被现代社会道德所容忍的乱伦现象却仍然存在。

　　在中国古代,也有乱伦的故事。宋玉的《高唐赋》中,宋玉向楚襄王介绍巫山神女:"昔者先王尝游高唐,怠而昼寝,梦见一妇人曰:'妾,巫山之女也。为高唐之客。闻君游高唐,愿荐枕席。'王因幸之。夫而辞曰:'妾在巫山之阳,高丘之阻,旦为朝云,暮为行雨。朝朝暮暮,阳台之下。'旦朝视之,如言。故为立庙,号曰朝云。"这巫山神女本与"先王"楚怀王有一夜情,属于楚襄王的母亲辈人,但是宋玉的一番描述,却惹得楚襄王竟然也想和这位女神发生点故事了:"其夜王寝,果梦与神女遇,其状甚丽,王异之。"这不是典型的俄狄浦斯情结又是什么?

　　文姜,一位以美貌才情并举,一直让人毁誉参半的女子,未见她在朝廷里面兼任什么职务,更无垂帘听政的记录,但是她却被史书屡屡记录、被后人屡屡提及。她的一生,影响、改变了未婚夫郑世子忽、哥哥齐襄公、丈夫鲁桓公以及儿子鲁庄公四个重量级男人的命运,齐、鲁、莒等春秋诸国的政治历史走向也不同程度上受到了她的左右。因之,我们不应仅仅纠缠于她是否是一名"荡妇",而更应瞩目于她以其特殊的地位、身份对于当时,对于后世的影响。

　　文姜与哥哥姜诸儿的不伦之恋,在当时即遭到非议,几千年来更是作为一个道德建设的反面教材而被人们屡屡提及。今天看来,文姜也不过我行我素略显叛逆而已。因为其一意孤行的做派与对时局的影响,及所作所为与后世的道德风尚的不相容，让她得以千百年来成为人们不断品评非议乃至谴责的对象。其实，像文姜如此个性做派的人（当然不是指乱伦这一行为），过去，现在，将来，又何其多也！但能够像文姜这样对当时及后世产生如此重大影响的，又何其少也！

注　释

[1] 文姜的姐姐宣姜，亦以美貌闻于当时。十五岁时，齐僖公将她许配给卫国世子急子。急子的父亲卫宣公听说他未来的儿媳妇属于重量级大美女，便在淇水上建起新台，将宣姜骗到此处，纳之为妾。《诗经·邶风·新台》一诗即是讽刺这件事的（诗中将卫宣公比作蘧篨——丑陋的癞蛤蟆）：

新台有泚，河水弥弥。燕婉之求，蘧篨不鲜。

新台有洒，河水浼浼。燕婉之求，蘧篨不殄。

鱼网之设，鸿则离之。燕婉之求，得此戚施。

宣姜后来为卫宣公生了两个儿子，寿和朔。寿是一位谦谦君子，但朔却不是个省油的灯，他为了自己能够当上国君，屡屡在父亲面前中伤急子。卫宣公听信了他的话，假意授以急子象征使节的白牛尾，让他出使他国，暗中却指使刺客设伏，让他们一见到手持白牛尾的人便动手。公子寿探听到了父亲和弟弟的阴谋，连忙向兄长通风报信，但急子是个死脑筋，他宁可死也不愿逃跑让父亲的名誉受损。情急之下，寿只得将他灌醉，自己假扮使者，拿着白牛尾上路，不幸被只认白牛尾不认人的刺客一剑杀死。急子酒醒，找到刺客，说自己才是真急子，他们杀错了人了，刺客索性也将他一剑杀死了。

连折二子，卫宣公不久在痛恨懊恼中去世，公子朔即位，史称卫惠公。惠公即位不久，国内即发生政变，他不得不逃到了母亲的娘家齐国求救。舅舅齐襄公不但联合各国出兵帮他平息了内乱，还让卫宣公的庶子顽娶了寡居的宣姜为妻。嫁给顽后，宣姜又生下了子女五人：公子齐子、卫戴公、卫文公、宋桓夫人、许穆夫人，宣姜也算是卫国的国母了。

[2] 公元前705年，在郑公子姬忽助齐打败北戎后，齐僖公又旧事重提，想要嫁女于他。姬忽当时已经娶了陈桓公的女儿陈妫为妻，不知道是对老婆的专一，还是他真的有自卑感，或是他确实是个自强自立的人，总之他

第二次拒绝了齐僖公的好意，理由在《左传·桓公六年》中也记载得很清楚："无事于齐，吾犹不敢。今以君命奔齐之急，而受室以归，是以师昏也。民其谓我何？"意思是说当时没事时，我都没有答应要娶了文姜，现在乘人之危，娶了人家姑娘，大家会怎么说我？这几句很有骨气很道义的话，在历史上博得了无数人的赞赏，但当时此举却注定了姬忽的悲剧性命运。因为拒婚，公子忽失去了齐国这个强援，国内国外都成了孤家寡人。首先，郑庄公去世后，姬忽即位为郑昭公，但即位不久，宋庄公即胁迫郑国大臣祭仲（也是姬忽心腹），立公子突为郑国的新国君（是为郑厉公），昭公姬忽只好逃到了卫国。试想当时如果娶了文姜，有齐僖公这个老丈人做靠山，何至于如此？后来，业已被架空的郑厉公想杀了专权的祭仲，结果计划败露，便逃往蔡国。这样"祭仲迎昭公忽，六月乙亥，复入郑，即位"，（《史记》卷42《郑世家》），姬忽才又回国成为郑国国君。但两年后在一次出猎时，姬忽不幸被仇人高渠弥射杀，郑国又再一次陷入动乱之中。

郑国自郑庄公去世历经二十多年的动乱，可以说姬忽难辞其咎，试想如果当初他娶了文姜，有了齐国这个强大的靠山，他个人以及郑国的命运，难道还会如此多舛吗？

[3]哀姜嫁入鲁国后，即与在鲁国颇有权势的鲁庄公的弟弟庆父私通。由于哀姜一直未能生子，故收陪嫁媵女叔姜所生之子启方（或曰开方）为子。鲁庄公在娶哀姜之前，与党氏之女孟任生有一子般，鲁庄公欲立般为继承人，但遭到大臣们的反对，而哀姜与其情人庆父则欲立启方为嗣。公元前662年，也就是在哀姜嫁入鲁国八年之后，鲁庄公去世，庄公另一个弟弟叔牙建议立庆父为新国君，公子季友则拥立鲁庄公之子般即位，他还借庄公之名逼叔牙饮毒酒自杀。不久，庆父杀死公子般，逃往齐国，国人乃立公子启方为鲁国国君，是为鲁闵公。公元前661年，庆父回国，次年，哀姜与庆父合谋，杀死闵公，准备立庆父为新君，但国人发生暴动坚决反对，庆父只好出奔莒国，哀姜也顶不住政治压力出奔莒国的邻国邾国。

庆父奔莒后不久，公元前660年，季友在国人的支持下，立鲁闵公之弟姬申为新国君，即鲁僖公。僖公即位后，贿赂莒使，要求遣返庆父，庆父在被遣返的途中派公子鱼去鲁都，请求僖公赦免他，在遭到拒绝后，庆父自缢身亡。

庆父死后，谋弑两位鲁君的从犯哀姜就又被推到风口浪尖上。此时已经称霸多年的齐桓公，打着"尊王攘夷"的旗号，延续周礼，辅助弱国，号令诸侯，颇有正义化身的派头。哀姜作为自己公族之女，淫乱在先，又连弑二君，这让他齐桓公很没面子。鲁僖公元年（公元前659年），齐桓公责令邾国将哀姜引渡回齐国，就在回齐国的路上，齐桓公派人将哀姜杀死，以尸归鲁，鲁国仍以夫人之礼将其下葬，算是为鲁庄公保留了最后一点颜面。

夏姬：杀三夫、一君、一子，亡一国、两卿，谁之过？

> 陈灵公与孔宁、仪行父通于夏姬，皆衷其衵服以戏于朝。泄冶谏曰："公卿宣淫，民无效焉，且闻不令，君其纳之。"公曰："吾能改矣。"公告二子，二子请杀之，公弗禁，遂杀泄冶。孔子曰："《诗》云：'民之多辟，无自立辟。'其泄冶之谓乎。"
> ——《左传·宣公九年》
>
> 子反与子灵争夏姬，而雍害其事，子灵奔晋。晋人与之邢，以为谋主。扞御北狄，通吴于晋，教吴判楚，教之乘车、射御、驱侵，使其子狐庸为吴行人焉。吴于是伐巢、取驾、克棘、入州来，楚罢于奔命，至今为患，则子灵之为也。
> ——《左传·襄公二十六年》

故事背景：狂放的上古

《周礼·地官·媒氏》云："中春之月，令会男女，于是时也，奔者不禁。若无故而不用令者，罚之。"莺飞草长之仲春时节，青年男女身着艳丽服饰，手捧芳草丽花，于风景幽美之水滨、山川，对歌、嬉戏，遇有心仪之人，便大胆走上前去，赠之以兰草、芍药……之后，恋人们成双成对走至幽僻之处，谈情说爱，拥抱亲吻，乃至天为屋，地当床，自然地结合……"溱洧会""濮上之会""桑林之会""桑中之会""云梦之会"……（参《诗经·国风》诸篇）这样一种"仲春之会"，何等自然、浪漫而又野性十足！上古时期，用今天的眼光看，那真是一个十分淳朴而狂野，开放而自由，充满了激情与率性的时代，后来的所谓"在家从父，出嫁从夫""从一而终"等夫妇人伦、女子贞节观念，还远未在人们大脑中落地生根。倾国倾城的夏姬，就是成长生活在这样的社会风俗中，她之一生，深深打上了这个尚未褪去原始社会风貌的时代烙印。

谁将射御教吴儿，长笑申公为夏姬。
却遣姑苏有麋鹿[1]，更怜夫子得西施。

这首诗，乃宋代大诗人苏轼《戏书吴江三贤画像三首》中的一首，诗的后两句我们一看就知道，写的是范蠡与西施这一对千古璧人。那么前两句写的又是谁呢？他们一个是申公，也就是先是楚国，后来成为晋国大臣的申公巫臣，一个是夏姬，也就是本章的主人公了。苏轼这首诗的大意是说，申公巫臣为了一个叫夏姬的女子，"射御教吴儿"，帮助吴国训练军队，教给其射御布阵等先进的战略、战术，而这样做的直接后果，是"却遣姑苏有麋鹿，更怜夫子得西施"，也就是导致了后来的吴楚、吴越间战争不断，吴国最终走向灭亡，让范蠡抱得美人归，演绎出一段流芳千古的佳话——虽然我们考之历史，这两对男女各自生活的年代相隔近百年，可从这首诗来看，这申公巫臣为了一个夏姬，却是鬼使神差做了范蠡与西施的大媒人啊。这话又该从何说起？别急，且听我慢慢道来。

夏姬，其准确的生卒年已不可考（其父郑穆公生于公元前649年，她应该生于公元前630年前后），"夏"是她第一个丈夫夏御叔的姓，"姬"是她的父姓；她本是郑国郑穆公姬兰的女儿[2]，她母亲为郑穆公的少妃姚子，郑灵公姬夷（字子貉，公元前606年—前605年在位）及郑襄公姬坚（公元前605年—前587年在位），均为乃兄。

且说这位郑国小妹夏姬，生得既美丽，又妖娆[3]。遗憾古人照相乏术，我们今天已难以一睹其芳容，无从知晓了。但是史料记载，但凡见到夏姬的正常男人，几乎没有不为她容颜、气度所折服，几乎没有不想"扑通"一声拜倒在她的石榴裙下的。可以说历史上似乎还没有哪个女人能够像这位绝色美女那样，把"女性魅力"发挥到极致，像她那样吸引男人们的历史眼光的——她的事迹七次出现于《左传》，五现于《史记》，《诗经》中也有诗篇涉及她，《国语》中也提到过她，《列女传》更是说她"三为王后，七为夫人。公侯争之，莫不迷惑失意"。[4]她与多位诸侯、大夫以及名噪一时的公卿们交往，爆发出一连串轰动一时的历史性事件。她的三任丈夫早死，心爱的儿子因她而遭车裂，三个与她长期保持着暧昧关系的男人，其中一位国君因她而丢掉性命，两位大夫不得不逃亡国外。因为她，三个家族惨遭灭门，一个国家覆灭了，另一个国家则迅速强大起来，还有两个国家结下了梁子，成为世仇。在她四十多岁的时候，还有一位重量级男人，舍弃高官厚禄，与她千里迢迢逃亡异国他乡。就连英雄盖世的一代霸主楚庄王，一见到她也是失魂落魄，立马表示要将她纳入后宫。当然，包括她的儿子及继子在内，凡是跟她有过关系的男子，都不曾有什么好下场。[5]可以毫不夸张地说，正是因了她的存在，中国春秋中期的这一段历史，顿增几多变数，中国历史的发展轨迹，也稍稍改变了模样。

三男一女，玩得忘乎所以

　　性格开朗、开放早熟的夏姬在未出嫁时，便与她同父异母的兄弟子蛮私通了。只是不到三年，子蛮就不明不白蹊跷离世。为了让这个爱玩爱胡闹，是非不断的女儿少惹点祸，父亲郑穆公一狠心，把她远嫁到了陈国，嫁给了陈国大臣夏御叔。这位夏御叔，是陈宣公杵臼的孙子（因他的父亲公子少西字子夏，所以他就以"夏"为姓了。）此时正官拜陈国司马（相当于今天的国防部长），封地为株林（株，陈国邑名，在今河南省西华县西南夏亭镇北，株林即株邑的郊外）。两人结婚后不久，夏姬即生了个儿子，取名夏南（即夏徵舒，字子南）。有儿子，有封地，夫唱妇随，一家三口一时倒也其乐融融。可惜好景不长，在儿子十岁左右的时候，夏御叔不幸壮年早逝，刚结婚十多载的夏姬便成了一名寡妇。

　　此时的夏姬，二十多岁的少妇，用古人的话说，剪水秋眸，肌肤胜雪，风华绝代，妖娆当世。有句话，寡妇门前是非多，更何况是夏姬这样一位极品寡妇！没过多久，夏御叔的生前同僚，两位陈国大夫孔宁与仪行父，便成了株林的常客。此后不久，也不知是出于什么样的机缘，大概是在两位当朝大臣的极力引荐与诱惑之下吧，陈国国君陈灵公，也成了株林的"娇客"，上了夏姬的床了。这位陈灵公，乃陈宣公的曾孙，而夏御叔，是陈宣公的孙子，也就是说按照辈分来算，夏御叔应该是陈灵公的叔伯辈，这是侄儿上了婶娘的床了。

面对如此佳人，陈灵公生怕自己跑得比别人慢了半拍，哪里还顾得上其他。一下朝，三个男人便争着跑去跟夏姬幽会，有时不免也就碰上了，夏姬倒也一碗水端平，绝不厚此薄彼，就连自己的内衣——汗衫、碧罗襦、锦裆什么的，也是不偏不倚，一人送了一件。一女三夫的性爱游戏，就这样相安无事，日复一日快快乐乐地进行着，甚至有一天——请注意，很多史书对夏姬及她的男人们的记载就是从此时开始的："陈灵公与孔宁、仪行父通于夏姬，皆衷其衵服以戏于朝。"一位国君两位大臣，三个有身份有地位的男人，居然大摇大摆地穿戴起女人的亵衣，在朝堂上无所顾忌地公开炫耀并相互戏谑起来！

堂堂朝堂居然成了他们的嬉闹出丑之所，这还了得！这时，有个叫泄冶的大臣实在是看不下去了，他愤然站出来对陈灵公说："公卿宣淫，民无效焉，且闻不令。君其纳之！"意思就是说，国君和大臣居然在朝堂上公然宣淫，这成何体统？君臣如此把名声生生搞坏了，那又怎能去给天下民众树立起良好的榜样？还是请国君把那些东西收起来吧，免得污人耳目，令天下人耻笑。经泄冶这么一说，面子上有点儿挂不住的陈灵公马上表示："吾能改矣。"可是一转身，他马上就对孔宁、仪行父发泄起了对泄冶的不满："公告二子。二子请杀之，公弗禁，遂杀泄冶。"（以上引文均见《左传·宣公九年》）最终陈灵公还是放任二人把泄冶给杀害了。[6]

良臣泄冶因一句谏言被杀，其他人自然噤若寒蝉，于是三个人就更加肆无忌惮起来，特别是陈灵公，他首先利用职务之便，封从外公郑国学成归来的夏姬的儿子夏南为司马，让他承袭他父亲的职务，而自己则以和"司马"商讨政务为由，三天两头地往株林跑。《诗经·陈风》里有一首诗《株林》，就记录下了这一道奇妙而又荒唐的风景：

> 胡为乎株林？从夏南！匪适株林，从夏南！
> 驾我乘马，说于株野。乘我乘驹，朝食于株！

株林是夏御叔，也是儿子夏南夏徵舒的封邑，匪者，非也。《毛诗·序》云："《株林》，刺灵公也。淫于夏姬，驱驰而往，朝夕不休息焉。"这首讽刺诗，第一句假设国人发问："国君为什么要到株林去呢？难道是要去找夏南？"陈灵公语无伦次地回答："不是去株林的，我是去找夏南的。"明明是去株林，却说"匪适株林"，明明去找夏姬，却说"从夏南"，此地无银三百两，隔壁王二未曾偷也！下面两句"说于株野""朝食于株"，陈灵公说他驾起马车，赶到株林那儿只是想去歇会儿，吃个早餐，更是欲盖弥彰，不打自招了。闻一多先生曾经考释：古代称"性"曰为"食"，"食色，性也"，这首诗，用吃饭来影射男女之事，对灵公以嬉笑为怒骂，体现出《诗经》那特有之含沙射影之幽默讽刺之艺术魅力。

陈灵公和孔宁、仪行父三人与夏姬这种"三龙戏凤"的游戏，虽然不免遮遮掩掩，但在当时已是路人皆知，成了公开的秘密了。株林地处陈国西部边境，离陈国都城还是有点远的，按当时的路况及交通条件，无论是骑马还是坐轿，赶这么远的路，都有点儿够呛，而作为国君的陈灵公和孔、仪二大臣还是乐此不疲地频繁奔波于两地之间，夏姬的魅力，由此可见一斑。

当然这也难怪，此时的夏姬，成熟，知性，最是令男人销魂、痴迷。正是这可怕的性魅力，让三个男人都抛弃了尊严，几年来一直沉溺于这种互相分享的性游戏之中而不能自拔。

公元前601年，受周定王委派，卿士单襄公（名朝）出使宋国，完了借道陈国访问楚国。一踏上陈国疆域，他就注意到："火朝觌矣，道茀不可行。侯不在疆，司空不视涂，泽不陂，川不梁，野有庾积，场功未毕，道无列树，垦田若艺。"已是清晨能见到大火星的季节了（此指夏历十月，心宿早见于东方），可陈国道路上还是杂草丛生无法通行，既不见负责接待宾客的官员在边境迎候，也不见司空出来巡视道路，一路上只见湖泽边堤坝未筑，河流上桥梁未架，谷物胡乱堆放于野外，谷场未修整，路旁也没有种植树木，田里的庄稼也是稀稀拉拉的——这整个一个无人管理、荒芜衰败的气象啊——非但如此，还有更令单襄公气愤，他走到一个地方，居然"膳宰不置饩，司里不授馆，国无寄寓，县无旅舍"。膳夫不供应饮食，里宰不安排住处，都

夏姬：杀三夫、一君、一子，亡一国、两卿，谁之过？

邑内没有客房，县里也没有旅舍，连个住的地方都没有。那么陈国国民都在忙什么呢？"民将筑台于夏氏"，原来百姓都在忙着去为夏姬修台筑观呢。单襄公一路气呼呼地到了陈国都城，"陈灵公与孔宁、仪行父南冠以如夏氏，留宾不见。"陈灵公居然正与孔宁、仪行父穿戴着正在楚地流行的那种时髦服饰忙着去夏姬家玩呢，对于他这位从周定王身边远道而来的王朝官员，只是派人留客，居然连照面也不打一个！

《国语·周语》中所记述的这一段，很是形象生动地说明在陈国三个男人和一个女人的这种性游戏已经玩到了什么程度，对国事、民事又产生了什么样的消极影响！真是荒淫无道，民不聊生，国将不国啊。因之，这位单襄公一回京，便将一路所见所闻面奏周定王，并警告说："陈侯不有大咎，国必亡！"说陈灵公如果不能马上悬崖勒马，还是这样一味地胡闹下去，那一定会亡国的！他还进一步给周定王摆出理由："故《夏令》曰：'九月除道，十月成梁。'其时儆曰：'收而场功，待而畚梮，营室之中，土功其始；火之初见，期于司里。'此先王所以不用财贿，而广施德于天下者也。今陈国火朝觌矣，而道路若塞，野场若弃，泽不陂障，川无舟梁，是废先王之教也。"按照《夏令》，九月修路，十月架桥。时令书上也提醒人们：结束场院的农活，备好土箕和扁担，当营室之星见于中天时，营造工作就要开始了，大火星出现时，就要到司里那儿去集合，该干吗干吗。现在陈国早晨已能见到大火星了，天气已冷，该准备准备过冬了，可道路还被杂草堵塞着，谷场被废弃，湖泊不筑堤坝，河流不备舟桥，这是荒废了先王的遗教啊。更何况，"今陈侯不念胤续之常，弃其伉俪妃嫔，而帅其卿佐以淫于夏氏，不亦渎姓矣乎？"（以上引文均见《国语·周语》）这位陈灵公不念法统，抛弃原配妻妾，只知道成天领着臣僚到夏姬那里欢娱嬉戏，臣不臣，君不君，哪有不亡国的道理？！

果不其然，还真被这位单襄公单朝给说中了！不但亡了国，为了一个女人，陈灵公还把命给搭上了。

一句戏言，陈灵公亡身亡国

这事发生在两年后的陈灵公十五年（公元前599年）。《史记》卷36《陈杞世家》对这一段是这样记载的，"十五年，灵公与二子饮于夏氏。公戏二子曰：'徵舒似汝'。二子曰'亦似公'。徵舒怒。灵公罢酒出，徵舒伏弩厩门射杀灵公。"在疯狂的派对之后，三个忘乎所以的男人坐下来喝酒。有美人侍奉，三个人都喝得特别的爽，不一会儿，就都喝高了，开始无所顾忌地胡言乱语起来。先是陈灵公说，夏徵舒长得很像你们啊，孔、仪二人笑嘻嘻地说，也像主公你呀，三人于是哈哈大笑，嬉成一团。有句话叫言者无心，听者有意。三个酒疯子信口胡扯，恐怕连他们自己都不知道说了些什么，却让一个人无意中听了之后如芒在背，怒火中烧！谁？就是他们谈论的对象，夏姬的儿子夏南夏徵舒。

此时的夏南（夏徵舒），已经十七八岁，长得高挑健硕，多力善射不说，也懂得自尊自爱了。听了三人的戏谑之语，一想到这么多年，母亲为了家庭，为了自己，和这些有权有势的男人虚与委蛇；想到走出家门，外人对自己及母亲指指戳戳那种鄙夷不屑的目光；想到父亲早逝，自己却成为别人嘲笑谑趣的对象，夏南再也按捺不住了。他拿起弓箭，悄悄埋伏在马厩的木门后面。不一会儿，只见陈灵公等三人醉醺醺地出来，准备乘马车回家。夏南屏住气息，扳弓如满月，"飕"的一声，不偏不倚，一箭正中陈灵公胸口。陈灵公当场气绝身亡。

见国君被射死了，"孔宁、仪行父皆奔楚，灵公太子午奔晋，徵舒自立为陈侯"。（《史记》卷36《陈杞世家》）孔宁、仪行父抱头鼠窜，一路奔逃到楚国。陈灵公的太子午因为害怕夏南会算账算到自己头上，逃到了晋国。见死的死了，逃的逃了，夏徵舒索性一不做二不休，自立为陈侯，做起了主公。

再来说此时的楚国，正值楚庄王当政。当公孙宁与仪行父两人逃到楚国，添油加醋地向楚庄王控告夏徵舒的"弑乱"行为，楚庄王一拍大腿，暗自乐了：正愁找不到一个让寡人攻城略地，扬名立万雄视天下的抓手呢，这不，机遇送上门来了！于是在一阵大张旗鼓的宣传造势、联络备战之后，第二年（公元前598年）冬天，楚庄王即以平乱之名，率领众诸侯大肆伐陈，"谓陈人无动，将讨于少西氏。"（左传·宣公十一年）小小的陈国自然不是强大联军的对手，夏徵舒兵败如山倒，最后被楚庄王当众处以车裂之刑。

夏姬无论如何的美丽妖娆，到头来都救不了自己独子的命啊。

楚庄王牛刀小试灭了陈国"已诛徵舒，因县陈而有之"，顺手将陈国收入囊中，纳为楚国的一个县。"群臣毕贺。"但是在一阵乱哄哄的祝贺声中，偏偏就有一个人，"独不贺"。谁？楚大夫申叔时。刚刚出使齐国回来的申叔时，在面见楚庄王时，"复命而退"，简单交代完出使情形，一声不吭，转身就走。哎，这么大的喜事儿，自己的臣子，奉承拍马还来不及呢，怎么就敢如此狂妄，而且还是个有威望的，自己平时很是器重的大臣？于是，"庄王问其故"，问申叔时："夏徵舒为不道，弑其君，寡人以诸侯讨而戮之，诸侯县公皆庆寡人，女独不庆寡人，何故？"（以上引文均见《左传·宣公十一年》）这夏徵舒大逆不道，我带领诸侯把他灭了，顺便为我大楚添了个县，这么大的喜事，你也不说点好听的，让寡人开心开心？只见申叔时转过身来，不紧不慢地说："鄙语有之，牵牛径人田，田主夺之牛。径则有罪矣，夺之牛，不亦甚乎？今王以徵舒为贼弑君，故征兵诸侯，以义伐之，已而取之，以利其地，则后何以令于天下！是以不贺。"[7]大王，且容许臣先举个粗浅的例子吧，牵着牛从人家田里过，踩坏了人家庄稼固然不对，但是你田主借此就把人家的牛给夺下了牵回家，这未免也太过分了吧！今天你大王因为夏徵舒大逆不道，弑君自立，率诸侯征伐，这是义举，是很高尚的行为，但是征伐之后你却要灭人家的国，夺人家的地，这就变成了贪，与夺人牛是一样了。你想想，这会让诸侯怎么看？其他诸侯们是不是在想：是不是哪一天，就该轮到我等了？那今后还有谁会听你的，又"何以令于天下"？听完申叔时这么一大堆话，楚庄王回过神来：对呀，是这么个理呀，没人听你的，孤家寡人一个，还怎么称霸天下？！于是，"乃迎陈灵公太子午于晋而立之，复君陈如故，是为成公。"（以上引文均见《史记》卷36《陈杞世家》）他命人将逃奔到晋国的陈灵公的儿子午接回来，立其为国君（是为陈成公），恢复了陈国国祚。

一句话救了一个国家，这申叔时真是陈国的大救星了。而孔子则认为，

楚庄王"轻千乘之国而重一言","贤哉"。(《史记》卷36《陈杞世家》)

不过如此兴师动众，花了这么大力气，到最后是替陈灵公的儿子打了一回工，自己两手空空回家，"贤哉"的楚庄王想来想去还是有点不甘心，于是他"乡取一人焉以归，谓之夏州"。(《左传·宣公十一年》)他让人从陈国每个乡里迁一个人到楚国，组建一个夏州，以表示对这次行动的纪念（于是乎后来也才有了夏州、夏水、夏口、江夏等这些地名）。

你争我夺，谁知黄雀在后

此次战争，从某种意义上讲，起因于夏姬，楚庄王如果学一学姜子牙，咬咬牙法办了夏姬，估计持异议者有之，但更多的人会拍手称快的。可未曾想到的是，待妻妾成群、豪气冲天的楚庄王一见到夏姬，浑身就像过了电一样，麻了！他当即放下手中的剑，拉起夏姬那柔若无骨的小手，表示要将她纳入后宫，让她时刻不离左右。这时一位叫申公巫臣的大臣站了出来。他义正词严地警告正做着春梦的楚庄王："不可。君召诸侯，以讨罪也。今纳夏姬，贪其色也。贪色为淫，淫为大罚。《周书》曰：'明德慎罚。'文王所以造周也。明德，务崇之谓也；慎罚，务去之谓也。若兴诸侯，以取大罚，非慎之也。君其图之！"申公巫臣不外乎就是力劝楚庄王：大王，此事万万不可啊。君王您号令诸侯，是为了讨伐夏徵舒的弑君之罪。如今您纳夏姬为妃，那不就等于是表明了您为了贪图美色才讨伐陈国的吗？贪好美色就叫作"淫"，淫就会受到上天重惩。大王您召集诸侯兴师动众伐陈，本是替天行道，可最后却因为一个女人招来上天的重惩，这可不是什么明智之举，大王您可要三思啊！

申公巫臣，本姓屈，名巫，字子灵，申是其辖地，楚僭称王，公卿大夫都升格为"公"，故称为申公（他后来到晋国，放弃了自己楚国的"屈"姓，改名为巫臣，本文一律称其为申公巫臣）。他乃正宗的楚国宗室后裔，也很有才干，楚庄王身边一等一的辅政大臣，在朝中可谓一言九鼎了。现在他跳出来讲这番话，正雄心勃勃图霸天下，成天口口声声以天下为己任的楚庄王自然无言以对：对呀，说得似乎有点道理，不听也得听呀。于是乎心里直把申公巫臣默默地骂了一千遍一万遍的楚庄王只得放下夏姬的手，默默捡起地上的剑，装着没事人似的走到一边去了。

我们暂且不表申公巫臣何以会冒着杀头的危险力阻楚庄王纳夏姬为妃（且见下文），且说当楚庄王无奈地表示自己不会纳夏姬进宫时，旁边又一位夏姬的"粉丝"跳了出来。何人也？楚国大将子反（即公子侧，楚穆王之子，楚庄王之弟）。他当众表示，他想娶夏姬为妻，请哥哥成全。这边楚庄王还未表态，站在一旁的申公巫臣又开始说话了："是不祥人也！是夭子蛮，杀御叔，杀灵侯，戮夏南，出孔、仪，丧陈国，何不祥如是？人生实难，其有不获死乎？天下多美妇人，何必是？"哎呀，公子侧呀，这夏姬，她可是个不祥之人啊。她让子蛮早夭，让丈夫夏御叔早死，陈灵公也因贪图她的美色而丧命，她的儿子也可以说是因她而死，她还使得孔宁、仪行父二位大夫流亡于外有家难回，让陈国走向灭亡，"何不祥如是？"请问还有什么人比她还要不祥呢？这人生在世实属不易啊，遭飞来横祸而意外身亡的事情是时有发生啊，子反老弟啊，有这么多男人因她而死或因她而倒霉，你又何苦一定要娶这样一个"不祥妖姬"而让自己死得快呢？天下靓女美妇可多的是，你这是何必呢？听了申公巫臣一番话，子反顿时觉得：算了，还是让她去祸害别人吧，我可还没活够呢。

既然兄弟俩都没这个福分，最终，楚庄王把夏姬赏赐给了手下爱将连尹襄老，让美少妇夏姬总算是有了一个归属。

可也许老天爷就是为了要印证申公巫臣称夏姬为"不祥人"这句话吧，就在第二年，也就是公元前597年（楚庄王十七年）的春夏，刚刚抱得美人归的连尹襄老即在晋、楚邲之役中战死沙场，连尸首都没有找得回来！

真是可怜夏姬，刚来到楚国才几个月，就又一次成了寡妇！

第二次成了寡妇的夏姬，自然还是难逃被人惦记的命运。不久，有风言风语传出，说夏姬跟连尹襄老的儿子黑要好上了。《左传》提及此事也只有一句话"其子黑要烝焉"——烝，古代是专指儿子娶庶母为妻，是一种古老的婚姻形式，即收继婚，指父亲死后，儿子有优先权娶生母以外的诸母为妻。

夏姬与黑要的这种关系，在当时应该是一种被社会认可的正当的婚姻关系，不是私通，更不是乱伦。这种婚姻在效力和规格上，当然比不上明媒聘娶的婚姻，它介于明媒聘娶的婚姻与自由姘居之间——据说春秋时期的寡妇是可以自由与人姘居的——这种关系在春秋中期那个时代虽不属于普遍现象，但也不少见。不过就在当时，有一个人一听说是继子上了继母的床，却是再也坐不住了。他就是两次力阻别人迎娶夏姬的申公巫臣。他派人与夏姬暗通款曲："归！吾聘女。"你赶快回娘家郑国去吧，我娶你！非但如此，他还悄悄派人去了趟郑国，暗地里说服郑襄公派人到楚国来召夏姬回国："尸可得也，必来逆之。"说你丈夫连尹襄老的尸体我们可以找到并还给你，但你必须亲自来迎接才行。这样就让夏姬申请回娘家，有了一个堂而皇之的理由。

于是夏姬向楚庄王提出，作为妻子她要回郑国去寻找、迎回丈夫的尸体。

要不要放夏姬回去，夏姬回去后能不能得到丈夫的尸体，还回来不回来了？有点舍不得放走夏姬的楚庄王征询申公巫臣的意见。申公巫臣低头想了想，说："其信！知䓨之父，成公之嬖也，而中行伯之季弟也，新佐中军，而善郑皇戌，甚爱此子。其必因郑而归王子与襄老之尸以求之。郑人惧于邲之役而欲求媚于晋，其必许之。"大王，在我看来，这件事情的可信度还是比较高的。因为晋国大夫知䓨（邲之战中被楚国生俘）的父亲，受到晋成公的宠信，而知䓨之父又是中行伯的小弟弟，他刚刚担任晋国的中军副帅，并且与郑国当政的大夫皇戌私交很好，他对于知䓨这个儿子可以说是非常笃爱，一定会趁着郑国归还被俘的王子以及战死的连尹襄老尸体的机会，请求楚国把知䓨放还晋国。大王您放心，郑国因在邲之战中得罪了楚国，正想转而投靠晋国，也一定会答应晋人的要求，会促成这笔跨国交易的。

申公巫臣拐七拐八，说明夏姬必然能得到丈夫尸体的这一番"裙带关系"的分析，楚庄王听了虽然糊里糊涂一时还不大能理得清，但也觉得有点道理，于是他"遣夏姬归"，同意放夏姬回郑国去。

夏姬很快收拾好行装，启程回国。临行前，她对送行的人说："不得尸，吾不反矣。"不得到丈夫的遗体，我绝不回来！夏姬这句话实际上是给楚庄王上了点耳药，这样作为楚国战俘的她，就有理由长期逗留郑国，等待她的秘密情人，也是她的下一任丈夫申公巫臣了。

就这样在楚庄王等人恋恋不舍的目光中，绝世佳人夏姬孤身一人回到了娘家。之后不久，申公巫臣也"聘诸郑"，他偷偷派人去告诉郑襄公，说要娶他的妹妹为妻，"郑伯许之"，郑襄公答应了他。

至此，两个人算是完成了所有法律的、非法律的程序，万事俱备只欠东风，就等着携手入洞房的那一天了。不过令两人万万没有想到的是，这一等，竟然就是十来年。

其实这也不难理解。作为楚国一流的谋士，也是名满天下的名臣，如果没有合适的机会，申公巫臣是难以脱身的。更何况楚庄王和子反等人，一直就很怀疑当初阻止他们娶夏姬的申公巫臣暗藏私心，是自己想染指夏姬，所以一直提防着他。申公巫臣要想去郑国跟他的秘密情人相会，需要耐心等待以寻找合适的脱身机会。

天若有情天亦老，上苍不负有心人。这样的机会，还真的被他们等来了！

一份情爱，把无数人押上祭台

事情是这样的。当时，齐、晋两国大战，齐遣人赴楚求救。可因为恰逢楚庄王去世（公元前591年），楚共王继位，国内情势未稳，楚国就没有立刻发兵。又过了两年左右，公元前589年（周定王十八年，齐顷公十年，晋景公十一年）春，齐出兵攻打鲁、卫两国，鲁、卫求救于晋国，结果齐、晋大战于鞌（今山东省济南市西北）[8]，齐国大败，不得不与晋国盟约求和。楚共王认为，齐国之所以战败屈服晋国，是因为他楚国没有及时出兵相救的缘故。为煞一煞晋与鲁、卫联军的威风，替齐国出口气，于是想发动阳桥战役，讨伐鲁、卫两国，但这个意思需要有一个人去传达给齐国，双方预先约定好出师之期，协调一下具体行动，免得到时候驴唇不对马嘴，达不到预期效果，甚至弄巧成拙。

真是天赐良机！申公巫臣立马面奏楚共王：臣愿前往，臣定当不辱使命，马到成功！楚共王深知申公巫臣这个老臣的能力与水平的，当即任命他为特命全权大使，令其不日动身，出使齐国。

这是公元前589年的事，此时距申公巫臣跟夏姬一见钟情私订终身，已经过去十来年了！

申公巫臣出行的时候，"尽室以行"，大包小箱把家里能带的全都带上了，好像不是出远门，倒像是搬家似的。非但如此，一路上他还喜形于色，显得异常的兴奋。《左传·成公二年》中记载:"巫臣尽室以行。申叔跪从其父将适郢,遇之,曰:'异哉! 夫子有三军之惧,而又有《桑中》之喜,宜将窃妻以逃者也。'"申公巫臣的族亲申叔跪,跟着父亲去郢都,在路上正好碰到申公巫臣,一看,哎呀,奇怪啊! 这个人出使他国,身怀军国重任,理应诚惶诚恐怀有戒惧之心,生怕自己有辱使命或者会遇到不测。可他的脸上怎么还带着像《诗经·桑中》[9]中所描述的那种即将去跟情人幽会的喜色? 大概他不是去出苦差,而是要带着别人的老婆私奔去的吧。

真乃善于察言观色的达人,一语中的。不错,申公巫臣此行,出公差是真,但也仅仅是个幌子,他真正的目标地,是郑国,他真正的目的,是要去私会他思念了十多年的情人,是要去跟夏姬结婚。于是乎,申公巫臣一干完公事,马上转头就去了郑国。"及郑,使介反币,而以夏姬行。"一到郑国,他就打发他的副使带着此次出使的"车旅费"等转道楚国(表明自己不贪污公款),而他自己则一头扑进了夏姬的怀抱,两个人公开在郑国双宿双飞,旁若无人地度起了蜜月。

一首充满了阴谋与血腥味儿的战地浪漫曲,至此奏出了她的欢快谐趣之最高音。

虽然郑国的蜜月之旅很是惬意,但申公巫臣内心明白,郑国可不是他们俩久留之地。最初,申公巫臣计划去齐国。"将奔齐,齐师新败。曰:'吾不处不胜之国。'遂奔晋,而因郤至,以臣于晋。晋人使为邢大夫。"可齐军刚刚吃了败仗,申公巫臣不想去"不胜之国",于是,他携夏姬逃到了晋国。在晋大夫郤至引荐下,晋景公封申公巫臣为邢地大夫,把他当作自己的主要谋士。

消息辗转传到楚国,全国愤怒了! 弄了半天当初你申公巫臣振振有词说夏姬乃不祥之人,劝这个不要跟她结婚,劝那个不要娶她为妻,成天装得像个正人君子似的,原来你早就心怀鬼胎,跟她勾搭上了! 当然,这其中最为气愤的,要数楚国令尹子反了。想当初要不是信了申公巫臣那个伪君子那一大堆吓人的鬼话,横下一条心抱得美人归,耳鬓厮磨卿卿我我,这十多年该多快活!"是不祥人也",那你如此处心积虑地为她而去,跟她结婚,怎么就不怕被她害得一命呜呼?! 哎呀,这到手到嘴的美人儿怎么就一念之差便宜了那个龟孙子?! 肺都要气炸了的子反立马面见楚共王:"请以重币锢之。"他请求楚共王哪怕花再多的钱,也要不惜一切代价,让晋国废锢了申公巫臣这个欺君叛国的王八蛋,让他成为一个废人。但是楚共王还没有被气昏,况且他跟夏姬和申公巫臣也没有太多的恩怨情仇,他毫不犹豫地对子反说:"止!其自为谋也,则过矣。其为吾先君谋也,则忠。忠,社稷之固也,所盖多矣。且彼若能利国家,虽重币,晋将可乎?若无益于晋,晋将弃之,何劳锢焉。"(以上引文均见《左传·成公二年》)不能这么做!虽然他为了一个夏姬,自己做得是过分了点,可当初他劝谏先君还是出于一片忠心。况且晋景公要是认为他是个可用之才,即使我们花再多的钱,晋国会废弃他不用?而假如他无益于晋国,晋国自会废了他的,哪里用得上我们想方设法去废锢他呢?

君王就是君王,气度见识自是不凡。哪里像子反那样小肚鸡肠,为了个女人就要去挑起国际纠纷,让晋、楚关系雪上加霜,把楚国拉到战争的边缘!?

但是子反还是咽不下这口气,他私下里联合因为当年申公巫臣的进谏而失去一块肥美封地的子重,"杀巫臣之族子阎、子荡及清尹弗忌及襄老之子黑要,而分其室。子重取子阎之室,使沈尹与王子罢分子荡之室,子反取黑要与清尹之室。"两人联手杀了申公巫臣的族人子阎、子荡,还有清尹弗忌以及夏姬前夫连尹襄老的儿子黑要,瓜分了他们的家产。申公巫臣坏了子重的田邑,搅了子反的桃花运,自己携夏姬逃到晋国风流快活,却害得留在楚国的族亲们一个个身首异处,家破人亡。

闻得昔日同僚子重与子反二人在楚国大开杀戒,把他的族人直杀得一个不剩,远在晋国的申公巫臣直恨得咬牙切齿,他写信给他们二人:"尔以谗慝贪婪事君,而多杀不辜。余必使尔罢于奔命以死。"你们以谗言私怨和贪婪事奉楚君,杀害了这么多无辜之人,等着吧,我定会让你们疲于奔命,让你们一个个都不得好死。不报此仇,誓不为人!

于是,申公巫臣给晋景公出主意,鼓动晋景公来个围魏救赵,给楚国开辟第二战场:大王,楚国之所以屡屡挑衅晋国,是因为它周围没有强敌,我们如果培植它的敌对势力,让它应对不暇,它也就不会再来找晋国的麻烦了。楚国东南面的吴国,时不时打上门给楚国找点儿碴,我们可以给吴国输点血,让它从东南边不断去骚扰楚国,那我们晋国就可高枕无忧了。晋景公一听,对呀,是这么个理呀。于是乎,君臣一拍即合:"巫臣请使于吴,晋侯许之。

吴子寿梦说之。乃通吴于晋。"申公巫臣出使吴国，吴国国君寿梦欣喜异常，晋、吴两国关系迅速升温。申公巫臣将从晋国带来的三十辆兵车，留下十五辆送给吴王。"与其射御，教吴乘车，教之战陈，教之叛楚。"他并且还与从晋国带来的射手、御师们一起，组成一个军事教导团，教吴国人使用兵车，练习射术、御术，教他们谋兵布阵，远交近攻。另外，申公巫臣还把自己的儿子狐庸留下来，"使为行人于吴"，让他做吴国的外交长官，助推吴国的国际化进程，以加速吴国社会、政治、军事、外交全方位的现代化步伐。

就这样，在晋国的力助下，在楚国的后方，一个原始部落悄悄蹑上了历史舞台。申公巫臣拉着夏姬的纤纤玉手，轻轻拉开帷幕，一出出吴楚、吴越你争我夺的惊天大戏连番上演。

本来，吴国还是个相当落后的典型的"蛮夷"小国，根本难以与中原诸国相提并论。但自结盟晋国，晋国人力、财力、智力诸方面优质资源源源不断地强力注入，其政治文化、治国理念等也迅速与中原大国接轨，其经济、军事发展迈上了跨越式新征程，国力日益强大起来。"吴始伐楚，伐巢、伐徐"，一开始，吴和晋两国一南一北交相呼应，对楚及其附属国连年用兵，直搞得楚国应接不暇："子重奔命。马陵之会，吴入州来。子重自郑奔命。子重、子反于是乎一岁七奔命。蛮夷属于楚者，吴尽取之。"（以上引文均见《左传·成公七年》）马陵之战的时候，吴军还趁机攻入楚境州来，导致子重不得不从郑国匆匆赶回来救急。为了对付吴国，子重、子反两个人一年七次往返奔驰，苦不堪言，而原来属于楚国的那些蛮夷之国，一个接一个地都被吴国拿下。[10]

此后，楚国因为有了严重的外患，不得不向晋国提出"弭兵"要求，春秋历史由此进入后期阶段。公元前575年，晋国在鄢陵之战中，一举击溃其实力被吴国消耗殆尽的楚国军队，曾经的春秋霸主楚国，由此走上了没落之路。楚昭王十年（公元前506年），吴国名将孙武更是率三万大军，一路横扫楚军，于是年十一月攻入楚国都城郢都（今湖北省江陵县）。楚昭王一行逃往郧国，后又逃到了随国避难。后来还是楚臣申包胥于秦宫门外痛哭七天七夜（后人称为"秦庭之哭"）求援，秦哀公怜悯他："楚虽无道，有臣如此，可无存乎！"（《史记》卷66《伍子胥列传》）命大将子蒲、子虎率五百战车联同残余楚军南下，大败吴军于沂，再加之南方越国乘吴国内空虚发兵进袭吴都，吴王阖闾的弟弟夫概又偷偷回国自立为王，吴王阖闾才被迫于公元前505年9月撤军回国，楚遂得以勉强复国。而在晋国联吴制楚之时，楚国则依葫芦画瓢，联越制吴，吴、越之间由此冲突不断。公元前496年，在吴、越槜（zuì）李（今浙江省嘉兴县西）之战中，一代枭雄吴王阖闾战死沙场。公元前494年，阖闾之子吴王夫差于夫椒（今江苏省太湖中洞庭山）之战中大败越国，攻破越都（今浙江省绍兴市）。此后，夫差又于艾陵之战中大败齐国，全歼十万齐军。公元前482年，夫差率大军北上，会诸侯于黄池，与老大哥晋国公开叫板，争盟主之位。而在后方，卧薪尝胆数年的越王勾践，则乘夫差北上争霸之机，发兵一举攻入吴都，俘获吴国太子友。公元前473年，越国又一次大败吴国，夫差拔剑自刎，吴国由此走上灭亡之路。踩着无数军士的尸体，越王勾践也顺势北上会诸侯于徐州（今山东省滕州市南），赶上末班车，登上了春秋时期最后一个霸主之位。

倾国倾城，是祸水还是动力

晋国联吴制楚，吴、楚相斗，楚国联越制吴，吴、越争霸。斗转星移，此消彼长，乱纷纷你方唱罢我登场，看看，一个绝世美女，足不出户，手里也并无一兵一卒，也从未走上前台指手画脚，却搅得天下如此狼烟四起，血雨腥风，引得华夏大地政治、经济、文化之现代化步伐快速向南漂移，让当时的局势发生着奇妙而又巨大的变化，让整个历史的进程也发生了不可逆转的嬗变。而在这一切发生的时候，反观夏姬，她倒真正成了一个"局外人"似的，在她回到郑国之后，史书上便再也没有她与某某人"交往"的记录，她跟着丈夫逃到晋国后，关于她的传闻便也戛然而止，各娱乐坊间，各"娱乐版"上便再也没有了她的名字，她那轻佻的身影与妖娆的身姿，便永远消失于历史深处了。考之历史，夏姬和申公巫臣结婚后，至少生了一个女儿，我们且来看《左传·昭公二十八年》中一段记载："初，叔向欲娶于申公巫臣氏，其母欲娶其党。叔向曰：'吾母多而庶鲜，吾惩舅氏矣。'其母曰：'子灵之妻杀三夫，一君，一子，而亡一国、两卿矣。可无惩乎？吾闻之，甚美必有甚恶，是郑穆少妃姚子之子，子貉之妹也。子貉早死，无后，而天钟美于是，将必以是大有败也。'"这段话的意思是说，叔向想要娶申公巫臣的女儿为妻，但他的母亲却打算为他娶自己的族人。叔向说："我害怕因为舅父的关系受到牵连。"他的母亲于是愤愤地说："子灵（申公巫臣字子灵）的妻子夏姬，前后害死了三任丈夫、一位国君、一个儿子，并且还亡掉了一个国家，让两位大夫流亡国外，难道就不会被惩戒吗？我听说过这样一个道理，凡是美的东西必然有恶的一面，夏姬是郑穆公最小的妃子姚子的女儿，子貉（即郑灵公夷）的妹妹。子貉死得早，连个后代都没留下来。上天把夏姬生得这样的妖娆美艳，一定是让她去败坏某个东西的吧。"

叔向（羊舌氏，晋国公族）颇有见识，听了母亲的这一番话，心里不由得打起退堂鼓来。可有一个人却极力为申公巫臣的女儿保媒。谁？叔向的"顶头上司"晋平公。他以不容商量的口吻，一定要叔向娶了申公巫臣的这个女儿。君命难违，无奈之下，叔向只好把申公巫臣的女儿娶回了家。

婚后不久，申公巫臣的女儿即为叔向生下了儿子伯石。伯石刚出生时，叔向的母亲也就是伯石的奶奶前往探视，刚走到大堂，听到一阵阵婴儿的啼哭声从房间里传出来，叔向的母亲掉头就走，还边走边忧心忡忡地对旁人说："是豺狼之声也。狼子野心，非是，莫丧羊舌氏矣。"她觉得这孩子的哭声类似于豺狼在嚎叫，这孩子长大后一定心肠狠毒，一定会毁了我们羊舌氏家族的啊。"遂弗视。"（以上引文均见《左传·昭公二十八年》）从这一段记载我们不难看出，在当时，这夏姬的名声已经很坏很臭了，以至于她的女儿险些嫁不出去，勉强嫁了出去生了个孩子，居然被孩子的奶奶看作是有着狼子野心的败家子。

其实，围绕夏姬发生了那么多事情，可没有一件，是因了夏姬的私心而发生的。只不过对男人而言，夏姬比别人更具有诱惑力，男人们更愿意为她拼命，为她冲冠一怒而已。可难道这些也是她的错？

但此后数千年，夏姬还屡屡被人作为反面教材而提及。先是差不多一百年后，越王勾践向吴王夫差进献美女西施，夫差从此不理朝政，又急又气的伍子胥就骂吴王会像陈灵公那样因一妖女夏姬而亡国。三国时期，董卓与吕布父子为争貂蝉而兵戈相见，也有人说貂蝉是三国之"夏姬"。唐太宗、唐高宗时，武则天先后为李氏父子二人侍妾，她在做了皇帝之后，更是荒淫放荡，就被当朝诤臣指着鼻子骂为"夏姬再世"。唐玄宗得了杨贵妃，"从此君王不早朝"，也有大臣劝谏他万万不可因这"夏姬"而荒废了国家大事。夏姬跟妹喜、妲己、褒姒一样，时不时被当作一个祸国殃民之反面"典型"而拉出来示众，但其实这对于夏姬是有失公允的。不错，作为一个颠倒众生的性感尤物，夏姬通过影响男人，从而影响了时局，说因为夏姬，很多人命运从此改变，或者说从某个角度讲，夏姬害了不少人，这也没有错。但是反观夏姬，她的所作所为，从未超越一个女人所可以做的，所能够做的范畴，要说她出格，顶多也就是勾引男人，寻找点儿快乐与刺激而已，表现的是一种对性的执着与生命本能的纯粹。夏姬她宛如摇曳生姿于那个充满虚伪、狡诈、阴谋与野心的风云激荡时代的一朵罂粟花，其与生俱来的致命毒素，让男人们犹如瘾君子般为了占有她而毫不犹豫地去铤而走险，甚至冒天下之大不韪，但她自己却浑然不觉，始终保持着一颗纯真之心。说她想去祸国殃民，那恐怕只是后人以己度人，与夏姬的所作所为，根本搭不上边儿。

再有一点，点评夏姬的所作所为，我们更不要脱离了夏姬所处的时代，那个原始部落习俗尚未远去的野性十足的年代。《周礼·地官·媒氏》云："中春之月，令会男女。于是时也，奔者不禁。若无故不用令者，罚之。司男女之无家者会之。"春秋中期，群雄并起，强敌环伺，人数的多寡直接决定了国力的强弱。多多生育，添丁加口，每每成了政府以法令去强制推行的一件大事。还有，周朝初期，依然保持着"亚群婚"的习俗，往往一群男人是另一群女人的"公共"丈夫，男女之间固定的一夫一妻制尚未完全形成。所以，我们读历史，读到《左传》里面随处可见的什么儿子娶了老子的小妾，男人娶丧夫的婶、嫂为妻，公公上了儿媳妇的床，兄弟姐妹发生超乎兄弟姐妹关系之关系，国君和大臣之妻，庶母和儿辈、孙辈偷情以及姐妹同归、姑侄同嫁等，这些在现代人看来典型的不道德之乱伦行为，其实在当时，是一种较为普遍的社会存在。夏姬跟这么多男人上了床，羡慕嫉妒恨，看不惯者有之，但一味去责难她，甚至嫌弃她、鄙视她，将其划归另类打入另册，甚至必欲置于死地而后快，这在当时好像还尚未形成这样的舆论场。另外，夏姬所出生、成长的郑国，本来就是一个浪漫而多情的国度。我们知道，《诗经》中的《国风》这一部分，乃西周各地的乡土乐歌，它们集中反映了当时各个国家的风土人情。十五国风一百六十篇，各国《风》之篇数在四至十四不等，唯独《郑风》占到二十一篇。而且，郑以外之各国之《风》，涉及情爱的篇什一般占十之三四，唯独《郑风》，谈情说爱的篇什居然占到十分之七。我们且来看《郑风》中的一首《萚兮》：

萚兮萚兮，风其吹女，叔兮伯兮，倡！予和女！

萚兮萚兮，风其漂女，叔兮伯兮，倡！予要女！

萚，草木的落叶，这首诗以"萚"起兴，一位可爱的小姑娘深情地唱道：

落叶啊落叶啊，风吹拂着你，大哥哥啊小哥哥，唱吧唱吧！我来和你！

落叶啊落叶啊，风飘动着你，大哥哥啊小哥哥，唱吧唱吧！我邀请你！

多么坦率而纯真，多么热情而大胆！这是发自心灵深处最为原始而野性的歌唱！少女夏姬，应该就是这合唱团中的一员。她是一位永远生活在郑国那幽山秀水之间不肯长大的小姑娘，始终保持着一颗率真、纯净、浪漫而又开放、自由的少女之心。

阿基米德曾经说过："给我一个合适的杠杆，我可以撬动地球。"其实夏姬，就犹如一根杠杆，虽没能撬动地球，但是男人们因了她这一"媒介"，也把时局搅得风浪不断、涟漪点点。夏姬，这位有着成熟少妇躯体和天真无邪之少女情怀，不屑于也不懂得后世所谓的道德、礼仪、贞节、伦理，对男人具有绝对杀伤力的女人，在原始社会向文明社会蜕变之春秋中期的一定时段，一定范围内，无意识地甚至是被动地在幕后扮演了一个重要角色，以她所特有的能量，令本来就云诡波谲的春秋战国时局，平添了几多变数。

注　释

[1] 相传，吴越两国相争，越败吴胜。越国谋臣范蠡设下美人计，物色绝色美女西施献给吴王。吴王夫差整日同西施于姑苏台上游宴取乐，以致朝政荒废，国力衰弱，民不聊生。大臣伍子胥劝谏道："臣必见越之破吴，豸鹿游于姑胥之台，荆榛蔓于宫阙。"（《吴越春秋·勾践阴谋外传》）后以"麋鹿姑苏"比喻亡国。在《史记》卷118《淮南衡山列传》中，伍被就对淮南王说："臣闻子胥谏吴王，吴王不用，乃曰：'臣今见麋鹿游姑苏之台也。'今臣亦见宫中生荆棘，露沾衣也。"辛弃疾《汉宫春·会稽蓬莱阁观雨》："秦

望山头,看乱云急雨,倒立江湖。不知云者为雨,雨者云乎。长空万里,被西风、变灭须臾。回首听、月明天籁,人间万窍号呼。谁向若耶溪上,倩美人西去,麋鹿姑苏?至今故国人望,一舸归欤。岁月暮矣,问何不鼓瑟吹竽。君不见、王亭谢馆,冷烟寒树啼乌。"也用了这个典故。

[2]郑国(公元前806年—前357年)是个姬姓国家。周宣王二十二年(公元前806年),宣王姬静将他的庶弟姬友封于郑(今陕西省凤翔、华县一带),是为郑桓公。桓公立国三十三年(公元前774年)后,幽王失政,身为周王室司徒的郑桓公,看出西周马上就要灭亡,于是听从太史伯的劝告,全身远祸,将郑国财物、部族、宗族连同商人、百姓等从关中地区东迁至今河南新郑一带,建立起了新的郑国。春秋时期,女子没有私名(到汉代时女子才有私名,如班昭、蔡琰等),一般女子的称谓,出嫁前,在姓氏后面加后缀,如孟姜,吴姬,晋姬,武姜等(武姜:姓武的那个美貌女子)。女子出嫁后,直接在前面加夫家的姓氏,如蔡智姬,赵庄姬等。蔡智姬的意思就是:嫁到蔡家(或蔡地)的那个智家的女子。

[3]夏姬究竟美丽妖娆到什么程度,古人有几段臆想性的描述。《战国策》云:"郑之美女粉白黛黑而立于衢,不知者谓之神仙。"西汉李延年歌曰:"北方有佳人,绝世而独立。一顾倾人城,再顾倾人国。"东汉张衡《西京赋》中也有一段涉及夏姬的描述:"秘舞更奏,妙材骋伎。妖蛊艳夫夏姬,美声畅于虞氏。始徐进而羸形,似不任乎罗绮;嚼清商而却转,增婵娟以此豸。纵体而迅赴,若惊鹤之羣罢。振朱屣于盘樽,奋长袖之飒纚。要绍修态,丽服飏菁。眠藐流眄,一顾倾城。"

[4]《列女传》卷七《孽嬖传》:陈女夏姬者,陈大夫夏徵舒之母,御叔之妻也。其状美好无匹,内挟伎术,盖老而复壮者。三为王后,七为夫人。公侯争之,莫不迷惑失意。夏姬之子徵舒为大夫,公孙宁仪、行父与陈灵公皆通于夏姬,或衣其衣,或裹其幡,以戏于朝。泄冶见之,谓曰:"君有不善,子宜掩之。今自子率君而为之,不待幽闲于朝廷,以戏士民,其谓尔何?"二人以告灵公,灵公曰:"众人知之,吾不善无害也。泄冶知之,寡人耻焉。"乃使人征贼泄冶而杀之。灵公与二子饮于夏氏召徵舒也,公戏二子曰:"徵舒似汝。"二子亦曰:"不若其似公也。"徵舒疾此言。灵公罢酒出,徵舒伏弩厩门,射杀灵公。公孙宁仪、行父皆奔楚,灵公太子午奔晋。其

明年，楚庄王举兵诛徵舒，定陈国，立午，是为成公。庄王见夏姬美好，将纳之，申公巫臣谏曰："不可。王讨罪也，而纳夏姬，是贪色也。贪色为淫，淫为大罚。愿王图之。"王从之，使坏后垣而出之。将军子反见美，又欲取之。巫臣谏曰："是不祥人也。杀御叔，弑灵公，戮夏南，出孔仪，丧陈国。天下多美妇人，何必取是！"子反乃止。庄王以夏姬与连尹襄老，襄老死于邲，亡其尸，其子黑要又通于夏姬。巫臣见夏姬，谓曰："子归，我将聘汝。"及恭王即位，巫臣聘于齐，尽与其室俱，至郑，使人召夏姬曰："尸可得也。"夏姬从之，巫臣使介归币于楚，而与夏姬奔晋。大夫子反怨之，遂与子重灭巫臣之族而分其室。诗云："乃如之人兮，怀昏姻也，大无信也，不知命也。"言嬖色殒命也。

颂曰：夏姬好美，灭国破陈，走二大夫，杀子之身，殆误楚庄，败乱巫臣，子反悔惧，申公族分。

[5]《东周列国志》第52回云，夏姬及笄之年，梦见一个伟岸异人，星冠羽服，自称上界天仙，与她交合，教她吸精导气之方法，名为"素女采战术"，能使女人欲老还少。因此夏姬直到四十多岁，依旧容颜娇嫩，保持着青春少女模样。这当然是一种源于道家养生之术，令人啼笑皆非的编造了。这跟她的基因、体质、心态、饮食以及生活习惯有关。

[6]孔子曰："《诗》云：'民之多辟，无自立辟。'其泄冶之谓乎。"（《左传·宣公九年》）孔子认为，泄冶以区区一身，欲正一国之淫乱，无异以卵击石，死而无益，不值得这样做。

[7]《左传·宣公十一年》对于此事记述如次：申叔时使于齐，反，复命而退。王使让之，曰："夏徵舒为不道，弑其君，寡人以诸侯讨而戮之，诸侯、县公皆庆寡人，女独不庆寡人，何故？"对曰："犹可辞乎？"王曰："可哉！"曰："夏徵舒弑其君，其罪大矣；讨而戮之，君之义也。抑人亦有言曰：'牵牛以蹊人之田，而夺之牛。'牵牛以蹊者，信有罪矣；而夺之牛，罚已重矣。诸侯之从也，曰讨有罪也。今县陈，贪其富也。以讨召诸侯，而以贪归之，无乃不可乎？"王曰："善哉！吾未之闻也。反之，可乎？"对曰："吾侪小人所谓取诸其怀而与之也。"乃复封陈。乡取一人焉以归，谓之夏州。故书曰"楚子入陈。纳公孙宁、仪行父于陈"，书有礼也。

[8]《史记》卷32《齐太公世家》中对此战役记载如次：六年春，晋使

夏姬：杀三夫、一君、一子，亡一国、两卿，谁之过？

郤克于齐，齐使夫人帷中而观之。郤克上，夫人笑之。郤克曰："不是报，不复涉河！"归，请伐齐，晋侯弗许。齐使至晋，郤克执齐使者四人河内，杀之。八年。晋伐齐，齐以公子强质晋，晋兵去。十年春，齐伐鲁、卫。鲁、卫大夫如晋请师，皆因郤克。晋使郤克以车八百乘为中军将，士燮将上军，栾书将下军，以救鲁、卫，伐齐。六月壬申，与齐侯兵合靡笄下。癸酉，陈于鞍。逢丑父为齐顷公右。顷公曰："驰之，破晋军会食。"射伤郤克，流血至履。克欲还入壁，其御曰："我始入，再伤，不敢言疾，恐惧士卒，愿子忍之。"遂复战。战，齐急，丑父恐齐侯得，乃易处，顷公为右，车絓于木而止。晋小将韩厥伏齐侯车前，曰"寡君使臣救鲁、卫"，戏之。丑父使顷公下取饮，因得亡，脱去，入其军。晋郤克欲杀丑父。丑父曰："代君死而见僇，后人臣无忠其君者矣。"克舍之，丑父遂得亡归齐。于是晋军追齐至马陵。齐侯请以宝器谢，不听；必得笑克者萧桐叔子，令齐东亩。对曰："叔子，齐君母。齐君母亦犹晋君母，子安置之？且子以义伐而以暴为后，其可乎？"于是乃许，令反鲁、卫之侵地。

[9]《诗经·桑中》轻快活泼，表现了男女幽会时的愉悦之情，即将去跟夏姬相会的申公巫臣，应该也是怀有此种心情，且不免喜形于色。

[10]《左传·襄公二十六年》有这样一段话："子反与子灵争夏姬，而雍害其事，子灵奔晋。晋人与之邢，以为谋主。扞御北狄，通吴于晋，教吴叛楚，教之乘车、射御、驱侵，使其子狐庸为吴行人焉。吴于是伐巢、取驾、克棘、入州来，楚罢于奔命，至今为患，则子灵之为也。"这段话大意为：子反和子灵（申公巫臣）争夺夏姬，子反阻挠子灵的婚事。子灵逃到了晋国，晋国人把邢邑封给他，并且把他当作主要谋士。子灵积极出谋划策，抵御北方狄人，并使得吴国与晋国通好，教吴国背叛楚国，教吴国人如何使用兵车、如何射箭驾车，如何进攻防守，申公巫臣又派他的儿子狐庸当吴国的外交长官。吴国因此强大起来，攻打巢地，夺取驾地，攻克棘地，侵入楚境州来，使楚国人疲于奔命，一直到现在，吴国还是楚国的祸患，这一切都是申公巫臣的所作所为所引起的。在《左传》中，这是蔡国太师子朝的儿子声子到晋国去当使节，回国时路过楚国，楚国令尹子木同声子谈话，问起晋国的国事时，声子说"虽楚有才，晋实用之"时，其中就举了申公巫臣这个例子。这段话很是生动地概括了申公巫臣携夏姬奔晋对时局所带来的巨大影响。

息妫：三个男人大打出手，两国遭殃，一国走强

> 蔡哀侯娶于陈，息侯亦娶焉。息妫将归，过蔡。蔡侯曰："吾姨也。"止而见之，弗宾。息侯闻之，怒，使谓楚文王曰："伐我，吾求救于蔡而伐之。"楚子从之。秋九月，楚败蔡师于莘，以蔡侯献舞归。
>
> ——《左传·庄公十年》
>
> 蔡哀侯为莘故，绳息妫以语楚子。楚子如息，以食入享，遂灭息，以息妫归，生堵敖及成王焉，未言。楚子问之，对曰："吾一妇人而事二夫，纵弗能死，其又奚言？"楚子以蔡侯灭息，遂伐蔡。秋七月，楚入蔡。
>
> ——《左传·庄公十四年》

故事背景：周之大封诸侯与诸侯混战

西周自武王、周公至成王时期，除了把国都附近的区域划为王畿，置于王室直接统治之下，其余的国土和臣民，则按照公、侯、伯、子、男五等爵位，分封给王族贵胄、功臣战将和比如神农、黄帝、尧、舜、禹的子孙等同姓、异姓的先代贵族们。其封地皆称"国"，世袭罔替，但并无国号。在西周前后所分封的大小四百余"国"中，见于经传的约有一百七十余国，比较出名的如齐、鲁、卫、晋、燕、宋、秦、陈、蔡、楚、郑、吴、越等。周王

室分封这些诸侯国，本是让他们去镇守疆土、拱卫王室，以共同维护其统治秩序。可是到了东周的春秋战国时期，由于周王室礼崩乐坏，渐趋式微，一些强大的诸侯国便开始攻伐兼并，恃强凌弱起来，先后出现了齐桓公、宋襄公、晋文公、秦穆公和楚庄王春秋五霸以及齐、楚、秦、燕、赵、魏、韩"战国七雄"，当然还有吴、越争霸。春秋无义战，为了生存，列国之间经常是钩心斗角，离离合合，有时甚至为了一点芝麻绿豆大的小事，也能今日推杯换盏称兄道弟，明日反目成仇大动干戈。你方唱罢我登场，一出又一出合纵连横、争雄称霸的狗血剧，次第上演。而那些势单力薄的小国君主们，则只能在夹缝中求生存，今天依附你，明天倒向他，依靠强国的保护而苟延残喘，往往稍有不慎，就会玉石俱焚，顷刻间成为别人的刀下鬼，囊中物。

细腰宫里露桃新，脉脉无言度几春；
毕竟息亡缘底事，可怜金谷坠楼人。

这首《题桃花夫人庙》，是唐代诗人杜牧在唐武宗会昌二年（公元842年）赴黄州任刺史以后，有一天游览其辖区黄陂县（今湖北省武汉市黄陂区，当时黄州也叫齐安郡，下辖黄冈、麻城、黄陂三县）的桃花夫人庙而创作的。这首诗以高度凝练的语言，勾勒出了桃花夫人不凡人生的几个切面，也发出了诗人自己的慨叹。"楚王好细腰，宫中多饿死"，话说楚王的细腰宫内，这一天桃花又开了，又一位新人来了。可是这位新人，却是入宫三年，不言不语，与楚王，与宫中其他人，都是那样的格格不入。而为了她之进楚宫，她的丈夫可是付出了亡国亡家亡身的惨重代价。诗的最后一句诗人用了一个典故，是说在近千年后，晋代豪富石崇家的乐妓绿珠面对暴力威逼，选择以死明志，坠楼而亡，想来真是可怜可叹啊。杜牧的这首诗，个中深意耐人寻味，我们自可仁者见仁智者见智。其实，不光是杜牧，千百年来，李白、王维、宋之问、施肩吾、罗隐、韦庄、刘长卿、袁中道……历史上好多诗人都吟咏过这位桃花夫人。他们有的赞叹，有的同情，也有人对她表示不满怒其不贞，当然更多的是借古讽今，是借这位桃花夫人来喻世明志，其实是借别人的酒来浇自己心中的块垒罢了。比如清代诗人邓汉仪的《题息夫人庙》："楚宫慵扫黛眉新，只自无言对暮春。千古艰难唯一死，伤心岂独息夫人？"他就是借两千多年前的这位美女来嘲讽投降清军的明朝大臣洪承畴的。

那么这位桃花夫人,又叫息夫人的,究竟有着怎样非凡的人生经历,能够让后人为她建庙立碑,引起这么多文人骚客诗兴大发,为她写下了这么多的诗词歌赋,发出这么多大相异趣的慨叹呢?我们且先来看西汉刘向《列女传·贞顺传》中的一段记述:

"息君夫人:夫人者,息君之夫人也。楚伐息,破之。虏其君,使守门。将妻其夫人,而纳之于宫。楚王出游,夫人遂出见息君,谓之曰:'人生要一死而已,何至自苦!妾无须臾而忘君也,终不以身更贰醮。生离于地上,岂如死归于地下哉!'乃作诗曰:'縠则异室,死则同穴。谓予不信,有如皦日。'息君止之,夫人不听,遂自杀,息君亦自杀,同日俱死。楚王贤其夫人,守节有义,乃以诸侯之礼合而葬之。"

刘向《列女传》中记述的是这样一个感人故事:楚国大兵压境征伐息国,小小的息国自然不是其对手,很快就被打败,楚文王将息侯带回楚国,让他做了一名守门小吏,而将息夫人带回宫中,做了自己的王后。一次,楚王出游,这位前息夫人悄悄出宫,找到她的前夫息侯,对他说:自古人生都有一死,何必苦苦支撑?你我已是咫尺天涯,见上一面都很难了,但我无时无刻不在思念你呀,夫君!今生我也不会背叛你再去侍奉他人了,我们与其这般在人世间生生分离,切切思念,苦苦煎熬,苟且偷生,何如黄泉路上执手同归,再相厮守?于是她当场赋诗明志(其诗亦见《诗经·王风·大车》),不顾息侯的极力阻拦,自杀身亡。息侯见此,觉得自己也没有再活下去的理由与勇气了,于是也随她而去,双双横尸城门口。楚文王回来见此,感念他们二人的忠贞,以诸侯之礼将他们合葬——而据民间传说,楚文王当年是将他们合葬在了汉阳城外的桃花山上,后人遂在山麓建祠,四时奉祀,这也就是桃花夫人庙的来历。

我们且不管民间传说的流传与变异情况,且说刘向记述的这个故事,让这位息君夫人的美艳以及她对爱情的忠贞不渝传为千古佳话,千百年来随着这本妇女自学教材《列女传》的流传,这个故事可以说是感动教育了无数人,也大大激发了历代文人骚客的创作灵感。但可惜的是,这个故事却真真切切是刘向他罔顾历史事实,赋予了文学的想象与夸张,从儒家伦理道德要求出发,为满足封建文人的"名节"观念而进行的胡编乱造!我们考之《左传》《史记》等史籍，刘向所述除了人名，其他跟基本历史事实可以说一点也不相符。最起码的一点，这位息夫人去世时，其夫楚文王早已去世多年，并非楚文王安葬了息夫人，而是息夫人以楚国王后身份先送走了她的第二任丈夫楚文王。很显然，刘向这是为了主题在进行时空大挪移，走穿越小说的路子了。

遭姐夫调戏，丈夫借刀杀人

其实这位桃花夫人，本姓妫（guī），出生于陈国宛丘（今河南省淮阳县城关一带），乃春秋时期陈庄公（公元前699年—前693在位）之女。地处中原腹地、颍水之滨的陈国（公元前1045年—前478年），其国君为虞舜后裔，妫姓。当年周武王灭商后，派人找到舜的后裔虞满，将长女太姬嫁给他，并将其封之于陈，让他来四时奉守虞舜的宗祀。陈国始建都于株野（今河南省柘城县胡襄镇），后迁都于宛丘，辖地最大时达到十四邑，区域大致分布于今河南东部和安徽西北部一带。陈庄公有两个女儿，都生得花容月貌，倾国倾城。大女儿就近嫁给了蔡侯；小女儿，也就是这位桃花夫人，则被陈庄公许配给了蔡国南面的息国国君。这位息妫，息夫人的传奇故事，即是从她的出嫁息侯，即将成为息夫人的路上开始的。我们且来看《左传·庄公十年》中一段记载：

"蔡哀侯娶于陈，息侯亦娶焉。息妫将归，过蔡。蔡侯曰：'吾姨也。'止而见之，弗宾。息侯闻之，怒，使谓楚文王曰：'伐我，吾求救于蔡而伐之。'楚子从之。秋九月，楚败蔡师于莘，以蔡侯献舞归。"

蔡国，乃陈国的南方邻国，其国君为姬姓。当年周武王克商，封其五弟姬叔度于蔡，其辖地大致为现在的河南省驻马店市上蔡县一带。蔡哀侯，名献舞，一名季，乃蔡宣侯之子，蔡桓侯之弟。公元前695年（鲁桓公十七年），蔡桓侯去世，当时这位姬献舞还在陈国，因为声誉较好，蔡国人就征召他回国继了他哥哥的位。也不知是在陈国的时候，这姬献舞就听说了陈庄公有两个如花似玉的女儿，或者干脆就跟她们姐妹俩曾经照过面，一见倾心，抑或是陈庄公首先看中了这个小姬季吧，总之也不知是谁主动，谁被动，反正这个蔡哀侯是娶了陈庄公的一个女儿，做了陈国的女婿——这小子也算是艳福不浅了，要知道，陈国可是出美女的地方，当时周王的王后，就是陈国公主。

"息侯亦娶焉。息妫将归，过蔡。"《周易·渐》："女归，吉。"孔颖达疏："女人……以夫为家，故谓嫁曰归也。"《春秋公羊传·隐公二年》："妇人谓嫁曰归。"《诗经·周南·桃夭》："之子于归，宜其家室。"在古代，女子出嫁，叫"归"。息国，乃蔡国之南邻，也是姬姓，侯爵，为周文王第三十七子羽达所建，因建都于大别山北麓、淮水之畔的息地（今河南省信阳市息县境内）而得名。它北结齐郑，南拒荆楚，四周是罗、黄、江、英、邓、随、六、申等弱小诸侯国，只有北邻的蔡国较强，因息、蔡两国同为姬姓国度，同出一源，故两国一向交好，久为睦邻友邦。鲁庄公十年，也就是公元前684年（这一年乃陈宣公九年、楚文王六年，著名的"曹刿论战"就是发生在这一年），陈宣公（公元前692年—前648年在位）准备送侄女，自己的哥哥陈庄公这位如花似玉的女儿出嫁了。而从陈国一路向南到息国，穿越蔡国是最好的路线选择。

当然了，国公的女儿出嫁，可不是一件小事情，更何况嫁到了另外一个侯国，兴师动众，早早做好各方面准备那是必须的。陈宣公也早早派人到了蔡国，告知行程，要求陈国另一个女婿蔡侯及夫人蔡妫做好迎来送往相关工作。

一听说自己的妻妹要出嫁，而且要经过自己的国家，蔡侯不由得兴奋异常：那是我小姨子啊（"姨"为当时"同出"，即均已出嫁姊妹间的互称。）好啊好啊，请放心，我肯定事必躬亲，倾力做好接待工作，好好招待妻妹一行，放心吧，绝不会给我那老丈人丢脸的。

其实，蔡哀侯早就听说自己这个小姨子别有一番风韵，想一睹其风采了，这次听说小姨子要来，他还不是早就跑前跑后忙得跟没脚蟹似的！

闲话休提。话说到了出嫁那一天，美丽动人的陈国公主，不，准息夫人息妫一行一路花团锦簇，浩浩荡荡直奔蔡国而来。一进蔡国都城，只见处处张灯结彩，大街小巷上行人奔走相告，都争相要一睹这位蔡侯夫人妹妹的迷人风姿。蔡侯更是早早立在了城门口，跟夫人一起迎候他的这位小姨子的到来。然而就在这鲜花着锦，处处喜气洋洋的节日般美好氛围中，一件大煞风景的事情发生了。

关于这件事情,史书中只留下了六个字的记载:"止而见之,弗宾。"是说在息侯的这位新娘子一路劳顿来到蔡国,蔡侯在终于如愿以偿见到了他的这位思之已久的小姨子后,却"弗宾",也就是没有待之以宾客之礼。史书大概是出于为尊者讳吧,说得比较规制、隐晦。"弗宾",用现在的话来说就是蔡侯跟他的这位小姨子刚一见面,就急不可待地进行了"性骚扰",而且还很有可能是在比较公开的场合。

虽然对于这件事,史书语焉不详,我们现在已无从考证,但可以肯定的是,这一次见面,蔡侯肯定是大大地失态了。而且对他的这种行径,准息夫人也肯定以适当的方式表示了自己的愠怒与不满。于是这一次本是精心准备的见面,最后竟是不欢而散。

而且,如果仅仅是不欢而散倒也罢了,顶多大家今后不再见面就是了。蔡侯可能压根儿都没有想到,他的这一番不自持、不检点,这番拦路劫色的举动,已经为他,为蔡国,也为息国,息侯,惹下了泼天大祸,奏响了两人国破身亡的序曲。

也不知道是息妫息夫人自己受不得委屈,在到了息国后立马向夫君作了哭诉,还是息国的迎亲队伍里有人当时就看不下去了,觉得蔡侯的行径太过卑污,一回去就添油加醋地向他们的国君打了小报告,总之没过多久,新郎息侯就知道了自己的新娘在出嫁的路上被连襟蔡侯公然侮辱的事情。

这还了得?怎么会闹出这种事情来!别人如此公然地调戏你的新婚妻子,这话要传出去,自己堂堂一国之君,今后还怎么立威!真是奇耻大辱,奇耻大辱啊!

怒火万丈的息侯决意报复。但他内心十分清楚,作为一介小国,自己绝不是蔡国的对手。别说是找上门去,就是蔡国打上门来,息国也是还手乏力,只有束手就擒挨打的份儿。还记得几十年前(公元前712年),那一次,自己的先辈息侯因与郑伯一言不合,一怒之下不顾众人的劝阻带兵攻打郑国,结果刚走到郑国的边境就被打得狼狈而回。后来,很多人都嘲笑息侯作为一国之君,"不度德,不量力,不亲亲,不征辞,不察有罪,不量德量力。"(《左传·隐公十一年》)不审时度势不说,还不能与亲戚搞好关系,是非不辨,却一心想着要以武力威胁别国,真是自讨其辱,挨揍那是活该![1]

自己综合国力不如人家，如果硬是要冲冠一怒为红颜，那无异于拿鸡蛋去砸石头，只能与祖宗一样自取其辱。

怎么办？怎么办？

哎，有了！我打不过，难道借刀杀人我也不会吗？在辗转反侧了几天之后，息侯突然眼前一亮：等着吧，过几天，我让你尝尝别人铁拳头的厉害！

于是，息侯秘密派人去了楚国，给他的南方近邻楚文王送去了一封密信："伐我，吾求救于蔡而伐之。"他向楚文王献计，让楚国先出兵佯攻息国，然后他向蔡国求救。待蔡侯出兵，楚、息两国再拉起手来，合力围攻蔡军。

好计策啊！楚文王接到密信，不由得喜上眉梢。他正欲找个借口北上中原，教训胆敢连齐抗楚的姬献舞呢，不想这借口自己就送上门来了。本来，芈姓，子爵的楚国（系帝颛顼高阳氏之后，建都丹阳，即今河南省与湖北省之间的丹江口水库淹没区），一直是个偏隅一方，闷着头只顾自己富民强国的南蛮小国。楚武王（公元前741年—前690年在位）执政后，扬言"我有敝甲，欲以观中国之政"，开始积极推行军事扩张政策。楚文王（公元前689年—前675年在位）熊赀又继承父亲衣钵，不断地东击西进，短短二十多年，父子俩便一举兼并了江汉一带的随、邓、鄀、权等小国，与绞国缔结盟约，息国也成了它的附属国。可唯有蔡国，依恃与北方齐国的联姻关系，一直不肯向楚国低头。楚文王在迁都"郢地"（今湖北省荆州市江陵县境内），占据南阳盆地，扩大了地盘，其综合国力得到进一步提升之后，虎视汉阳、觊觎北方，问鼎伊洛，就成为他心中下一步要实现的宏伟蓝图了。汝水、淮水之滨的蔡、息，早已被他规划为北下中原的前哨站了。现在他听到这样的邀请，哪有不喜的，哪有不答应的？

一切依计而行。这一年的九月，楚国出师了，来势汹汹，一路北下矛头直指息国。息侯连派几拨人向北面友好邻邦蔡国紧急求救。

接到信函，蔡侯肺都气炸了。熊赀你可别欺人太甚了！我们蔡、息两国可是唇齿相依，而今息侯又新娶了我妻妹，他息国的事就是我蔡国的事，他息侯有难，我姬献舞岂能袖手旁观！于是他亲督三师，一路马不停蹄直奔息国而来。

可令他万万没有想到的是，待他星夜兼程赶到息国边境，还未来得及安营扎寨、排兵布阵，如同预先设计好了似的，密密麻麻的楚兵与息兵犹如从天而降，一下子铁桶般将他团团围住了。

这究竟怎么回事？不是楚兵来犯，我们蔡、息连襟之国联手打击侵略者吗，怎么变成了他们楚、息两国一起联起手来对付我了？可是不待他想明白，外面的息、楚联军已是漫山遍野，杀声震天，眼看着就要冲到他营帐跟前了。慌乱之中，蔡侯仓皇突围，一路狂奔至莘野（今河南省驻马店市汝南县境内），刚想停下来喘口气，就被一路追杀过来的楚兵给逮住了。

此役，看似又一起因红颜而惹出的祸端。在春秋、战国时期，这样的事情可谓每天都有可能发生，可因为"参演"双方主角的一些特殊性，此役在当时所产生的震动，却是甚大。我们前面说过，蔡国乃姬姓国家，周王室之血脉，而楚国，芈姓子爵之国，到楚武王时才厚着脸皮自封为王。在世人眼里，这楚国乃一地处蛮荒之地，偏于中原之外，"老少边穷"地区小国寡民而已。可现在楚文王这个"刺儿头"竟然俘虏了姬姓蔡国国君。中原各国不由得大惊失色：以前真是小觑了人家，看来今后除了左邻右邦，大家还得提防着这只来自远方的孤狼啊——就连一向惜墨如金的孔老夫子，也在他的《春秋》大书中，第一次肯落笔为楚国写上一句："秋九月，荆败蔡师于莘，以蔡侯献舞归。"可以说也正如杜预在《春秋注》中所云："楚辟陋在夷，于此始通上国。"一向被中原视为蛮夷小国的楚，也正是凭着此役，以强有力的姿态在华夏中原舞台上来了个首秀。可以说正是借力于一个女人，雄才大略的楚文王抓住了历史无意中斜伸过来的手，将楚国推入板荡中原，跳上了更大的政治与历史舞台。

当然此时，最郁闷的应该是蔡哀侯了。本来还一脸义愤，本想两肋插刀，在美人儿面前充一回英雄好汉，以期能将功补过、冰释前嫌的他，就这样稀里糊涂地中了连襟息侯调虎离山、借刀杀人、上屋抽梯、关门捉贼等一系列连环计，转眼间就成了别人的阶下囚——自此以后，各求援国，必须有王子等王室至亲作为人质，施援国才肯出兵——这别人到是学乖了，可他蔡侯，这次却是无私地在替别人交学费了。哎，悔之晚矣，真想不到几句轻薄话，几个小动作，害得自己成了阶下囚，让老祖宗，让蔡国蒙羞，让那么多士兵成了冤死鬼。这转眼间，自己就成了别人的下酒菜，要被人耻笑千年了。

可是他不知道，因他而引起的更厉害的好戏，还在后面呢。

谁是螳螂，谁又是黄雀

这时最高兴的应该是息侯了。可是他只顾了高兴，却没有想到让楚文王替他斩草除根，以绝后患。此时的蔡侯，虽然被掳到了楚国，可是并没有真正被打趴下，他正想着怎样报复一下他那个爱吃醋小心眼的连襟，伺机再扳回一局呢。

《左传·庄公十四年》："蔡哀侯为莘故，绳息妫以语楚子。"绳，中国最早的一部百科词典《广雅》云："绳，誉也"，也就是称誉、赞美之意。蔡哀侯被囚于楚国，他可没闲着，除了吃饭睡觉，只要一有机会，他就在楚文王面前撩拨：大王，您是没有见过啊，息侯的这位新娘子，面若桃花，肤若凝脂，袅袅婷婷，顾盼生姿，说她是天下第一美女也不为过……

很明显，蔡侯是在不断地给楚文王下药，以诱惑怂恿同样好色的楚文王去灭了息国，将息妫抢到他楚国来。这样他不但可报了一箭之仇，而且"新人上了床，媒人扔过墙"，到时候楚文王说不定一高兴，就把他给放回蔡国去了呢，这样自己不也就反败为胜了？

且别说，此计还真的成了。听了他的话，楚文王不由得也开始心旌摇曳、坐卧不宁起来。这个息妫究竟是个什么样的女人，具有如此的魅力，蔡侯不就才见了她一面吗，怎么就被她迷得如此神魂颠倒的？世间真有如此绝色女子，她真的就比我后宫成百上千的佳丽还漂亮迷人？如果真如蔡侯所言，那岂不是便宜了息侯那小子了？

于是，在魂不守舍，辗转反侧了几天之后，楚文王也开始像息侯当初设计蔡侯那样，要来设一个局，当一回大男人了。

《左传·庄公十四年》载："蔡哀侯为莘故，绳息妫以语楚子。楚子如息，以食入享，遂灭息，以息妫归。"在听足了也相信了蔡侯对息妫绘声绘色、声情并茂的赞美诗后，一天，楚文王以出巡之名，带着一帮人来到了息国。一看是自己的恩人来了，息侯自然远道出迎，殷勤款待。他压根儿就没想到，他以及他的国家，此时此刻已经进入生命的倒计时了。

第一天，楚文王不动声色，宾主尽欢而散。第二天，楚文王在他的大帐里设宴回请息侯，息侯如约而至。可就在觥筹交错，宾主把酒言欢之际，只见文王略一抬手，一群楚兵从天而降，顷刻间将息侯摁在了地上。

据《左传·哀公十七年》中载有楚文王"实县申、息"的记载推断，这一次，楚文王应该是残忍地杀害了息侯，顺手将息国纳入楚国版图，设置成了楚国的一个县（此乃中国历史上第一个以"县"命名的地方，素有"天下第一县"之称）。自此，华夏大地多了一个息县，而再无息国，也再无息侯。至于息妫，则理所当然地被楚文王带回了楚国。

这件事当发生在公元前684年冬到前682年上半年之间（因为到公元前680年，息妫就已经为楚文王生下两个儿子了）。想想公元前684年9月，正是息侯以"借刀杀人"之计，使蔡侯成为阶下囚，如今蔡侯又如法炮制还以颜色，自己未动一兵一卒，就让息侯顷刻间国破身亡。想当初息侯在设计蔡侯的时候，恐怕他怎么也不会想到，别人也会以其人之道，还治其人之身，让他重蹈覆辙——后来，孙武在他的三十六计之假道伐虢中，就曾引用此典，认为息侯当初假楚文王之手而收拾蔡侯，是引狼入室，自食其果——而据《史记》卷40《楚世家》载："（文王）六年，伐蔡，虏蔡哀侯以归，已而释之。"在灭了息国抱得美人归之后，楚文王果真将蔡侯这个大媒人给放回去了。

谁笑到最后，谁就是胜利者！此一轮，蔡侯也同样是借楚文王之手，又扳回了一局！

息侯、蔡侯、楚文王，这三个大男人先后冲冠一怒为红颜，却得到了三种不同的结局。楚文王潇洒地捉放蔡侯，灭了息国，掳回息夫人堂而皇之据为己有。

被楚文王掳入楚宫并封为王后的息妫（当然现在应该称她为楚妫或者楚王后了，不过为行文及阅读方便，还是以息妫称之），这个本来与世无争的弱女子，面对这一系列闪电般的变故，肯定是惊呆了。自己什么也没有做，就背上了亡国亡夫的罪名，她又该如何面对世人的指责与谩骂？

其实，息妫根本就用不着去自责。如此的惊天巨变看似因她而起，实则与她无关。可以说仗势欺人问鼎中原，这一直是楚文王的做人原则与既定方针，只不过围绕着美人儿息妫，蔡侯的无知与无礼，息侯鲁莽而轻率的报复，这一切都给楚文王提供了一个行动的契机与借口而已。息妫只不过是楚文王随手拈来对中原诸国上药的药引子。没有这个药引子，药照样是要用，但是有了这个药引子，似乎一切更加的顺理成章，药效自然也就会更加的好了。

可被楚文王利用后顺手纳入后宫的息妫，从此不得不背负着亡国杀夫的罪名，在楚宫里苟且偷生。哀愁，孤寂，自怨自艾而又无可奈何，这样的日子对于息妫而言，简直度日如年，我们且来看《左传·庄公十四年》中的一段记载：

"（楚文王）以息妫归，生堵敖及成王焉，未言。楚子问之，对曰：'吾一妇人而事二夫，纵弗能死，其又奚言？'楚子以蔡侯灭息，遂伐蔡。秋七月，楚入蔡。"

新婚丈夫没了，好好的家没了。昔日的陈国公主，尊贵的息侯夫人，现在却被人像个物件一样掳到楚宫，虽然还是贵为王后，但此情此景，已非彼情彼景，此时名分越尊贵，外面的骂声越高，自己的内心也是越不安，越是痛苦啊。现在除了在这异国他乡以泪洗面，过一天算一天，自己又还能怎么样？而更为可悲的是，作为女人，即便是万分的不情愿，即便是被强奸，她也是会怀孕，会生孩子的。入楚宫三年，息妫就先后为楚文王生下了两个儿子：熊囏（jiān 古艰字。熊囏亦称楚王堵敖、庄敖）和后来成为楚成王的熊恽。不过，"莫以今时宠，能忘旧时恩。看花满眼泪，不共楚王言。"（王维《息夫人》）身心遭受巨创的息妫在楚宫三年，虽然孩子都生了，却是三年"未言"！也就是入宫三年，虽然情非得以为人妻为人母，可她却是成天神情凄然，一言不发，极少去开口说话——当然，这里的三年"未言"，最准确的理解，应该是三年中没怎么跟她的丈夫楚文王说话。看得出来，虽已同床共枕三年，虽然孩子都生了几个，虽然楚文王给了她富足的生活与尊贵的地位身份，可在息妫的心目中，她的丈夫仍然是息侯，她仍然是息夫人啊。"未言"二字道出了深宫中的息妫那郁郁寡欢、饮泣吞声的悲切心境，也表明了她对故国的眷恋，对息侯的深切怀念。当然，三年"未言"，也更是息妫对别人强加于她的多舛命运的一种无声的反抗！

而当楚文王问妻子，何以进宫三年却总是不言不语时，息妫的回答让他马上明白了，她这是伤感息国的灭亡，忘不了息侯。于是他连忙安慰道：这一切，都是蔡侯那个小子惹的祸，我之再次入息，也是受了那小子的怂恿。夫人莫再哀伤，我这就去为夫人讨个公道。

于是，这一年（公元前680年）的秋天，楚文王兴兵攻打蔡国，将蔡哀侯再一次抓到了楚国。这一次，无论怎样的诡计多端巧舌如簧，蔡哀侯再没走出楚国半步，直到公元前 675 年客死异国他乡。

真是谁笑在最后，谁就是胜利者！这一次不管其本色、动机如何，事实上是息妫以三年"未言"的冷峻面孔，也同样是借楚文王之手，不动声色地帮前夫息侯又实实在在扳回了一局。

始作俑者，最终未能逃脱搬起石头砸自己脚的结局。对于蔡哀侯的自取灭亡，《左传》评论道："君子曰:《商书》所谓'恶之易也，如火之燎于原，不可乡迩，其犹可扑灭'者，其如蔡哀侯乎？"（《左传·庄公十四年》）正人君子们都认为，《商书》中所说的"恶的蔓延，就如同野火燎原一般，不可以接近，该想着怎样去扑灭它"，恐怕说的就是像蔡哀侯这样的人吧。聪明反被聪明误，就因为一时冲动，姬献舞这位蔡国国君，以自己及国家命运为代价，导演并亲自出演了一幕令中原诸国所瞠目结舌的狗血剧，最终不但自己国破身亡，还顺带捎上了息侯。而息国、蔡国之间这一段令人扼腕长叹的恩怨情仇，不但改变了许多人的命运，也彻底改变了两国的国运，让当时东周版图上诸国间力量对比与政治均衡关系，发生了不可逆转的改变，给历史的发展增添了许多不确定的因素。

都说冲动是魔鬼，可一时的冲动，有时它也会迸发出巨大的动能，推动着历史车轮以别样的方式滚滚向前。从公元前 684 年—前 680 年，正是借助息妫这位幕后的美丽女主角，蔡、息、楚三个诸侯国，上演了一出"鹬蚌相争，渔翁得利"的精彩大剧。楚文王，这位潇洒豪迈的南国王子，轻轻挥一挥衣袖，就搅得中原大地狼烟四起，地动山摇。自此，楚国东可取淮、夷，北可逼郑、许。昔日的蛮夷小国，顷刻间摇身一变，成为令诸侯们提心吊胆的大熊罴，楚文王那魁伟的英姿，也从此成了许多人心中挥之不去的梦魇。

昔日息夫人，今日楚"国母"

公元前 676 年冬，巴国人进攻楚国，一度打到了郢都的南门口。第二年春天（楚文王十五年），"楚子御之，大败于津。"楚文王率军出击巴军，结果在津地被打得大败。待巴师退走，楚文王率军返回郢都，可待他来到城门口，专门负责卫戍城门的鬻拳太伯却不知什么缘故不肯为他打开城门。"遂伐黄，败黄师于踖陵。"楚文王一怒之下，转身率军攻打黄国，在踖陵这个地方大败黄军。"还，及湫，有疾。夏六月庚申卒。"（以上引文均见《左传·庄公十九年》）谁知在班师回国走到湫这个地方时，楚文王突患重病。之后不久，这一年的农历六月十五日，一代枭雄楚文王走完了他精彩纷呈的一生。

楚文王去世后，楚王室陷于激烈的储位之争。首先，息妫的长子熊囏被立为王，史称楚王堵敖。三年之后（公元前672年），业已十多岁的堵敖在别人的怂恿下，"欲杀其弟熊恽"，想设计杀了他的弟弟，也就是息妫的另一个儿子熊恽，以绝后患。"恽奔随，与随袭弑堵敖代立，是为成王。"（以上引文均见《史记》卷40《楚世家》）熊恽得到消息后，在亲信谋臣的护卫下迅即逃往随国（今湖北省随州市境内）。之后，在随兵助力下，熊恽又杀回楚国，擒杀了他的哥哥堵敖，自立为君，是为楚成王。

楚成王熊恽上位时，年龄尚幼，楚国的理国掌军大权就旁落到了楚文王的弟弟，也就是成王的叔叔，时任楚国令尹的子元手中。[2]

在楚国的这一次跌宕起伏的政权更迭过程中，我们未能见到息妫的身影。此时的息妫，被掳至楚宫已经十多年了，三千六百多个日日夜夜，肯定也不再是彼时的息妫了。首先对于楚文王，她已从一开始的厌恶、憎恨，到后来慢慢对其产生一定的感情，开始慢慢地接纳他了：毕竟，作为一个男人，楚文王并不比她所见过的任何一个男人差，作为丈夫，他对自己的关爱也并不比别人少。虽然当初他的手段是有点卑鄙，但人非圣人，孰能无过！更何况，她还跟他先后生下了两个儿子。再者，他对自己一向犹如对待女神般的敬重，让自己在楚宫独享这无与伦比的尊荣，又毫不犹豫地立自己的儿子为储君，一个男人能够为他心爱的女人做到这般地步，也算是有情有义天下少有的了。于是，从最初的眷恋息侯、难忘故国，到渐渐适应楚地环境，接纳楚文王，再到相夫教子，悉心抚育两个儿子，息妫花了十多年的时间，走完了一个艰难而又不得不如此的身心蜕变历程。"千古艰难唯一死"，但是对于当时被孤身掳入楚宫的息妫而言，远远有比选择死更为艰难的，那就是选择艰难地活下来。如今，儿子终于长大了，成了一国之君，她也由"夫人"变为一国之母。她早已融入楚地,成为一个地地道道的楚国人了。息妫在楚地痛并快乐地生活着、改变着,让自己最终与楚人融为一体,达到与楚国共生存、同荣辱之境地。可以说,正是对生命的敬畏,对生存的渴求,对多彩多姿生活的期盼,才让息妫凤凰涅槃,再获新生。

两个儿子为了国君之位在别人的怂恿下自相残杀,息妫自然痛在心里。都是才十来岁的年纪,竟然就拼得不可开交,欲置对方于死地而后快。但是息妫却无能为力,她本来就是远离且很不擅长于这类朝堂厮杀宫廷争斗的,再说儿子羽翼渐丰,都已经有了自己的势力,不会再听她这个妈的话了,她又能奈何?

不过息妫虽然身在后宫,但是自从儿子当政,她就多了一个心眼。她始终以自己独特的方式,关注着儿子的命运、楚国的前途。

前文说过,由于成王年幼,此时楚国军政大权掌握在令尹子元的手中,这位不可一世的王叔,不但觉得现在整个楚国,包括小成王都被他玩于股掌之间,而且还恬不知耻地打起了寡嫂的主意,公然勾引起息妫来了。我们且来看《左传·庄公二十八年》中的一段记载:

"楚令尹子元欲蛊文夫人,为馆于其宫侧而振万焉。夫人闻之,泣曰:'先君以是舞也,习戎备也。今令尹不寻诸仇雠,而于未亡人之侧,不亦异乎!'御人以告子元。子元曰:'妇人不忘袭仇,我反忘之!'"

文夫人,文王夫人息妫也,蛊,蛊惑,诱惑也。令尹子元,这位权倾一时的总理大臣,楚文王的亲弟弟,楚成王的亲叔叔,息妫的小叔子,竟然垂涎起了亲嫂嫂的美色,开始以种种方式向楚王后发起进攻。他先是明目张胆地在王宫旁边、息妫所住后宫的外面圈了一块地,修建了一座华丽的宫殿,急不可待地住了进去,整天摇着铃铛狂跳《万舞》,以期能引起息妫的关注。

据《春秋公羊传》载:《万舞》,即"干舞",起舞时士兵手持干、戚、扬、弓、矢等武器翩翩而舞,是一种用来表现威武雄壮、斗志昂扬的军中之舞。作为一种武舞,《万舞》主要是用于演习、操练军队。息妫听得子元竟然就在馆舍内跳起了《万舞》,不由得伤心啜泣起来。她愤愤斥责道:"先君当初让人跳这个舞蹈,是用来操练士兵,演习备战的,如今令尹大人不用它来操练楚兵以对付仇敌,却在我这个'未亡人'(古时寡妇自称)旁边跳起了舞,不让人觉得很是奇怪吗?"

从息妫的这一段话,一方面,我们不难看出,丈夫楚文王,此时在她眼里已经完全是一个正面形象了。她正是以昔日文王常习戒备、征讨四方,来谴责眼下这位王叔令尹的厚颜无耻、疏于政务的行径。另一方面,息夫人这里也明确表示了她对楚国前途命运的高度关注,给了她这个贪色荒政的小叔子以当头棒喝。

待这番话传到子元的耳朵里,即便是脸皮再厚,他的脸一下子也羞红了:"妇人不忘袭仇,我反忘之!"本来自己挖空心思,想去赢得美人的芳心,不料却被无情地嘲讽了一番。他顿觉自己这是弄巧成拙、自取其辱了。不管他是假自责,还是真讨好,抑或两者兼而有之,在这一年的秋天,他亲率大军出征郑国,期待以实际行动,来改变自己在嫂嫂心中的形象,重新赢得美人芳心:

"秋,子元以车六百乘伐郑,入于桔柣之门。子元、斗御强、斗梧、耿之不比为旆,斗班、王孙游、王孙喜殿。众车入自纯门,及逵市。县门不发,楚言而出。子元曰:'郑有人焉。'诸侯救郑,楚师夜遁。郑人将奔桐丘,谍告曰:'楚幕有乌。'乃止。"(《左传·庄公二十八年》)

公元前666年(楚成王六年)秋季,子元以六百辆战车,由他自己、斗御强、斗梧、耿之不比等领军,斗班、王孙游、王孙喜殿后,一路气势汹汹,直向郑国杀去。楚军从郑国都城的大正门大摇大摆地入城,竟没有遇到丝毫抵抗。郑国人甚至连通往内城的闸门,都没有放下来,完全任由楚军长驱直入。楚军将领们在城里转了一圈,用方言彼此交流商量一番,都觉得有点匪夷所思。子元的心中也有点发虚:看来郑国有能人,这是给我摆的空城计呀。这时正好有探子来报,说齐国、鲁国等国正准备发兵驰援郑国。子元怕中了人家诱敌深入、瓮中捉鳖之计,于是趁着夜色,率军撤回了楚、郑边境。

而此时,自认不是楚国对手的郑国君臣们正逃往桐丘,后来听探子来报,说楚军营地的帐篷上有乌鸦,楚军已经撤走了,这才停止了奔逃。

从这一出无功而返的出征闹剧,我们不难看出,子元此次伐郑根本未曾好好谋划,行动中他所表现出来的胆识、谋略,也远不可与哥哥楚文王同日而语。不过,子元他自己可不这么认为,自伐郑归来,自认为为楚国立下大功,不可一世的子元,公然在王宫里自己找个地方住了下来,不走了!

而且这一住,就是一年多!

先是贴着嫂子息妫所住院子的宫墙外面盖起房子跳起了舞,现在干脆搬进王宫,还赖着不走了。此时的子元,为了息妫,可谓是赤膊上阵,什么也不顾了。一时间楚国上下议论纷纷,直弄得息妫无地自容,不知如何是好了。但是不管是如何的不堪,无论是息妫,还是年幼的楚成王,对这位厚颜无耻的令尹却是无可奈何。此时子元在楚国,跺一跺脚,大地都得摇三摇。谁敢去捋他的虎须,拔他的牙?说得更客观一点,楚成王他们娘儿俩的命,可都在他手里捏着呢。

但最终还是有人看不下去了。谁?来自若敖氏的斗射师。

若敖氏是楚国的一大世族。其先祖,乃楚君若敖的直系后裔,也就是说若敖氏乃是楚王室的分支之一。若敖的后代以先君之号为氏,又因被封在斗这个地方,所以就以斗为姓。若敖氏一族,可谓人才辈出,比如楚武王手下的斗伯比和斗廉,一文一武,为楚国的崛起做出了巨大贡献,到楚文王、成王时期,若敖氏家族势力已然小觑不得,对楚国政坛的影响,那也是举足轻重的了。

"楚公子元归自伐郑,而处王宫,斗射师谏,则执而梏之。"对于王叔子元的恬不知耻、胡作非为,斗射师实在是看不下去了,他当面指责子元:你怎么能这样?这王宫是你住的地方吗?你还不趁早搬出去?!谁知色迷心窍的子元非但根本听不进去,反而恼羞成怒,把斗射师给抓起来关到监狱里面去了。

这下算是捅了马蜂窝。本来,若敖氏一族对子元这些年来的嚣张跋扈,对他做出此等有辱尊卑伦常之事已是甚为不满,现在就为几句逆耳忠言,他竟然把斗射师给抓起来了,这就惹了众怒了。于是,"秋,申公斗班杀子元,斗谷于菟为令尹,自毁其家以纾楚国之难。"(以上两段引文均见《左传·庄公三十年》)楚成王八年(公元前664年)秋天,众若敖氏子弟索性一不做二不休,在时任申公的斗班带领下怒闯王宫,一举击杀了子元。

楚国持续八年之久的子元之乱,至此终于平息。

子元一死,楚成王即刻任命斗班的父亲斗谷于菟为楚国新令尹。[3]此后,斗家捐献出大量家财,帮助楚成王平息动乱,缓和国内危局(成语"毁家纾难"即来源于此）。此后数十年，楚成王在斗谷于菟等人辅佐下，大力布施仁德，又派人向周天子进贡，与诸侯修好结盟。强大起来的楚国先后灭了贰、谷、绞、弦、黄、英、蒋、道、柏、房、轸、夔等国，其疆域进一步扩展到了千里之外。齐桓公（公元前685年—前643年在位）称霸时，楚成王屡次用兵中原与齐国争霸。齐桓公死后，楚成王又与宋国争斗。公元前638年，楚、宋两军战于泓水，楚军射伤意欲称霸的宋襄公（次年夏，宋襄公伤痛发作，不治而亡），楚国自此称雄中原。

楚成王四十六年（公元前626年），楚成王被逼上吊自杀。其长子，即息妫的孙子商臣即位，是为楚穆王。十二年后，楚穆王去世，其子熊侣即位，是为楚庄王（公元前613年—前591年在位）。楚庄王二十年（公元前594年）冬天，楚、鲁、蔡、许、秦、宋、陈、卫、郑、齐、曹、邾、薛、鄫等十四国于蜀地（今山东省泰安市西）会盟，正式推举楚国主盟，楚庄王遂成为称雄中原的春秋五霸之一。百年的努力，昔日的蛮夷小国，就这样成了傲视群雄的霸主。

红颜祸水还是红颜薄命，关卿何事

至于息妫后来怎么样了，史书上没有明确记载。但儿孙们的雄霸大业中，无疑应该有她的一份功劳。人们经常喜欢用红颜薄命、红颜祸水这两个词来给女人，特别是漂亮的女人定位。但是对于息妫，这两个词好像并不适用。纵观她的一生，虽然她是很不情愿地被掳入宫，但楚文王是真正把她当作自己倾心的爱人来对待的。她生下的两个儿子，先后成为楚国国王，她之"国母"地位，无可撼动。所以她之一生，虽也曾一波三折、险象环生，但终归是有惊无险、否极泰来。从总体上而言，息妫之"红颜"，带给她本人的基本上还是正面效应更多一些，她之命，不能算是很"薄"。

接下来再来说说所谓红颜祸水。蔡哀侯、息侯，乃至于子元，当然另外还有好多人，及蔡国、息国，可以说都因她而得"祸"，因她而惹上了"桃花劫"。但是，她主动去"祸"过谁吗？没有！一个也没有！蔡哀侯、息侯之所以得祸，还不是他们自找的。至于子元，那就更不用说了。红颜如息妫，更多的时候，人为刀俎我为鱼肉，还不就是一个任人争来抢去的受害者、牺牲品。当然，我们也可以说如果息妫不是长得那么漂亮，上面所发生的这一切，就可能不会发生，或者会以另外一种形态发生。但是这一些又关息妫何事？难道人长得漂亮也是罪过？别人因了她的美丽而去为非作歹，这个账，难道也要算到她头上去？

至于说到《列女传》中，将息妫塑造成"守节有义"，自杀而亡的烈女子，更是大可不必，更是刘向自己的自作多情了。息妫被掳入楚宫，封为王后，这是息妫的痛苦与无奈，她的三年"看花满眼泪，不共楚王言"，是对息侯和故国的怀念，也是对自己不幸命运的一种无声的抗争。随着时间的流逝，随着儿子的降生，她选择了遗忘，选择了坚忍，选择了改变。那莫名其妙，恐怕连面目都未来得及看清的息侯，根本不值得她拿自己宝贵的生命去为之殉节。对于她的这种人生选择，别人无权去说三道四，更无须去为她矫言粉饰。

两千多年来，有很多人拿息妫当年的"事二夫"来说事儿。"千古艰难唯一死，伤心岂独息夫人。"清朝诗人邓汉仪更是让息妫穿过数千年岁月，做了最后一次亮相，用一个女人的不肯殉节，来狠狠羞辱了明朝降清大臣洪承畴一把。"烈女不事二夫"这种所谓的节烈观，在息妫所生活的春秋时期还远未形成，直到两宋程朱理学兴盛之时，才真正占据社会主流意识地位的（明清则是其发展的高峰期）。春秋时期，远古之抢掠婚、对偶婚旧痕尚存，男女之间性约束的程度远非后世那么严格。一些在后人看来很不可思议的事情，比如弟通兄妻、兄通弟妇、子通庶母、父通儿媳、君通臣妻、臣通君妃等"烝""报"之事，在当时社会中亦不少见。在上层贵妇包括国君妻妾中，更是出现了如陈国夏姬、卫国襄夫人、鲁国文姜、卫南子等那种所谓淫乱之女。而世间普通男女自主婚恋之风很是盛行——这一点我们可以从《诗经》中那些纯净的爱情诗中得到印证——彼时之男女，其再嫁再娶之事亦很寻常，人们也都以平常心待之，并没有人去指责他们有多么的不贞不洁。在这样一个我国历史上少有的崇尚纯美爱情，追求完美婚姻，贞节观念尚未形成的时期，我们要求息妫必须具备后代才有的这种贞操观，岂不是一种强迫息妫穿越时空的笑话？

不过，不管怎么说，因为息妫的绝世之貌，别人围着她做了很多事，让这个世界改变了不少，这倒是真的——虽然她从未主动去做过什么，甚至连话也懒得说——她以她那无与伦比的美貌，以她的坚忍顽强，给春秋那段历史，平添了几处涟漪，一抹亮色。

注 释

[1]《左传·隐公十一年》载："郑、息有违言，息侯伐郑。郑伯与战于竟，息师大败而还。君子是以知息之将亡也。不度德，不量力，不亲亲，不征辞，不察有罪，犯五不韪而以伐人，其丧师也，不亦宜乎！"

[2] 令尹，楚国官名，其地位相当于其他诸国的百官之首——相（到了战国时期，只有楚国仍然用令尹的称号，而其他国家先后设相）、丞相、总理大臣。其对内主持国事，对外主持战争，总揽军政大权于一身。令尹一职主要由楚国贵族当中的贤能来担任，且多为芈姓之族，亦有少数外姓之人如吴起、黄歇、李园等曾经担任令尹一职。

[3] 斗谷于菟，斗姓，名谷于菟，字子文，斗伯比之子，生于郧（今湖北省郧西、京山、安陆一带）。《左传·宣公四年》载："初，若敖娶于䢵，生斗伯比。若敖卒，以其母畜于䢵，淫于䢵子之女，生子文焉。䢵夫人使弃诸梦中。虎乳之。䢵子田，见之，惧而归。夫人以告，遂使收之。楚人谓乳谷，谓虎于菟，故命之曰斗谷于菟。"斗谷于菟出生在农历五月初五，他的母亲以为不祥，就弃之于云梦草泽中。传说他由母虎喂乳，后由䢵国君收养。楚国人称"乳"为"谷"，称"虎"为"于菟"，所以他就叫斗谷于菟。

斗谷于菟从楚成王八年（公元前664年）被任为令尹，执掌楚国军政大权二十七年，其间数次去职又复职，他均处之泰然。《论语·公冶长》："子张问曰：'令尹子文三仕为令尹，无喜色；三已之，无愠色。旧令尹之政，必以告新令尹。何如？'子曰：'忠矣。'"斗谷于菟为政公允，族中有人犯法，即责有司依法处理。他积极协助楚成王大力整顿内政，先后率军灭了弦国、黄国、英国，压制了蔡国、随国、徐国、江国等诸侯国，对于楚国的强盛，对于楚成王后来称霸中原，做出了巨大贡献。

斗谷于菟还是一位清廉勤政、律己恤民的总理大臣，颇为先进开明的思想家和政治家。《国语·楚语下》载："昔斗子文三舍令尹，无一日之积，恤民之故也。成王闻子文之朝不及夕也，于是乎每朝设一脯一束、糗一筐，以羞子文，至于今秩之。成王每出子文之禄，必逃，王止而后复。人谓子文曰：'人之求富，而子逃之，何也？'对曰：'夫从政者，以庇民也。民多旷者，而我取富焉，是勤民以自封也，死无日矣。我逃死，非逃富也。'"《战国策·楚策一》中亦载："昔令尹子文，缁帛之衣以朝，鹿裘以处，未明而立于朝，日晦而归食，朝不谋夕，无一日之积。故彼廉其爵，贫其身，以忧社稷者。"真乃现世之人应该学习的好榜样。

馆陶公主：为了女儿，让皇弟换了皇后换了太子

> 长公主嫖有女，欲与太子为妃，栗姬妒，而景帝诸美人皆因长公主见得贵幸，栗姬日怨怒，谢长主，不许。长主欲与王夫人，王夫人许之。
>
> ——《汉书》卷 97《外戚传》
>
> 窦太主恃功，求请无厌，上患之。皇后骄妒，擅宠而无子，与医钱凡九千万，欲以求子，然卒无之；后宠浸衰。
>
> ——《资治通鉴》卷 17《汉武帝建元二年》

故事背景：吕后·外戚专政

外戚是指皇帝的母族、妻族，也就是太后和自己皇后的家族。在西汉，自吕后专政取得巨大成功，外戚专政似乎成为一种时尚。希冀依仗娘家势力，依靠裙带关系而成为吕后第二，成了皇宫中身处高位的每一位女人的追求与梦想。这样外戚干政，又成了吕后之后每一位大汉皇帝最忌讳，最全力提防的事情。汉武帝时代，窦家、王家、田家、陈家、卫家，众多外戚势力纵横捭阖，左右着朝政，也左右着无数人的命运。雄才大略的汉武帝刘彻，自然不能容忍来自于任何方面的对于神圣皇权的威胁与侵犯，但他又很想依靠、利用外戚势力来排除政敌、打击异己，以达到平衡权势，巩固皇权之目的。这样，汉文帝女儿，汉景帝唯一的同母姐姐，汉武帝嫡亲的姑母兼岳母馆陶

公主,这位馆陶长公主、堂邑大长公主、窦太主,于宫里宫外朝廷上下左冲右突,自然会让历史荡起圈圈涟漪。

在河北省东南部,有一个县叫馆陶县。馆陶县东距济南一百五十公里,西至邯郸七十五公里,北离北京四百二十公里,总面积四百五十余平方公里。在春秋时期,馆陶原是晋国的冠氏邑,因其城西北七里处有陶丘,赵置驿馆于其侧,故名馆陶。馆陶建县,始于西汉初年。之后,在中国历史上,先后有四位公主食邑被封于此,因而被称之为"馆陶公主"。她们当中一位是汉文帝刘恒的女儿刘嫖,一位是汉宣帝刘询的长女刘施,第三位是汉光武帝刘秀的女儿刘红夫,另一位,则是时间相距比较远的唐高祖李渊的第十七个女儿(其名不详)。本章主人公,是这第一位馆陶公主刘嫖(piāo)[1],她是汉文帝刘恒有史料记载的两个女儿中的一个,汉景帝刘启唯一的同母姐姐,汉武帝刘彻嫡亲的姑母兼岳母。在史书上,刘嫖还有另一个称呼"窦太主",那是因为她的母亲姓窦(汉代尚留有母系遗风,如汉武帝太子刘据之母为卫子夫,所以又被称之为卫太子)。窦氏先后生了馆陶公主、景帝刘启和梁王刘武。关于刘嫖的生年,史无明确记载,我们只能考证出她的弟弟刘启生于公元前188年,此时他们的父亲刘恒还只是个诸侯王。公元前180年,刘恒登基,"立数月,公卿请立太子,而窦姬长男最长,立为太子。立窦姬为皇后,女嫖为长公主。"(《史记》卷49《外戚世家》)

汉文帝三年(公元前177年),刘恒将女儿刘嫖下嫁给了刚刚袭位,在功臣表上位列第86位的堂邑侯陈午。[2]从此,刘嫖又有了个新的称号:堂邑大长公主。

婚后,刘嫖生下两子一女。长子陈须(又称陈季须),次子陈蟜(音同"娇"),女儿就是"金屋藏娇"中的那个"娇",陈阿娇了。[3]当然了,虽然结了婚生了孩子,但相夫教子,可不是刘嫖这位堂邑大长公主的工作重点与生活兴致所在。窦太后早年即双目失明,虽然生有二子一女,可长子刘启整天忙于政务,次子刘武按照大汉的国家规制,又必须去封地梁国居住,不得长留京城,能够时常陪着她的也只有刘嫖这个女儿了。所以进宫陪母亲大人唠嗑解闷,成了馆陶公主婚后最为主要的日常工作之一。

初露峥嵘，储君易位

馆陶公主凭着自己特殊的身份，还经营着一项无本生利的副业。我们常常会说，皇上后宫佳丽三千，其实选入宫中的女子，加起来有时何止三千。这些汉宫掖庭待诏的美女们，从踏入宫门第一天起，便巴望能一朝得到皇上的宠幸。可皇帝只有一个，为了达到同一目的，这些佳丽们不约而同地走起了馆陶公主的门子，希望这位皇姐能够在弟弟面前多替自己美言几句。馆陶公主对这些宫嫔们的要求，总是来者不拒。这样不但让那些得到宠幸、赏赐、升迁的宫嫔们感激涕零，也让刘启心花怒放，对姐姐越发地重赏厚赐、言听计从起来。仗着太后的宠爱，景帝的纵容，馆陶公主在宫中很快就成为一个不可小觑的人物了。

此时景帝的后宫，统揽六宫的是薄皇后，"景帝为太子时，薄太后取以为太子妃。景帝立，立薄妃为皇后"。（《汉书》卷97《外戚传》）这位薄皇后，是景帝祖母薄太皇太后家的女孩，景帝的表妹，两人也算是青梅竹马了。据史载，薄皇后虽容貌稍显逊色，却也端庄贤惠，不失后妃之德。但是，"无子，无宠"。两人虽结婚多年，却始终未能生出个一男半女来，景帝也一直不太亲近她。贵为皇后，无儿无女，又一直得不到皇上的宠爱，这情形可就有点不妙了。果不其然，景帝前元二年（公元前155年）夏四月，这位薄皇后的靠山，文帝之母，景帝之祖母薄太皇太后一病逝，废后之议就开始在朝廷上下弥漫开来。不过念及多年夫妻情分，景帝没有即刻将她废去，而是先在公元前153年的夏四月，立自己庶长子，栗姬之子刘荣为太子，一直到两年后的景帝前元六年九月（公元前151年），他才下诏废黜了这位薄皇后。之后，这位一直未能得到丈夫半点宠爱，也没有子嗣的可怜皇后，在冷宫中挨到景帝中元三年（公元前147年）春正月，抑郁而终。

再来说说景帝的另一个女人栗妃。儿子被立为太子，现在皇后的位置也腾出来了，那接下来，母凭子贵，栗妃被立为新一任皇后似乎是顺理成章的事情了。更何况，景帝刘启跟栗妃感情本来就不错。刘启在做太子时所生的九个孩子，其中长子刘荣、次子刘德、三子刘阏于，都是这位栗姬所生（四子刘余、五子刘非、六子刘端出自程姬；七子刘彭祖、八子刘胜出自贾夫人；九子刘发出自程姬侍者唐姬。当太子刘启的第十子刘彻还在母亲肚子里时，汉文帝驾崩，刘启即位）。说她是第一个受到刘启宠爱的女人，说他们相互之间是初恋，恐怕一点也不为过。于是乎，朝廷上下几乎所有人都认为，栗妃之成为栗皇后，万事俱备只待时日，只是个时机、时间跟手续的问题了。

可偏偏这顶煌煌皇后之冠，却拐了个弯儿砸到了别人头上！

说起来，首先要怪的是栗妃情商太低，把握机遇的能力太差。但还有另外一个女人在关键时刻起了关键作用，她就是馆陶长公主。

原来，"长公主嫖有女，欲与太子为妃。"刘荣被立为太子之后，馆陶公主便看上了自己这位少年得志的侄儿，她派人给栗妃带话，说愿意亲上加亲，跟栗妃结为儿女亲家。可是馆陶公主不知道，或者说根本就没有意识到，由于她这几年的所作所为，她跟现任太子之母栗妃之间，早就结下了梁子了："栗姬妒，而景帝诸美人皆因长公主见得贵幸，栗姬日怨怒。"只图一时之利的馆陶公主这么些年不断把各色美女介绍给弟弟，这当然令曾经倍受宠爱的栗妃怒火中烧，恨不得要置这个大姑子于死地而后快。于是，栗妃"谢长主，不许"。她想都没想，就斩钉截铁地给回绝了。

嫉妒起来的女人，往往都不考虑后果。栗妃只图一时之快，却为自己及儿子敲响了丧钟。

眼看着做个既有名誉地位，又有财富实权的未来皇上丈母娘的美梦，给栗妃一句话打破了，馆陶公主自然气不打一处来，对栗妃也是恨得咬牙切齿：哼！多少年来只有我拒绝人家的，哪有人家拒绝我的！这宫中还有我办不成的事儿？！她眼睛骨碌碌转了几转，"欲予王夫人"，转身就跑到弟弟的另一个宠妃王夫人跟前，说愿意将女儿许配给她四岁的儿子，即景帝第十子，胶东王刘彻（小名彘儿）做媳妇。

这不是天上掉馅饼吗？不，是掉金饼啊！在宫中生活多年的王娡王夫人，对于这位长公主的身份、能量，及这种联姻的未来效应，当然再明白不过。于是，"王夫人许之"。（以上引文均见《汉书》卷97《外戚传》）她以儿子太小，两人年龄相差七八岁为由假意推脱几句，当场就答应了这门亲事[4]，同时定下的，还有馆陶公主的次子与王夫人的小女儿隆虑公主的联姻事宜。

当然，馆陶公主将女儿许配给小刘彻，而不是景帝其他几个儿子中的一个，倒也不是一时冲动，她自然有她的政治考量。心高气盛的馆陶公主当然不会满足于仅仅做个胶东王的丈母娘，她还要再搏一把。虽然现在皇上已确定了刘荣为太子，但历史早已昭示，天下最不稳定最易变的，就是这太子之位了。馆陶公主深知，她跟栗妃之间的梁子现在已经是越结越大了，栗妃对自己如此反感甚至痛恨，日后得势，哪里还会有她好果子吃？！与其任人宰割，坐以待毙，还不如来个先下手为强，趁着刘荣初立、栗姬地位未定之机，搅它一搅，让自己刚刚定下的这个小女婿能够走得更远，也让自己及女儿都能有个更好的锦绣未来。

此时，景帝刘启十四子中，前三子都是栗姬所生。余下的几个儿子，刘余好治宫室玩狗马，且口吃，刘非有才却为人骄奢，刘端为人贼戾，又不能近女色，刘彭祖巧佞卑谄，自然不讨人喜欢，刘胜沉溺于声色之中，刘发生母身微，母子都不可能受宠。如果说将来谁能继承皇位，除了刘荣三兄弟，当首推自幼聪明伶俐，深受景帝喜爱的胶东王刘彻了。而要搬开刘荣三兄弟，最好的也是最省时省事的办法，就是从他们的母亲下手。自古"母以子贵"，但这句话有时候也可以逆向思维，反过来理解。深谙宫廷政治之道的馆陶公主，明白这样的道理，也通晓具体的操作套路。于是自定下刘彻这个小女婿，馆陶公主便开始"日谗栗姬短于景帝曰：'栗姬与诸贵夫人幸姬会，常使侍者祝唾其背，挟邪媚道。'"她只要一有机会，就对弟弟说起，栗姬及宠姬们聚会时，常常让侍从在她们背后吐口水诅咒，施用巫蛊之术，以求能控制住别人，让自己能得到皇上永久的宠幸。

"媚道"，乃古代女性争宠的一种邪术，其方式有许多种，有的甚至还比较残忍血腥，"祝唾其背"，算是其中一种最为简单易行的巫术了。在汉代，人们对巫蛊之术总是深信不疑的，"景帝以故望之"。(《史记》索隐："望犹责望，谓恨之也。")俗话说，害人之心不可有，防人之心不可无。听了姐姐的话，景帝对栗姬不由得渐渐地厌恶愤恨起来：哼，朕待你可是不薄，你却在背后如此对付我！此后诏幸栗妃的次数，自然也是越来越少了。

但是不管怎么说，景帝对栗姬还是很有感情的，而且他也始终认为，太子刘荣，是最合适的皇位继承人选。有一次，景帝身体欠佳，心情也不大好，可能觉得自己来日无多了，就"属诸子为王者于栗姬，曰：'百岁后，善视之。'"他深情地拉着栗妃的手，吩咐她道：待我百年之后，希望你能善待刘荣的那些兄弟姐妹们，不要搞得手足相残，天下大乱——谁都能听得出来，景帝此言，已有托孤之意，他内心已是拿定主意，准备要把这大汉江山都交给栗妃、刘荣母子了。但也不知是哪根筋搭错了，抑或是仗着景帝对她一如既往的宠信吧，"栗姬怒，不肯应，言不逊"。栗妃不但连一句场面上的客套话都没说，而且立马柳眉倒竖，当着景帝的面，就出言不逊起来。听了这样的话，"景帝恚，心嗛之而未发也"。（《史记》索隐："嗛音衔，衔谓恨也。"）见栗妃如此反应，景帝自然痛心无比，只恨自己看错了人，差点酿下泼天大祸，但他还是忍住了，并没有当场发作。

虽然没有当场对栗妃怎么样，然而这样一闹，景帝即便是对栗妃再有感情，肚量再大，也不会再放心地把身后事，把整个家国毫无保留地交给他们母子俩了。而与此同时，"长公主日誉王夫人男之美"，馆陶又不断地到弟弟那里，夸王夫人所生这个小彘儿早慧聪明，伶俐好学。"景帝亦贤之"，刘启也开始渐渐喜欢上他这小儿子了。

当年，王夫人怀刘彻时，刘启还在太子位上。"王美人梦日入其怀。以告太子，太子曰：'此贵征也。'未生而孝文帝崩，孝景帝即位，王夫人生男。"梦见太阳入怀，那这个小家伙就是太阳神了，好征兆啊，做父亲的当然高兴了。果然，这个小男孩还没降生，孝文帝去世，太子刘启顺利即位。此后，这个"曩者所梦日符"之说，一直让景帝觉得这个小男孩还真有点来历不凡，还真是他老子的福星，现在这个小儿长得又这么招人喜欢，这么聪明伶俐，他心里也开始活动了："计未有所定"，是不是该应了上苍的兆示，把皇位传给这个小彘儿？

这一切，都被躲在幕后正瞪大眼睛伺机而动的馆陶公主跟王夫人她们掌握得一清二楚。二人心中都明白，景帝此时恼怒栗姬，心神不宁不知所措，但要让他废掉太子，则还需要再烧上一把火，且这把火必须时机合适、火候得当才能达到预期的效果，否则可能会引火烧身。经过一番精准算计与反复考量，在薄皇后被废黜，后位虚悬的四个月后的景帝前元七年（公元前150年）春正月，也就是在栗妃对景帝"言不逊"之后没多久，王夫人果断出手了，给了栗妃母子以致命一击。"王夫人知帝望栗姬，因怒未解，阴使人趣大臣立栗姬为皇后。大行奏事，毕，曰：'子以母贵，母以子贵，今太子母无号，宜立为皇后。'景帝怒曰：'是而所宜言邪！'遂案诛大行，而废太子为临江王。"（以上引文均见《史记》卷49《外戚世家》）乘着景帝怨恨栗姬，怒气未消之机，王夫人暗中派人催促大臣奏请立栗姬为皇后。放着天下大事不管，朝廷大臣居然管起了后宫内廷的事，景帝一听奏请，自然首先会想到这是栗妃在背后搞的鬼，他勃然大怒：这是你大行官（礼官）应该管的事、应该讲的话吗？要提也得是朕先提呀，用得着你来多嘴！唉，可怜这位大行官，人头落地了，还不知道自己是因何而死的。更可怜刘荣，一个十几岁的少年，坐在家里什么事也没干，什么错也没犯，就不明不白的由太子废为临江王了。[5]

这是景帝前元七年（公元前150年）正月的事情，三个多月后的四月乙巳，景帝即下诏，封王美人为皇后，之后，他立胶东王刘彻为太子。

而就在三年之前的这一天，刘启下诏立栗姬所生的皇长子刘荣为太子，同日封刘彻为胶东王。现在，两个人正好倒了个个儿：一个由太子变成诸侯王，一个则由诸侯王登上太子之位。如此变故，这幕后第一推手，当非馆陶公主莫属。

馆陶公主初露峥嵘，便让弟弟另择了皇后，新换了太子，让大汉帝国的未来换了一位更年轻的主人。而对馆陶公主自己而言，则是将仇家栗姬打入了冷宫，为女儿定下了太子妃、大汉皇后之位，为自己加冕太子丈母娘之光荣称号，定下了大汉皇上岳母的尊位，真可谓是大获全胜了。

助力女婿，却九千万买不来一个外孙

景帝后元三年（公元前141年）农历正月，虚岁才十六岁的太子刘彻顺利即位。他尊皇太后窦氏为太皇太后，皇后王氏为皇太后。封太子妃陈阿娇为皇后，馆陶长公主当然也再次升级，成为馆陶大长公主。

不过此时，馆陶公主并没有被一个个的荣誉蒙蔽了头脑。她始终睁大了眼睛，密切关注着宫廷内外，朝廷上下的动静。因为她知道，刘彻还太年轻。太子之位易变，这皇帝的职位，也不一定就是终身制。尤其是在刚上位的头几年，翻船的可能性还是很大的，她得给这个小女婿站好岗放好哨。

刘彻一上位，即网罗了一帮子人，高调开始了他的所谓改革。汉朝从建国到文帝、景帝当政,一直都实行与民休息,"无为而治"的政策。刘彻上任伊始,即听从大儒董仲舒之言,"废黜百家,独尊儒术",想废除"无为而治"的黄老思想,改弦易辙以儒家之术来治天下。为了防止别人阻碍他的改革,他还要求自己那些正当壮年的叔、伯、兄长们,不要再聚在京城长安,各人去各人的封国生活。这场"建元新政",当然惹得那些王爷贵胄们心里十分不爽。而其中火气最大,最为不满的,是刘彻的亲奶奶,双目失明的窦太皇太后。

史载:"窦太后好黄帝、老子言,景帝及诸窦不得不读《老子》尊其术。"(《汉书》卷97《外戚传》)好黄老之术,主张无为而治,这可是我大汉自开国以来就一直奉行的治国方略。这个毛头小孙子,上位没几天,竟然就坏我祖宗之法,他究竟想要干什么?这位窦老太太,当年景帝当政的时候,就一直希望大儿子日后能把皇位传给自己最宠爱的小儿子梁王刘武,为此还弄出了不大不小好几起事端,冤杀了好几位大臣。后来因为梁王早死,一切才烟消云散,可老太太这一口气还梗在心里没处撒呢,这下倒好,建元新政,这不又是添堵来了吗?于是,"及建元二年,御史大夫赵绾请无奏事东宫。窦太后大怒,乃罢逐赵绾、王臧等,而免丞相、太尉。以柏至侯许昌为丞相,武强侯庄青翟为御史大夫。魏其、武安由此以侯居家"。这位老太太索性将"隆推儒术,贬道家言"的魏其侯窦婴、武安侯田蚡以及赵绾、王臧等汉武帝所倚重的大臣来了个一锅烩:成了光杆儿一个,看你这个不知天高地厚的小皇帝还怎么折腾去?

此时在长安,"诸外家为列侯,列侯多尚公主,皆不欲就国,以故毁日至窦太后"。以窦太皇太后为中心,形成了一个反对新政,专门诋毁小皇帝的高级权贵小集团。随着聚会次数越来越多,这个小集团的目标也越来越明确,那就是制造舆论找准时机,把那个不听话的小皇帝拉下马来。就连武帝的亲舅舅武安侯田蚡,这时也感觉到了事态的严重性。他有一次在遇见淮南王刘安时,居然也急不可耐地拍起了马屁,为自己寻找起新的靠山来了:"上未有太子,大王最贤,高祖孙,即宫车晏驾,非大王立当谁哉!"(以上引文均见《史记》卷107《魏其、武安侯列传》)你看就连亲舅舅都望风而降准备另择其主了,不难想见当时的局势,已经严峻到了什么程度!

刘彻登基不到两年,羽翼未丰,根基不稳。由于缺乏宫廷斗争的经历与经验，可能他自己还未意识到事态的危急性，但馆陶公主再也坐不住了。她频频出入东宫，不断以各种招数去化解祖孙俩之间的分歧与矛盾，再不断晓以利害，甚至带点危言耸听，让她老娘明白，一言九鼎的她如果此时出言稍有不慎，弄不好就会天下大乱，真是那样的话葬送的可不仅仅是她那不听话的孙儿，而是整个刘氏江山。同时，她也劝慰刘彻。于是刘彻每天一下龙椅，就赶去东宫，各种金银玉石也是尽挑贵重的可着劲儿送，直哄得窦老太太瞎眼眯成了一条缝，再也不提撤换小皇帝这茬子事儿了。

就这样，馆陶公主凭着其特殊身份、地位与影响力，将一场不大不小的政治风波，化于无形。立下如此大功，馆陶公主自然恃功自傲，对皇帝女婿邀功请赏，"求请无厌"起来。而陈阿娇也挟母亲之势，变得"骄妒"无比。

想想刘彻也真是够可怜的。一边是姑母兼丈母娘，大恩人，一边又是表姐、妻子，当朝皇后。这大汉王朝最具权力的三个人搅在一起，馆陶公主又如此强势，刘彻不焦头烂额才怪。"初，堂邑侯陈午尚帝姑馆陶公主嫖，帝之为太子，公主有力焉；以其女为太子妃，及即位，妃为皇后。窦太主恃功，求请无厌，上患之。皇后骄妒，擅宠而无子，与医钱凡九千万，欲以求子，然卒无之；后宠浸衰。"刘彻处理完朝政，还得打起精神对付她们母女俩。特别是陈阿娇，真是不让人省心啊。想当初景帝之所以废发妻薄氏，是因为薄氏无子，后来弃宠妃栗姬而不立，则是因为栗姬好嫉妒，不能容人，而这位大汉陈皇后，是既无子，又骄妒，还擅宠胡闹。摊上这样的老婆，让人情何以堪啊。

女儿结婚几年，肚子里一点动静没有，馆陶公主急坏了。因为她知道，无子的皇后再怎么强势，后台再怎么硬，也终有失宠被废的一天。真到了那一天，恐怕就连亲妈亲奶奶窦太皇太后都不会站在她娘儿俩这一边。于是乎，心急如焚的馆陶公主四处托人为女儿寻医问药。短短几年，她花在医生身上的钱，竟然达九千万之巨——汉文帝曾经说过，"百金乃中人产"，家有百金，就可称得上是富裕平民了——想想这九千万钱，该是怎样的一个天文数字！

花钱如流水倒还罢了，更要命的是，"欲以求子，然卒无之"，九千万钱撂下了水，竟然连水漂都没有打一个。几大车药吃下去，馆陶公主朝思暮想的外孙，依然连影儿都没有。

这时候刘彻也有点坐不住了。前一阵群臣以无太子为由，要立他的叔父淮南王刘安为继承人，进而赶他下台。儿子决定老子的命运，宫廷斗争就是这么残酷。于是，为了能够抱上儿子，刘彻频频召幸其他宫女。这样，"后宫浸衰"，这皇后宫里，他自然也就很少去了。

每天独守空房对"骄妒"惯了的陈阿娇而言，真是百爪挠心要了命了。在跟丈夫大闹几场不欢而散之后，她哭哭啼啼回了娘家，要母亲去为她夺回丈夫。

听完女儿的哭诉，馆陶公主也感觉到了事态的严重性，她二话没说，立马就去了太后宫，找她的铁杆盟友王娡。

作为在宫中摸爬滚打沉浮了几十年的老手，王太后一听就知道是怎么回事儿了。她一面好言安慰这位不好惹，也惹不起的亲家母，一面派人去把儿子叫了来："汝新即位，大臣未服，先为明堂，太皇太后已怒；今又忤长主，必重得罪。妇人性易悦耳，宜深慎之！"儿啊，你才刚刚上位，朝中老臣们还都没有真正捋顺了呢。记得前一阵子，你为了尊崇儒家之法，盖明堂太学，太皇太后勃然大怒，硬是逼着你杀了两个亲信大臣的事吗？现在再为了这儿女情长惹毛了馆陶公主，你这不是引火上身自寻麻烦吗？儿啊，女人其实是很好哄的，不过喜欢听几句好话希望别人多多关注她而已，你可千万要小心，别因为这点家务事阴沟里翻了船！"上乃于长主、皇后复稍加恩礼。"（以上引文均见《资治通鉴》卷17《汉武帝建元二年》）听了母亲的教诲，刘彻又开始小心翼翼地扮演着好女婿好丈夫的角色，像以前一样对她们母女俩恩礼相待了。一场后宫危机，就这样被王太后化于无形。

但是自以为夺回皇上专宠，正沾沾自喜的馆陶公主母女并不知道，一场由一位灰姑娘所引发的更大的人生危机，正等着她们娘儿俩呢。

灰姑娘进宫，弄巧成拙帮女儿倒忙

建元二年（公元前139年）的三月上旬巳日，也就是农历的三月初三这一天，刘彻例行公事，前往渭水之滨的霸上，主持"修禊"大典。（修禊，古人三月三日在水边被除不祥的一种风俗。《后汉书·礼仪志》："是月上巳，官民皆洁于东流水上，曰洗濯祓除，去宿垢，为大洁。"）大典结束后，生性好玩的刘彻去了一母同胞的大姐平阳公主家。谁知这一去不打紧，他竟然一见钟情地看上了姐姐家的一名叫卫子夫的"讴者"（歌女）。平阳公主自然乐得做个顺水人情，"因奏子夫奉送入宫"，就把卫子夫好好打扮一番，送给了弟弟。（详见下一章《平阳公主》）

丈夫身边突然冒出个美女来，这自然逃不过统摄六宫的阿娇皇后的眼睛。再一打听，原来这位新上位的小美女不过是平阳公主家的一名奴婢，这就更让陈阿娇气不打一处来了。刘彻一看大事不好，不等到皇后横眉竖目找上门来，就主动把卫子夫交给了太监，安排她去当了一名役使的下人。此后，"入宫岁余，竟不复幸"，也不知是因为"惧内"，还是压根儿就忘了这码事儿，一年多了，他都没有再跟卫子夫见面。

然而真是有情人终成眷属。一年多之后，戏剧性的感人一幕出现了："武帝择宫人不中用者，斥出归之。卫子夫得见，涕泣请出。上怜之，复幸。"按照惯例，宫中要释放一批已经服役到期的宫女返乡嫁人，卫子夫抓住这个机会求见汉武帝，请求放她出宫。虽然穿着粗使宫人的衣服，也未曾精心梳洗打扮，但那楚楚可怜的卫子夫一出现，刘彻还是一眼把她认了出来，一把紧紧抱住了她。顷刻间，两人便好似久别恋人般，烈火干柴，燃烧得不可收拾。

一番激情过后，刘彻找来心腹之人，把卫子夫悄悄安置于上林苑一间密室——这回真的是金屋藏娇了，可惜藏的不是阿娇之"娇"——从此上林苑，成了汉武帝除了上朝以外去得最多的地方。没过多久，卫子夫竟然怀孕了。

真是上苍垂怜！在备受煎熬、望眼欲穿几年之后，终于要当爸爸了。这一下刘彻堂堂正正、大张旗鼓地把卫子夫接进了宫，"尊宠日隆"，恨不得把整个江山都拿来堆在她面前。

这可把陈皇后给气坏了。"闻卫子夫大幸，恚，几死者数矣。上愈怒。"（以上引文均见《史记》卷49《外戚世家》）堂堂大汉皇上，竟然如此自甘堕落，跟贱奴勾搭留下野种，心中还有没有江山社稷，眼里还有没有我这个皇后？这宫中的规矩还要不要了？可是她闹了几次，结果却适得其反：越闹，丈夫就离她越远，越闹，刘彻就越觉得卫子夫可爱，越不愿搭理她。有时闹得实在太凶了，惹得刘彻火气上窜忍无可忍，也就口不择言带枪夹棍了：你说人家是贱奴，可人家没几天就为朕怀上了龙种。你专宠这么多年，钱也花了千千万，怎么至今肚子却一点动静都没有？你有什么资本去说人家，有本事你也给朕生出个一儿半女来！

从小就养尊处优，什么事都是别人顺着她的陈阿娇哪里受过这样的夹棍气。她哭着跑回娘家，再次向她那个万能的妈求救去了。

听完女儿的哭诉，馆陶公主也是欲哭无泪：真是担心什么就来什么，看来女儿真正的麻烦来了。

也算是情急生智吧，看着女儿哭丧着的脸，馆陶公主突然心里一亮：卫子夫处于深宫又怀着身孕，谁也奈何不了她，那卫家其他人，还不是咱砧板上的鱼肉！原来，这卫子夫的母亲，乃是平阳公主家的一名家奴，嫁了个男人姓卫，所以人称卫媪。这卫媪在生了卫长君、卫君孺、卫少儿以及卫子夫后，又跟在平阳侯家中供职当差的一个叫郑季的平阳县小吏私通，生了个儿子。卫媪自己可能也觉得这件事情做得有点丢人，就让这个儿子也"冒姓卫氏"，取名卫青。卫青小时候曾被送到亲生父亲郑季的家里，但"其父使牧羊。先母之子皆奴畜之，不以为兄弟数"。卫青稍大一点后，不愿再受郑家奴役，就又回到母亲身边。卫青长大后，平阳公主看他一表人才，便让他做了骑郎，整天跟随自己牵马护卫。卫子夫进宫后，卫青也相随入宫，"给事建章"，当了一名建章卒。现在馆陶公主要拿卫家人出气，这个卫家小男人自然是首要人选，"大长公主执囚青，欲杀之"。她派人把卫青抓起来，准备杀了他，给自己，也给女儿出出这口恶气。

好在卫青人缘不错，交了不少好朋友，"其友骑郎公孙敖与壮士往篡取之"。（以上引文均见《史记》卷111《卫将军骠骑列传》）其中有一个当年的"同事"叫公孙敖的，听说卫青被馆陶公主囚禁，二话没说，硬是组织人手冒险劫狱，把卫青从鬼门关上给抢了出来。

人是完整无缺给救回来了，但这梁子肯定是结下了，躲得过今天，能躲得过明天吗？越想越后怕的卫子夫无奈之下，只好带着卫青去向武帝求救。

听完心上人的哭诉，刘彻肺都要气炸了！堂堂大汉皇帝，竟然连自己的小舅子都保护不了。他干脆一不做二不休，"乃召青为建章监、侍中，赏赐数日间累千金。既而以子夫为夫人，青为太中大夫"。（《资治通鉴》卷17《汉武帝建元二年》）他立马就任命卫青为上林苑建章宫总管"建章监"，让他就在他的姐姐身边当差,还顺手给了他一个侍中的官衔。不但如此,汉武帝还在几天之内,赏赐给卫家价值千金的财物。不久,他又下诏,封卫子夫为"夫人",让她成为仅次于皇后的正式妃嫔,又让卫青连升几级,当上了"太中大夫"。

馆陶公主万万没有想到,自己一时鲁莽,竟然给女儿帮了一个倒忙。现在不但卫子夫的地位更加稳固,卫家人也从此平步青云,走上了显贵之路,任何人也奈何不了他们了,"孺为太仆公孙贺妻。少儿故与陈掌通,上召贵掌。公孙敖由此益贵"。(《史记》卷111《卫将军骠骑列传》)由武帝指婚,卫子夫的长姐卫君孺嫁给了太仆公孙贺,二姐卫少儿原来就跟开国功臣陈平的曾孙陈掌私通,武帝便招来陈掌,封官赏爵,就连公孙敖,也因此发达起来(后因战功被封为合骑侯)。此后数年,卫青被汉武帝委以重任,率军出击匈奴,一战成名,并从此一发而不可收,七战七捷,横扫大漠,从而拜将封侯,谱写出一段开疆拓土的辉煌历史,让卫家一时成为天下第一显贵,风光无限——而所有这些,馆陶公主无疑是立下了"头功"。

公元前135年,窦太皇太后去世。临终前,她念念不忘自己最心爱的女儿,"遗诏尽以东宫金钱财物赐长公主嫖"。钱是有了,但是疼爱自己的母亲走了,最大的靠山没了,馆陶公主忧伤无比。她知道现在刘彻的皇位已经稳固,也根本用不着再忌惮她这个姑妈了。虽然看在她的功劳上,刘彻还是让阿娇当着皇后,对她也还算客气,但是往昔母女俩呼风唤雨的时代,无疑是一去不复返了。

现在外祖母走了,母亲也很少来了,丈夫的影儿更是难得一见,独居深宫的陈阿娇,感到凄清无助,也越来越感受到了来自四面八方的威胁。她不甘心将自己所拥有的这无与伦比的荣华富贵,特别是那至高无上的丈夫,就这么拱手让给了别人。但是她心里也很清楚,现在外祖母去世了,母亲也是指望不上了,要改变自己的命运,只有靠自己出手了。于是,她想到了巫蛊。

巫蛊,这是自古就有的一种民俗信仰,主要是以巫术,比如诅咒、射偶人和毒蛊等来加害于仇敌,以达到自己不可告人的目的。自古以来,很多人对巫蛊的威力深信不疑。汉代,这种诅咒蛊惑之术一度十分盛行,故大汉律法规定,对巫蛊者一律处以死刑。但陈皇后可管不了什么法律不法律,她派人把一名叫楚服的女巫悄悄接进宫中,让她天天请神作法并传授"妇人媚道"，乞愿卫子夫母子早日死于非命，希望刘彻能回心转意回到自己身边来。

本来，陈阿娇做这些，都是背着人悄悄进行的。可世上没有不透风的墙，更何况是在人多嘴杂的宫中。风言风语很快就传到刘彻耳中，本来就喜欢求仙问道对神鬼之事深信不疑的他，听说后害怕之极，指派御史张汤全权彻查此事。

手执尚方宝剑，又有大刑伺候，酷吏张汤刨根挖底，很快就让这起"巫蛊案"真相大白。于是，血腥的一幕出现了，"女子楚服等坐为皇后巫蛊祠祭祝诅，大逆不道，相连及诛者三百余人，楚服枭首于市"。愤怒之极的汉武帝不但派人把女巫楚服绑赴街头砍头示众，还辗转牵连让三百多人由此丢掉了性命。当然，收拾完了这些倒霉蛋，刘彻也不会放过这起巫蛊案的始作俑者，他那亲爱的表姐兼皇后陈阿娇。元光五年（公元前130年）七月乙巳日这一天，他正式下诏收缴了陈阿娇的皇后玺绶，把她送进了当年馆陶公主为讨好他而送给他的长门宫："使有司赐皇后策曰：'皇后失序，惑于巫祝，不可以承天命。其上玺绶，罢退居长门宫。'"（以上引文均见《汉书》卷97《外戚传》）

诏下，馆陶公主吓得魂飞魄散！这一次，她终于尝到了她这个侄儿皇帝的厉害。既惭且惧的她连忙大妆进宫，扑通一声跪倒在地，一边连连磕头，一边向侄儿赔罪不已。

看着昔日不可一世的姑妈跪在自己脚下，刘彻心里真是好不舒坦。不过他总算还眷念旧情，连忙走上前来把姑妈扶了起来，"皇后所为不轨于大义，不得不废。主当信道以自尉，勿受妄言以生嫌惧。后虽废，供奉如法，长门无异上宫也"。（《资治通鉴》卷18《汉武帝元光五年》）阿娇所作所为已经违背家法国律，朕不得不废了她。姑妈你还要放宽心些，不要因为别人的那些谣言妄语而担惊受怕。姑妈请放心，我已经吩咐过了，阿娇虽然不再是皇后，但是她所有的待遇保持不变。她住在长门宫和住在皇后宫没有区别。

看来母女俩的命是保住了。馆陶公主长出一口气，慢慢回了家。

但馆陶公主心中还是有点愤愤不平，她数次当着平阳公主的面，很不服气地抱怨道："帝非我不得立，已而弃捐吾女，壹何不自喜而倍本乎！"当年要不是我，他刘彻能有今天，能坐上龙椅？！不去报答我倒也算了，反而把我女儿给废了，这不是个过河拆桥的白眼狼吗？平阳公主回答她："用无子故废耳。"(《史记》卷49《外戚世家》)姑妈你难道还不明白,不能生育的皇后,挪位那是早晚的事啊,要怪还是怪你家女儿肚子不争气吧。这平阳公主还真是聪明,一句话就把馆陶公主所有的话、所有的委屈,都噎在肚子里了。

公元前128年,也就在陈阿娇退居长门宫两年之后,卫子夫生下了刘彻的长子刘据,母凭子贵,刘彻封卫子夫为大汉皇后(元狩元年,即公元前112年,武帝封刘据为太子)。这时候的馆陶公主,除了上表祝贺,恐怕已是什么想法也没有了。[6]

老牛吃嫩草,开风气之先

公元前129年,馆陶公主的丈夫,阿娇的亲爹陈午因病去世,"主男须嗣侯",其子陈须继位为堂邑侯。就在丈夫去世后不久,年届五十的馆陶公主,被爆出了一个惊天绯闻,"私近董偃"。

其实,早在陈午去世之前,这一段不伦之恋就已经悄悄上演了。我们且来看《汉书》卷65《东方朔传》中的一段记载:

"初,帝姑馆陶公主号窦太主,堂邑侯陈午尚之。午死,主寡居,年五十余矣,近幸董偃。始偃与母以卖珠为事,偃年十三,随母出入主家。左右言其姣好,主召见,曰:'吾为母养之。'因留第中,教书计相马御射,颇读传记。至年十八而冠,出则执辔,入则侍内。为人温柔爱人,以主故,诸公接之,名称城中,号曰董君,主因推令散财交士,令中府曰:'董君所发,一日金满百斤,钱满百万,帛满千匹,乃白之。'"

董偃在十二三岁的时候,经常跟着做珠宝生意的母亲出入馆陶公主府。馆陶公主几次听左右人说,这个男孩长得很是清俊可爱,便让家人把他带过来瞧瞧。一看,果然名不虚传,她便对董母说:"把他留在府里,我来帮你抚养他吧。"董偃从此就留在了公主府。此后几年,不但是饮食起居,"女慈善家"馆陶公主对小董偃的"义务教育",那也是高水准严要求,除了请人教他读写、算术等基础性课程,还到处找人教他骑马、射箭,让他广泛涉猎各种经史典籍,以培养他高尚的情操与高贵的气质风度。几年之后,董偃十八岁了，俨然一温文尔雅、英俊帅气的翩翩美青年，馆陶公主便让他"出则执辔，入则侍内"，成天不离左右。由于才质俱佳，品性又温和，加之又是馆陶公主的近侍，董偃很快就声名鹊起，在长安城许多公卿名人都争着和他交往，大家都尊称他为"董君"。就跟她当年给女儿阿娇寻医问药一样，馆陶公主对这位由她一手打造的，长安城新上位的交际明星的日常开销，也是一点也不吝啬。她特地嘱咐账房，凡是董偃要用的，只要一天内不超过一百斤金子、一百万钱、一千匹帛的上限，就没有必要报她批准，任凭他去用，只有在超过了这个上限时，才告诉她一声儿。

馆陶公主与董偃，两人相差近四十岁。如此悬殊的年龄，按道理应该是不会有什么男女私情之类的绯闻的。但不知是馆陶公主高处不胜寒太过寂寞，还是董偃从小跟着母亲有恋母情结，抑或是怀着一种报恩心理无法拒绝，总之，也不知从什么时候开始，两人的关系发生了质的变化。老牛吃嫩草！风言风语也很快在京城传了开来。

这时候，有个人，看出问题来了。

在汉代，有关主仆等级关系的规制是很森严的，名为主仆而发生男女之情夫妻之实的，那是绝不允许甚至是要杀头的。因"私通母婢"而掉脑袋的王侯贵胄，也不止一个两个。在董偃所交往的朋友中，有一位住在文帝安陵附近的爰（袁）叔，他是汉初名人爰盎的侄儿，他就看出了问题的严重性。有一天，他忍不住提醒董偃："足下私侍汉主，挟不测之罪，将欲安处乎？"你老兄如此侍奉公主，万一被皇上知道了，那还了得？难道你就没有一点危机感，就打算这样若无其事地过下去吗？其实，董偃内心也有这样的担心，便问他自己该怎么办。爰叔给他出了个主意："顾城庙远无宿宫，又有萩竹籍田。足下何不白主献长门园？此上所欲也。如是，上知计出于足下也，则安枕而卧，长无惨怛之忧。久之不然，上且请之，于足下何如？"我注意到，皇上在祖坟安陵附近没有像样的行宫，每次来祭祀，他老人家连个休息的地方都没有。听说馆陶大长公主的私家园林正好就在安陵旁边，你何不劝说公主将园子主动献给皇上？只要皇上知道这是你的主意，那你不就高枕无忧了？反过来说，如果你们不主动献园，等到皇上开口讨要的时候，那你还有解套的机会吗？

董偃一听，对呀，是这么个理呀，我怎么就没有想到呢？几天之后，馆陶公主特地上表，称愿意将安陵旁边的园子敬献给皇上（刘彻后来将这座园子改名为长门宫，这也就是后来阿娇被废后幽居的地方，天意乎！），并特意让董偃给爱叔送了一百斤黄金以示感谢。

收了重礼的爱叔，又开始为董偃"画求见上之策"，他教董偃让馆陶公主装病不上朝，好把皇上给骗过来。

刚刚收了姑妈的大礼，这姑妈生病了，刘彻当然得去关心一下了：姑妈你安心养病，有什么事要我做的，尽管说，侄儿一定办到。馆陶公主等的就是这句话呀，于是刘彻话音未落，她便迫不及待地说："愿陛下时忘万事，养精游神，从中掖庭回舆，枉路临妾山林，得献觞上寿，娱乐左右。如是而死，何恨之有！"馆陶公主这话说得非常的冠冕堂皇，典型的官方语系，其实意思很简单：侄儿你如果能够拨冗赏光，退朝下班后起驾回銮时拐个弯儿到姑妈我这个山林别府来，让我能够有机会给你倒杯酒，祝你万寿无疆，做姑妈的不胜荣幸之至啊。

聪明绝顶的武帝马上明白了姑妈的良苦用心，一口应允下来。

见武帝答应了自己的要求，馆陶公主的病立马就好了。刘彻前脚回到宫中，她后脚紧跟着就进了宫，向皇上与大臣们发出了正式邀请。武帝满口答应，并特地送了她一千万现钱，作为接待自己和群臣的费用。

几天后，武帝果然依约来到馆陶公主的山林别墅。"上临山林，主自执宰敝膝，道（导）入登阶就坐。坐未定，上曰：'愿谒主人翁。'"馆陶公主身着仆妇衣服，围着围裙，低声下气地在前面引导着侄儿的銮驾上坡进山。刘彻一边落座，一边漫不经心地说："我还想谒见主人翁呢，姑妈还不快快令他出来？"一听这句不知是在讽刺挖苦还是幽默取笑，充满了变数的话，馆陶公主脸"刷"的一下就白了。她匆忙下殿，摘去发簪耳环，披散头发，赤着脚匍匐于地："妾无状，负陛下，身当伏诛。陛下不致之法，顿首死罪！"还真有自知之明，知道自己行为无状，犯下了死罪，能活到今天已经很幸运了。现在除了磕头认罪，任凭侄儿皇帝处置，又还能说什么呢？

见曾经不可一世的姑妈惊恐如此，汉武帝不禁哑然失笑。他一手拉起姑妈：谁说要治姑妈的罪，我是真心想要见见你家主人翁呢。见侄儿真的没有生气，又不像是来兴师问罪的样子，馆陶公主连忙转身把自己收拾一番，到东厢房把董偃引了出来，"董君绿帻傅韐，随主前，伏殿下"。董偃戴着绿帻头，套着青袖套，一副厨人的打扮，跟着馆陶公主出来跪在殿下，噤若寒蝉。公主代他奏道："馆陶公主疱人、臣偃昧死再拜谒。"

明明是说要见主人翁，怎么拉出个厨子来？天地可鉴，为了这个小情人，姑妈也真是煞费苦心了。刘彻忍住笑，走上前去将董偃拉了起来。哎呀，果然气度不凡，姑妈真是好品位。但如此妙人儿，怎么能穿疱人的衣服呢，岂不是白白浪费了这一身好皮囊。于是，"有诏赐衣冠上"，刘彻当场下诏，赐以衣冠，令其上坐。

换上了衣冠，与众大臣同几而坐，董偃的"主人翁"身份，算是得到了最高领导的正式认可。"当是时，董君见尊不名，称为'主人翁'，饮大欢乐。主乃请赐将军列侯从官金钱杂缯各有数。于是董君贵宠，天下莫不闻。"至此，出手大方，拿捏精准的馆陶大长公主终于如愿以偿，不但凭着其出色表演将剧情成功逆转，为她的小情人争得了名分，还顺手将其推向了"贵宠"之路，推上了更高的人生舞台。

谁说老牛不可以吃嫩草？馆陶公主就是馆陶公主，虽然五十多岁了，还是威风不减当年，一出手就是大手笔。

此后，与刘彻年龄相仿，擅长于各种游戏，精通多种寻开心法子的董偃，成了汉宫中的常客，经常去陪武帝斗鸡跑马、蹴鞠比武。"郡国狗马蹴鞠剑客辐辏董氏。常从游戏北宫，驰逐平乐，观鸡鞠之会，角狗马之足，上大欢乐之。""大欢乐之"的武帝一时兴起，决定给董偃一个额外的恩典：在皇宫正殿的宣室，以国宴宴请董偃和馆陶公主两人。

可就在这个时候，有个人站出来，决绝地将董偃挡在了门外。

这个人就是东方朔。[7] 他振振有词地对武帝说："偃以人臣私侍公主，其罪一也。败男女之化，而乱婚姻之礼，伤王制，其罪二也。陛下富于春秋，方积思于《六经》，留神于王事，驰骛于唐虞，折节于三代，偃不遵经劝学，反以靡丽为右，奢侈为务，尽狗马之乐，极耳目之欲，行邪枉之道，径淫辟之路，是乃国家之大贼，人主之大蜮。偃为淫首，其罪三也。昔伯姬燔而诸侯惮，奈何乎陛下！"陛下，董偃犯有三条可杀之罪啊：其一，他以家臣的身份，私侍公主；其二，他伤风败俗，搞乱婚姻礼制，有伤先王制度；这第三嘛，陛下正当青春盛年，正须积思六经，留心王事，追慕唐虞政治，敬仰三代教化，以成就一番千秋伟业，可这个董偃却引得皇上成天沉湎于靡丽奢佞，专注于声色犬马，其乃国家之大贼，社会之大害啊，这样的人早就该杀！这死罪之人又怎能进入宣室？史载春秋时宋国宫中起火，伯姬[8]宁可失去最佳逃生时机被活活烧死，也要等着跟保姆一起走。连她都能如此守礼守制，为天下人做出表率，令诸侯敬畏，更何况是陛下您呢？

一番鸿篇大论，直噎得武帝刘彻哑口无言，但他还是不愿就这样得罪了他的"董君"。"上默然不应，良久曰：'吾业以（已）设饮，后而自改。'"但东方朔以宣室乃先王正殿，不是讨论国事不能进去为由，坚持不让小白脸董偃进门。刘彻自知理屈，只得下诏将酒宴改摆到了北宫，让董偃从东司马门进宫（后来东司马门改称为东交门，成了奴仆下人进出之道）。而为了给自己脸上贴金，他还当场奖给东方朔黄金30斤，以表彰其犯颜直谏与耿耿忠心。

此后，"董君之宠由是日衰，至年三十而终"。难得进宫，失去了皇上宠爱的董偃，年纪轻轻三十岁就去世了。

心爱的小情郎没了，馆陶公主整天闷闷不乐，过了没几年，公元前116年，即郁郁而终。临终前，她特地要求武帝将她与董偃合葬。刘彻答应了姑妈的要求，将两人合葬于霸陵。"是后，公主贵人多逾礼制，自董偃始。"（以上引文均见《汉书》卷65《东方朔传》）后人多认为，公主贵人们多越礼逾制之事，就是从馆陶公主和董偃他们开始的，这两人也算是无意中开一代风气之先了。

关于馆陶公主身后儿女之事，史书有一段简短的记载："十余年，主薨。须坐淫乱，兄弟争财，当死，自杀，国除。后数年，废后乃薨，葬霸陵郎官亭东。"（《汉书》卷97《外戚传》）馆陶公主的两个儿子堂邑侯陈须和隆虑侯陈蟜在母丧期间，因犯男女奸情并兄弟争财，按罪当死，最终兄弟二人皆畏罪自杀，堂邑侯位被除。又过了几年，四十多岁的陈阿娇病逝于长门宫，武帝以妃之礼将她葬于长安东南三十里的霸陵郎官亭东。

因为热衷于权势，再加之不知收敛的个性，馆陶公主一生，享尽人世间顶级的荣华富贵，但也招惹了不少是非祸患。在很多人的眼里，馆陶公主可能算不上是一位好女人、好妻子、好母亲，但她无意间却为中国历史制造出了一位雄才大略的皇帝和王娡、陈阿娇、卫子夫三位非同一般的皇后。也正是在她的"照拂"之下，后来令匈奴闻风丧胆的大将军卫青，一跃而登上历史舞台，为我大汉民族开疆拓土，也铸造出一段辉煌人生（详见下一章）。在她所选中的汉武帝刘彻手中，中国封建社会抒写出了前所未有、光耀千秋的盛世华章，我大汉民族正式融合成形，儒家思想也正式登上庙堂成为统治阶级思想，儒家文化开始体系化并逐渐成为中华文化之根基、主脉，我华夏民族，奏出了第一波时代最强音符。而金屋藏娇、卫子夫丑小鸭变天鹅，以及"主人翁"的故事等，长期以来更是被人们所津津乐道，给了无数文人骚客提供了永不枯竭的话题与灵感。

馆陶公主，堪称一位高级人生设计师、规划师，她一生都在高水平高品位地规划自己及家人的人生美景，却一生都在规划设计着别人。纵观其一生，很多人的命运因她而改变，历史发展也因她之所作所为而出现种种异数。馆陶公主，她是一位无意间为中国历史涂上了浓墨重彩的了不起的公主。

时时为我，却处处为人，其为馆陶乎！

注　释

[1] 汉代，王侯、公主都是以所封地命名，比如诸侯王封在梁国称梁王，列侯封在平阳县称为平阳侯，公主封在馆陶县就叫馆陶公主。此外，因公主的夫家必须是列侯，所以汉代也用夫家的封邑称呼公主，刘嫖嫁与堂邑侯陈午，所以又被称为堂邑公主，汉武帝姐姐阳信公主嫁给平阳侯，所以又称平阳公主。

[2] 陈午是陈婴的孙子。班固《汉书》卷16《高惠高后文功臣表》："堂邑安侯陈婴。以自定东阳为将，属楚项梁，为楚柱国。四岁，项羽死，属汉，定豫章、浙江，都浙，定自为王壮息，侯，六百户。复相楚元王十二年。十二月甲申封，十八年薨。"陈婴家族原是安徽省东阳县的望族，陈婴是一个小文吏。陈胜、吴广起义时，东阳县的起义军请陈婴来当义军首领，陈婴听从母亲的建议，投靠项梁门下。项梁兵败后又投靠刘邦。在汉高祖功臣列表中，陈婴位列倒数第二。当时堂邑侯封邑仅六百户，因陈午当过楚国丞相，堂邑侯封邑才增加到一千八百户。

[3] 刘嫖女儿究竟叫什么，史书不详，志怪小说《汉武故事》称其小名叫阿娇，此名从何而来已不可知，很可能是化其兄陈蟜之名而命之，后世习

惯以"陈阿娇"称呼之,其真名已不可考。

[4] 志怪小说《汉武故事》中在写到这一段时,还讲述了一个"金屋藏娇"的故事:帝(武帝刘彻)以乙酉年七月七日旦生于猗兰殿。年四岁,立为胶东王。数岁,长公主嫖抱置膝上,问曰:"儿欲得妇不?"胶东王曰:"欲得妇。"长主指左右长御百人,皆云不用。末指其女问曰:"阿娇好不?"于是乃笑对曰:"好!若得阿娇作妇,当作金屋贮之也。"长主大悦;乃苦要上,遂成婚焉。这就是后世流传甚广的"金屋藏娇"故事的由来。

[5] 刘荣死于景帝中元二年(公元前148年),《史记》卷59《五宗世家》载:临江闵王荣,以孝景前四年为皇太子,四岁废,用故太子为临江王。四年,坐侵庙壖垣为宫,上征荣。荣行,祖於江陵北门。既已上车,轴折车废。江陵父老流涕窃言曰:"吾王不反矣!"荣至,诣中尉府簿。中尉郅都责讯王,王恐,自杀。葬蓝田。

有人控告刘荣侵占祖宗庙地修建宫室,景帝征刘荣觐见,想问个究竟。刘荣到达中尉府,中尉郅都责讯他时态度恶劣,刘荣因恐惧而自杀,死后被葬于蓝田(今陕西省西安市蓝田县)。至于他的母亲栗妃,《史记》卷49《外戚世家》载:"栗姬愈恚恨,不得见,以忧死。"

[6] 历史上有陈阿娇被废后以重金购得司马相如的《长门赋》献给武帝以求得再次被宠幸的说法,此说最初出于梁萧统《昭明文选》中《长门赋序》:"孝武皇帝陈皇后,时得幸,颇妒。别在长门宫,愁闷悲思。闻蜀郡成都司马相如天下工为文,奉黄金百斤,为相如、文君取酒,因于解悲愁之辞。而相如为文以悟主上,陈皇后复得亲幸。"一般认为《长门赋》的作者是司马相如,但也有人认为是托名之作,不是司马相如所写的。《长门赋》以一个受冷遇的嫔妃口吻,诉说无尽之愁闷悲思与辗转期盼,其表情达意十分细腻真切而又委婉凄楚,堪称是一篇优秀的骚体赋。

[7] 东方朔,本姓张,字曼倩,西汉平原厌次县(今山东省陵县)人。汉武帝征四方士人时东方朔上书自荐,诏拜为郎,后任常侍郎、太中大夫等职。他性格诙谐而足智多谋,常在武帝前谈笑取乐,司马迁在《史记》中称他为"滑稽之雄",但东方朔"然时观察颜色,直言切谏"。(《汉书》卷65《东方朔传》)东方朔一生著述甚丰,写有《答客难》《非有先生论》《封泰山》《责和氏璧》等作品,后人汇为《东方太中集》,收入《汉魏六朝百三家集》中。

[8]伯姬,鲁宣公之女、鲁成公之妹,母穆姜,嫁与宋共公为夫人,其事迹见于《春秋谷梁传》:

襄公三十年(公元前543年)五月甲午,宋灾。伯姬卒。取卒之日,加之灾上者,见以灾卒也。其见以灾卒奈何?伯姬之舍失火,左右曰:"夫人少辟火乎?"伯姬曰:"妇人之义,傅母不在,宵不下堂。"左右又曰:"夫人少辟火乎?"伯姬曰:"妇人之义,保母不在,宵不下堂。"遂逮乎火而死。妇人以贞为行者也,伯姬之妇道尽矣。详其事,贤伯姬也。

一天,伯姬所住宫室失火,伯姬身边的侍人说:"夫人出去避避火吧。"伯姬说:"妇人之义,傅母不在身边,夜里不能出屋。"火越来越大,身边的人又说:"夫人还是避一避火吧。"伯姬还是坚持说:"做女人的规矩,保姆不在,夜里不能出屋。"于是就被活活烧死了。

平阳公主：两次献美行动，改变武帝朝格局

> 武帝起更衣，子夫侍尚衣轩中，得幸。上还坐，欢甚，赐平阳主金千斤。主因奏子夫奉送入宫。子夫上车，平阳主拊其背曰："行矣，强饭，勉之！即贵，无相忘。"
>
> ——《史记》卷49《外戚世家》
>
> 是时平阳主寡居，当用列侯尚主。主与左右议长安中列侯可为夫者，皆言大将军可。主笑曰："此出吾家，常使令骑从我出入耳，奈何用为夫乎？"左右侍御者曰："今大将军姊为皇后，三子为侯，富贵振动天下，主何以易之乎？"于是主乃许之。
>
> ——《史记》卷49《外戚世家》

故事背景：诡魅汉武帝时代

中央电视台《汉武大帝》片首曾这么评价汉武帝：他建立了一个国家前所未有的尊严，他给了一个族群挺立千秋的自信，他的国号成了一个伟大民族永远的名字。大臣汲黯则这样批评他的学生："陛下求贤甚劳，未尽其用，辄已杀之。以有限之士，恣无已之诛，臣恐天下贤才将尽，陛下谁与共为治乎？"（《资治通鉴》卷19《汉武帝元狩三年》）司马光在《资治通鉴》卷22中曾这样评论汉武帝："孝武穷奢极欲，繁刑重敛，内侈宫室，外事四夷。信惑神怪，巡游无度。使百姓疲敝起为盗贼，其所以异于秦始皇者无几矣。"

汉武帝时代，即谱写出中华民族前所未有之盛世华章，其不拘一格求才问贤之道，让一大批像卫青、司马相如、东方朔这样的人才脱颖而出。但刘彻生性多疑，滥杀无辜，又让武帝朝成为历史上血腥味儿最浓，最为风云激荡，冤死鬼也最多的朝代之一。这就是诡异而又充满了魅力与诱惑的汉武帝时代。在这样一个伟大的时代，雄才大略的刘彻实现了他的强国梦，成就了他的千秋大业，创下了多个中华之最世界之最，却也无形中改变了无数人的命运。

平阳公主是汉景帝刘启与皇后王娡的长女[1]，她的名讳及生卒年均不详。上一章我们说过，汉朝一般以公主食邑或夫家封邑所在地称呼公主，平阳公主的食邑为阳信县，所以她在出嫁前被称为阳信公主（阳信县因汉代名将韩信自燕伐齐屯兵古笃河之阳而得名，今隶属山东省滨州市，为县级行政区），待嫁于开国功臣曹参曾孙平阳侯曹寿（又名曹时、曹畴）后，改称为平阳公主。曹寿去世后，平阳公主先后改嫁汝阴侯夏侯颇，长平烈侯卫青，所以她有一段时间应该又分别被称之为汝阴公主、长平公主了。不过约定俗成，史书上一般都称她为平阳公主。

关于平阳公主，史书着墨不多，记载较为详细的，是她的两次"献媚"，不，是献美，向她的弟弟汉武帝进贡美女。平阳公主此举，显然是依仿姑妈馆陶大长公主当年，希冀能通过此等捷径，在武帝面前多争点宠，也让自己多出点风头。可她未曾料到的是，这两次不经意的献美行动，闹得武帝朝血雨腥风，几个大户被族灭，无数人头落地，让历史的脚步也稍显凌乱，朝廷的政治格局也为之一变再变。

歪打正着，助卫子夫上位

平阳公主的第一次献美行动，发生在建元二年。据载：
"武帝初即位，数岁无子。平阳主求诸良家子女十余人，饰置家。武帝祓霸上还，因过平阳主。主见所侍美人，上弗说。既饮，讴者进，上望见，独说卫子夫。是日，武帝起更衣，子夫侍尚衣轩中，得幸。上还坐，欢甚，赐平阳主金千斤。主因奏子夫奉送入宫。子夫上车，平阳主拊其背曰：'行

矣，强饭，勉之！即贵，无相忘。'"（《史记》卷49《外戚世家》）

建元二年（公元前139年）的三月上旬巳日，也就是农历三月初三这一天，登基才刚两年的汉武帝来到渭水之滨的霸上（今陕西省西安市东，因在霸水西高原上得名，即今之白鹿原），主持"修禊"大典。结束后，刘彻顺路来到不远处的平阳公主家。他不知道，为了这一天他的到来，姐姐平阳公主精心准备了好长时间。武帝刘彻与陈阿娇结婚几年，都未能生出个一男半女来。这成了影响刘彻皇位稳固性的一个大关节。可能是受了母亲王太后之托，也可能是为了让自己能够早日抱上侄儿，更有可能是为了抢个头功，让弟弟从此对自己另眼看待，争取点儿特殊待遇，总之早在大半年之前，平阳公主就特地从各地精挑细选了十多名美丽妩媚的少女，其中不乏富贵人家的女儿，把她们集中在自己家里，聘请专人每日授之以礼仪，教之以歌舞，专等着这一天来个惊艳亮相，给弟弟一个惊喜。

然而令平阳公主万万没有想到的是，"主见所侍美人，上弗说"，大概从小就在美人堆里打滚，产生了审美疲劳，或者是被像陈阿娇这样"骄妒、擅宠"的贵族美女搞得有点儿焦头烂额，患上了美女恐惧症，总之看着姐姐家一个个盛装重彩、婀娜多姿的美少女，刘彻怎么也打不起精神来——也就是说，姐姐费心劳神地准备了大半年，他却一个都没看得上。

看着弟弟越来越无精打采，茫然不知所以的眼神，平阳公主失望地停止了介绍，一挥手让美少女们退了下去，招呼弟弟饮酒吃饭。这时，随着悠悠乐声，一群佐酒的"讴者"袅袅婷婷，款款而入。一时间，长袖轻舒，春风杨柳，花团锦簇，美不胜收。姐弟俩把酒言欢，倒也其乐融融。平阳公主发现，也不知什么时候开始，弟弟的眼神不再游移不定，而是慢慢集中到其中一位讴者的身上，然后合拍合辙地追着那位讴者移动，最后甚至扭过头来，侧着身子，酒杯在手，却总也不放下也不沾口，酒差点洒了，他都没意识到。

顺着弟弟那专注得有点痴愣的目光，平阳公主看到了一个高挑轻盈而又弱不禁风的身子——卫子夫，平阳府家奴卫媪的三丫头。平阳公主长呼一口气：看来这山珍海味吃多了，弟弟这次到姐姐这里是踏青寻芳尝野味打野食来了！早知如此，何必铁鞋踏破，做了那么多无用功！

酒过三巡，菜尝五味，刘彻站了起来："哎呀，姐姐这屋里怎么这么热，朕想更衣。"平阳公主马上也站了起来："子夫，你去侍奉皇上更衣，小心点，可别弄坏了东西。"一声吩咐,讴者变身服务员,卫子夫低着头小碎步跟在刘彻后面来到皇上专用的尚衣轩中(尚衣,主管皇帝衣服的官;轩,车也)。"子夫侍尚衣轩中,得幸。上还坐,欢甚,赐平阳主金千斤。"——真得感谢司马迁如此秉笔直书,把这一切如实记录了下来——更衣从尚衣轩出来,刘彻就像换了一个人,他一改之前的心不在焉,兴冲冲下诏:此次过府,皇姐待朕甚是热情周到,朕很满意,特赐黄金千斤。平阳公主心领神会:"谢陛下,臣妾'讴者'卫子夫,做事甚是体贴周到,臣妾奏请准其入宫随侍,以慰君心。""知我者皇姐也!准奏!"起驾回宫。

临行,平阳公主一手拉着卫子夫的手,一手抚着卫子夫的背,再三叮嘱:"去吧去吧,记得好好吃饭,多注意身体,我能为你做的,也只有这些了。自己好好努力吧!将来受宠了尊贵了,可别忘了我这个旧主人啊。"她亲自把卫子夫送上了车。

看着渐行渐远的车乘,平阳公主长舒了一口气。真是有心栽花花不发,无心插柳柳成荫。自己手忙脚乱这么些天,峰回路转总算没有白忙活,看样子这卫子夫真是对了弟弟的胃口,宫里也算有咱家的人了。今后什么人想一手遮天,恐怕也是难了。

不过好事多磨,"入宫岁余,竟不复幸。武帝择宫人不中用者,斥出归之。卫子夫得见,涕泣请出。上怜之,复幸,遂有身,尊宠日隆。召其兄卫长君弟青为侍中。而子夫后大幸,有宠,凡生三女一男。男名据"。因为阿娇皇后的缘故,卫子夫一入宫,即被安排到了宫中的后勤部门,当了一名低层役使,直到一年多后,两人才有机会再次见面。

真乃相见时难别亦难!这一见,两人都觉得今生今世再也离不开对方了。在一番双方似乎都已渴望千载的缠绵之后,卫子夫被刘彻秘密安排到上林苑住了下来并很快就有了身孕。

第一次有机会当爹,刘彻惊喜异常。他不但对卫子夫"尊宠日隆",还爱屋及乌,授以她的哥哥卫长君和弟弟卫青官职。此后几年,倍受宠幸的卫子夫接二连三为刘彻生了三个女儿一个儿子。在这个过程中,皇后陈阿娇"闻卫子夫大幸,恚,几死者数矣。上愈怒。陈皇后挟妇人媚道,其事颇觉,于是废陈皇后,而立卫子夫为皇后"。怨怒无比的阿娇皇后为重新夺回丈夫,竟然施起了巫蛊之术,结果弄巧成拙,在元光五年(公元前130年)被刘彻送进了长门宫。公元前128年,卫子夫生下了刘彻长子刘据,武帝封她为大汉新皇后(卫子夫为武帝皇后前后三十八年,是中国历史上在位时长第二的皇后,仅次于在位四十二年的明神宗王皇后。)

真可谓山重水复,一波三折!此时,距离当年平阳公主送卫子夫入宫,已经过去了整整十一年。这十一年中,从满怀希望到失望、绝望,再到绝处逢生柳暗花明,已将自己的命运与卫子夫姐弟俩紧紧捆绑在一起,也深知弟弟脾气个性的平阳公主除了在家不断祈祷,她有时恐怕是连大气都不敢乱喘的。

从表面上看,这次皇后易位好像是灰姑娘打败了白富美,但如果我们深挖一下,这实际上是武帝朝两位公主——皇上的姑妈兼丈母娘(当然也是平阳公主的姑妈)馆陶大长公主跟平阳长公主之间的一次争宠争斗。其结果是平阳公主完胜,馆陶公主不但完败,还把刚三十出头的女儿的后半生幸福都搭进去了。面对如此结局,她心中自然愤愤不平。"数让武帝姊平阳公主曰:'帝非我不得立,已而弃捐吾女,壹何不自喜而倍本乎!'平阳公主曰:'用无子故废耳。'"(以上引文均见《史记》卷49《外戚世家》)让,责让,责怪之意也。馆陶大长公主表面上是在怪刘彻这小子过河拆桥,忘恩负义,但其实也是在要平阳公主的难堪:"还不是你做的好事!要不是你,我女儿会弄到今天这个地步!"但平阳公主也不是个示弱的主儿:"不服气是吧,不服气也没用,虽然你是长辈,我该让着点,但谁让你女儿肚子不争气的!自古不孝有三无后为大,要怪就怪你女儿吧。谁让我偏偏就拣了个好筹码呢!"

当然,如果我们挖得再深一点,这个回合可以看着是在窦太皇太后去世后,武帝联合姐姐及母亲王太后,成功抑制了外戚窦家的势力,巩固了皇权。武帝刘彻,其实才是这中间最大的赢家。

横扫大漠,一门五侯

在历时十多年的皇后易位过程中,由于馆陶公主做了一件事,助推平阳公主的这次献美行动发挥出了其意想不到的效应,让汉武帝找到了一位威震敌胆，令朝中时局及天下格局都为之一变的大将军：

"大长公主闻卫子夫幸，有身，妒之，乃使人捕青。青时给事建章，未知名。大长公主执囚青，欲杀之。其友骑郎公孙敖与壮士往篡取之，以故得不死。上闻，乃召青为建章监，侍中。及同母昆弟贵，赏赐数日间累千金。孺为太仆公孙贺妻。少儿故与陈掌通，上召贵掌。公孙敖由此益贵。子夫为夫人。青为大中大夫。"（《史记》卷111《卫将军骠骑列传》）

女儿专宠这么多年，寻医问药，钱也花了八九千万，至今肚子还一点动静也没有，卫子夫进宫才几天，居然就怀孕了！不服气的馆陶公主首先把气撒到了卫家人身上，她把已经随卫子夫进宫"给事建章"的卫青给抓了起来，准备一杀了之。结果是卫青昔日为骑郎时的"同事"公孙敖组织几个不怕死的，把卫青给救了出来。

自己的现任骑奴组织几个人到姑妈家的大牢里，把昔日的骑奴给救了，闹出这么大动静，如果说平阳公主事先一点儿不知情，鬼才相信。不过是做得天衣无缝，没有给别人抓住把柄罢了——平阳公主之手腕和城府，我们由此可略见一斑。

馆陶公主闹上这么一出，偷鸡不着蚀了把米，自己及女儿从此被武帝打入另册不说，还弄巧成拙让卫子夫一家老小火箭般窜入上层社会，迈上既富且贵的康庄大道。这中间变化最大的，恐怕就是卫子夫的弟弟卫青了。这位昔日的放羊娃、小骑奴一被抢回来，就被汉武帝任命为建章监、侍中。在卫子夫生下第一个女儿被封为夫人后，他又官升一级，被封为大中大夫（秩比千石，掌议论）。之后再经过几年的历练，汉元光六年（公元前129年），汉武帝又果断任命卫青为车骑将军，让他率一万骑兵出上谷（今河北省怀来县），跟其他几路大军一起出击匈奴。首次出征的卫青，出其不意孤军深入险境，直捣匈奴祭天圣地龙城，斩杀、俘虏匈奴近千人后凯旋。

龙城大捷！卫青首秀即打破了自汉初以来"匈奴不可战胜"的神话，让汉匈战争从此进入一个令人欢欣鼓舞的新阶段。汉武帝接报后大喜过望，立即封卫青为关内侯。第二年（汉元朔元年，公元前128年），武帝再派卫青出击匈奴。这一次，卫青又不负众望得胜还朝，"青为车骑将军，出雁门，三万骑击匈奴，斩首虏数千人"。元朔二年，为报复汉军，匈奴大举入侵上谷、渔阳地区，杀死辽西太守，打败渔阳守将韩安国，劫掠百姓两千多人。

汉武帝大怒，"令车骑将军青出云中以西至高阙。遂略河南地，至于陇西，捕首虏数千，畜数十万，走白羊、楼烦王"。这一仗，卫青采用"迂回侧击"战术，先攻占高阙（今内蒙古杭锦后旗），而后飞兵南下，形成对匈奴白羊王、楼烦王的包围之势。"捕首虏数千，畜数十万"，白羊、楼烦王望风而逃，汉军完全控制了河套地区（此后，武帝在此修筑朔方城，设朔方郡、五原郡，从内地迁徙十万人到那里定居）。此役之后，汉军出则击退可守，不但匈奴骑兵对长安的威胁得以彻底解除，而且汉军自己也拥有了一块反击匈奴的前方基地。卫青立此大功，被封为长平侯，食邑三千八百户。

汉元朔五年（公元前124年）春，汉武帝命卫青领三万骑兵出高阙击杀匈奴军。这一次卫青运气特别好，"匈奴右贤王当卫青等兵，以为汉兵不能至此，饮醉"。麻痹大意的匈奴右贤王根据以往经验，料汉军一时半会儿来不了，竟然喝得酩酊大醉，他不知卫青正是利用了他的这种麻痹与惯性思维，率大军日夜兼程六七百里，已将他的营帐围得铁桶似的。"右贤王惊，夜逃，独与其爱妾一人壮骑数百驰，溃围北去。"右贤王逃跑时没忘了将爱妾也一起带走，但其他人就没这么幸运了。这一仗，卫青"得右贤裨王十余人，众男女万五千余人，畜数千百万"。不但俘获了右贤王的小王十余人，男女一万五千余人，还将匈奴千百万头牲畜也作为俘虏给赶了回来。

这场大捷，直让汉武帝睡着了都要从梦中笑醒。他等不及卫青回长安，"使使者持大将军印，即军中拜车骑将军青为大将军，诸将皆以兵属大将军"，而且另外加封卫青食邑六千户（《汉书》记为八千七百户），卫青三个还在襁褓中的儿子，也都被封为列侯，"封青子伉为宜春侯，青子不疑为阴安侯，青子登为发干侯"，食邑均为一千三百户。

汉元朔六年的（公元前123年）春、夏，大将军卫青两次领兵十万扫荡匈奴伊稚斜单于位于漠南的大本营，歼敌过万。值得一提的是，此次战役中，卫青十八岁的外甥，卫青二姐卫少儿在嫁给陈掌之前跟霍仲孺所生的儿子霍去病，也被汉武帝封为剽姚校尉率八百骑参战，结果他也跟舅舅当年一样，首秀告捷。他率轻勇骑兵八百突击数百里，"斩首虏二千二十八级，及相国、当户，斩单于大父行籍若侯产，生捕季父罗姑比"，不仅杀敌两千余人，还杀了匈奴单于的祖父，俘虏了单于的国相、叔叔等匈奴重量级人物。凯旋后，霍去病被汉武帝封为冠军侯。

汉元狩二年（公元前 121 年）春，汉武帝任命冠军侯霍去病为骠骑将军，令他率一万骑兵，从陇西出击匈奴。这一次，霍去病"逾乌盭，讨遫濮，涉狐奴，历五王国，辎重人众慑慴者弗取，冀获单于子。转战六日，过焉支山千有余里，合短兵，杀折兰王，斩卢胡王，诛全甲，执浑邪王子及相国、都尉，首虏八千余级，收休屠祭天金人"。他率军越过乌盭（lì）山，渡过狐奴河，途中经过了五个匈奴的王国，前后转战六天，越过焉支山又追击一千余里，杀死了匈奴折兰王、卢胡王，抓获了浑邪王的儿子及匈奴相国、都尉，斩杀俘虏计八千余人，连休屠王的祭天金人也让他给缴回来了。

几个月后，这一年的夏天，霍去病又与合骑侯公孙敖出兵北地，分道进击匈奴。"骠骑将军逾居延，遂过小月氏，攻祁连山，得酋涂王，以众降者二千五百人，斩首虏三万二百级，获五王，五王母，单于阏氏、王子五十九人，相国、将军、当户、都尉六十三人，师大率减什三。"（以上引文均见《史记》卷 111《卫将军骠骑列传》）霍去病这一次孤军深入，率军越过居延泽，经过小月氏，一直打到祁连山，俘虏酋涂王等两千五百人，杀敌三万二百人，俘获了五个匈奴小王及他们的母亲、单于的妻子以及匈奴王子等五十九人，还抓住了匈奴王庭相国、将军、当户、都尉等共六十三人，而汉军兵力只减损了十分之三。

在匈奴人心中，祁连山是能保佑家畜人口平安的神山。焉支山，又名胭脂山，位于甘肃河西走廊，介于祁连山和龙首山之间，乃扼守中原通往西域的交通要冲。霍去病驱匈奴于祁连山、焉支山，匈奴人悲愤之极，"失我祁连山，使我六畜不蕃息，失我焉支山，使我嫁妇无颜色"。（《汉乐府诗》）他们不得不唱着哀歌，卷起帐篷赶着牛羊拖家带口向北迁徙，以避开汉军锋芒。自此，"漠南无王庭"，匈奴势力彻底退出了漠南地区。

虽然匈奴退出了漠南地区，汉武帝还是想打上门去，以求彻底消除匈奴之患。汉元狩四年（公元前 119 年）春，他又以十四万匹战马及五十万步卒作为后勤补给兵团，命令卫青与霍去病各率五万轻骑兵，跨过大漠主动去寻歼匈奴。此役，汉武帝本想让自己十分赏识的霍去病担当大任，因此"敢力战深入之士皆属骠骑"，把敢于深入敌后苦战的兵士都拨给了霍去病，但卫青率五万人马出塞一千多里后，却阴错阳差与以逸待劳的匈奴单于主力遭遇了。真是好一场恶战：

"会日且入，大风起，沙砾击面，两军不相见，汉益纵左右翼绕单于。单于视汉兵多，而士马尚强，战而匈奴不利，薄莫，单于遂乘六骡，壮骑可数百，直冒汉围西北驰去。时已昏，汉、匈奴相纷挐，杀伤大当。汉军左校捕虏言单于未昏而去，汉军因发轻骑夜追之，大将军军因随其后。匈奴兵亦散走。迟明，行二百余里，不得单于，颇捕斩首虏万余级，遂至寘颜山赵信城，得匈奴积粟食军。军留一日而还，悉烧其城余粟以归。"（《史记》卷111《卫将军骠骑列传》）

这一场大战，双方将帅都是赌上了所有家当，志在必得。激战至黄昏时分，风暴骤起，一时飞沙走石，遮天蔽日。卫青当机立断，派出两支生力军从左右两翼迂回到敌军背后，将单于大营团团围住。伊稚斜单于见势不妙，赶紧乘六匹骡马与数百随从突围逃逸。群龙无首之下，匈奴军顿时四下溃散。汉军一通掩杀，匈奴一万多人成了刀下鬼。卫青又指挥大军直追两百余里，一直追击到寘颜山赵信城（今蒙古乌兰巴托市西）才回师。

而另一路人马，从代郡、右北平出击一千余里，"约轻赍，绝大幕（漠），涉获章渠，以诛比车耆，转击左大将，斩获旗鼓，历涉离侯，济弓闾，获屯头王、韩王等三人，将军、相国、当户、都尉八十三人，封狼居胥山，禅于姑衍，登临翰海，执卤获丑七万有四百四十三级"。霍去病率五万精兵，只携带少量军需物资，越过大沙漠，涉河捕获单于近臣章渠，诛杀了匈奴小王比车耆，而后攻击匈奴左大将，夺取其军旗和战鼓。之后，他们又翻越离侯山，渡过弓闾河，捕获匈奴屯头王和韩王以及将军、相国、当户、都尉等八十余人。此役，霍去病共俘虏斩杀匈奴七万零四百四十三人，于狼居胥山祭天，姑衍山祭地而还。

此次漠北之战，让匈奴主力损失殆尽，汉武帝为表彰卫青、霍去病立此大功，特加封他们为大司马，令霍去病秩禄（即俸禄）与卫青相同。[2]

"最大将军青，凡七出击匈奴，斩捕首虏五万余级。一与单于战，收河南地，遂置朔方郡。""最骠骑将军去病，凡六出击匈奴，其四出以将军，斩捕首虏十一万余级。及浑邪王以众降数万，遂开河西酒泉之地，西方益少胡寇。"（以上引文均见《史记》卷111《卫将军骠骑列传》）卫青和他的外甥霍去病，这两位横扫大漠、所向披靡的大将军，十年鏖战，把匈奴彻底赶出了漠南地区，使得持续了数百年的匈奴之患，得以彻底解除。自此以后，匈奴虽偶尔还会南下骚扰边境地区，但对中原地区，却再也构不成什么实质性的威胁了。

"生男无喜，生女无怒，独不见卫子夫霸天下！"（《史记》卷49《外戚世家》）卫子夫，昔日平阳公主家的一名"讴者"，现在是母仪天下的威威皇后，卫青，昔日平阳府一名骑奴，霍去病，卫子夫姐姐卫少儿未婚生子，可现在两人同为权倾朝野的大司马、大将军。"自卫氏兴，大将军青首封，其后枝属为五侯。"（《史记》卷111《卫将军骠骑列传》）卫氏家族之如此"贵震天下"，无疑让无数人惊羡不已，不过我们如果静下心来想一想，虽然从表面上来看，卫氏家族是大发达，乃人生之大赢家，但在他们背后，这最大得益者，最大的赢家，还是汉武帝。正是通过宠信卫子夫，扶持卫家势力，刘彻利用裙带关系，利用卫家人，特别是卫青、霍去病，成功地排挤了窦家、田家（汉武帝舅舅家）等外戚，打跑了匈奴，整肃了朝纲，巩固了皇权，还捎带树了榜样，让天下人个个都争着为他去建功立业，报效朝廷。这汉武帝，还真该好好感谢他那位皇姐，感谢她为大汉王朝，为弟弟培养并推荐了这一女一男，一后宫一前朝，为他开创千秋伟业立下不世之功勋——这武帝刘彻那一天忙里偷闲去了一趟姐姐家，可真是赚大发了！

开启又一春，昔日骑奴今夫婿

好了，下面让我们再回到平阳公主身上来。大司马大将军卫青这几年在外横扫大漠，建功立业，平阳公主在府中，可以说一双眼睛始终在追寻着他，心中一天也没有丢开她的这位昔日的小骑奴。

虽说是大汉公主，当今皇上的亲姐，但平阳公主这么些年日子过得并不是太惬意。汉武帝元光四年（公元前131年），也就是在结婚十多年后，平阳公主的丈夫曹寿不幸因病去世（儿子曹襄继承了平阳侯爵位，后来他跟刘彻与卫子夫的长女卫长公主结了婚）。在孤枕难眠几年之后，平阳公主再披嫁衣，嫁给了开国功臣夏侯婴的曾孙汝阴侯夏侯颇，可是这场婚姻也只维持了十多年。据《史记》卷95《樊郦滕灌列传》记载，汝阴侯夏侯颇，"元鼎二年，坐与父御婢奸罪，自杀，国除"。元鼎二年，也就是公元前115年，夏侯颇被人告发与父亲，即前任汝阴侯夏侯赐的姬妾通奸，撤下妻子畏罪自杀了。同年，平阳公主还不到三十岁的儿子曹襄，也死了。

第二任丈夫死了，唯一的骨肉没了，四十多岁的平阳公主寡居在家。很多人都劝她："你正当盛年，又是当今皇上的长姐，何不再找个意中人，开始一段新的人生之旅？"遭受了两次丧夫之痛，平阳公主当然想走出过去，但是这意中人会在哪里呢？都说皇帝女儿不愁嫁，但要嫁得好，嫁个可心的人，又谈何容易。

按照汉朝规制，公主的丈夫必须是列侯。如果平阳公主想再嫁，她只能在众多的列侯中挑选一位各方面都适合自己的人。有一次，见大家都劝她再嫁，平阳公主就跟左右开玩笑说，"你们要本公主再嫁，那你们说说，在这众多列侯中，哪一位最适合做本公主的夫婿？"她话音刚落，"皆言大将军可"，大家异口同声道："大将军！大将军！"

卫青？当年那个天不怕地不怕的小骑郎，现在可是声名显赫、威风凛凛的大将军了。他仪表不凡、谦逊随和，一点也不居功自傲，是天下所有女人的梦中情人，是无数少女心中的白马王子。不要说别人了，就是自己有时一想到或者一听到别人提及他的名字，也禁不住会一阵心悸。能跟他结婚，那当然好了，但他毕竟当过自己的骑奴，别人会怎么看，怎么说？于是面对众人期待的目光，平阳公主轻轻摇了摇头："此出吾家，常使令骑从我出入耳，奈何用为夫乎？"他曾经是我家的下人，跟在我屁股后面走东跑西、进进出出好多年，怎么能做我的丈夫呢，那还不让人给笑话死了。

不待她说完，大家马上七嘴八舌开了："今大将军姊为皇后，三子为侯，富贵振动天下，主何以易之乎？"不错，他过去是做过您的骑奴，可他如今是八面威风的大将军，姐姐是当今皇后，他三个儿子也都封了侯，富贵震天下，早就今非昔比了！哪里还有比他更配得上您的，哪里还能去找这样的好姻缘呢。公主你可千万不要错过了。

听大家这么一说，平阳公主笑靥如花，"主乃许之"。行，那本公主就听你们一回，就选定卫青那个小骑奴了。

但她贵为大汉公主，总不能自己跑去跟卫青提亲。既要让自己体面地出嫁，又要能堵住悠悠众口，不要让人觉得好像她平阳公主嫁不出去，或者顺手捡了个便宜似的。于是她"言之皇后，令白之武帝"，跑过去跟卫青的姐姐,平阳公主家昔日的"讴者",当今皇后卫子夫嚼起了耳朵。

毕竟女人之间好说话,女人也更懂得女人的心思。虽然遮遮掩掩语焉不详,卫子夫还是很快明白了平阳公主的意思,跟武帝吹起了枕边风。

好呀好呀,想当年是我娶了他的姐姐,如今他又娶我的姐姐,巴不得的好姻缘啊!刘彻一听,心里真是乐开了花。今后两家人就真正成为一家人了,这卫家不就跟我刘家真正捆绑在一起了!还有比这更好的结局吗?于是第二天,汉武帝即"诏卫将军尚平阳公主焉"(以上引文均见《史记》卷49《外戚世家》),亲自当起了月下老人。

想不到时迁事移,当年的仆人就这样成为旧主的丈夫。真不知道当两人牵手步入洞房之时,心里是百感交集思绪万千,还是平静如水地默默享受着这来之不易的,掺入了太多家国情怀的,又真正属于他们的那一刻!

如果说早在几十年前平阳公主就春心萌动,看上了自己这个俊美帅气的小骑奴,可能有点儿过了。小骑奴就是小骑奴,主人就是主人,再说平阳公主的骑奴又不只卫青一个人,她可不会像馆陶公主那样早就存了老牛吃嫩草的心。但是我们不难推想的是,自从卫子夫进宫,步步惊心并最后登上皇后之位,自从卫青被武帝派上战场屡立战功一步步走向人生之巅,平阳公主的眼睛就一天也没离开过他们。他们姐弟俩一直是平阳公主人生规划中所优先考虑的因素,是那种紧紧握在手中的、无可替代的关键性棋子。想当年平阳公主送卫子夫入宫,临行时再三叮嘱,"即贵,无相忘",他们姐弟俩固然一直没有忘了旧时的主人,即便是一时忘了,恐怕平阳公主也会主动找上门去的。看着自己昔日的小骑奴一天天走向成功走向辉煌,走入权臣之列,平阳公主在高兴、赞赏、惊羡之余,那爱慕之心,也是渐渐萌发,并最终一发而不可收。那颗爱情的种子恐怕连她自己也不清楚究竟是什么时候种下的,但其生根发芽,茁壮成长的过程,她身边的人以及卫子夫,从她平日里言谈举止,从她不经意间所流露出来的对卫青的那份关爱与关切中,看得一清二楚。其实这一出姐弟恋,可以说是历时多年,由平阳公主自编自导并参演,一大帮群众演员自愿捧场的双簧戏。当然,这其中少不了两个重要角色,一个是男主角卫青,如果没有他的出色表演,这出戏很可能根本就演不起来或者半途而废,另一位是汉武帝刘彻,他虽是友情客串,却为这出戏的煌煌高潮,恰到好处地添了最后一把火。

元封五年（公元前 106 年），一代名将卫青因病去世（卫青长子卫伉因平阳长公主的关系，继承长平侯爵位）。平阳公主再度守寡。不过可以肯定的是，平阳公主跟卫青这段姐弟恋，虽然时光短暂，却是快乐的，幸福的。要不何以若干年之后平阳公主在临终前，还一再叮嘱弟弟刘彻跟卫子夫，一定要将她与卫青合葬？如果不是感情甚笃，如果不是对卫青那份终生的念想，平阳公主肯定不会这样要求的，要知道卫青可是她的第三任丈夫，他们俩毕竟只是半路夫妻。[3]

平阳一句话，武帝得佳人

接下来我们要说到平阳公主的第二次献美了。这一次应该发生在汉武帝元封年间（公元前 110 年—前 105 年）。据载：

"孝武李夫人，本以倡进。初，夫人兄延年性知音，善歌舞，武帝爱之。每为新声变曲，闻者莫不感动。延年侍上起舞，歌曰：'北方有佳人，绝世而独立，一顾倾人城，再顾倾人国。宁不知倾城与倾国，佳人难再得！'上叹息曰：'善！世岂有此人乎！'平阳主因言延年有女弟，上乃召见之，实妙丽善舞。由是得幸，生一男，是为昌邑哀王。"（《汉书》卷 97《外戚传》）

李延年，中山（今河北省定州市）人，"身及父母兄弟皆故倡也"，他出生于乐舞世家，其父母兄弟姐妹都是以歌舞演奏为职业的艺人。李延年年轻时因犯了法而被处以腐刑，"给事狗监中"，被发配到了上林苑专门负责给武帝养狗。元鼎六年（公元前 111 年），"其年，既灭南越，上有嬖臣李延年以好音见，上善之"，（《史记》卷 12《孝武本纪》）这李延年才算是又干回了本行工作。"延年善歌，为新变声。是时上方兴天地诸祠，欲造乐，令司马相如等作诗颂。延年辄承意弦歌所造诗，为之新声曲。"（《汉书》卷 93《佞幸传》）李延年为司马相如等文人所写的诗词配曲，利用张骞从西域带回《摩诃兜勒》编为二十八首"鼓吹新声"，以作为乐府仪仗之乐，他还特别为汉武帝作《郊祀歌》十九首，以用于皇家祭祀乐舞，"每为新声变曲，闻者莫不感动"，深得武帝欢心。

一天，李延年在汉武帝面前翩然起舞，唱起了一首新歌《佳人曲》："北方有佳人，绝世而独立，一顾倾人城，再顾倾人国。宁不知倾城与倾国，佳人难再得！"一顾倾倒一座城市，再顾让一国之人为之倾倒，世上竟有如此绝代佳人？他这一唱，就把武帝的魂儿给勾没了，他怔怔地叹了一口气："善！世岂有此人乎！"哎呀，你唱得倒是活灵活现的，可到哪里去找这样的美人儿？这时坐在一旁的平阳公主莞尔一笑，悠悠说道，"皇上，李延年有个妹妹，就是这样的人，他唱的就是他家小妹啊。"

接下来的事情就很简单了，李家小妹很快被接进宫。有了李延年那首《佳人曲》渲染铺垫，天生丽质、能歌善舞的这位新人很快成为武帝须臾难舍的心头肉。这位李夫人不负众望，不久就为刘彻生下一个儿子，即刘髆（后被封为昌邑王，封地在今山东省金乡县。）

一首歌，一位美女，一段黄昏恋。读者诸君可能已经看出来了，李家小妹进宫的过程，其实就是平阳公主跟李延年在给武帝演一出双簧戏。先是由李延年编创出一首歌来吊武帝的胃口，然后平阳公主向武帝推荐李家小妹。两人这场准确把握住了观众秉性、心理，分寸拿捏得当的表演，自然是马到成功，好色的刘彻被一钓一个准。不过我们可试想一下，如果平阳公主先前没有见过这位李家小妹，不对她的姿色、才艺、秉性等有所了解，知道她正合弟弟的胃口的话，平阳公主敢开这个口，敢向弟弟推荐吗？要知道那个弟弟可是喜怒特别无常、赏罚特别分明，且手握至高权力之人，要是弄巧成拙惹出点什么事儿来，能饶得了她！

妹妹进宫受宠并诞下了皇子，"李延年由是贵为协律都尉，佩二千石印绶，而与上卧起，其爱幸埒韩嫣"。(《汉书》卷93《佞幸传》）李延年成了武帝身边荣宠一时的红人，就连他的弟弟李季也搭便车进了宫，分得一份好工作，挣得一份好俸禄。正儿八经是一人得道鸡犬升天了。可惜的是，自古红颜多薄命，这位李家小妹好日子没过上几年，正当艳若桃李春风得意之时，不知身体哪方面出了问题，竟是卧床不起，百治无效，且一日重过一日，直至形销骨立，容颜憔悴。这位李夫人不愧为倡家出生，在她人生行将谢幕之际，还为武帝上演了一出令其思之念之，终生难以释怀的一幕戏：

"初，李夫人病笃，上自临候之，夫人蒙被谢曰：'妾久寝病，形貌毁坏，不可以见帝。愿以王及兄弟为托。'上曰：'夫人病甚，殆将不起，一见我属（嘱）托王及兄弟，岂不快哉？'夫人曰：'妇人貌不修饰，不见君父。妾不敢以燕惰见帝。'上曰:'夫人弟(第)一见我,将加赐千金,而予兄弟尊官。'夫人曰:'尊官在帝,不在一见。'上复言欲必见之,夫人遂转乡(向)歔欷而不复言。于是上不说而起。"(《汉书》卷97《外戚传》)

心爱的女人病了,而且还病得很严重,刘彻于是亲自来到病房里嘘寒问暖。可待他进了门,李夫人却用被子蒙着头不肯见他:"谢谢陛下来看我,可臣妾长期卧病,早已容颜憔悴,难以面对圣上龙颜。只是我放心不下我的儿子和兄弟,希望皇上将来能好好待他们,臣妾死也无憾了。"汉武帝连忙俯下身子说:"夫人病重不起,我很是难过,你让我见一面,当面向我嘱托后事,岂不更好?"李夫人却把头埋得更深:"妇人未曾修饰,不可以见君父。请原谅臣妾不敢如此轻慢懈怠犯颜圣上。"汉武帝仍坚持道:"夫人如肯见朕一面,朕不但加赠千金,而且将授予你兄弟尊贵之位。"李夫人沉默片刻,还是坚决地拒绝了:"授不授尊官都在于皇上,不在于能否见臣妾一面。"话说到这个份上,刘彻还是耐着性子,坚持要见她一面。李夫人便默默地转过身去,一边流泪一边叹息,什么话也不再说,汉武帝恼怒地起身离去。

看着武帝拂袖而去,李夫人的姊妹都齐声责怪她:"贵人独不可一见上属托兄弟邪?何为恨(很)上如此?"李夫人深深地叹了一口气:"所以不欲见帝者,乃欲以深托兄弟也。我以容貌之好,得从微贱爱幸于上。夫以色事人者,色衰而爱弛,爱弛则恩绝。上所以挛挛顾念我者,乃以平生容貌也。今见我毁坏,颜色非故,必畏恶吐弃我,意尚肯复追思闵录其兄弟哉!"你们不懂啊,我之所以如此这般,正是为了能确实有效地托付兄弟之事啊。我之所以能获皇上宠爱,能够有今天,就是得益于我的容颜。皇上念念不忘地跑来看我,是因为还记得我以前那姣俏之貌。如果让他见到我今天这憔悴损毁之态,他只会厌恶了我,哪里还会去怜悯,去照顾我的家人呢!

果然,"及夫人卒,上以后礼葬焉。其后,上以夫人兄李广利为贰师将军,封海西侯"。李夫人去世后,汉武帝的记忆里,满满的都是李夫人未病之前那天仙般妩媚多情的模样,他惋惜伤心至极,不但以皇后之礼仪厚葬李夫人,对她的家人也多有照顾提携。另外,刘彻还命画师将李夫人生前的形象画下来,挂在甘泉宫,日夜凝视思念不止。据《汉书》卷97《外戚传》记载:"上思念李夫人不已,方士齐人少翁言能致其神。乃夜张灯烛,设帷帐,陈酒肉,而令上居他帐,遥望见好女如李夫人之貌,还幄坐而步。又不得就视,上愈益相思悲感,为作诗曰:'是邪,非邪?立而望之,偏何姗姗其来迟!'令乐府诸音家弦歌之。上又自为作赋,以伤悼夫人。"《汉书》中所记方士少翁为汉武帝招李夫人魂之事,在《史记》卷28《封禅书》里却记载为少翁为武帝招王夫人之魂。《资治通鉴》也认为《汉书》有误[4]虽然此记载因与《史记》不符后世多有疑惑,不过有一点是肯定的,那就是自此以后,这位早逝的李家小妹就牢牢地盘踞在刘彻心中,武帝至死都没有忘了这位聪慧而又美丽的李夫人。"武帝崩,大将军霍光缘上雅意,以李夫人配食,追上尊号曰孝武皇后。"后元二年(公元前87年),汉武帝去世,少子刘弗陵继位,由霍去病同父异母的弟弟,大将军霍光辅佐朝政,霍光按照汉武帝的生前意愿,在宗庙中以李夫人配享祭祀,并追加其尊号为孝武皇后,算是帮武帝完成了其虽未言明然出自内心的真诚遗愿了——临终前的一次本色演出,竟然能如此成功地俘获帝王之心,这位李夫人,堪称后世行为艺术家之开山鼻祖了。

然而思念归思念,李夫人托付给武帝的兄弟姐妹,不久却遭到武帝的两次族灭:"其后李延年弟季坐奸乱后宫,广利降匈奴,家族灭矣。"(以上引文均见《汉书》卷97《外戚传》)一次是在李夫人去世后不久,李延年的弟弟李季"与中人乱,出入骄恣",犯下淫乱后宫之大罪,被族灭,"是时其长兄广利为贰师将军,伐大宛,不及诛,还,而上既夷李氏,后怜其家,乃封为海西侯"。(《史记》卷49《外戚世家》)这一次李家大哥李广利因为远征大宛,逃过一劫,待他得胜回朝,刘彻因为又想起了李夫人生前那千娇百媚侍奉左右的情形,一时怜悯替代了愤恨,他不但对李广利未加任何惩处,还按功论赏,封他为海西侯(李广利之封海西侯,在太初四年即公元前101年的4月,那么李延年兄弟坐奸族灭,当在太初三年。而汉武帝拜李广利为贰师将军令他第一次讨伐大宛,是在太初元年,即公元前104年,此时李夫人尚健在,故李夫人之卒,当在太初二三年间。)不过汉武帝第二次对李家的族灭,却是因为李广利而起,这一次李广利又逃过了一劫,我们且待下文再表。

真是可怜了这位李夫人,虽然入宫时间并不长,却很是聪明伶俐,了解汉武帝刘彻那喜怒无常、责罚无类的脾气。她本来是想为家人保个平安,却除了徒增武帝思念,还是没能保得住家人的性命。更可叹平阳公主,当初她如果不去出这个头，少说一句话，李延年还在作他的曲，唱他的歌，李家小妹仍然在跳着她的柔肢舞做着她的玫瑰少女梦，李家何至于会如此迅速而又悲惨地家破人亡？

不过历史没有假设，我们也且别急着大声地去唉声叹气，因为与当年平阳公主另一次举荐有关，让十多万人丢了性命的另一场更为悲惨的惊天巨变，在酝酿了多年之后，眼下就要上演了。这场巨变，才真是令人扼腕长叹，不知道该说什么好了。

父子相残，卫氏族灭

事情还得从汉武帝的后宫美人们说起。《史记》卷49《外戚世家》零星记载："及卫后色衰，赵之王夫人幸，有子，为齐王。""王夫人蚤卒。而中山李夫人有宠，有男一人，为昌邑王。""及李夫人卒，则有尹婕妤之属，更有宠。""尹夫人与邢夫人同时并幸，有诏不得相见。""钩弋夫人姓赵氏，河间人也。得幸武帝。"真得感谢司马迁的秉笔直书，把这一切都如实记了下来。"色衰而爱弛，爱弛则恩绝"，在帝王家后宫，这是一条颠扑不破的铁律。

汉武帝一生好色，自卫子夫之后，王夫人、李夫人、赵婕妤、尹婕妤等先后受其宠爱。年老色衰后的卫皇后早已难入武帝青目。不但如此，武帝晚年对自己所立太子，即他跟卫子夫所生皇长子刘据，也是越来越看不顺眼。其主要原因是，太子"及长，性仁恕温谨，上嫌其材能少，不类己"，武帝越来越觉得，太子跟自己一点也不像。他"用法严，多任深刻吏；太子宽厚，多所平反"；他坚持以武力征伐四夷，太子则主张用怀柔之策来缓和彼此的关系。所以武帝"所幸王夫人生子闳，李姬生子旦、胥，李夫人生子髆，皇后、太子宠浸衰，常有不自安之意"。随着武帝新宠幸的女人相继为他生出一个又一个儿子，他对皇后和太子的关怀、关爱也就越来越少，令太子觉得自己随时都有可能被废。不过武帝从来没有动过撤换皇后、太子的念头，当他觉察到太子的不安后，主动跟太子的舅舅卫青说："太子敦重好静，必能安天下，不使朕忧。欲求守文之主，安有贤于太子者乎！闻皇后与太子有不安之意，岂有之邪？可以意晓之。"他也认为，太子性情敦厚，虽不适合于开疆拓土，但能安稳天下民心，若论守成之主，没有比太子更合适的人选了。他要卫青去告诉他们母子俩，让他们放心，皇后永远是皇后，太子也永远是太子。非但如此，武帝刘彻还很难得地对太子表现出一份深厚而宽广的父爱。每当太子劝谏父皇少跟外族打仗，多做些和睦邻里的事，汉武帝就笑着对他说："吾当其劳，以逸遗汝，不亦可乎！"傻儿子，我这样做还不是为了你将来可以安享太平，我这是在为你打天下呀！——有父若此，夫复何求？可是武帝不想换太子，不等于别人不想。"群臣宽厚长者皆附太子，而深酷用法者皆毁之。邪臣多党与，故太子誉少而毁多。卫青薨后，臣下无复外家为据，竞欲构太子。"太子宽厚仁慈，虽然深得民心，但也让一些主张严刑峻法的官员们感到不安，更有一些奸佞小人，更是想利用太子跟武帝的隔阂，从中浑水摸鱼。特别是在霍去病、卫青相继去世以后，太子、皇后没有了强有力的后援团，势单力薄，越来越多的小人乘虚而入，竞相诬陷太子，想要借武帝之手，来达到他们自己的目的。一场酝酿多年的腥风血雨，在汉武帝晚年不可避免地如期登场了。

这场让十余万人丢了性命的惊天巨变，一开始是由长安城里的一个叫朱世安的大盗引起的。事件发生于征和元年（公元前92年）。

征和元年的一天，"上居建章宫，见一男子带剑入中龙华门，疑其异人，命收之。男子捐剑走，逐之弗获。上怒，斩门候。冬，十一月，发三辅骑士大搜上林，闭长安城门索，十一日乃解。"（以上引文均见《资治通鉴》卷22《汉武帝征和元年》）正在建章宫打坐养神的武帝突然看见有一名男子带剑进入了龙华门（估计是他老眼昏花产生了幻觉），他大吃一惊，大叫"有刺客"，急令卫士们追捕，可是大家鸡飞狗跳搜了好几个时辰，却什么也没有找到。刘彻大怒，杀了门官，令三辅骑士关闭城门大搜上林，长安城由此戒严了十一天，却仍然一无所获。我们知道，武帝晚年特别怕死，他广求方术，求神问仙，希望自己能够长生不老，得道成仙。"是时，方士及诸神巫多聚京师，率皆左道惑众，变幻无所不为。女巫往来宫中，教美人度厄，每屋辄埋木人祭祀之。"（《资治通鉴》卷22《汉武帝征和二年》）巫蛊，乃武帝晚年社会上较为流行的一种巫术。不少人相信，使巫师祠祭或以桐木偶人埋于地下，然后加以诅咒，被诅咒者即有灾难降临。"是时，上春秋高，意多所恶，以为左右皆为蛊道祝诅，穷治其事。"（《汉书》卷63《武五子传》）

垂暮之年的刘彻总怀疑有人以巫术来咒他早死，很多人因此而成了他的刀下鬼。在刘彻眼里，那离奇失踪的刺客，便极有可能是有人行巫术招来的向他索命的恶鬼，不抓住弄个究竟，他是不肯罢休的。

接下来发生的事，可以说是无巧不成书。此时，武帝的丞相，是卫子夫的大姐夫公孙贺。"贺子敬声，代贺为太仆，父子并居公卿位。敬声以皇后姊子，骄奢不奉法，征和中擅用北军钱千九百万。"公孙贺当上丞相后，儿子公孙敬声接替了他的太仆之位，负责掌管皇家钱粮。谁知这位骄奢淫逸的公子哥儿竟然监守自盗，擅自挪用北军军费一千九百万，结果，"发觉，下狱"，东窗事发后被刘彻投进了监狱。"是时，诏捕阳陵朱安世不能得，上求之急，贺自请逐捕安世以赎敬声罪。上许之。"为了救儿子，公孙贺主动向武帝提出，愿意为皇上抓捕已为非作歹多年的阳陵大侠朱安世（阳陵黑帮老大）来为儿子顶罪，武帝答应了他的请求。然而公孙贺自以为聪明的李代桃僵之举，却最终弄巧成拙，搬起石头砸了自己的头。正当武帝被巫蛊之事弄得昏头涨脑，不知所以之时，这位刚刚被公孙贺抓进天牢的朱安世，瞅准时机给武帝递上了一枚重磅炸弹："告敬声与阳石公主私通，及使人巫祭祠诅上，且上甘泉当驰道埋偶人，祝诅有恶言。"（以上引文均见《汉书》卷66《公孙刘田王杨蔡陈郑传》）他告发说，公孙敬声不但与自己的表姐，也就是武帝跟卫子夫所生的女儿阳石公主私通，而且还使巫师祠祭，叫人在甘泉宫专供皇帝行走的御道上埋巫术小人，诅咒皇上早死。

拿起这份揭发材料，武帝刹那间心里猛一激灵，吓出一身冷汗：查来查去，原来这使用巫术行刺我的，就是我最为倚重的身边人啊！于是他不管三七二十一，立马"下有司案验贺，穷治所犯"。其结果可想而知，"丞相公孙贺父子，阳石、诸邑公主，及皇后弟子长平侯卫伉皆坐诛"。（《汉书》卷63《武五子传》）就这样，一个来自狱中江洋大盗的诬告，不但让公孙贺一家被灭了族，还辗转牵连让诸邑公主、阳石公主（均为皇后卫子夫所生）及卫青的大儿子卫伉也丢了性命。

虽然这一次并未牵连到卫皇后及太子，但是被诛的哪一个不是他们的至爱亲人，又有谁能保证他们就脱得了干系，谁又知道武帝下一个目标是不是他们娘儿俩？黑云压城，山雨欲来，困坐围城，自感岌岌可危的卫子夫及太子刘据数次求见武帝，希望能够当面做些解释，可武帝正跟新宠钩弋夫人以及他那个据称怀孕十四个月才生下的小皇子刘弗陵[5]在度假别墅甘泉宫中安享天伦之乐呢，哪有空来听他们啰唆。皇后与太子派去的慰问使者，武帝竟然懒怠得连面都不愿见。

对太子的不满，对皇后的不耐烦，加之沟通的不畅，无形中给了小人以机会。于是接下来，征和二年夏天，缘于刘彻的一个梦，一场本不该发生的父子相残的人伦大惨剧，由于一个小人别有用心的设计，便不可避免地发生了。

征和二年（公元前91年）初夏的一天，武帝"尝昼寝，梦木人数千持杖欲击上，上惊寤，因是体不平，遂苦忽忽善忘"。正勤加修炼，准备得道成仙的汉武帝忽然做了一个梦，梦见有数千木头人拿着棍子敲打他，惊醒之后，他感到浑身无力，数天卧床不起。其实，武帝晚年沉湎于方术，他误看刺客和做噩梦的事情，只不过是吃了丹药后产生的幻觉而已，如果有人能够像东方朔那样，连哄带骗、插科打诨地劝解，这事儿也就过去了。可此时东方朔已去世，一个小人跳了出来，巧妙地利用这件事添油加醋，做起了自己的文章。

这个人叫江充，时为武帝直指绣衣使者，也就是皇上指向哪里，他就打到哪里的所谓的钦差大臣。"江充自以与太子及卫氏有隙，见上年老，恐晏驾后为太子所诛，因是为奸，言上疾祟在巫蛊。于是上以充为使者，治巫蛊狱。"（以上引文均见《资治通鉴》卷22《汉武帝征和二年》）因为跟皇后及太子有点小过节，担心将来武帝死后太子继位自己不会有什么好果子吃，小人江充便想利用汉武帝这个梦，来个先下手为强。他告诉武帝，"陛下啊，臣觉得你之所以做这个梦，身体又一直不见好，是因为有人在用巫术诅咒您，此人不除，陛下您这病可能就好不起来。"武帝一听，立刻任命江充为特使，专门查处这无中生有的巫蛊之事。

但凡小人，都不是省油的灯。手里有了尚方宝剑，江充"将胡巫掘地求偶人，捕蛊及夜祠，视鬼，染污令有处，辄收捕验治，烧铁钳灼，强服之。民转相诬以巫蛊，吏辄劾以大逆亡道，坐而死者前后数万人"。他先是乱捕乱抓，抓到后再屈打成招，直弄得长安城风声鹤唳，数万人死于非命。而后，江充又"既知上意，因言宫中有蛊气"，他又找准时机上奏武帝，说他查来查去，发现这股蛊气来自皇宫，是宫中有人在用巫术加害于他。

这可真是火上浇油，触动了武帝身上那根最为敏感，也最经不起拉扯的神经了。暴跳如雷的刘彻令江充即刻入宫，把这位隐藏于深宫中的元凶给挖出来，越快越好！江充于是气势汹汹带人来到宫中，"先治后宫希幸夫人，以次及皇后，遂掘蛊于太子宫，得桐木人。"拿下希幸夫人后，江充带人依次来到皇后宫及太子宫掘地三尺，果然不久就在太子宫里掘出了用来作法用的桐木人偶。"太子惧，不能自明，收充，自临斩之。"（以上引文均见《汉书》卷45《蒯伍江息夫传》）到了这个地步，太子刘据已是百口难辩，知道有人动了手脚要置他于死地了，情急之下，他派人假冒皇上使者收捕了江充等人，并亲手杀了江充。

之后，刘据派人将事态禀告了母亲，又给他的侍卫们分发武器，分头搜查全城涉嫌巫蛊之人，并向百官宣布江充谋反，公开处死了上林苑中的那群巫蛊术士们。经他这样一闹，"长安扰乱，言太子反"，事情可就有点闹大了。正在甘泉宫休假的武帝接到报告，一开始还是不相信太子会造反："太子必惧，又忿充等，故有此变。"毕竟知子莫若父，武帝认为太子此举仅仅是因为恐惧，因为被江充威逼太甚，不得已调兵自卫而已，还谈不上要造他的反，于是他又派人诏太子前来甘泉宫，想让他自己当面说个明白。

但不幸的是，这位使者是个十足的胆小鬼，他根本就没敢进城，而是走到半道即折回向武帝报告说："太子反已成，欲斩臣，臣逃归。"

这样，父子俩终于失去了最后的沟通机会！武帝闻奏大怒，下令丞相刘屈氂率兵平乱。"合战五日，死者数万人，血流入沟中。民间皆云太子反，以故众不附太子，丞相附兵浸多。"（以上引文均见《资治通鉴》卷22《汉武帝征和二年》）情不得已之下，刘据纠集人马，与丞相军队激战五日，数万人战死。最终，因势孤力弱，刘据兵败，不得不逃离了长安。"太子之亡也，东至湖，臧匿泉鸠里。主人家贫，常卖屦以给太子。太子有故人在湖，闻其富赡，使人呼之而发觉。吏围捕太子，太子自度不得脱，即入室距户自经。"（《汉书》卷63《武五子传》）刘据几个人逃到了湖县（今河南省三门峡市灵宝县），隐居于当地一户人家，每天靠户主编草鞋换钱来维持生活。刘据打听到他有一位比较富有的故交就住在此地附近，就派人去找寻。谁知这一找，就把行踪给暴露了。官兵很快将他们团团围住，刘据见无路可逃，愤而自杀，此时离他逃出长安，不过才二十多天。

先是眼睁睁地看着两个女儿死了，自己所倚重的侄儿也死了，大姐夫一家被灭族，现在又是父子相残，眼看着儿子孙子一个也活不了，丈夫自然也不会放过自己，在儿子战败逃亡之后不久，年逾花甲的卫子夫在悲痛绝望中自杀身亡。"黄门苏文、姚定汉舆置公车令空舍，盛以小棺，瘗之城南桐柏。卫氏悉灭。"（《汉书》卷97《外戚传》）谁也没有料到，一段让天下少男少女仰慕不已的"王子与灰姑娘"的浪漫爱情故事，最终竟以如此血腥的方式收场。想当年宠冠天下，威震朝野的卫氏家族，竟然在顷刻间灰飞烟灭，惨然不可收拾。自建元二年（公元前139年）进宫，四十八年来，卫子夫及卫家一直谨小慎微，支持、帮助武帝刘彻理家治国平天下，为其成就一代霸业，立下无人可及之不世功勋，可到最后，一大家子竟落得如此地步。

想当年平阳公主送卫子夫姐弟入宫，恐怕她怎么也不会想到几十年后会有如此变故，好在这次所有遭屠戮、流放、被处理的名单当中，我们没有看到平阳公主的名字——她应该在这之前就已经去世了——这实在是她之大幸，不必眼睁睁地看着这场亲人之间的自相残杀，看着她倾心经营、维之系之的卫家遭到如此灭顶之灾，更不用接下来看着她所举荐的李夫人家族又再一次被灭族！

机关算尽也枉然，帝位回归太子孙

征和三年（公元前90年），贰师将军李广利率七万骑兵出征匈奴，丞相刘屈氂设宴为他饯行，送至渭桥，两人拱手告别，李广利最后对丞相说："愿君侯早请昌邑王为太子。如立为帝，君侯长何忧乎？"昌邑王，也就是我们上文提到过的李广利的妹妹李夫人所生的儿子刘髆。原来，李广利的女儿嫁给了刘屈氂的儿子，两人乃儿女亲家。现在太子没了，两人就私下里谋划着想立昌邑王刘髆为太子了，这样两家也就可高枕无忧了。李广利出征前再三叮嘱丞相刘屈氂，就是要他找准时机再催催皇上，早立昌邑王为太子。可他们这话说得真不是时候，或者说又碰上了一个无巧不成书："是时，治巫蛊狱急，内者令郭穰告丞相夫人以丞相数有谴，使巫祠社，祝诅主上，有恶言，及与贰师共祷祠，欲令昌邑王为帝。"此时，包括太子、皇后在内让无数人丢了性命的那场巫蛊大案还没审理完呢，审理巫蛊之案的官员正一个个睁大了眼睛，巴不得发现点新线索好立功受赏呢，而武帝此时也还正陷于那巫蛊迷雾中风声鹤唳正难以自拔呢。这时候，内者令郭穰就举报说，因为丈夫多次受到皇上谴责，刘屈氂的夫人就指使巫师在祭祀土地神时用恶毒的语言诅咒皇上，另外刘屈氂与李广利还共同祷告祭祀，想让昌邑王刘髆早登帝位。

不但咒朕早死，连接班人都已经安排好了！真是树欲静而风不止，一波未平一波又起啊。刘彻一听，立刻批复严查。没过多长时间，一顶大逆不道的帽子，便戴到了刘屈氂头上。"有诏载屈氂厨车以徇，要斩东市，妻子枭首华阳街。贰师将军妻子亦收。"（以上引文均见《汉书》卷66《公孙刘田王杨蔡陈郑传》）结果刘屈氂被武帝下诏押在食品车上游街示众，然后被腰斩于长安东市，刘屈氂的妻子则被押赴华阳街，当场斩首示众，李广利的妻子儿女当然也难以幸免，一个个被收捕下了大狱。

正在前线指挥大军与匈奴作战的李广利听到这一消息，如五雷轰顶真是难以相信自己的耳朵：自己离开长安这才几天，怎么就弄成这样？！这时有一个部下劝他投降匈奴："夫人室家皆在吏，若还不称意，适与狱会，郅居以北可复得见乎？"李广利想，若此时投降匈奴，妻儿老小肯定是保不住，如果能立下战功，将功折罪，或许到还有一线生机。于是他"欲深入要功，北至郅居水上"，又"引兵还至速邪乌燕然山"，便不考虑战略战术与实际情况，一味督师北进，直至郅居水。在与匈奴打了几仗后，他又率军由郅居水向南撤至燕然山（现蒙古国杭爱山）一带，准备伺机再战以求奇功。但此时胜利的天平已经偏向了匈奴一边："单于知汉军劳倦，自将五万骑遮击贰师，相杀伤甚众。夜堑汉军前，深数尺，从后急击之，军大乱败，贰师降。"（以上引文均见《汉书》卷94《匈奴传》）匈奴单于抓住汉军往返行军近千里已非常疲惫之机，亲率五万骑兵突袭，汉军死伤甚众，匈奴又趁汉军不备，夜里在汉军军营前悄悄挖掘了一条几尺深的壕沟，然后于清晨从后面发起突然袭击。汉军大乱，完全失去了抵抗力，一时兵败如山倒，七万好儿郎就这样成为李广利盲目冒进以图立功自保的牺牲品。李广利见大势已去，举手投降了匈奴。[6]

到这里，平阳公主两次献美活动在武帝朝所引发的一系列悲欢变故与恩怨情仇，可以说是暂告一段落了。不过，虽然大戏已落幕，主角也已退场，但其余波，却一直延续了好几十年。自卫子夫被废，太子自杀，刘彻再未立后，也再未立太子。"燕王旦上书，愿归国入宿卫。武帝怒，立斩其使者于北阙。"燕王上书，武帝之所以斩了燕王使者，乃是因为他看出燕王刘旦醉翁之意不在酒，意在谋太子之位也。其实对于自己的接班人，武帝心中早已有了人选，"上居甘泉宫，召画工图画周公负成王也。于是左右群臣知武帝意欲立少子也。"他选中了赵婕妤也就是钩弋夫人生于太始三年（公元前94年）的皇子刘弗陵为自己的接班人，"后数日，帝谴责钩弋夫人。夫人脱簪珥叩头。帝曰：'引持去，送掖庭狱！'夫人还顾，帝曰：'趣行，女不得活！'夫人死云阳宫。"（以上引文均见《史记》卷49《外戚世家》）而为了避免自己死后"主少母壮"，重演吕氏专权的悲剧，武帝此后随便找了个岔子，将刘弗陵的生母钩弋夫人给处死了（唉，又多了一个冤死鬼！）

后元二年（公元前87年），七十岁的汉武帝病逝于五柞宫。他遗命霍光、金日䃅、上官桀辅佐七岁的刘弗陵登基（是为汉昭帝）。汉元平元年（公元前74年），年仅二十一岁，在位十三年的刘弗陵因病去世，大将军霍光立昌邑王刘髆之子刘贺为帝，二十七天后，霍光与皇太后上官氏又以刘贺"荒淫无行，失帝王礼宜，乱汉制度"为由废了他，另立刘病已为帝。这个刘病已，正是废太子刘据之嫡孙，废后卫子夫之嫡曾孙也。

刘病已生于公元前91年，出生才数月，即逢巫蛊之祸，刘据的妻妾和三子一女皆遇害，唯独襁褓中的刘病已逃过一劫，被收系于郡邸狱中。"邴吉为廷尉监，治巫蛊于郡邸，怜曾孙之亡辜，使女徒复作淮阳赵征卿、渭城胡组更乳养，私给衣食，视遇甚有恩。"（《汉书》卷8《宣帝纪》）这时廷尉监中有个叫邴吉的，他怜悯刘病已这个无辜的婴儿，便特别指派忠厚谨慎的女囚胡组、赵征卿两人专门负责哺育他。后元二年（公元前87年）武帝病重大赦天下，五岁的刘病已被放了出来。"邴吉怜皇曾孙无所归，载以付史恭。恭母贞君年老，见孙孤，甚哀之，自养视焉。"（《汉书》卷97《外戚传》）邴吉将刘病已送到他祖母史良娣的娘家，托付给了史良娣的哥哥史恭。史恭的母亲，也就是刘病已的曾外祖母贞君，虽然此时已年老体衰，但她可怜这个无父无母无依无靠的曾外孙，拖着病体亲自照顾他。后来，刘病已被收养于掖庭，上报宗正并列入宗室属籍中，皇室地位算是得到法律上的承认，但他一直生活在民间，直至长大成人。

汉元平元年（公元前74）刘贺被废，霍光等大臣将时年十七岁的刘病已（后改名刘询）迎入宫中，先封其为阳武侯，后于同年七月拥其登位，改年号为"本始"。即位伊始，刘询即颁布诏书，谥祖父刘据曰"戾"（《说文解字》："戾。曲也，从犬出户下。戾者身曲戾也。"）："故皇太子谥曰戾，置奉邑二百家。史良娣曰戾夫人，置守冢三十家。园置长丞，周卫奉守如法。"（《汉书》卷63《武五子传》）另外，刘询也没有忘了自己的曾祖母卫子夫，"乃改葬卫后，追谥曰思后，置园邑三百家，长丞周卫奉守焉。"（《汉书》卷97《外戚传》）他追封卫子夫为"思后"，卫子夫也由此成了中国历史上最早拥有独自谥号的被废皇后。

就这样，历尽曲折坎坷，不过十七年，皇位又回到了武帝太子刘据子孙的手中。历史跟卫家，跟平阳公主，也跟汉武帝开了一个残忍的大玩笑。唉，早知如此，何必当初啊。其实杀来杀去，也最该杀的，是他刘彻自己呀。

实事求是地说，平阳公主比她的姑妈馆陶公主要知分寸，守纪律得多了。她根本无意去改变什么，创造什么，也无意去制造什么惊天动地的轰动效应来，但由于她始终处于特殊的错综复杂关系之中，其特殊的地位、身份与影响力，让她两次不起眼的献美行动，产生出如此出惊天动地的大效应，掀起一阵阵惊涛骇浪。当然，我们也不能把这一次次悲剧性变故的责任都归之于平阳公主，因为这一切，虽然有她的因缘，但成因并不在她，其中也并没有她挑拨是非胡作非为的影子，更何况正是因为有了她，中国历史上才拥有了卫青，拥有了霍去病，拥有了一段令后世子孙豪迈千古的辉煌历史。

因之，如果我们说她是煌煌武帝朝之一大功臣，一点也不为过。但是话又说回来，如果不是她的这两次举荐行动，武帝朝肯定是另外一番景象，另外一番政治生态了。最起码，冤死的绝不是这一拨人。

是耶？非耶？是非得失，只能是仁者见仁智者见智，任由后人去评说了。

注　释

[1]《史记》卷49《外戚世家》中，有褚少孙为《史记》续补的一段文字，说王娡在入宫之前，已经嫁人并生有一个女儿：

褚先生曰："臣为郎时，问习汉家故事者钟离生。"曰："王太后在民间时所生（子）女者，父为金王孙。王孙已死，景帝崩后，武帝已立，王太后独在。而韩王孙名嫣素得幸武帝，承间白言太后有女在长陵也。"武帝曰："何不蚤言！"乃使使往先视之，在其家。武帝乃自往迎取之。跸道，先驱旄骑出横城门，乘舆驰至长陵。当小市西入里，里门闭，暴开门，乘舆直入此里，通至金氏门外止，使武骑围其宅，为其亡走，身自往取不得也。即使左右群臣入呼求之。家人惊恐，女亡匿内中床下。扶持出门，令拜谒。武帝下车泣曰："嚄！大姊，何藏之深也！"诏副车载之，回车驰还，而直入长乐宫。行诏门著引籍，通到谒太后。太后曰："帝倦矣，何从来？"帝曰："今者至长陵得臣姊，与俱来。"顾曰："谒太后！"太后曰："女某邪？"曰："是也。"太后为下泣，女亦伏地泣。武帝奉酒前为寿，奉钱千万，奴婢三百人，公田百顷，甲第，以赐姊。太后谢曰："为帝费焉。"于是召平阳主、南宫主、林虑主三人俱来谒见姊，因号曰修成君。有子男一人，女一人。男号为修成子仲，女为诸侯王王后。此二子非刘氏，以故太后怜之。

[2] 汉元狩六年（公元前117年），霍去病因病去世，年仅二十三岁。汉武帝特地调遣边境五郡铁甲军，从长安到茂陵排列成阵，为霍去病举办了一场隆重的葬礼。汉武帝还特地下诏将霍去病坟墓修成祁连山模样，以永远铭记其不世之奇功。

[3] 元封五年（公元前106年），大司马大将军卫青去世，汉武帝命人在自己的茂陵东侧一千米处特地为卫青修建了阴山（匈奴境内的一座山）形状的墓冢，以象征卫青一生的赫赫战功。平阳公主死后，与卫青合葬（西汉合葬不同墓，据勘测，平阳公主墓冢约在卫青墓东侧一千三百米左右。）

[4]《汉书》中记载是方士少翁为汉武帝招李夫人魂，而《史记》里却记载少翁招的是王夫人的魂。《史记·封禅书》云："其明年（元鼎元年，即公元前116年），齐人少翁以鬼神方见上。上有所幸王夫人，夫人卒，少翁以方盖夜致王夫人及灶鬼之貌云，天子自帷中望见焉。于是乃拜少翁为文成将军，赏赐甚多，以客礼礼之。"后人多认为《史记》所载不谬，《汉书》有误。

《汉书》卷97《外戚传》记载如下：

上思念李夫人不已，方士齐人少翁言能致其神。乃夜张灯烛，设帷帐，陈酒肉，而令上居他帐，遥望见好女如李夫人之貌，还幄坐而步。又不得就视，上愈益相思悲感，为作诗曰："是邪，非邪？立而望之，偏何姗姗其来迟！"令乐府诸音家弦歌之。上又自为作赋，以伤悼夫人，其辞曰：

美连娟以修嫮兮，命樔绝而不长，饰新宫以延贮兮，泯不归乎故乡。惨郁郁其芜秽兮，隐处幽而怀伤，释舆马于山椒兮，奄修夜之不阳。秋气憯以凄泪兮，桂枝落而销亡，神茕茕以遥思兮，精浮游而出疆。讬沈阴以圹久兮，惜蕃华之未央，念穷极之不还兮，惟幼眇之相羊。函菱荴以俟风兮，芳杂袭以弥章，的容与以猗靡兮，缥飘姚虖愈庄。燕淫衍而抚楹兮，连流视而娥扬，既激感而心逐兮，包红颜而弗明。欢接狎以离别兮，宵寐（悟）梦之芒芒，忽迁化而不反兮，魄放逸以飞扬。何灵魂之纷纷兮，哀裴回以踌躇，势路日以远兮，遂荒忽而辞去。超兮西征，屑兮不见。浸淫敞怳，寂兮无音，思若流波，怛兮在心。

乱曰："佳侠函光，陨朱荣兮，嫉妒闟茸，将安程兮！方时隆盛，年夭伤兮，弟子增欷，洿沫怅兮。悲愁於邑，喧不可止兮。响不虚应，亦云已兮。嫶妍太息，叹稚子兮，懰栗不言，倚所恃兮。仁者不誓，岂约亲兮？既往不来，申以信兮。去彼昭昭，就冥冥兮，既下新宫，不复故庭兮。呜呼哀哉，想魂灵兮！"

[5]《汉书》卷97《外戚传》载：拳夫人进为婕妤，居钩弋宫，大有宠，太始三年生昭帝，号钩弋子。任（妊）身十四月乃生，上曰："闻昔尧十四月而生，今钩弋亦然。"乃命其所生门曰尧母门。

[6] 李广利投降匈奴一年多后，即被先他而降的同僚卫律设计害死："贰师在匈奴岁余，卫律害其宠，会母阏氏病，律饬胡巫言先单于怒，曰：'故攻时祠兵，常言得贰师以社，今何故不用？'于是收贰师，贰师（怒）〔骂〕曰：'我死必灭匈奴！'遂屠贰师以祠。"（《汉书》卷94《匈奴传》）原来卫律见李广利投降在自己之后，而受到的尊崇却在自己之上，心生嫉妒，于是趁单于母亲生病之机买通巫师，让巫师谎称病因是由于去世的单于在发怒。因去世的单于过去出兵攻伐汉时，曾发誓一定要捉住贰师将军李广利用来祭神。现在李广利已在匈奴，单于却没有杀了他祭神，于是先单于就发怒了。单于对巫师的话信以为真，便杀了李广利祭神。

盖长公主：一心扳倒霍光，反把自己赔了进去

> 旦姊鄂邑盖长公主、左将军上官桀父子与霍光争权有隙，皆知旦怨光，即私与燕交通。
>
> ——《汉书》卷63《武五子传·刘旦传》

故事背景：昭宣中兴

汉昭帝时期，基本上执行了汉武帝在《轮台罪己诏》中定下的政策。《汉书》赞曰："成王不疑周公，孝昭委任霍光，各因其时已成名，大矣哉！承孝武奢侈余敝师旅之后，海内虚耗，户口减半，光知时务之要，轻徭薄赋，与民休息。至始元、元凤之间，匈奴和亲，百姓充实。举贤良、文学，问民所疾苦，议盐、铁而罢榷酤，尊号曰'昭'，不亦宜乎！"（《汉书》卷7《昭帝纪》）公元前74年，汉宣帝刘病已即位，"政教明，法令行，边境安，四夷亲，单于款塞，天下殷富，百姓康乐，其治过于太宗（汉文帝）之时。"（应劭《风俗通·正失篇》引刘向语）昭帝、宣帝时期，政治清明、社会和谐、经济繁荣，史称"昭宣中兴"。

本章可以说是上一章的回澜余波，不过这个余波可不小，回澜也够凶猛，比起汉武帝晚年的那场蛊惑大案来，可谓一点也不逊色。另外，如果说上一章的主角除了平阳公主，还有卫家人，卫子夫、卫青、卫青的外甥霍去病以

及卫子夫——当然也是汉武帝——的儿女们，他们也是"联合主演"，讲平阳公主，实际上是讲了卫家人故事的话，那么本章中的联合主演之一，霍光，他跟卫家脱不了干系，也可以说是卫家之"余脉"——因为他是霍去病同父异母的弟弟，霍去病在出击匈奴回来路过河东平阳（今山西临汾市）时，将他带回长安，"时年十余岁，任光为郎，稍迁诸曹侍中"，（《汉书》卷68《霍光传》）让霍光从此走上仕途，拜将为相，位极人臣的。也就是说，霍光这个村野顽童之所以能够入朝为官，成为武帝身边的宠臣，最后成为首席顾命辅政大臣，成为大汉政坛举足轻重的人物，正是霍去病，是卫家人给他铺的路。霍光霍光，他还是沾了卫家人的光，虽然他跟卫家人一点血缘关系也没有。好了，闲话休说，还是先转入本章主人公盖长公主吧。

长姐为母，抚育幼弟

这位盖长公主，史书上又称之为盖主、鄂盖公主、鄂邑公主、鄂盖长公主。她是汉武帝的女儿，但是她的母亲是谁，她又生于哪一年，至今也未能考证得出来。她应该是汉武帝稍长一点的女儿，甚至有人认为，她是汉武帝最大的女儿，长女，是在卫子夫进宫之前，陈阿娇为皇后期间，刘彻跟哪位宫女所生，也有人从《汉书》卷63《武五子传》中"久之，旦姊鄂邑盖长公主"之句，推断鄂邑盖公主与燕王刘旦、广陵王刘胥同为汉武帝李姬所生——但我们结合《汉书》卷7《昭帝纪》中汉昭帝也称盖长公主为姐姐之语义来看，称为姐弟俩而同父异母的可能性也同时存在，此说似乎又有点站不住脚——不过有一点可以肯定，那就是盖长公主比燕王刘旦要年长，刘旦在汉武帝元狩六年（公元前117）被封为王，假使这一年刘旦十五岁左右，他应该是出生于公元前132年左右，那么盖长公主至少出生于公元前132年之前。

盖长公主一开始被称为鄂邑公主，因为她的封地为鄂邑。鄂地（今属湖北省），时属汉江夏郡管辖。《汉书》卷28《地理志》云：江夏郡，户五万六千八百四十四，口二十一万九千二百一十八。县十四：西陵，竟陵，西阳，襄，邾，轪，鄂，安陆，沙羡，蕲春，鄾，云杜，下雉，钟武。相较于汉武帝另外的女儿，鄂邑公主的封邑实在不怎么样，属于"老少边穷"之列，这可能也是因为她出生卑微，母亲地位低下，不受宠之故吧。鄂邑公主变为盖公主或鄂盖公主，有两种说法：一是说公主的母亲姓盖，类似窦皇后的女儿称为窦太主、卫皇后的女儿称为卫长公主等以母姓称之的惯例，人们称其为盖公主、盖主；当然更有另外一种可能，那就是她在长大后嫁给了盖侯为妻（汉代规定，只有列侯才可尚公主）。据《汉书》记载，汉第一代盖侯为王信，乃汉景帝皇后王娡之兄；第二代盖侯王充，封于汉武帝元光三年（公元前132年）；第三代盖侯王受，于汉武帝元鼎五年（公元前112年）因酎金失侯。有人考证公主是嫁给了第三代盖侯王受，但是这一说也同样出现了问题。据《汉书》卷7《昭帝纪》记载，公主有个儿子叫"文信"，公主如果嫁给了盖侯，则她儿子根本不可能取名"文信"。子孙与父祖同名，这在注重避讳、孝道的西汉人看来，是非常不孝的，也是根本不可能出现的情形。所以这又引起了两种推测了：要么是公主从来就没有嫁给盖侯，她被称为盖主，是因为母亲姓盖的缘故；要么就是公主除了盖侯之外，还有第二任丈夫，这个叫"文信"的儿子，正是她跟第二任丈夫所生。根据《居延新简》[1]之《甘露二年丞相御史书》中一段记载："始元二年中（公元前85年），主（指盖长公主）女孙为河间王后，与捐之偕之国。后丽戎、游从居主柧莽弟，养男孙丁子沱。"盖长公主似有一个孙女为河间王后（推测应是嫁给了河间孝王刘庆，公元前97—前54年在位。古河间国，治乐成，也就是今河北省沧州市献县一带。下辖十一县：乐成、弓高、成平、中水、武垣、束州、东平舒、高阳、鄚县、文安、易县），有一孙子名叫丁子沱。因此就又有一种推测，公主是嫁了第四代乐成侯丁义。据《史记》卷18《高祖功臣侯者年表》："丁礼：以中涓骑从起砀中，为骑将，入汉，定三秦，侯。以都尉击籍，属灌婴，杀龙且，更为乐成侯，千户。高祖六年八月甲子，节侯丁礼元年。孝文五年，夷侯马从元年。后七年，武侯客元年。元鼎二年，侯义元年。元鼎五年，侯义坐言五利侯不道，弃市，国除。"汉武帝元鼎二年是公元前115年，元鼎五年是公元前112年。这一年，五利将军栾大因方术不验被腰斩，作为栾大举荐人的乐成侯丁义，也被弃市，由此国除。而乐成此地，在《汉书·地理志》中有两个，一个在南阳郡，另一个就在河间国，所以我们有理由做出如下推测：乐成侯的封地就在河间，公主与第四代乐成侯丁义结婚后不久，生下儿子文信，后来就有了孙子丁子沱及孙女，孙女则就近嫁给了河间王刘庆。这样的推测还有两点可资佐证，一是公主的后来的"情人"，她儿子的"门客"丁外人，也是河间人；二是汉昭帝刘弗陵被武帝赐死的母亲钩弋夫人赵婕妤，她是河间武垣县（今河北省沧州市肃宁县）人，后来鄂邑公主愿意亲近抚养幼年昭帝，可能也正是因为有这么一种地域因缘在内吧。

公元前87年2月，汉武帝病逝于五柞宫，去世前一天，"上以光为大司马大将军，日䃅为车骑将军，及太仆上官桀为左将军，搜粟都尉桑弘羊为御史大夫，皆拜卧内床下，受遗诏辅少主"。（《汉书》卷68《霍光传》）此时的"少主"刘弗陵，虚岁才八岁，父母双亡，孤苦伶仃。由此，"帝姊鄂邑公主益汤沐邑，为长公主，共养省中"。（《汉书》卷7《昭帝纪》）作为刘弗陵此时唯一还活着的姐姐，鄂邑公主便住进宫中，长姐为母，担当起抚育弟弟的重任。当然她也不是白干，首先，她被封为长公主这样一个荣誉称号，其次，她的封邑也被多次增加（颜师古注《昭帝纪》曰："帝之姊妹则称长公主，仪比诸王，又以供养天子，故益邑也。"）当然，她之所以能住进宫中来抚养昭帝，得到如此待遇，应该是得到了霍光的认可甚至授意。因为此时，"帝年八岁，政事一决于光"。（《汉书》卷68《霍光传》）朝中大小一切事务，皆由首辅大臣霍光来决断，霍光如果不点头，这些都是不可能发生的。

其实，再考之史载，霍光这位权倾一时的大司马大将军，一开始对盖长公主，这位先帝的女儿，昭帝的大姐姐，还算是比较尊重、比较照顾的，就连公主的私生活，他也多有体恤："盖主私近子客河间丁外人。上与大将军闻之，不绝主欢，有诏外人侍长主。"（《汉书》卷97《外戚传》）寡居的盖长公主耐不住寂寞，竟然跟自己儿子的一个叫丁外人（外人应该不是他真正的名字，只是别人称他为公主家的"外人"，或他自称"外人"而已）的门客好上了。霍光在听说了这件事后，为成全她的这份私情，特地让昭帝下了一道诏书，就着丁外人名正言顺地来侍奉盖长公主。一个大权在握，日理万机的大司马大将军能够把事情做到这个份上，也真是难能可贵了。

一个是亲姐姐，一个是首席顾命大臣，盖长公主跟霍光可谓是小昭帝最为亲近，也最为重要的两个人。这两个人如果能携起手来，共同辅佐小皇帝，那可堪称是最佳政治组合了，何事不能，何坚不摧？更何况，这两个大汉朝顶级之人，根本无须去争权夺利，也并无根本性利害冲突可言。可是世间的事，特别是皇家之事，偏偏就不会这么简单。由于丁外人及顾命大臣上官桀父子的掺和，这两人之间不久就产生了隔阂，并且很快就势如水火，非要拼个你死我活不可了。

为一"外人"，卷入宫廷斗争

"初，桀子安取霍光女，结婚相亲，光每休沐出，桀常代光入决事。"汉武帝时期，霍光与另一个辅政大臣，太仆、左将军上官桀结为儿女亲家，上官桀的儿子上官安娶了霍光的女儿为妻。结为姻亲后，两家关系越来越亲密，信任度也越来越高，霍光每当休公休假或外出公干，就委派上官桀来代替自己处理国家大事。霍光的女儿在嫁给上官安之后不久，生了个女儿，现在已经有五岁多了。"安因光欲内之。光以为尚幼，不听。"女婿上官安多次跟老丈人说，要他出面，把他这个外孙女送进宫去，让小皇帝纳为皇后，但每次霍光总是以孩子还太小为由予以驳回。而就在这时，"长主内周阳氏女，令配耦帝"，盖长公主正四处为昭帝挑选女子，并且已经看中了一个女孩子，准备把她接进宫去，配给昭帝。眼看着这近水楼台难得月，上官安有点急了，因为他平日跟丁外人关系比较好，于是就请他帮忙："闻长主内女，安子容貌端正，诚因长主时得入为后，以臣父子在朝而有椒房之重，成之在于足下，汉家故事常以列侯尚主，足下何忧不封侯乎？"兄弟啊，听说长公主正在四下挑选女孩子进宫。我女儿容貌端正，很是漂亮可爱，如果能趁这个机会让她进宫，封个皇后什么的，这样我们父子在朝为官，又有椒房倚重，还有什么事情做不成的？外人啊，我可从来没拿你当外人看，这事全靠你成全咱个了。你是知道的，汉家的旧例是尚公主者必为列侯，到时候你还怕封不了侯吗？上官安这话的意思很明确：你这次帮了我，我们父子得势，自然报答你，让你封侯并名正言顺跟公主拜堂成亲。"外人喜，言于长主。"丁外人听了这话，哪有不高兴的。他马上跟盖长公主吹起了枕边风。"长主以为然，诏召安女入为婕妤，安为骑都尉。月余，遂立为皇后，年甫六岁。"盖长公主听小情人这么一说，也觉得上官安的这个女儿，不管长相品性如何，首先她是霍光的外孙女，上官桀的孙女，虽然年龄是小了点儿，但这不是皇后最合适的人选吗，自己何不做个顺水人情？于是，她让昭帝下诏，让上官安的女儿进了宫，一开始封她为婕妤，封上官安为骑都尉，又过了一个多月，就正式册立这位上官氏为皇后——这时的上官氏，虚岁还只有六岁，如果搁到现在，还是上幼儿园的年龄。

"安以后父封桑乐侯，食邑千五百户，迁车骑将军，日以骄淫。受赐殿中，出对宾客言：'与我婿饮，大乐！'见其服饰，使人归，欲自烧物。安醉则裸行内，与后母及父诸良人、侍御皆乱。"因为是皇后的父亲，上官安被封为桑乐侯，升迁车骑将军。封了侯拜了将，上官安马上就飘到半空中去了。他每每从殿上领赏出来，就迫不及待地向别人炫耀，洋洋得意地说："和我的女婿一起喝酒，真快活！"每次喝醉了酒，他就光着身子在室内行走，和他的继母以及父亲的姬妾侍婢们淫乱。当然，他也知道，现在女儿贵为皇后，一切都如愿了，该向丁外人兑现自己的承诺了，于是他"数守大将军光，为丁外人求侯"。（以上引文均见《汉书》卷97《外戚传》）他几次都早早地候在那儿，求岳父大人能点个头，让昭帝下个诏，给丁外人封个侯爵。但是求了几次，霍光均以"无功不得封侯"为由，予以拒绝。"桀、安欲为外人求封，幸依国家故事以列侯尚公主者，光不许。又为外人求光禄大夫，欲令得召见，又不许。"（《汉书》卷68《霍光传》）见自己说不动，上官安又回家说动了父亲上官桀，两人一起来劝说霍光，说依大汉旧例，尚公主者应为列侯，现在盖长公主跟丁外人已经是这个样子了，还不如就给个面子，封丁外人为侯，让他名正言顺娶了公主，这样上上下下也都好交代。但是无论父子俩怎样说情，霍光就是不肯点这个头。上官桀父子退而求其次，为丁外人求一个光禄大夫之职，也就是说，给他个荣誉职位，让他也能穿着官服从正门光明正大地进殿上朝，得到昭帝的召见，不要像现在这样见不得人，这样他自己脸上有光，盖长公主脸上也有光——当然他们也算还了这个人情——但是"光执正，皆不听"，霍光又严词拒绝了他们。

其实，霍光对于外孙女成为皇后，内心非但不反对，甚至还可以说是十分的受用。《汉书》卷97《外戚传》载："光欲皇后擅宠有子，帝时体不安，左右及医皆阿意，言宜禁内，虽宫人使令皆为穷袴，多其带，后宫莫有进者。"当然这都是后话了：待外孙女进了宫，并逐渐长大成人以后，霍光就一心想让外孙女能够得到专宠，早一点为昭帝生个儿子，其实也就是生个小太子了。霍光的这个心愿，在当时可谓是"司马昭之心，路人皆知"，甚至当昭帝身体稍有不适，侍者和医官们就都阿附霍光这种心意，劝说皇上为龙体安康，最好节制欲望，每天只让皇后一个人来侍奉就够了。另外，为防"节外生枝"，霍光还要求宫中女子一律穿上绲裆裤，且腰上还要束上几道不方便解开的布带。绲裆裤（袴），通常称为裈，指有前后裆的裤子，现在的江西修水等地，还保存有"绲裆裤"的方言词语，意思是连裆裤，与一般小孩子穿的开裆裤相对应。也就是说在此之前，中国女子为图"方便"时方便，裙子里大多穿无裆，或者叫开裆裤，以裙摆挡之。我们不难想象，成年以后的汉昭帝刘弗陵，虽有三宫六院，但等于让上官皇后一个人给"承包"了，其余后宫佳丽基本成为一种美丽的摆设。

那么既然如此，霍光为何一开始总是不同意送外孙女进宫呢？要知道只要他开了口，或者稍微暗示一下，根本就无须上官安绕那么大弯子先去找丁外人，然后再去求盖长公主，弄得里里外外欠了一大把的人情。其实，这正是作为政治家的霍光的稳重与高明之处：虽然是大权在握一言九鼎，但如果能够找准时机不动声色地既把外孙女送进宫，又不让人去说闲话，不让人觉得自己是以权谋私，这才是最理想的办事效果啊。可现在倒好，上官桀父子兴师动众地把事情做得如此这般，现在又霸王硬上弓，赤裸裸地为一个门客，一个见不得人的"外人"求封求官，这不是授人以柄，让别人觉得两家是狼狈为奸、公权私用吗？这哪像一个成熟政治家的所作所为，如果什么事都是这么胡闹这么草率，那今后还拿什么来服众，又怎么能把握时局发号施令？

应该说，霍光当初不同意将才五岁大的外孙女送进宫，还是有一定道理的。相较之下，上官桀父子就显得有点操之过急，不像一个政治家所为了。但是不管怎么说，这样一闹，负面效应却是出来了："长主大以是怨光。而桀、安数为外人求官爵弗能得，亦惭。自先帝时，桀已为九卿，位在光右。及父子并为将军，有椒房中宫之重，皇后亲安女，光乃其外祖，而顾专制朝事，繇是与光争权。"（《汉书》卷68《霍光传》）首先，盖长公主就对霍光非常不满：我主动把你的外孙女接进宫，而且不用你开口，就让她登上了皇后之位。你非但不知感激，连这点小事也不肯为我做，不就是一句话的事情吗？况且，到时候封侯封官还不是以我弟弟的名义，还不都是我刘家的事儿，碍你霍家什么事？你以德报德倒也算了，这明显是让我难堪！于是乎，本来属于一条战线的，汉昭帝最为亲近的两个人，从此站不到一块儿去了。

而上官桀、上官安父子，几次为丁外人求取官爵未成，内心十分惭愧，自觉很没面子。本来，在汉武帝的时候，上官桀已位列九卿，位在霍光之上，现在父子同为将军，又有椒房可倚重，却处处要看霍光眼色行事，求他这么点儿事，而且还事关他自己的外孙女，竟然三番五次的一点面子也不给。这不是在打人脸吗？就这样，为一个丁外人，本来亲密无间的这对儿女亲家，产生了隔阂，同为辅政大臣的两家人，从此也就分道扬镳，较上了劲儿。

这时候，还发生了一件事。"桀妻父所幸充国为太医监，阑入殿中，下狱当死。冬月且尽，盖主为充国入马二十匹赎罪，乃得减死论。"上官桀的岳父喜欢的一个叫充国的太医监，因私自闯入宫殿，被逮捕下狱，论罪当斩。当处决犯人的冬季快要过去，充国即将被斩立决之时，盖长公主根据当时大汉律法，为他交纳二十匹马来赎罪，救了他一命。"于是桀、安父子深怨光而重德盖主"（以上引文均见《汉书》卷97《外戚传》），这样一来，上官桀父子自然更加感激长公主，而深怨霍光了。这三个人因为有了共同的敌人，自然同仇敌忾，也就走得更近。

当然，他们很清楚，就凭他们还不足以跟大权在握的大司马大将军抗衡。要对付霍光，还得多多寻求外援。"及御史大夫桑弘羊建造酒榷、盐铁，为国兴利，伐其功，欲为子弟得官，亦怨恨光。"此时，同为辅政大臣的御史大夫桑弘羊建议，设立酒类专卖、盐铁官营等制度，为国家增加财富，他本打算为自己的子弟多谋些官职，多谋点儿私利，却让霍光一次次给挡回去了，心中也正怨恨着霍光。[2] 于是，盖长公主、上官桀、上官安与桑弘羊首先结成了一派。"燕王旦自以昭帝兄，常怀怨望。"（以上两段引文见《汉书》卷68《霍光传》）燕王刘旦，昭帝的哥哥，因为没能继承皇位，心中自然有点不服气。"旦遣孙纵之等前后十余辈，多赍金宝走马，赂遗盖主。"他先后派遣孙纵之等十多批人，带上很多金银财宝和骏马来到长安，送给盖长公主等人。"旦姊鄂邑盖长公主、左将军上官桀父子与霍光争权有隙，皆知旦怨光，即私与燕交通。"（以上两段引文见《汉书》卷63《武五子传》）盖长公主他们也都知道刘旦的心事，知道他把霍光视为上位的绊脚石，就不断地去联络拉拢他，与他暗通款曲遥相呼应，等于是把他作为一种工具，作为马前卒来使用了。这样以昭帝身边的盖长公主为旗帜，一个志同道合的反霍光联盟,就逐渐形成并运作起来。

首先,他们让燕王上书,"为丁外人求侯"。刘旦于是上书:"子路丧姊,期而不除,孔子非之。子路曰:'由不幸寡兄弟,不忍除之。'故曰'观过知仁'。今臣与陛下独有长公主为姊,陛下幸使丁外人侍之,外人宜蒙爵号。"(《汉书》卷97《外戚传》)刘旦的奏请首先引经据典,打起了亲情牌。说子路的姐姐死了,子路为姐姐服丧超过一周年,孔子就批评他这样做不合礼制规定,是过失。子路说:"我不幸,没有兄弟,因此不忍心脱掉为姐姐穿的丧服。"所以有时看人的过失,也可以知道他仁与不仁。现在我和陛下就只剩下盖长公主这么一位姐姐了,承蒙陛下隆恩,让丁外人侍奉公主,既然让他侍奉公主,就应该给丁外人封赏个爵号啊,否则名不正言不顺,陛下。虽然典故用得不伦不类,但刘旦的意思还是很明确的。接到奏本后,昭帝当即询问霍光的意见。霍光还是坚持不同意封丁外人为侯,昭帝也就顺势驳回了刘旦的奏请。

这样一来,丁外人和盖长公主失去了最后的机会,丁外人还是丁外人,永远变不了丁侯爷,盖长公主也还是盖长公主,没有机会再改换门庭了。当然,两人获得一大片封地以及人口赏赐的机会,也因为霍光的作梗,永远地失去了。

这下盖长公主更加憎恨霍光,两大集团之间的梁子越结越大。盖长公主这一派,更是加快了扳倒霍光的步伐:"上官桀及御史大夫桑弘羊等皆与交通,数记疏光过失与旦,令上书告之。桀欲从中下其章。"上官桀他们开始私下里记黑账,把霍光平日的一些过失,何时何地什么事,一一记下来,然后派专人专车送与燕王,为他提供素材,好让燕王找准时机,上书昭帝告发霍光。而只要刘旦的告发信一到,上官桀他们就准备第一时间把它复制出来,下发给朝廷百官,来个先发制人。

汉始元六年(公元前81年)的一天,燕王刘旦的一份非同寻常的奏章,传到了京城:"昔秦据南面之位,制一世之命,威服四夷,轻弱骨肉,显重异族,废道任刑,无恩宗室。其后尉佗入南夷,陈涉呼楚泽,近狎作乱,内外俱发,赵氏无炊火焉。高皇帝览踪迹,观得失,见秦建本非是,故改其路,规土连城,布王子孙,是以支叶扶疏,异姓不得间也。今陛下承明继成,委任公卿,群臣连与成朋,非毁宗室,胕受之诉,日骋于廷,恶吏废法立威,主恩不及下究。"奏章先是从秦到汉谈古论今，说明只有亲宗室而罢异姓，大汉江山才能永固。现在陛下悉数委任外姓公卿大臣，群臣串联拉帮结派，时不时诋毁宗室，直弄得流言满天飞。那些贪官污吏们更是拿法律当儿戏，乱施淫威，使得皇上的恩泽根本就惠及不到下面的平民百姓——当然这些都是泛泛而谈，可以称之为开场白了——接下来，奏章中主要列举了由上官桀等人提供的这样几枚专门针对霍光的强力炮弹：

一是，"武帝使中郎将苏武使匈奴，见留二十年不降，还置为典属国。今大将军长史敞无劳，为搜粟都尉"。陛下，当年我父皇派中郎将苏武出使匈奴，被扣留二十年拒不降敌，可谓铮铮铁骨，回来后却仅被封为典属国。[3] 而大将军霍光的长史杨敞并没有立下什么功劳，却当上了搜粟都尉。霍光任人唯亲，是在培植自己的势力啊。

二是，"将军都郎羽林，道上移跸，太官先置"。（以上引文均见《汉书》卷63《武五子传》）大将军霍光在出城会试，演练郎官、羽林禁军之时，竟然像皇上出行那般设置威仪，在道上传呼行人回避，并且提前派太官去侍候他的衣食住行等。这乃是大不敬，是犯上作乱之行径。

三是，"又擅调益莫府校尉。光专权自恣，疑有非常"。（《汉书》卷68《霍光传》）霍光擅自调人，增加自己幕府的校尉，增强府中兵力。霍光如此专权放肆，如此调兵遣将，他这是图谋不轨，想夺我大汉江山啊。

刘旦最后表示，"臣旦愿归符玺，入宿卫，察奸臣之变"。（《汉书》卷63《武五子传》）他愿意缴还所受燕王的符节玺印，回京值宿宫廷护卫皇上左右，以防乱臣贼子犯上作乱。

待刘旦的这本堪称重磅炸弹的奏章送达长安，上官桀等特地"候司光出沐日奏之"，他们就特地选择霍光休假不上朝由上官桀代理处理事务的时候，把这本奏章拿了出来，毫无耽搁地直接送到了昭帝手中。"桀欲从中下其事，桑弘羊当与诸大臣共执退光。"他们本来的打算是，一待昭帝将奏章批复下来，上官桀就将奏章直接下发百官，等于是先声夺人，不管三七二十一，先按照奏章内容宣布霍光的"罪状"，然后由桑弘羊组织朝臣一同来胁迫霍光引退，再把他给逮起来。可是他们万万没有想到的是，"书奏，帝不肯下"。（以上引文均见《汉书》卷68《霍光传》）这份要命的奏章交上去后，十四岁的昭帝并没有"批转"，而是把它扣在了那里，也无任何旨意传出。

真是千算万算，把这个关节给算漏了。这下子事情有点麻烦了。第二天，上官桀等人惴惴不安地早早上朝候旨。"光闻之，止画室中不入。"霍光就待在殿前张贴着武帝当年叫人所画"周公辅成王图"的画室中，没有像往常那样早早站在殿下。昭帝见下面站着的大臣中没有霍光，就问："大将军安在？"上官桀赶紧回答："以燕王告其罪，故不敢入。"昭帝下诏："召大将军。"于是，西汉历史上，当然也是少年昭帝个人成长史上最为人津津乐道的一幕，出现了：

"光入，免冠顿首谢。上曰：'将军冠。朕知是书诈也，将军亡罪。'光曰：'陛下何以知之？'上曰：'将军之广明，都郎属耳；调校尉以来未能十日，燕王何以得知之？且将军为非，不须校尉。'是时帝年十四，尚书左右皆惊，而上书者果亡，捕之甚急，桀等惧，白上小事不足遂，上不听。"（《汉书》卷68《霍光传》）

霍光惴惴不安地步入大殿，取下官帽，伏地叩头谢罪不止：臣有罪，臣有罪。这时所有的人，特别是上官桀那帮人，一个个都屏息凝声竖起了耳朵。可是令他们万万没有料到的是，从昭帝口中竟然很急切地说出这样一句话："将军请戴上你的帽子，朕知道燕王的这封奏书是假的，将军没有罪！"此言一出，一时包括霍光在内，整个大殿里黑压压一大片人，都愣在了那里。怎么回事，没有听错吧？此时此刻，金口玉言，那可真是人命关天啊。昭帝何以会出此言，问都没问，就断定霍光没有罪？过了一会儿，霍光抬起头来轻声问道："陛下从哪里得知，又凭什么说我无罪？"昭帝不慌不忙地回答他："将军到广明去校阅郎官，只是召集部属罢了，这是你分内的事情。你调选校尉到今天也不过才十来天，如果不是有人耍了花招做了手脚，远在封地的燕王他怎么可能这么快就知道呢？况且，将军如果真要图谋不轨，根本就不需要增调什么校尉！"

此言一出，四座皆惊。要知道此时的汉昭帝刘弗陵，虚岁才十四岁。一个小孩子，竟然如此洞察秋毫明辨善断，看穿了这其中的真伪，几句话就击中要害。这下轮到上官桀这一帮人胆战心惊了。紧接着，昭帝下令：彻查这份假奏章的来历，紧急搜捕呈送者。这下上官桀吓坏了，连忙站出来对皇上说，这只是一件小事，不值得去穷追穷究。但昭帝坚持要一追到底，直到把事情弄个水落石出为止。

虽然后来此事不了了之，但经此一变，上官桀他们早已成惊弓之鸟，根本不敢再说什么，也不敢再搞小动作了，生怕哪一天小皇帝会查到他们头上来。不过开弓没有回头箭，事情到了这一步，只能硬着头皮往前冲。于是只要一有机会，他们就会在昭帝面前找找霍光的碴儿，搬弄是非。直弄得少年刘弗陵脾气大发："大将军忠臣，先帝所属以辅朕身，敢有毁者坐之。"请你们记住了，大将军是忠臣，是先帝所托付来辅佐朕的，今后有谁敢再诽谤他，朕就治他的罪，决不轻饶！"自是桀等不敢复言。"（以上引文均见《汉书》卷68《霍光传》）这样一来，上官桀等人不敢再轻举妄动，霍光的地位也就更加稳固了。

孤注一掷，反送了卿卿性命

从满怀希望到陷入失望恐惧之中，盖长公主那一段时间真是度日如年。她真是有点不甘心，可不甘心又该怎么办？经这么一闹，霍光更是大权独揽，弟弟也只听他的话，难道外人就永远是外人，我跟他就只能这么名不正言不顺，不伦不类下去？这是不把我这个当朝长公主放在眼里，让我走不到人面前去。不行，我不能白白担了个皇姐的名，就这样任人欺凌。而在前殿，上官桀、桑弘羊他们，虽然每日还是与霍光同朝为官，小心翼翼地什么都干不了，但他们内心自然也不会就此善罢甘休。他们也都知道，政治斗争也好，争权夺利也罢，宫廷争斗从来都是你死我活的，我扳不倒你，那我有一天就会被你扳倒，与其等着被你扳倒，还不如我先想方设法把你给扳倒了！于是，一场针对霍光的更大的行动，在盖长公主、上官桀、桑弘羊以及刘旦他们秘密谋划下，悄悄展开了。

他们的计划是这样的："谋令长公主置酒请光，伏兵格杀之，因废帝，迎立燕王为天子。"（《汉书》卷68《霍光传》）他们商定，先是由盖长公主出面，找个理由摆上一桌酒席宴请霍光，待霍光一到，立马伏兵四出，顷刻间将他剁为肉泥！然后，待杀了霍光，掌握了军队，他们再找些个理由，废了昭帝，迎立燕王刘旦为大汉新天子。

这样的计划，极有可能是上官桀首先提出来的，之所以让盖长公主出面，是因为盖长公主跟霍光两人毕竟还没撕破脸，怎么说上官皇后，也就是霍光的外孙女当年也是盖长公主开了"后门"才进了宫并被封为皇后的，由她出面来请霍光，一个是理由好找，二是不易引起霍光的怀疑。另外，估计霍光也不好意思驳她的面子，不至于使计划落空。拉上刘旦，是要利用燕王的势力来安定天下，不至于引得群雄并起天下大乱；还要用他的名头，来堵其他人的嘴，也可以说是让他来背这个黑锅，毕竟他也是汉武帝之后，正宗皇家血脉，其影响力、号召力，其气场、排场，均非他人所能比；当然其三，要废了他们所不喜欢的昭帝，那么顺理成章，最理想的也是最能为天下人所接受的继任者，非燕王刘旦莫属。

这个计划，盖长公主、上官桀他们在长安考虑成熟后，首先向刘旦作了秘密通报。"旦置驿书，往来相报，许立桀为王，外连郡国豪杰以千数。"刘旦也派专人快马与他们书信往来，完善计划细节，商量具体实施步骤。他还特别许愿，说将来上位后，立上官桀为王。另外，他还以种种手段，对外联络了各郡县数千的豪杰以为后援。

不过，对于这样的计划，却有一个人站出来表示了怀疑。谁？燕国丞相平。他对燕王说："平闻左将军素轻易，车骑将军少而骄，臣恐其如刘泽时不能成，又恐既成，反大王也。"大王啊，我听说左将军上官桀一向轻率，车骑将军上官安更是年少骄横。这次行动，我是既担心可能又像不久前跟刘泽合作的那次一样不能成功，又担心成功了，他们会反过来与大王您反目成仇，到时候恐怕您里外不是人，成了一个被人所利用的十足的过河卒子啊。对于他的逆耳忠言，刘旦哪里听得进去！"我帝长子，天下所信，何忧见反？"我刘旦，武帝长子，一向为天下百姓臣民所信赖，何须担心有人会反叛我？他们想利用我还来不及呢！然后，他又对惴惴不安的群臣说："盖主报言，独患大将军与右将军王莽。今右将军物故，丞相病，幸事必成，征不久。"大家听明白了，盖长公主给我来信说，只担心大将军与右将军王莽。现在右将军已死了，丞相又正生病，天赐良机，我们不久就会实现多年的愿望，挺进长安城了。他"令群臣皆装"，要求大家不要再去胡思乱想了，即刻整装待发，只待杀进长安进驻未央宫。（以上引文均见《汉书》卷63《武五子传》）

虽然燕王信心满满，但事情真是给那个叫平的丞相说中了，上官桀他们果然还有另外一套方案。在这整个方案中，燕王刘旦仅仅是一颗可资利用的棋子而已（就连盖长公主，恐怕也是如此）。"桀安浸恚，遂结党与谋杀光，诱征燕王至而诛之，因废帝而立桀。或曰：'当如皇后何？'安曰：'逐麋之狗，当顾菟邪！且用皇后为尊，一旦人主意有所移，虽欲为家人亦不可得，此百世之一时也。'"（《汉书》卷97《外戚传》）他们的另外一个方案就是，诱骗燕王刘旦赴京，利用他的力量把霍光及其同党铲除掉，然后再废昭帝立上官桀为帝。这时候有人就问了，废了昭帝，那皇后可怎么办呢？她可是你们上官家的亲骨肉啊。上官安回答说："你看那追逐麋鹿的猎狗，还顾得上小兔子吗？更何况依靠皇后而得到尊位，一旦皇上改变了主意，我们想做回平民百姓都不可能，无论什么朝代都是这样的。"意思就是说，与其让命运掌握在别人手中，还不如掌握在自己手中，与其任人宰割，还不如先起来宰割了别人，至于其他利害得失，哪怕是要牺牲自己的亲骨肉，也在所不惜。女儿啊，爹到时候只能对不起你了。

在上官桀父子的这个方案中，最后当然不可能有燕王的位置。很明显，到时候如果不把刘弗陵、刘旦，乃至盖长公主等刘家人斩尽杀绝，未央宫的那把龙椅他上官桀怎么可能坐得上去，坐上去了又怎么可能坐得稳？

不过好在刘旦还未来得及去自投罗网，长安那边就出事了。

事情还是出在盖长公主这边。我们且来看《汉书》卷60《杜周子杜延年传》中一段记载："左将军上官桀父子与盖主、燕王谋为逆乱。假稻田使者燕仓知其谋，以告大司农杨敞。敞惶惧，移病，以语延年。延年以闻。"也不知是在盖长公主跟上官桀他们商量具体细节时，还是盖长公主在作最后部署之时，反正就在逐步实施阶段，他们的计谋被一个人知道了。这个人叫燕仓，乃盖长公主府中一个舍人的父亲，是一名稻田使者，专门负责为盖长公主管理封邑稻田租、税等事宜。燕仓一向敬重霍光，称得上是霍光的忠实粉丝。这还了得？他一点也不敢耽搁，策马直奔大司农杨敞家。

杨敞是大史学家司马迁的女婿。当然燕仓之所以首先想到去找杨敞，倒不是因为他娶了司马迁的女儿，而是因为杨敞跟他是同一个系统的，是他的直系领导，平时两人应该有联系，能说上话；更是因为杨敞曾经"给事大将军莫府，为军司马，霍光爱厚之，稍迁至大司农"。这杨敞一开始就是霍光大将军府的军司马，霍光很是赏识他，先后提拔他担任了长史、搜粟都尉等官,直至大司农。当年霍光超规格提拔他,还引起刘旦等人的嫉妒,向昭帝告了一状。燕仓情急之下首先想到去找杨敞,自然也是认定杨敞是霍光这边的人,绝对不会坏事,绝对会去帮助霍光化险为夷。

可令他没想到的是,"敞素谨累事,不敢言,乃移病卧"。(以上引文均见《汉书》66《杨敞传》)在听了他的话后,谨言慎行,最怕多事累身的杨敞吓得一句话都不敢说。不但如此,为了怕惹火上身,他还卧床不起装起了病,而且还想明哲保身远灾避祸,从家里搬到别的地方去住了。

这下事情变得复杂并且凶险了。不过庆幸的是,这位胆小怕事的杨大人良心未泯,深知这里面的轻重利害,深知恩师倒了,接下来人头落地的肯定就是他这一大家子了。思之再三,最后他还是从床上爬了起来,悄悄来到谏议大夫杜延年家,把一切都告诉了杜延年。杜延年一听,立马飞奔去了大将军府。

接下来的事情就很简单了。为了使这场大屠杀更加名正言顺,霍光首先向小皇帝刘弗陵做了报告。昭帝"诏丞相部中二千石逐捕孙纵之及桀、安、弘羊、外人等,并宗族悉诛之"。(《资治通鉴》卷23《孝昭皇帝元凤元年》)这样由昭帝下诏,霍光具体部署,京中二千石官员全体出动,上官桀父子、桑弘羊、丁外人等人,统统被逮捕法办,诛灭九族。

远在封地的刘旦,听到从京城传来的消息,直吓得魂飞魄散。虽然霍光暂时还没顾得上他,但他自知昭帝跟霍光迟早会跟他新账老账一起算的,于是"以绶自绞",自杀身亡。"后夫人随旦自杀者二十余人。天子加恩,赦王太子建为庶人,赐旦谥刺王。"(《汉书》卷63《武五子传》)

至于盖长公主,本案的主犯之一,虽然霍光有十足的理由与冲动,要冲进公主府中去亲手将她剁为肉泥,但是投鼠忌器,霍光还是放了她一马,没有对她采取抓捕行动。可经此巨变,盖长公主崩溃了,于是以自杀的方式,结束了她本不该如此乖舛悲催的一生。

据《居延新简》之《甘露二年丞相御史书》载:"元凤元年中,主死,绝户。奴婢没入诸官。"盖长公主自杀后,其宗室户口、身份被注销,封号、封邑被取消,公主府被查封,府中奴婢人口,皆没入官。"燕王迷惑失道,前与齐王子刘泽等为逆,抑而不扬,望王反道自新,今乃与长公主及左将军桀等谋危宗庙。王及公主皆自伏辜。其赦王太子建、公主子文信及宗室子与燕王、上官桀等谋反父母同产当坐者，皆免为庶人。"（《汉书》卷7《昭帝纪》），在事态平息，局势得到控制之后，这一年，也就是汉元凤元年（公元前80年）的冬十月，昭帝下诏，赦免了燕王太子、长公主儿子文信以及那些参与燕王、上官桀等谋反的宗室子弟们，将他们统统废为平民。

盖长公主，这位在武帝朝有幸逃过一劫，苦尽甘来，在昭帝朝可谓至尊无上的长公主，本来比她的任何一位兄弟姐妹们都幸运，本可在享不尽的锦衣玉食、荣华富贵中幸福地度过一生，却不幸因为一个小情人，一个"外人"，卷入残酷无情的宫廷争斗之中，在钩心斗角、提心吊胆七八年后，最后还赔上了身家性命。当然，在整个事件中，我们可以说盖长公主是主犯，但她绝对不是主谋。更多的时候，她只是为了实现自己那么点小小的欲求，不知不觉成了宫廷斗争的积极参与者，或者更准确地说，其实更多的时候，她只是被别人利用了而已。可以说正是燕王刘旦、上官桀父子他们抓住她之人性弱点，摸透了她的脾气秉性，以帮她实现个人愿望为诱惑，拉她入伙，利用她之特殊身份、地位和影响力，来达到他们争权夺利、扳倒霍光的目的。不过，在这个利用和被利用的过程中，盖长公主她始终是清醒的，也是主动积极地去配合的，所以我们说，她无疑也是主犯之一。都说恋爱中的人，智商最低，盖长公主，虽为皇家女，也情网难逃乎？这位丁外人，再怎么样高富帅，高贵如斯的盖长公主也没有必要为了他如此铤而走险，赔上身家性命吧。所以我们只能说，萝卜青菜，各有所爱，恋爱中的人，非常人，非常理所能解也！

不过利用也好，积极参与也罢，不管怎么说，正是因为了盖长公主，大汉昭帝朝政坛，生出了许多的变数。如果不是她，上官氏不一定会进宫，或者不会这么早就当上皇后。而没有了盖长公主及皇后做靠山后援，上官桀父子也就不会如此的骄横不可一世，也不会很快地结党营私与儿女亲家霍光分道扬镳，最终你死我活火拼一场，那昭帝朝政坛，肯定又是另外一番情态，另外一番景象了。

大道轮回，刘病已上位

内乱平定后，霍光得到昭帝的全面信任。"光威震海内。昭帝既冠，遂委任光。"霍光秉政十多年，大汉倒也国泰民安，"讫十三年，百姓充实，四夷宾服。"（《汉书》卷68《霍光传》）昭宣中兴，霍光应该说是功不可没。

接下来说说另一位可怜可叹、命运始终掌握在别人手中的女人，那位六岁就当上皇后的上官小妹。在这次大屠杀中，"以年少不与谋，亦光外孙，故得不废。"（《汉书》卷97《外戚传》）上官桀一家被灭族，上官皇后因为年幼，又没有参与这次谋反，且又是霍光的外孙女，因此毫发无损地活了下来。然而这位中国历史上年龄最小的皇后，虽然享有无人可及的尊荣，却在未满十岁的时候，就成了孤儿。在她成年以后，虽然外祖父以权威让她独享着皇上的宠幸，却几年也未能生出个一儿半女来。更加不幸的是，汉元平元年（公元前74年）四月，她那年仅二十一岁的丈夫，汉昭帝刘弗陵，因病崩于长安未央宫，才十五岁的她从此成了一名寡妇。

先是外祖父派人杀了自己的父亲、祖父等满族男女，现在丈夫又没了，自己无儿无女，往后这孤苦伶仃的日子该怎么过？成为寡妇的上官小妹还未来得及拭去眼角的泪，历史又把她如木偶般从后宫推上了前殿，推到了大汉政坛的漩涡中心。

因昭帝无后，霍光等大臣们迎立汉武帝之孙，李夫人所生昌邑王刘髆之子刘贺为新帝。可是这一位新君，乃是荒诞不经的花花公子："弄彘斗虎。召皇太后御小马车，使官奴骑乘，游戏掖庭中。与孝昭皇帝宫人蒙等淫乱。"他坐上了龙椅，却没有个皇帝样儿，成天追野猪，斗老虎，又招来皇太后用的小马车，叫官奴骑乘，国丧期间，在嫔妃居住的掖庭中肆意嬉戏不说，居然还同孝昭皇帝的宫人蒙等淫乱起来。他"受玺以来二十七日，使者旁午，持节诏诸官署征发，凡一千一百二十七事"，上任二十七天中，刘贺派使者拿着符节向各个官署征索各类物品，竟然达一千一百二十七起，平均每天四十多起。这让人怀疑他还能不能做个好皇帝了。于是，"光即与群臣俱见白太后，具陈昌邑王不可以承宗庙状"。霍光与群臣商量并统一口径，然后一起谒见上官太后,向她禀报了昌邑王不能履职之种种情状,强烈要求太后出面,把这位不着调的皇帝给废了,再另择贤君。"皇太后乃车驾幸未央承明殿,诏诸禁门毋内昌邑群臣。"这样,在外祖父的护卫下,上官皇太后乘车来到未央宫承明殿,诏令各个宫禁门卫将昌邑王的群臣挡在宫外。然后,"太后被珠襦,盛服坐武帐中,侍御数百人皆持兵,期门武士陛戟,陈列殿下。群臣以次上殿,召昌邑王伏前听诏"。她披着珍珠缀成的短袄,着盛装坐于帷帐中,在几百名宫廷卫士及众多期门武士护卫下,待群臣按顺序进殿后,令昌邑王跪伏于前听诏。待刘贺跪下,尚书令便开始宣读由代丞相杨敞所起草的霍光等众大臣的联名奏章,列数刘贺上位以来"荒淫迷惑,失帝王礼谊,乱汉制度"等种种荒淫无道、僭越非为之不合身份、礼法的行为,认为其"不可以承天序,奉祖宗庙,子万姓,当废"。[4]在读完这份奏章后,皇太后诏曰:"可。""群臣奏言:'古者废放之人屏于远方,不及以政,请徙王贺汉中房陵县。'太后诏归贺昌邑,赐汤沐邑二千户。"(以上引文均见《汉书》卷68《霍光传》)就这样,十五岁的上官皇太后盛装驾临未央宫,短短几句话,将龙椅尚未坐热,登基才二十七天的刘贺又废回了昌邑,继续当他的昌邑王。

之后,还是通过这位上官小妹,霍光等大臣迎立汉武帝故太子刘据的孙子刘病已(后改名刘询)为大汉新君,是为汉宣帝。论备份,上官氏是刘询的祖母,于是上官皇太后再次升格,成了上官太皇太后。"凡立四十七年,年五十二,建昭二年崩,合葬平陵。"(《汉书》卷97《外戚传》)上官氏于汉建昭二年(公元前37年)病逝,与汉昭帝合葬平陵。这位无儿无女,十岁前成了孤儿,十五岁死了丈夫,中国历史上最年轻的皇后、皇太后、太皇太后,尽管活了五十多岁,但她真正属于自己的人生,也许从幼年被送进宫中时起,就已经结束了。在禁宫中数不清的漫漫长夜中,她应该也曾无数次设想,如果当年不进宫,长大后嫁个平常官宦人家,与丈夫举案齐眉相敬如宾,每日相夫教子享受那人间人人都能享有的天伦之乐,该有多好。就是因为盖长公主的一次"开后门",这位上官小妹从此享尽了荣华富贵,却也饱受幽怨孤寂之苦。无奈乎?悔恨乎?宿命乎?

不过这位上官氏也算是寿终正寝了,跟霍成君(详见下文)、卫子夫、陈阿娇,以及很多皇后相比,她还算幸运,就是相比较于她的父系上官家族及我们下面要说的母系霍氏家族的跌宕起伏的命运,她也幸运得不是一点点了。

祸及数千家,霍家退出历史舞台

"自昭帝时,光子禹及兄孙云皆中郎将,云弟山奉车都尉、侍中,领胡、越兵。光两女婿为东西宫卫尉,昆弟诸婿外孙皆奉朝请,为诸曹大夫,骑都尉,给事中。党亲连体,根据于朝廷。"汉昭帝时期,霍光的儿子霍禹以及霍光哥哥霍去病的孙子霍云都已是中郎将,霍云的弟弟霍山任奉车都尉、侍中,掌握胡、越兵权。霍光的两个女婿分别担任东、西宫卫尉,霍光兄弟的女婿及外孙,也都有资格参加朝会,担任一定的官职,可以说"霍家军"盘根错节,占据了大汉朝廷的角角落落。"光自后元秉持万机,及上即位,乃归政。上廉让不受,诸事皆先关白光,然后奏御天子。光每朝见,上虚己敛容,礼下之已甚。"一直总理朝政的霍光,在宣帝刘询登基后不久,上表归政,宣帝自然谦让不肯接受,这样各种政事还是例循昭帝朝,先请示霍光后再上奏。每次霍光上朝参见,宣帝也都是谦和严肃,对他十分的恭敬礼让。汉地节二年(公元前68年),霍光去世,"上及皇太后亲临光丧。太中大夫任宣与侍御史五人持节护丧事。中二千石治莫府冢上。赐金钱、缯絮、绣被百领,衣五十箧,璧珠玑玉衣,梓宫、便房、黄肠题凑各一具,枞木外臧椁十五具。东园温明,皆如乘舆制度。"(以上引文均出自《汉书》卷68《霍光传》)宣帝及皇太后亲自到霍光灵前祭奠,太中大夫任宣与侍御史五人为霍光护丧守灵,朝中俸禄在两千石以上的官员都到霍光家中去祭拜。汉宣帝还赐给霍光家大量的金钱、锦缎、葬器,其中包括规格甚高的玉衣、梓宫、便房和黄肠题凑等。可以说宣帝以极为奢华甚至僭越礼制的方式,安葬了这位大汉重臣,让霍光享尽了哀荣,也让霍家之尊贵,一时天下无两。

然而好景不长,随着一件事的暴露,霍家迅速走向衰亡并最终跌入万劫不复之境地。本来,"宣帝自在民间闻知霍氏尊盛日久,内不能善。"刘询在民间时,就知道霍家已尊贵强盛日久,其家人为非作歹的事也有所耳闻,他内心并不认为这是什么好事。"宣帝始立,立微时许妃为皇后。显爱小女成君,欲贵之,私使乳医淳于衍行毒药杀许后,因劝光内成君,代立为后。"刘询即位后,册立糟糠之妻许平君为皇后,可霍光妻子(霍)显一心想要让自己的小女儿霍成君正位中宫。为此,她不惜私下里买通了宫中女侍医淳于衍,让她趁许皇后怀孕生产之际,用一种叫附子的药,将她给毒死了,让女儿顺利上了位。"光薨后,语稍泄,于是上始闻之而未察。"霍光去世后,谋害许皇后的事露出了点风声,也有人向宣帝做了汇报,但刘询并没有立刻着人去调查这件事,而是首先进行了一系列人事变动。"乃徙光女婿度辽将军、未央卫尉、平陵侯范明友为光禄勋,次婿诸吏中郎将、羽林监任胜出为安定太守。数月,复出光姊婿给事中光禄大夫张朔为蜀郡太守,群孙婿中郎将王汉为武威太守。顷之,复徙光长女婿长乐卫尉邓广汉为少府。更以禹为大司马,冠小冠,亡印绶,罢其右将军屯兵官属,特使禹官名与光俱大司马者。又收范明友度辽将军印绶,但为光禄勋。及光中女婿赵平为散骑、骑都尉、光禄大夫将屯兵,又收平骑都尉印绶。诸领胡越骑、羽林及两宫卫将屯兵,悉易以所亲信许、史子弟代之。"他通过一系列运作,全部解除了霍光几个女婿的兵权,任命霍光儿子霍禹为大司马,撤销了他的右将军职务,也不再让他统辖驻军官兵,他将京城要害部门全部换成了自己的亲信许、史两家子弟把持。另外,"时,霍山自若领尚书,上令吏民得奏封事,不关尚书,群臣进见独往来,于是霍氏甚恶之。"当时,霍山领尚书事,而宣帝却下诏说官民奏事可以不用通过尚书,众臣也可以单独晋见他,这样就把霍山给架空了。"显及禹、山、云自见日侵削,数相对啼泣,自怨。"眼看着权势一天天被削夺,众霍们数度相对而泣,自怨自艾。这时适逢霍云的舅舅李竟因与诸侯王相交而获罪,宣帝遂趁机下诏免了霍山、霍云等人的官职。之后,霍家诸女因为对太后无礼,受到宣帝的严厉斥责,与霍家关系亲密的冯子都,也因为多种罪行而受到宣帝的责罚,霍山、霍禹等人更加的惶惶不可终日,感到风雨欲来,真的要大祸临头了,于是,他们聚到一起,"谋令太后为博平君置酒,召丞相、平恩侯以下,使范明友、邓广汉承太后制引斩之,因废天子而立禹。"他们设谋,让上官太皇太后出面设宴,借机诱杀了丞相、平恩侯许广汉(宣帝许皇后之父)等官员,然后再以太皇太后名义废了宣帝而立霍禹为帝。可惜还未等他们动手,就东窗事发了,"云、山、明友自杀,显、禹、广汉等捕得。禹要斩,显及诸女昆弟皆弃市。唯独霍后废处昭台宫，与霍氏相连坐诛灭者数千家。"（以上引文均出自《汉书》卷68《霍光传》）霍山、霍云、范明友等畏罪自杀，（霍）显、霍禹、邓广汉等被缉拿入狱。最终，霍禹因谋反罪被腰斩，（霍）显及霍氏家族的其他成员被斩首弃市。社会上因与霍家有关联而被定罪诛灭的，竟达数千家之多。霍氏家族当中，只有皇后霍成君没有被杀，但也被废黜，移居昭台宫，"后十二岁，徙云林馆，乃自杀"，（《汉书》卷97《外戚传》）十多年后，她又被移往云林馆，悲痛绝望之中，她也选择了自杀身亡。

无情最是帝王家！可怜霍氏一族，几乎没有留下什么活口。这起发生在公元前66年（汉地节四年）的事变，距离当年上官桀等家族被满门抄斩，不过才过去了十四年，距霍光离世，不过才两年多！"至成帝时，为光置守冢百家，吏卒奉祠焉。"（《汉书》卷68《霍光传》）直到三十多年后，汉成帝（公元前33年—前7年在位）刘骜即位，他觉得不管怎么说，老霍家毕竟为我大汉朝，为我刘家立有汗马功劳，后人不能如此对待有功之臣，他一口气为霍光家添置了一百多家守墓人，派吏卒按时祭祀，算是给了霍家一个公正的待遇。汉元始二年（公元2年），汉平帝又封霍光堂兄弟的曾孙霍阳为博陆侯，赐食邑一千户。

当然以上后来所发生的这一切，盖长公主都不可能知道了，不知她地下若与霍家人相逢，该以何种面目，又会说些什么？抑或什么也不说，悻悻然怒目而视，拂袖而去？

注　释

[1] 1930年，中外学者在我国西北甘肃省居延地区破城子、金关、地湾、大湾等三十个地方发现约一万零两百枚汉代简牍，时代约为自武帝末年至东汉中期（公元2世纪初），其中以西汉中晚期及东汉早期居多。这批《居延汉简》现藏于台湾"中央研究院"。1972—1976年间，甘肃省居延考古队又先后在破城子、金关等地发现汉简近两万枚，称之为"居延新简"，现藏甘肃省文物考古研究所。《居延新简》之《甘露二年丞相御史书》："甘露二年五月己丑朔甲辰朔（衍字），丞相少史充、御史守少史仁以请，诏有逐验大逆无道故广陵王胥御者惠同产弟，故长公主第御大婢外人，移郡大守：逐

得试知。外人者,故长公主大奴。千秋等曰:外人,一名丽戎,字中夫,前太子守观奴婴齐妻,前死。丽戎从母捐之,字子文。私男弟偃,居主马市里第。捐之姊子,故安道候奴林,取不审里男子字游为丽戎婿,以牛马就载,籍田仓为事。始元二年中(公元前85年),主女孙为河间王后,与捐之偕之国。后丽戎、游从居主柩(?)芥(?)弟,养男孙丁子沱。元凤元年中(公元前80年),主死,绝户。奴婢没入诸官。"

[2] 桑弘羊(?—公元前80年),洛阳人,历任侍中、大农丞、治粟都尉、大司农、御史大夫等职。自汉武帝元狩三年(公元前120年)起,桑弘羊在汉武帝支持下,大力推行算缗、告缗、盐铁官营、均输、平准、币制改革、酒榷等经济政策,大幅增加了朝廷财政收入。武帝去世后,桑弘羊的理财政策得到继续贯彻执行。但桑弘羊推行的这一系列官营政策,使国家几乎完全控制了生产销售和市场,自然会受到地主官僚、贵族和商贾的强烈反对和抵制。霍光为缓解统治集团内部压力,主张对国家垄断的工商业不要管得太死,应当稍微放松一些,而桑弘羊则坚决主张严管。汉始元六年(公元前81年),霍光主持盐铁会议,会上贤良文学(各地贤良方正所选拔出的人才)指责盐铁官营和均输、平准等政策"与民争利",桑弘羊与他们展开了激烈论辩。会后,国家酒类专卖改为征税,其他政策仍沿袭不变。通过这次会议,霍光成功地打击了政治对手,赢得了舆论支持,使得官营政策有所收缩,乃盐铁会议的最大赢家。

[3] 苏武(公元前140年—前60年)字子卿,杜陵(今陕西省西安市西南)人,早年以父荫为郎,稍迁中厩监。汉武帝天汉元年(公元前100年),匈奴新单于即位,对汉频频释放善意,汉武帝"乃遣武以中郎将使持节送匈奴使留在汉者,因厚赂单于,答其善意",让苏武率领一百多人的亲善团出使匈奴。就在他们事毕准备返回时,匈奴中有人准备劫持单于的母亲归汉,苏武的副使张胜卷入这一行动中,不料事发,苏武一行被扣留下来,直至汉昭帝始元六年(公元前81年)才回到长安。

[4] 霍光与车骑将军张安世、大司马田延年秘密商议,打算废掉刘贺,另立新君。计议商定后,霍光派田延年告诉杨敞,谁知杨敞一听,"惊惧,不知所言,汗出洽背,徒唯唯而已。"杨敞的妻子,是司马迁的女儿,她见丈夫如此犹豫不决,就趁田延年走开更衣时上前对丈夫说:"此国大事,今

大将军议已定，使九卿来报君侯。君侯不疾应，与大将军同心，犹与无决，先事诛矣。"（以上引文均出自《汉书》卷66《杨敞传》）这时正巧田延年回来，司马夫人回避不及，索性大大方方地与田延年相见。杨敞这才下定决心，对田延年说，他愿意听从大将军的吩咐。田延年回报给霍光，霍光马上安排杨敞起草并领众臣上表，奏请上官太后废了刘贺。

全公主：只为一己之利，葬送东吴国运

> 权尝寝疾，和祠祭于庙，和妃叔父张休居近庙，邀和过所居。全公主使人觇视，因言太子不在庙中，专就妃家计议；又言王夫人见上寝疾，有喜色。权由是发怒，夫人忧死，而和宠稍损，惧于废黜。
>
> ——《三国志》卷59《吴书·孙和传》

故事背景：孙氏寒族·江东世家大族

东吴政权统治集团，以孙氏皇族为核心，地方豪强为外围，其主要由流寓士人、江东世族和公族子弟等三方面势力组成。当年，孙策渡江，其依靠的军队主要是来自江北的部曲，给人以一种入侵者的形象，且孙氏出自寒族，显然不受虞、魏、顾、陆、朱等江东本土世族大家所待见。因之，对江东地方豪强进行严厉打击，乃东吴一以贯之基本国策。在孙权当政的最初几年里，为了巩固政权，他实行吴人治吴策略，江东世族子弟纷纷进入朝廷内多部门任职，双方开始由对抗转向合作。但实际上，孙权一方面需要借助江东世家大族的力量来巩固其统治。另一方面，他又严防其势力有朝一日尾大不掉而架空了皇权，更害怕自己身后子孙管不住这些当地的"土皇帝"们。因之，孙权晚年，不惜制造如"二宫构争"等一个个政治事端，对东吴集团内部日益强大的江东世族势力实施严厉打击、残酷清洗。他先后将江东的步、顾、陆、朱四大家族贬谪、诛杀殆尽,就连为江东立下大功的陆逊都让他给活活气死了。"王濬楼船下益州,金陵王气黯然收",未能真正获得江东世族们的支持,正是孙吴军队一战即溃,孙吴政权走向灭亡的主因。

却说吴主孙权,先有太子孙登,乃徐夫人所生,于吴赤乌四年身亡,遂立次子孙和为太子,乃琅琊王夫人所生。和因与全公主不睦,被公主所谮,权废之,和忧恨而死,又立三子孙亮为太子,乃潘夫人所生。此时陆逊、诸葛瑾皆亡,一应大小事务,皆归于诸葛恪。太元元年秋八月初一日,忽起大风,江海涌涛,平地水深八尺。吴主先陵所种松柏,尽皆拔起,直飞到建业城南门外,倒卓于道上。权因此受惊成病。至次年四月内,病势沉重,乃召太傅诸葛恪、大司马吕岱至榻前,嘱以后事。嘱讫而薨。在位二十四年,寿七十一岁,乃蜀汉延熙十五年也。

…………

恪见吴主孙亮,施礼毕,就席而坐。亮命进酒,恪心疑,辞曰:"病躯不胜杯酌。"孙峻曰:"太傅府中常服药酒,可取饮乎?"恪曰:"可也。"遂令从人回府取自制药酒到,恪方才放心饮之。酒至数巡,吴主孙亮托事先起。孙峻下殿,脱了长服,着短衣,内披环甲,手提利刃,上殿大呼曰:"天子有诏诛逆贼!"诸葛恪大惊,掷杯于地,欲拔剑迎之,头已落地……却说孙峻杀了诸葛恪,吴主孙亮封峻为丞相、大将军、富春侯,总督中外诸军事。自此权柄尽归孙峻矣。

以上两段引文,出自罗贯中《三国演义》第118回《丁奉雪中奋短兵 孙峻席间施密计》,其中第一段是写吴主孙权数次废立太子,临终前嘱诸葛恪、吕岱等顾命大臣辅佐太子,也就是他的第七子(而非第三子)孙亮登基。后一段是写诸葛恪攻魏之新城(今安徽省合肥市)铩羽而归后,被另一位顾命大臣孙峻设计丧命,东吴权柄尽归孙峻的情形。在第一段中,提到了一个人:全公主,说太子孙和是因与全公主不睦,被公主所谮才被孙权废掉的。不过,我们考之《三国志》等史料,与全公主"不睦"的,并非太子孙和,而是其母琅琊王夫人。其实孙权生前持续七八年之久的太子之争,以及最后选定由他最小的儿子孙亮接班,这幕后的主要推手,就是这位全公主。而那位杀了朝中首辅大臣诸葛恪,独揽东吴大权的孙峻,"与公主鲁班私通",(《三国志》卷64《吴书·孙峻传》)则是这位全公主的侄儿兼情人。"峻素媚事全公主。"(《三国志》卷50《妃嫔传·孙和何姬传》)"全尚妻即峻姊,故惟全主祐焉。"(《三国志》卷50《妃嫔传·孙休朱夫人传》)可见孙峻的身后,站着的正是全公主。孙峻之所作所为,全公主自然难脱干系。那么这位躲在幕后指手画脚,通过遥控别人来影响政局,把持朝政的全公主,她是何许人也?她在东吴特别是孙权去世后的政坛上,又扮演了怎样的角色呢?

全公主,乃吴主孙权与淮阴步夫人所生,名鲁班,字大虎,她先是在黄武年间(公元222年—229年)嫁给了周瑜的儿子周循,这位"有瑜风"的周循英年早逝后,吴黄龙元年(公元229年),全公主改嫁迁升卫将军、徐州牧的全琮,全公主之称呼,即由此而来。全公主还有个同父同母的嫡亲妹妹,叫孙鲁育,字小虎,她嫁给了骠骑将军朱据,所以又称朱公主,后来朱据去世,她改嫁车骑将军刘纂(刘纂原本娶了孙权的另一个女儿,因为她早逝,才娶朱公主为继室。)孙鲁班、孙鲁育,大虎、小虎,正是这对一母同胞的姊妹,在孙权晚年东吴一连串宫廷斗争中,分属不同阵营,扮演不同的角色,双方之间明枪暗箭,直闹得天翻地覆,甚至最后两个人反目成仇,必欲置对方于死地而后快。而姐妹俩之间这多年的争斗,不但害得很多无辜之人掉了脑袋,也让东吴政局,出现了诸多变数,让东吴政权迅速走上了衰亡之路。

小试一刀,舌头根子害死人

我们还是先从这姐妹俩的母亲步夫人说起吧。"吴主权步夫人,临淮淮阴人也。与丞相骘同族。汉末,其母携将徙庐江,庐江为孙策所破,皆东渡江,以美丽得幸于权,宠冠后庭。"这位淮阴美女,乃吴骠骑将军,后任吴丞相的步骘的同族,深得孙权宠爱。她不但人长得漂亮,更为难得的是,这位接连为孙权生下两个可爱的女儿,"宠冠后庭"的步夫人,品性还特别的好:"性不妒忌,多所推进,故久见爱待。"贤淑端庄,更无嫉妒之心,而且还对丈夫的帝王事业多有"推进",这在后宫,真是很难得了,所以"权为王及帝,意欲以为后"。孙权无论是在为吴王还是后来称帝,一心都想立这位他所心爱的女人为后,但是前后十来年,始终未能如愿。原来,"群臣议在徐氏"。(以上引文均见《三国志》卷50《妃嫔传·吴主权步夫人传》)朝臣们想要立徐夫人为皇后。因为这位徐夫人,乃太子孙登之养母——因生母地位低贱,孙登一直由徐夫人抚养——"群臣请立夫人为后,权意在步氏,卒不许。"(《三国志》卷50《妃嫔传·吴主权徐夫人传》)孙权"拗不过"满朝文武,又不想委屈了自己心爱的女人,于是"依违者十余年",瞻前顾后、犹犹豫豫十多年,他干脆谁也不立,让自己的中宫就这么空着。[1]不过,虽然如此,"然宫内皆称皇后,亲戚上疏称中宫。"(《三国志》卷50《妃嫔传·吴主权步夫人传》)在后宫,大家都称这位步氏为皇后,亲戚上疏时,也都以"中宫"代称这位步夫人。看来步夫人虽未得封,却享有皇后的尊荣,行使着皇后的职权——可见孙权对她的宠爱之深。

吴赤乌元年(公元238年),步氏去世,孙权伤心欲绝,群臣识相地联名上书,请求追封步氏为皇后,让孙权了却了多年心愿:"呜呼皇后,惟后佐命,共承天地。虔恭夙夜,与朕均劳。内教修整,礼义不愆,宽容慈惠,有淑懿之德。民臣悬望,远近归心……"(《三国志》卷50《妃嫔传·吴主权步夫人传》)从这一段情深意切的追封辞,我们不难想象步夫人在孙权心目中处于多么重要的、难以替代的地位。

作为步氏长女,毫无疑问,孙鲁班在自己母亲与徐夫人的争后过程中,肯定是站在母亲这一边的。当然她此时毕竟年龄还小,人微言轻,还起不了什么大作用,但是这一段童年经历,却深深地印刻在她心里,对她后来的所作所为产生了深远影响。

吴赤乌四年(公元241年),"居心所存,足为茂美之德",深受孙权和吴国上下所喜爱的太子孙登不幸因病去世(孙登是孙鲁班的长兄,他的嫡妻是周瑜之女)。第二年正月,孙权立"好学下士,甚见称述"的第三子孙和为太子(孙权二子孙虑早逝)。孙和的母亲,是琅邪王夫人,"夫人以选入宫,黄武中得幸,生(孙)和,宠次步氏",乃孙权第二爱宠之人。但王夫人争宠好妒,难以容人。"及和为太子,和母贵重,诸姬有宠者,皆出居外。"自己的儿子被立为太子,她就把宫中被宠幸过的诸姬全部赶了出来。相较于步夫人，真是霸道得可以。

儿子被立为太子，自己又是夫君所宠爱的女人，这皇后之位，舍我其谁？确实，王夫人完全有理由自信，孙权在不少场合表示，要立王夫人为后，让中宫不再空着。然而恰似本书《馆陶公主》一章中，当年栗妃失去皇后位的翻版，就在这皇后之冠即将落下来的节骨眼上，有人出手了，而且恰恰也是一位公主。"权将立夫人为后，而全公主素憎夫人，稍稍谮毁。及权寝疾，言有喜色，由是权深责怒。"（以上引文均见《三国志》卷50《妃嫔传·吴主权王夫人传》）"全公主素憎夫人"，到底什么原因，史书语焉不详，然而我们不难猜想，当年全公主母亲步夫人与这位王夫人，一个"宠冠后庭"，一个是"宠次步氏"。虽然步夫人"性不妒忌"，但王夫人可不是个省油的灯。那么为了争得专宠，为了改变这"千年老二"的处境，王夫人肯定没少在背后下扣子使绊子，两人肯定较量过很多回合。孙鲁班自然把一切都看在眼里。"素憎"，也就是说从小时候开始，这憎恨复仇的种子就在全公主心中生根发芽了，现在正是破土而出的时候。

为了母亲，父皇十多年都未曾封后，现在母亲去世了，刚被父皇追封为皇后，你就想上位，休想！母亲生前没得到的，你也别想！于是孙鲁班，这位麻辣公主出手了，"稍稍谮毁"。

《三国志》卷59《吴主五子传·孙和传》载："权尝寝疾，和祠祭于庙，和妃叔父张休居近庙，邀和过所居。全公主使人觇视，因言太子不在庙中，专就妃家计议；又言王夫人见上寝疾，有喜色。"孙权卧病在床，太子孙和到宗庙为父亲祈福消灾。因为孙和的妃子张姬的叔父张休恰好住在宗庙附近，于是孙和就应邀到张家去坐了一会儿。当全公主安插在孙和身边的眼线把这件事情报告上来后，她内心可就折腾开了：父皇病了，太子不去庙里好好为父皇拜祭祈祷，而是跑到自己妃子的叔父家里去了，他到底安的什么心，他们到底谈了什么？于是，她对孙权道："这太子好好的去为父皇您祈福，怎么跑到老婆亲戚家去了？父皇，看来趁你卧病在床，一些人正蠢蠢欲动呢，在这样非常时期，你可不能不警惕呀。难怪那天我看见王夫人听说你病倒了，居然面露喜色。他们这是盼你早死，正忙着商议登基揽政之事呢。"

就这样，一件再正常不过的事情，被居心叵测的全公主这么一弄舌，便完全变了味，其引发的后果十分严重："权由是发怒，夫人忧死，而和宠稍损，惧于废黜。"(《三国志》卷59《吴主五子传·孙和传》)盛怒之下，孙权把王夫人狠狠痛骂了一顿，王夫人由是惊吓成疾，竟然没多久就去世了。从此以后，孙权对孙和这位太子也越来越没有好脸色，直弄得孙和整日战战兢兢，老是担心父皇有一天会废了他。

其实全公主所言完全是捕风捉影、断章取义，可盛怒之下的孙权已然失去了理智，再加之为亲情所蔽，对女儿的信口雌黄竟然深信不疑。我们知道，孙权晚年为巩固皇权，一直对江东儒族大户采取严厉打击的态度。孙权虽有七子，但诸子幼弱，他更多的时候是倚仗两个女儿孙鲁班、孙鲁育。特别是大女儿孙鲁班，权力欲旺盛，工于心计，深得孙权的信任与偏爱，孙权对她几乎言听计从。

全公主也就一度成为暗中操纵东吴核心权力的重要人物，在很多关键性节点及重大事件上，我们都不难发现全公主染指其中的印迹。

棋高一着，二宫构争全氏全胜

虽然王夫人死了，但太子并未被废。而此时，在东吴国内，大臣们为太子之属，正闹得不可开交。孙权在赤乌五年（公元242年）正月立孙和为太子后，又在"八月，立子霸为鲁王"，"宠爱崇特，与和无殊。"(《三国志》卷59《吴主五子传·孙霸传》)孙权给鲁王的宠爱和待遇，与太子毫无二致。也就是说，这位鲁王虽无太子之名，却有太子之"实"——也不知孙权为什么要这么做，手心手背都是肉，大概是王夫人给他枕边风吹多了吧——这样一来，就让很多人产生了误解。"鲁王霸觊觎滋甚，陆逊、吾粲、顾谭等数陈适庶之义，理不可夺，全寄、杨竺为鲁王霸支党，潜诉日兴。"(《三国志》卷59《吴主五子传·孙和传》)既然父皇对我如此另眼相看，那我何不努力一把！渐渐地，孙霸野心勃勃以太子自居，开始培养自己的势力，寻机不断打击太子。鲁王死党全寄、杨竺等人，更是轮番上阵，不断地攻击和诋毁太子及其支持者。面对孙霸咄咄逼人之势，孙和集团也不甘示弱。于是双方你来我往，争斗愈演愈烈。"顷之，和、霸不穆之声闻于权耳，权禁断往来，假以精学。"(《三国志》卷59《吴主五子传·孙霸传》)闹得实在有点不可开交了，孙权把他们两个人叫来，好好训斥了一通，禁绝他们再同外界往来，要他们潜心致学，提升自身的修养。但此时，"二宫并阙，中外职司，多遣子弟给侍"。（《三国志》卷58《吴书·陆逊传》）在多方势力的裹挟之下，双方阵营如滚雪球般越滚越大，到最后甚至朝臣们也分化为太子和鲁王两派，哥儿俩拼个鱼死网破的脚步已经是想停也停不下来了："丞相陆逊、大将军诸葛恪、太常顾谭、骠骑将军朱据、会稽太守滕胤、大都督施绩、尚书丁密等奉礼而行，宗事太子，骠骑将军步骘、镇南将军吕岱、大司马全琮、左将军吕据、中书令孙弘等附鲁王，中外官僚将军大臣举国中分。"（《三国志》卷59《吴主五子传·孙和传》引殷基《通语》）丞相陆逊、大将军诸葛恪、太长顾谭、骠骑将军朱据、会稽太守滕胤、大都督施绩、尚书丁密等一些传统的君子型人物，他们力主捍卫正统礼法，奉礼而行宗事太子，而骠骑将军步骘、镇南将军吕岱、大司马全琮、左将军吕据、中书令孙弘等皇族中人，则附孙霸组成鲁王党。双方阵容相当，明争暗斗不绝，这场著名的"二宫构争"，直闹得东吴政坛乌烟瘴气、鸡犬不宁。

据《三国志》卷50《妃嫔传·孙休朱夫人传》："初，孙和为太子时，全公主潜害王夫人，欲废太子，立鲁王，朱主不听，由是有隙。"在这场旷日持久的嗣位争夺战中，作为一个关键人物，全公主显然是站在鲁王这一边的。而朱主，也就是朱公主，全公主的嫡亲妹妹孙鲁育，她跟丈夫朱据则属于太子党。两姐妹各为其主，常常闹得不可开交。全公主要妹妹加入她的阵营，让父皇废了太子孙和，另立鲁王，可妹妹就是不听她的，铁下心来要和丈夫一起死保太子孙和。两人的姐妹之情已然荡然无存。

作为江东本土大族中少数支持鲁王的家族，全公主的丈夫全琮所在的全氏家族，全力站在孙霸这一边，这显然与全公主不无关系。"琮子寄，果阿附鲁王，轻为交构。"作为江东代表人物之一，全琮让次子全寄附会孙霸，成为鲁王手下得力干将。丞相陆逊认为："子弟苟有才，不忧不用，不宜私出以要荣利；若其不佳，终为取祸。且闻二宫势敌，必有彼此，此古人之厚忌也。"他觉得，"二宫构争"并不是好事，大家争着站队，让子弟各有依附，早晚会惹出祸端来。他写信劝全琮："卿不师日磾，而宿留阿寄，终为足下门户致祸矣。"但是有全公主在身边，全琮对陆逊的逆耳忠言，又哪里能听得进去。他不但让儿子继续跟着鲁王，自己也跟全公主一道，为鲁王不遗余力地摇旗呐喊。眼见鲁王党势力日盛,"太子有不安之议",陆逊就给孙权上了个疏陈:"太子正统,宜有盘石之固,鲁王藩臣,当使宠秩有差,彼此得所,上下获安。谨叩头流血以闻。"他希望孙权从大局出发,明尊卑嫡庶之分,维持太子之正统地位。可"书三四上,及求诣都,欲口论適庶之分,以匡得失。既不听许"。三四次上书,孙权一概不理不睬。陆逊于是又请求到京城向孙权当面陈情,"论適庶之分,以匡得失",可孙权还是没理他。之后,陆逊之甥顾谭因全琮父子谗害其弟顾承及张休而受到牵连,与他们二人一并被孙权流放交州(今越南中北部一带)。太子太傅吾粲也因为多次与陆逊书信往来,被鲁王与杨竺一起向孙权诬告而被下狱。孙权"累遣中使责让逊",多次派太监去狠狠责骂陆逊,怪他不明事理,多管闲事。于是,"逊愤恚致卒",(以上引文均见《三国志》卷58《吴书·陆逊传》)直弄得三国时鼎鼎大名的名将陆逊,就这样在别人的诬陷和孙权的猜忌中,抑郁而终。

孙权之所以如此不待见陆逊以及太子党,显然是有人在他面前搬弄了是非,觉得陆逊是在结党营私,携太子而要挟他。陆逊之死,太子党之被打击,全公主显然起了关键性作用。

一方面是全寄、杨竺等鲁王的党羽,当然还有全公主他们,一天一天的诬告毁谤;另一方面是太子党陆逊、吾粲、顾谭等屡次上言,陈述嫡庶之分,不可动摇。孙权晚年,整个东吴政坛直闹得天天事端,非此即彼,势不两立,争斗不休,永无宁日。终于,赤乌十三年(公元250年)秋八月,孙权下令,幽闭太子孙和。"于是骠骑将军朱据、尚书仆射屈晃率诸将吏泥头自缚,连日诣阙请和。权登白爵观见,甚恶之,敕据、晃等无事忩忩。"骠骑将军朱据(孙鲁育之夫)苦谏孙权不听,便同尚书仆射屈晃率领部下用淤泥涂抹脑袋,自己用绳子捆绑自己,天天到皇宫前,请求孙权释放孙和。孙权登上白爵观,大骂他们没事找事,是神经病,虽然最终没有整治他们,但也没有将太子释放。"无难督陈正、五营督陈象上书,称引晋献公杀申生,立奚齐,晋国扰乱,又据、晃固谏不止。"之后,无难督陈正、五营督陈象又呈上奏章,称述、引证晋献公杀害太子申生、立奚齐为太子,使晋国陷入动乱之事,劝谏孙权慎废太子;朱据、屈晃也殿前叩头流血,进谏不止,要求孙权收回成命,放了太子。"权大怒,族诛正、象,据、晃牵入殿,杖一百,竟徙和於故鄣,群司坐谏诛放者十数。"(以上引文均见《三国志》卷59《吴主五子传·孙和传》）孙权一怒之下，杀了陈正、陈象全族，又将屈晃、朱据捆绑进殿，每人痛殴一百廷仗，斥还田里，接着他又下诏，"废太子和为庶人"，将孙和废为庶人，放逐到故鄣（今浙江省安吉县）。朝中还有十几位大臣，也因太子而获罪，他们有的被杀有的被逐。

而太子的争夺者孙霸这一方输得更惨："谮毁既行，太子以败，霸亦赐死。流竺尸于江，兄穆以数谏戒竺，得免大辟，犹徙南州。霸赐死后，又诛寄、安、奇等，咸以党霸构和故也。"（《三国志》卷59《吴主五子传·孙霸传》）孙权以诬陷太子为由，赐鲁王孙霸死。当初依附鲁王的全寄（全琮之子）、吴安、孙奇、杨竺等，也被孙权一一杀掉。杨竺的尸首被扔入江中任其漂流入海。杨竺的哥哥杨穆，曾多次规劝、告诫杨竺不要掺和，这次被免于死刑，但还是被孙权流放到南方州郡。

孙和被废囚，孙霸被赐死，至此太子党及鲁王党同归于尽。不过积极参与其中的全家人，除了全琮之子全寄，却大多保全了下来。之所以如此，得归功于全公主孙鲁班之远见卓识。

其实，孙权这么处置太子与鲁王党羽，乃是别有用心，"欲废和立亮"也。孙权晚年与汉武帝一样，特别宠爱潘夫人母子。他如此大动干戈，不惜使朝臣为之一空，就是要将太子由二十七岁的青年才俊孙和，换成年仅八岁的少子孙亮。而在这场大折腾中，全公主显然摸准了孙权的脉搏，成了父皇不折不扣的"帮凶"，从而为自己争得了主动：

"孙亮字子明，权少子也。权春秋高，而亮最少，故尤留意。姊全公主尝谮太子和子母，心不自安，因倚权意，欲豫自结，数称述全尚女，劝为亮纳。赤乌十三年，和废，权遂立亮为太子，以全氏为妃。"（《三国志》卷48《吴三嗣主传·孙亮传》）

"孙亮全夫人，全尚女也。从祖母公主爱之，每进见辄与俱。及潘夫人母子有宠，全主自以与孙和母有隙，乃劝权为潘氏男亮纳夫人，亮遂为嗣。"（《三国志》卷50《妃嫔传·孙亮全夫人传》）

不错，这位全公主是鲁王一党，但她毕竟不是普通人物，从小在孙权身边绕膝嬉闹，深谙宫廷政治斗争真谛的她内心十分清楚：鲁王孙霸与太子孙和弟兄俩数年争嗣，其结果必然是两败俱伤，父皇在废黜太子后，为政局稳定，一般说来，也不会轻易去任用鲁王，而是会考虑其他太子人选。再则，对她而言，孙和也好，孙霸也罢，他们都是王夫人的儿子，谁上了台，能有她的好果子吃？谁上了台，又能比得上妹夫兼兄弟的孙登跟自己关系更亲密？所以在"二宫构争"中，全公主表面上是站在鲁王这一边，帮着孙霸摇旗呐喊，也利用孙霸来打击太子孙和，但在她内心里，两败俱伤，孙和、孙霸两人都当不了太子，才是最理想的结局。因之，就在大家为太子之位直争得你死我活之际，全公主早已先人一步，有了另外的政治考量，并且已悄悄付诸行动了。

因为成天不离父皇左右，全公主早已看出，孙权特别喜欢潘夫人所生的少子孙亮（孙权共有七子：登、虑、和、霸、奋、休、亮）。于是她一有机会，就极力怂恿父皇，更立孙亮为太子，立孙亮母亲潘夫人为皇后。与此同时，她又如馆陶公主当年所行，开始巴结起未来的小太子母子。她每次入宫见孙权，都会带着一个打扮得花枝招展的小女孩儿。女孩儿是全琮的哥哥之子全尚的女儿，即全公主的侄孙女。全公主向父皇极力称赞全尚的这个女儿，并主动提出，要结个娃娃亲，请父皇把她指配给孙亮。

真是功夫不负有心人！吴赤乌十三年（公元250年），太子孙和被废后，孙权即立八岁的孙亮为太子，以全尚的女儿为太子妃。如果说"二宫构争"，孙亮母子是渔翁得利，那么毫发无损的全公主，则堪称最大的赢家。孙权为了换太子，使东吴政坛付出了极其惨重的代价。可对于全公主而言，将太子换成孙亮，真是大快人心的一件事。她不但除去了宿敌王夫人母子，而且比之原太子及鲁王，这个小弟弟孙亮，自然更听话，更便于操纵。现在又结成了娃娃亲，她作为长辈、双重至亲，将来的回报那还了得！

先是挑起内斗并积极参与其中，怂恿孙权换太子，再千方百计把小太子紧紧攥在手心里，利用孙亮母子来对抗孙和母子，这可以说是全公主精心策划并借父亲孙权之手来逐步实施的一个政治阴谋。对全公主的这种良苦用心，《资治通鉴》卷75的一段文字，可谓一针见血，耐人寻味："初，会稽潘夫人有宠于吴主，生少子亮，吴主爱之。全公主既与太子和有隙，欲豫自结，数称亮美，以其夫之兄子尚女妻之。"

吴太元元年（公元251年）夏季，孙权立孙亮的母亲潘夫人为皇后。[2]11月，孙权卧病在床，"权寝疾，意颇感寤，欲征和还立之，全公主及孙峻、孙弘等固争之，乃止"。（见《三国志》卷59《吴主五子传·孙和传》注引《吴书》)此时躺在病榻上,他终于醒悟过来,孙和是被人冤枉的,想召回孙和重新立为太子。全公主得知后,与孙峻、孙弘等以种种理由极力劝阻。知道自己来日无多,孙权权衡再三,只好长叹一声,打消了这个念头。由此我们不难看出,此时东吴中枢权力,实际上已经掌握在全公主等人手中了,孙权只能任人摆布。

太元二年(公元252年)正月,孙权"立故太子和为南阳王,居长沙;子奋为齐王,居武昌;子休为琅邪王,居虎林"。(《三国志》卷47《吴书·孙权传》)他封废太子孙和为南阳王,贬居长沙;封仲姬所生的儿子孙奋为齐王,出居武昌;另一个比孙亮大一点的,南阳王夫人所生的儿子孙休,则被封为琅邪王,出居虎林(丹阳,今安徽省宣城市)。这样的旨意与其说是躺在病榻上的孙权的本意,不如说是全公主、孙峻等人假孙权之名,将所有比孙亮年长的皇子们都赶走,好让孙亮可以安稳登基。

太元二年(公元252年)四月,孙权病亡,孙亮继位,全公主的侄孙女全妃被立为皇后:"夫人立为皇后,以(全)尚为城门校尉,封都亭侯,代滕胤为太常、卫将军,进封永平侯,录尚书事。时全氏侯有五人,并典兵马,其余为侍郎、骑都尉,宿卫左右,自吴兴,外戚贵盛莫及。"(《三国志》卷50《妃嫔传·孙亮全夫人传》)小皇帝的岳父全尚被任命为城门校尉,封都亭侯,接替滕胤任太常卫将军,加封永平侯,总领朝政事务。这一次,随着小皇帝的登基,全氏一族共有五人封侯,都统领兵马,另外一些来自全氏家族的人被授予侍郎、骑都尉等官职,直宿宫廷,随侍皇帝左右,全氏由此成为自东吴建国以来外戚中最为兴旺的一族。

不难看出,在孙权过世前后的这一段时间里,尽管孙权安排了以诸葛恪为首的辅政大臣,但实际上大权掌握在全公主手中。从外戚讲,全公主孙鲁班是小皇帝及其皇后的堂祖母,而从皇族这一头来讲,孙鲁班又是孙亮的大姐姐。通过数年运作,孙鲁班不但战胜了孙和母子,还将小皇帝及东吴权柄,牢牢地攥在了自己手里,人生真是大获成功。

不过,这还只是全公主初露峥嵘,更厉害的好戏,还在后面。

唆使情人杀首辅大臣，及妹妹母子三人

孙权临终前，特别安排侨寓人士代表、大将军诸葛恪为太子太傅，中书令孙弘为少傅，同时召太常滕胤、侍中孙峻、将军吕据"属以后事"，为小皇帝搭成了一个由侨寓人士和宗室成员组成的顾命集团。孙权之所以选中了诸葛恪，主要是因为他的士大夫身份，看中他是个具备号召力并为各方面所接受的人物。不过，孙权没有考虑到的是，诸葛恪在朝中的政治基础并不是太牢靠，最要命的是，他跟宗室代表人物全公主之间，素有矛盾。这不但成了他履职首辅大臣的致命内伤，也直接导致他一年之后就送了命。

诸葛恪是废太子孙和之妃张氏的舅舅。"恪即和妃张之舅也。妃使黄门陈迁之建业上疏中宫并致问于恪。临去，恪谓迁曰：'为我达妃，期当使胜他人。'此言颇泄。又恪有徙都意，使治武昌宫，民间或言欲迎和。"（《三国志》卷59《吴主五子传·孙和传》）孙亮即位诸葛恪辅政之后，张妃派黄门陈迁到京都建业上疏中宫，并顺便向舅舅诸葛恪致以问候。诸葛恪便让陈迁带话："替我转告张妃，到时我一定让她超过别人。"这番话不知被何人抖搂出来，加之诸葛恪又有迁都的想法，正派人修整武昌的宫殿，于是社会上就纷纷传言，说他想要废了小皇帝而迎立孙和为新君。本来，在较前"二宫构争"中，诸葛恪就是太子党的得力干将，现在作为手握重权的首辅大臣，说他想要迎立孙和，恐怕谁都会相信的。这当然引起了全公主等人的高度警惕。

吴建兴二年（253年）农历四月，诸葛恪趁东兴大捷之势，不听其他官员的劝谏，召集二十万人围攻魏国的新城（今安徽省合肥市），结果"大疫，兵卒死者大半"，大败而归，直引得朝野怨声载道。这时，一个人伺机跳了出来："孙峻因民之多怨，众之所嫌，构恪欲为变，与亮谋，置酒请恪。""酒数行，亮还内，峻起如厕，解长衣，着短服，出曰：'有诏收诸葛恪！'恪惊起，拔剑未得，而峻刀交下。"（《三国志》卷64《吴书·诸葛恪传》）同为顾命大臣的侍中孙峻在事先得到孙亮的同意后，竟然设计杀死了诸葛恪。"既诛诸葛恪，迁丞相大将军，督中外诸军事，假节，进封富春侯。"之后，孙峻独揽东吴军政大权。

孙峻，乃孙权父亲孙坚之弟孙静的曾孙，孙暠之孙，孙恭之子。史载这位孙峻，"素无重名，骄矜险害，多所刑杀，百姓嚣然。又奸乱宫人，与公主鲁班私通"。（以上引文见《三国志》卷64《吴书·孙峻传》）按辈分，孙峻应该是全公主的侄儿，但是不知从什么时候开始，这位"素无重名"的奸佞小人却跟全公主勾搭成奸，这其中究竟谁主动谁是一拍即合，只能由你去猜了。不过这并不重要，重要的是，"建兴中，孙峻专政，公族皆患之。全尚妻即峻姊，故惟全主祐焉"。（《三国志》卷50《妃嫔传·孙休朱夫人传》）原来孙峻的姐姐嫁给了全公主丈夫全琮的侄儿，也就是现任皇上孙亮的老丈人全尚。既是皇室宗族，又是亲戚，又是小情人，孙俊敢如此胡作非为，别人敢怒而不敢言，这背后靠的正是全公主的庇护。发动政变，滥杀无辜，独揽东吴大权在内，孙俊所做的这一切，皆因全公主的指使和纵容。而全公主，也正是通过孙峻，在幕后把持着东吴的朝政。

全公主通过孙峻控制政局后，做的第一件事，就是处死废太子。《三国志》卷50《妃嫔传·孙和何姬传》载："孙亮即位，孙峻辅政。峻素媚事全主，全主与和母有隙，遂劝峻徙和居新都，遣使赐死。"《三国志》卷59《吴主五子传·孙和传》亦载："及恪被诛，孙峻因此夺和玺绶，徙新都，又遣使者赐死。和与妃张辞别，张曰：'吉凶当相随，终不独生活也'。亦自杀，举邦伤焉。"本来，孙和已经被孙权封为南阳王，居长沙，远离京城权力中心了。可全公主却唆使孙峻，剥夺了孙和的印玺绶带，也就是不再承认他的诸侯王地位，并将他重新流放到新都，孙和走到半道上时，又派使者前去逼他自尽。绝望之中，孙和与张妃告别，张妃说："无论吉凶我都跟着你，我终不能一人活在世上。"于是夫妻二人双双自杀身亡。

除去了孙和，全公主算是长舒了一口气，随后，她又将黑手伸向了另一个人——嫡亲妹妹孙鲁育。

上文说过，在"二宫构争"中，孙鲁班、孙鲁育姐妹俩分属不同阵营。"初，孙和为太子时，全主潛害王夫人，欲废太子，立鲁王，朱主不听，由是有隙。"（《三国志》卷50《妃嫔传·孙休朱夫人传》）全公主要害王夫人，废太子，而朱公主孙鲁育却跟丈夫一起力保太子。吴五凤二年（公元255年），蜀国使臣来吴访问，吴将军孙仪、张怡、林恂等人密谋趁机干掉孙峻，结果事败，孙仪等人自杀，另有数十人受到牵连而死。本来，这件事跟孙鲁育一点关系都没有，可一心想复仇的全公主却抓住这个机会，把妹妹搭了进去。"全主因言朱主与仪同谋，峻枉杀朱主。"（《三国志》卷50《妃嫔传·孙休朱夫人传》）全公主神经兮兮地向孙峻告发说，朱公主孙鲁育是孙仪的同谋。亲姐姐举报亲妹妹，再说又是情人又是主人的发话了，孙峻哪有不听、不信的。他二话没说，就将朱公主给杀了。

高尚是高尚者的墓志铭，卑鄙是卑鄙者的通行证。孙鲁育很像步夫人，一生光明磊落，谁知这种美德却成了她的催命符，最后竟让狡诈阴毒的亲姐姐给算计了。

孙鲁育的枉死，还牵连到她的女儿也经历了一场惊险。孙鲁育和朱据结婚后，生有一个女儿，这个女儿后被孙权选为六皇子孙休的王妃。此时，王妃正跟丈夫、琅琊王孙休住在其封地丹阳。因为要追查朱公主事件，朝廷派人来传这位王妃前去京城待审。"休惧，遣夫人还建业，执手泣别。既至，峻遣还休。"（《三国志》卷50《妃嫔传·孙休朱夫人传》）孙休没有办法，只好送妻子上路，临别，两人执手痛哭，都觉得这一去肯定凶多吉少，今生难以再相见了。但庆幸的是，待她到了建业，孙峻并没有把她怎么样，又将她毫发无损地送回丹阳。看来孙峻清楚得很，朱公主孙鲁育本来就是无辜的，又干她女儿何事？又怎么能再去连累了她的女儿？！

全公主迫不及待地要杀自己的亲妹妹，除了是在"二宫构争"中双方各为其主，结下了梁子，还有另外一个原因，那就是作为孙权的另一个女儿，当年为求得平衡，孙权也曾给予朱公主以特别照顾，让她也有一定的地位、势力，在朝政方面也能说得上话，在某些方面甚至可以与全公主相抗衡。这样她自然成为权力欲极强又心狠手辣的全公主的眼中钉肉中刺，必欲除之而后快了。在权力与利益面前，所谓一母同胞，都不值得一提了。

吴五凤二年（公元255年），孙峻率军与魏国在淮河一带交战并取得了胜利，魏将文钦投降。太平元年（公元256年），孙峻派骠骑将军吕据等率军进击魏国，仗还没打完，孙峻病逝，其堂弟孙綝"为侍中、武卫将军，领中外诸军事，代知朝政"，接过了孙峻的权杖，执掌军政大权。"吕据闻之大恐，与诸督将连名，共表荐滕胤为丞相，綝更以胤为大司马，代吕岱驻武昌。据引兵还，使人报胤，欲共废綝。"（以上引文均见《三国志》卷64《吴书·孙綝传》）因不满孙綝的继任，吕据等人从前线联名上表，要求封滕胤为丞相。孙綝没有理会他们的请求,封滕胤为大司马,吕据遂与滕胤等密谋扳倒孙綝,但最终事败被杀。"孙宪与将军王惇谋杀綝,事觉,綝杀惇,追宪令自杀。"另外,孙宪与将领王惇也曾密谋杀孙綝,结果也是以失败而告终。

吴太平二年(公元257年),"夏四月,亮临正殿,大赦,始亲政事。綝所表奏,多见难问。又科兵子弟年十八已下十五以上,得三千余人,选大将子弟年少有勇力者为之将帅。亮曰:'吾立此军,欲与之俱长。'日于苑中习焉。"(以上引文均见《三国志》卷48《吴三嗣主传·孙亮传》)这一年,业已长大的孙亮[3]开始亲政了,但他的施政常被孙綝所掣肘。孙亮便着手训练新人,准备建立起自己的亲兵队伍,欲伺机与孙綝一决高下。为了能煞一煞孙綝的威风,孙亮指桑骂槐地开始追究姐姐孙鲁育被害之事来。"孙亮知朱主为全主所害,问朱主死意?全主惧曰:'我实不知,皆据二子熊、损所白。'亮杀熊、损。"(《三国志》卷50《妃嫔传·孙休朱夫人传》)孙亮知道当年朱公主是被全公主所害,便责问她,你为什么要杀了自己的亲妹妹,说她参与谋杀之事,你是从哪儿听来的消息,有证据吗?全公主信口雌黄:"我确实不知道,是朱据的两个儿子朱熊、朱损说的。"于是孙亮降诏,怒责时为孙綝亲信的虎林督朱熊与外部督朱损当年没阻止孙峻枉杀自己的母亲孙鲁育,其罪不可恕,然后派左将军丁奉杀了朱熊与朱损两人。

据《三国志》卷64《吴书·孙綝传》载:"亮内嫌綝,乃推鲁育见杀本末,责怒虎林督朱熊、熊弟外部督朱损不匡正孙峻,乃令丁奉杀熊于虎林,杀损于建业。綝入谏不从。"我们完全可以推断,孙亮之诛杀朱熊与朱损,并不是真的他就轻信了全公主的话,认为是他们陷害了他们的母亲,而是因为朱熊、朱损二人乃孙綝的得力干将,杀他们,是要剪除孙綝的势力,说他们当年没阻止孙峻枉杀自己的母亲,其实只是个借口而已。不过不管怎么说,这中间全公主其实还是脱不了干系的,正如钱大昕《廿二史考异》卷17云:"以二传推之,熊、损之死,出于亮意,非由全主所谮,谓全主诬罪二人则可,谓之谮不可也。"如果说孙亮是为了与孙綝争权,故意下令将二人杀害,其杀害二人的理由或者说是借口,毫无疑问却是由全公主提供的。或者我们也可以这么认为,这件事情从头到尾,就是全公主一手策划的,孙亮只不过是具体实施者而已。可以说是二人为斩孙綝之爪牙,联手演了一出戏,而朱熊、朱损兄弟俩，则成了这出戏中彻头彻尾的无辜牺牲品。

其实，正如后来孙綝在废孙亮时所云："朱据先帝旧臣，子男熊、损皆承父之基，以忠义自立，昔杀小主，自是大主所创，帝不复精其本末，便杀熊、损，谏不见用，诸下莫不侧息。"（《三国志》卷64《吴书·孙綝传》）"昔杀小主，自是大主所创"，杀孙鲁育，乃是孙鲁班之意，与朱熊、朱损根本没关系。这一点，几乎所有人都心知肚明。孙亮所为，要么是着了孙鲁班的道儿，要么是揣着明白装糊涂。

全氏全败，帝位回归废太子一脉

全公主、孙亮之杀朱熊、朱损，其实是将自己推向了死胡同。孙亮在亲政后，"綝以孙亮始亲政事，多所难问，甚惧。还建业，称疾不朝，筑室于朱雀桥南，使弟威远将军据入苍龙宿卫，弟武卫将军恩、偏将军干、长水校尉阘分屯诸营，欲以专朝自固"。（《三国志》卷64《吴书·孙綝传》）孙綝意识到自己不可能再一手遮天了，知道孙亮肯定要联合全公主等宗族力量打击排挤他，还要对他以及孙峻来个算总账。因此，他也开始调兵遣将，派心腹之人把持要害部门，以求自保。朱熊和朱损是孙綝的两员干将，朱损的妻子是孙峻的妹妹，现在孙亮不听孙綝劝阻，杀了朱熊、朱损，双方的矛盾算是白热化、公开化了，一场你死我活的决斗，已是不可避免。

吴太平二年（公元257年），由于曹政权面临司马氏的谋篡，忠于曹魏的大将军诸葛诞遂在寿春发动兵变，向孙吴求援。"五月，魏征东大将军诸葛诞以淮南之众保寿春城，遣将军朱成称臣上疏，又遣子靓、长史吴纲诸牙门子弟为质。"诸葛诞把儿子诸葛靓等人送到吴国做人质，孙綝遣全怿与全端、文钦、唐咨等率步骑三万往救诸葛诞，结果却遭到惨败。"十一月，全绪子祎、仪以其母奔魏。十二月，全端、怿等自寿春城诣司马文王。"（以上两段引文见《三国志》卷48《吴三嗣主传·孙亮传》）因为怕回来后被孙綝诛杀，全端、全怿及侄子全祎、全仪等几位参与救助诸葛诞的全氏将领，带着他们的家属和家将数十人渡江，投降了司马昭。自此全氏家族，跌入万劫不复之境地："及魏大将诸葛诞以寿春来附，而全怿、全端、全祎、全仪等并因此际降魏。全熙谋泄见杀,由是诸全衰弱。"(《三国志》卷50《妃嫔传·孙亮全夫人传》)而据《晋书》卷2《文帝纪》:"全怿母,孙权女也,得罪于吴,全端兄子祎及仪奉其母来奔。"可见,全氏家族此次之抱团北奔,显然与全公主之失势相关。而全公主之失势,则显然与孙峻去世,孙綝的专权与排挤有关。

太平三年,"亮遂与公主鲁班、太常全尚、将军刘承议诛綝"。忍无可忍的孙亮想先下手为强,他私下与姐姐孙鲁班、岳父、太常全尚及将军刘承(丞)等密谋伺机铲除孙綝。但百密一疏,隔墙有耳,他们在这厢你一言我一语商量着该怎么做,不提防被隔壁孙亮的一个妃子侧着耳朵听了个一字不漏。"亮妃,綝从姊女也,以其谋告綝。"这个妃子是孙綝的从外甥女,她偷偷向孙綝密报了此事。"綝率众夜袭全尚,遣弟恩杀刘承於苍龙门外,遂围宫。"(以上引文均见《三国志》卷64《吴书·孙綝传》)不待他们动手,孙綝连夜带兵缉拿了全尚,派弟弟孙恩杀了刘承,又率军将皇宫团团围住,"比明,兵已围宫。亮大怒,上马,带鞬执弓欲出,曰:'孤大皇帝之適子,在位已五年,谁敢不从者?'侍中近臣及乳母共牵攀止之,乃不得出,叹咤二日不食,骂其妻曰:'尔父惽惽,败我大事!'"(《三国志》卷64《吴书·孙綝传》注引《江表传》)少年气盛的孙亮执弓上马,要率领侍卫冲出去和孙綝拼个你死我活,但被近侍及乳母拉住了,说他这无疑是以卵击石,等于去送死。孙亮气得两天没吃饭,对着皇后全氏大吼:"都是你那个没用的父亲,坏了我的大事!"

这一年九月,孙綝在宫门口召集众大臣,列数孙亮登基以来的种种劣迹,其中说到孙亮用人不当,全氏误国:"朱据先帝旧臣,子男熊、损皆承父之基,以忠义自立,昔杀小主,自是大主所创,帝不复精其本末,便杀熊、损,谏不见用,诸下莫不侧息。帝于宫中作小船三百余艘,成以金银,师工昼夜不息。太常全尚,累世受恩,不能督诸宗亲,而全端等委城就魏。尚位过重,曾无一言以谏陛下,而与敌往来,使传国消息,惧必倾危社稷。"说孙亮明明知道是全公主唆使孙峻杀了孙鲁育,却不辨真假不听劝阻杀了朱熊、朱损两兄弟。说孙亮朝政过分倚重全尚,可全尚却难当大任,任凭孙亮胡作非为,私下还与敌国往来,互通消息(指全氏家族众人降魏之事)。其后,他废孙亮为会稽王,改立孙权六子,孙亮之兄琅琊王孙休为帝。"綝遣中书郎李崇

全公主:只为一己之利,葬送东吴国运

夺亮玺绶，以亮罪状班告远近。"他派中书郎李崇带兵进宫，夺了孙亮印玺，逼迫孙亮夫妇离宫。"綝遣将军孙耽送亮之国，徙尚于零陵，迁公主於豫章。"（以上引文均见《三国志》卷64《吴书·孙綝传》）之后，孙綝派人将孙亮押送去会稽（今浙江省绍兴市），将已成孤家寡人的全公主孙鲁班迁徙到豫章郡（今江西省南昌市部分地区），全尚则被他流放到零陵郡（今湖南省部分地区），后又派人杀了他。[4]

吴永安三年（公元260年），"会稽郡谣言王亮当还为天子，而亮宫人告亮使巫祷祠，有恶言。"有谣言从会稽传出，说孙亮将返回建业复辟。孙亮的侍从亦向朝廷报告说，孙亮在祭祀时口出恶言。"有司以闻，黜为候官侯，遣之国。道自杀，卫送者伏罪。"（以上引文均见《三国志》卷48《吴三嗣主传·孙休传》）孙亮又再次被贬为候官侯（候官，今福建省闽侯县），在去封地的途中，孙亮自杀身亡。至于是真自杀还是被逼无奈，只有天知道了。

孙休即位后，封王妃朱氏，也就是孙鲁育跟朱据所生的女儿为皇后。而当年风光无限的那位全氏小皇后，却只能战战兢兢跟着孙亮先迁会稽，后又远徙候官，孤苦伶仃去苟且偷生了。"夫人随之国，居候官，尚将家属徙零陵，追见杀。"（《三国志》卷50《妃嫔传·孙亮全夫人传》）唉，真是三十年河东三十年河西，曾经风光无限的全氏家族，此时已是死的死，降的降，逃的逃，就跟万众所羡仰的汉武帝时期的卫氏家族一般，不要说是风光不再，就是想寻条活路，也是千难万难。至于全公主孙鲁班，自此从史书上消失了，估计不是被杀，也是苦度余生，郁郁而终。反正像她这样机关算尽作恶多端之人，到了这种地步，不被仇家杀死，能够苟活几年，就已经算是万幸了。要知道她虽然是皇上孙休的亲姐姐，可她也是杀了其母亲及兄弟，是皇后朱氏不共戴天的仇人啊，即便皇后宽厚仁慈不去主动找她报仇，她自己能安下心来过太平日子，其他人会让她过太平日子？

公元264年（吴永安七年），孙休去世，时年三十岁，谥号"景皇帝"。"是时蜀初亡，而交阯携叛，国内震惧，贪得长君。左典军万彧昔为乌程令，与皓相善，称皓才识明断，是长沙桓王之畴也，又加之好学，奉遵法度，屡言之於丞相濮阳兴、左将军张布。兴、布说休妃太后朱，欲以皓为嗣。"虽然孙休当时已经有儿子了，但鉴于国内外之严峻局势，当时东吴有识之士一心想立一个较年长的君主来支撑这个危局，于是濮阳兴和张布就去跟太后朱氏说，想让时年二十二岁的孙皓继位。朱太后说："我寡妇人，安知社稷之虑，苟吴国无陨，宗庙有赖可矣。"（以上引文均见《三国志》卷48《吴书·孙皓传》）于是众大臣迎立孙皓即位。

孙皓（公元242年—284年），字元宗，又名彭祖，乃孙权的孙子，孙休的侄子，废太子孙和长子也！当年，孙和的妃子何姬生了个男孩，孙权很喜欢，就取名彭祖，"孙亮即位，孙峻辅政。峻素媚事全主，全主与和母有隙，遂劝峻徙和居新都，遣使赐死，嫡妃张氏亦自杀。何姬曰：'若皆从死，谁当养孤？'遂拊育皓及其三弟。"（《三国志》卷50《妃嫔传·孙和何姬传》）孙亮即位孙峻辅政，全公主力劝孙峻将孙和迁居到新都，中途又派使臣令孙和自杀，孙和的夫人张氏也跟着自杀。这时孙皓的母亲何姬就说："如果都随从孙和一道死了，哪个人来抚养这些孤儿呢？"于是她就没有也跟着自杀，而是咬着牙活下来悉心抚育孙皓和他的三个弟弟。"孙休立，封和子皓为乌程侯，自新都之本国。休薨，皓即阼。"（《三国志》卷59《吴主五子传·孙和传》）孙皓即位后，"尊和为昭献皇帝，何姬为昭献皇后"。（《三国志》卷50《妃嫔传·孙和何姬传》）历史真是惊人的相似！就跟当年汉武帝杀了太子刘据，但十七年后帝位又回到刘据孙子手里一样。东吴皇位转了一圈，又回到了当年太子孙和的儿子手中。

孙和之子孙皓的顺利登基，多少反映了东吴人心的向背。如果没有"二宫构争"，没有全公主的潜毁，没有孙权的换太子之举，就不会有诸葛恪被杀、孙峻、孙綝的专政，也不会有孙亮的被废、孙休的上台，更不会有全公主后来的兴风作浪，东吴的社情政局及国运走向，应该是另外一番景象了。从公元252年孙权去世到公元264年孙皓即位，不过短短十二年。当年全公主想方设法陷害孙和母子，阻止孙和上位，现在龙椅上坐着的，还不就是孙和的儿子？而盛极一时的全氏家族，她孙鲁班，现在又在哪里呢？那些费尽心机挣得的泼天的富贵荣华，转瞬即空，什么也没留下。

孙鲁班，这位深得孙权喜爱，权力欲极旺的公主，从孙权赤乌年间至孙亮末年，前后约二十年，插手东吴的一系列重大政治决策和人事安排。为排斥、打击、消灭异己，全公主手段之凶狠，心肠之毒辣，品格之卑鄙，可以说毫不逊色于历史上其他善于玩弄权术的女性，但是就政治理想、远见卓识、治国理政水平而言，她却谁都比不上。她的所作所为，有时仅仅是为了一些睚眦小隙、蝇头小利。

当然，作为一位公主，她能得势，与孙权脱不了干系。正如陈寿在《三国志》卷50《吴书·妃嫔传》末评云："远观齐桓，近察孙权，皆有识士之明，杰人之志，而嫡庶不分，闺庭错乱，遗笑古今，殃流后嗣。"孙权在位五十余年，中宫空置，长期未立后，对于立太子以及分封诸王子，也显得很不谨慎。"嫡庶不分，闺庭错乱"，这就给了全公主等宗室人物及一些佞幸奸人们以兴风作浪的机会。另外，作为一个出自寒门的统治集团，孙吴集团与江东士大夫阶层一直存在着深刻的矛盾和斗争。孙权晚年，因为担心儿孙们难以驾驭权臣，使孙吴重蹈曹魏明帝以后皇权中衰的覆辙，不断制造一个个政治事件，对世族大家进行残酷打击，妄图以此来强化皇权，维护其统治，"二宫构争"堪称是这一斗争的高潮。而因为孙权诸子幼弱，于是很多大政方针，孙权多与长女全公主商定。也正是父皇的倚重与纵容，使得全公主一度成为孙吴核心权力运作的关键人物。这样以全公主为代表的宗室和佞幸集团，利用孙权的昏愦，对政敌进行残酷迫害无情打击，从根本上动摇了孙吴统治的基础。孙权后期朝政的昏愦黑暗，孙亮时期政坛之乱象，东吴政权日渐衰败并最终走向灭亡，这位全公主，实在难辞其咎。

看似大权在握风光无限，其实全公主正是一个将自己，将全氏家族，也将东吴带入悲剧性结局的罪魁祸首。她一生都在争权夺利，可她没意识到，其悲剧性结局，从一开始就在那里等着她了。

注　释

[1]《三国志》卷59《吴主五子传·孙登传》记载："初，登所生庶贱，徐夫人少有母养之恩，后徐氏以妒废处吴，而步夫人最宠。步氏有赐，登不敢辞，拜受而已。徐氏使至，所赐衣服，必沐浴服之。登将拜太子，辞曰：'本立而道生，欲立太子，宜先立后。'权曰：'卿母安在？'对曰：'在吴。'权默然。"不仅是群臣，太子孙登也要求父皇立自己的养母徐夫人为后，但遭到孙权拒绝。

[2]据《三国志》卷50《妃嫔传·吴主权潘夫人传》，孙权晚年所宠爱的这位潘夫人，宁波人，原本只是后宫织坊的官奴："父为吏，坐法死。夫

人与姊俱输织室,权见而异之,召充后宫。得幸有娠,梦有以龙头授己者,己以蔽膝受之,遂生(孙)亮。"这位潘夫人在孙亮被立为太子,她被封为皇后后,立即趾高气扬起来,变得十分的可怕:"明年,立夫人为皇后。性险妒容媚,自始至卒,谮害袁夫人等甚众。权不豫,夫人使问中书令孙弘吕后专制故事。"孙权生病,潘氏迫不及待地向中书令孙弘询问吕后执掌实权的事情,想东施效颦。因她从前身份卑贱,经常被人嘲弄,现在就拼命报复别人,宫女、内侍们一个个对她恨之入骨。"(潘皇后)侍疾疲劳,因以羸疾,诸宫人伺其昏卧,共缢杀之,托言中恶。后事泄,坐死者六七人。"侍丛们趁着潘皇后熟睡之机,合谋将她给勒死了,然后跟孙权报告说她是"中恶"而亡。后来事情败露,有六七个人因此而丢了性命。

[3] 据史书记载,孙亮很是聪明,由此被人赞了一千多年。《三国志》卷《吴三嗣主传·孙亮传》注引《吴历》记载:"亮后出西苑,方食生梅,使黄门至中藏取蜜渍梅,蜜中有鼠矢,召问藏吏,藏吏叩头。亮问吏曰:'黄门从汝求蜜邪?'吏曰:'向求,实不敢与。'黄门不服,侍中刁玄、张邠启:'黄门、藏吏辞语不同,请付狱推尽'。亮曰:'此易知耳。'令破鼠矢,矢里燥。亮大笑谓玄、邠曰:'若矢先在蜜中,中外当俱湿,今外湿里燥,必是黄门所为。'黄门首服,左右莫不惊悚。"一次,孙亮想要吃生梅子,就吩咐黄门官去取蜜汁梅来。这个黄门官和掌管库房的库吏素有嫌隙,一直想伺机报复。因此,他取了蜜汁梅后,悄悄找了几颗老鼠屎放了进去,然后才拿给孙亮。孙亮发现蜂蜜里面有老鼠屎,就将黄门官和库吏都找来,询问二人是怎么回事,可两人相互推诿,根本分不清到底是谁的过错。孙亮略一沉思,微笑着说:"这件事很简单。"他叫人当着大家的面把鼠屎切开,大家仔细一看,只见老鼠屎外面沾着一层蜂蜜,是湿润的,里面却是干燥的。孙亮大笑说:"如果鼠屎早就掉在蜜中,浸的时间长了,一定早湿透了。现在它却是内干外湿,很明显是黄门官刚放进去的。"黄门官只得跪在地上如实交代了自己的罪行。

[4] 关于孙綝的下场,《三国志》卷64《吴书·孙綝传》载:

"永安元年十二月丁卯,建业中谣言明会有变,綝闻之,不悦。夜大风发木扬沙,綝益恐。戊辰腊会,綝称疾。休强起之,使者十馀辈,綝不得已,将入,众止焉。綝曰:'国家屡有命,不可辞。可豫整兵,令府内起火,因是可得速还。'遂入，寻而火起，綝求出，休曰：'外兵自多，不足烦丞相也。'綝起离席，奉、布目左右缚之。綝叩首曰：'愿徙交州。'休曰：'卿何以不徙滕胤、吕据？'綝复曰：'愿没为官奴。'休曰："何不以胤、据为奴乎！'遂斩之。以綝首令其众曰：'诸与綝同谋皆赦。'放仗者五千人。闳乘船欲北降，追杀之。夷三族。发孙峻棺，取其印绶，斫其木而埋之，以杀鲁育等故也。

"綝死时年二十八。休耻与峻、綝同族。特除其属籍，称之曰故峻、故綝云。休又下诏曰：'诸葛恪、滕胤、吕据盖以无罪为峻、綝兄弟所见残害，可为痛心，促皆改葬，各为祭奠。其罹恪等事见远徙者，一切召还。'"

孙休上位后，不但除恶务尽，将孙峻、孙綝一干人全都收拾了，而且还为被孙俊、全公主、孙綝所迫害的孙鲁育、诸葛恪、滕胤、吕据等人都一一平了反。

永兴公主：坑爹鼻祖，不知道德底线为何物

> 永兴乃使二僮衣以婢服。僮逾阈失屦，阁帅疑之，密言于丁贵嫔，欲上言，惧或不信，乃使宫帅图之。帅令内舆人八人，缠以纯绵，立于幕下。斋坐散，主果请间，帝许之。主升阶，而僮先趣帝后。八人抱而擒之，帝惊坠于床。
>
> ——《南史》卷51《萧宏传》

故事背景：南朝的公主们

自晋以来，南朝公主们多骄横霸道、目中无人。《宋书》卷41《后妃传》载："宋世诸主，莫不严妒，太宗每疾之。湖熟令袁慆妻以妒忌赐死，使近臣虞通之撰《妒妇记》。左光禄大夫江湛孙斅当尚世祖女，上乃使人为斅作表让婚。"宋明帝刘彧（公元438年—472年）觉得公主们闹得太不像话了，让近臣以宋世祖临海公主未婚夫孙斅的名义，写了一篇《妒妇记》，然后让孙斅以此文上表辞婚。文中列数自晋以来公主们种种劣迹以及当驸马所遭受"吞悲茹气，无所逃诉"之待遇。"专妒之行，有妨繁衍，是以尚主之门，往往绝嗣；驸马之身，通离衅咎。"谁娶了公主，落得一世孤独不说，甚至要冒着绝后的风险。于是，"便当刊肤剪发，投山窜海"，如果非要逼着他娶公主，他宁愿去做和尚，做和尚如果还逃不过，他就干脆去天涯海角，到深山老林当野人去。"太宗以此表遍示诸主"，刘彧接到了这篇自己授意炮制出来

的奇文后，交给公主们传阅。

上一章我们说到东吴全公主孙鲁班，与侄儿私通，为一己之私怂恿父亲更换太子，甚至为了争权夺利，连自己的亲妹妹、亲侄儿都不肯放过。不过跟南梁永兴公主比起来，全公主那又是小巫见大巫了。

永兴公主萧玉姚（又称萧玉瑶），乃南朝梁武帝萧衍的嫡长女，母亲为郗徽皇后，外祖母为宋文帝刘义隆之女寻阳公主。这位高贵的当朝大公主，史书对她的评价却甚为不堪。"自宋、齐以来，公主多骄淫无行，永兴主加以险虐。"（《南史》卷60《殷钧传》）永兴公主骄奢淫逸、无法无天，而且口味还特重，出手也很是凶狠。这哪像是一位公主，简直就是一冷面杀手了。她不但公然与亲叔私通，还带人进宫想当面刺杀自己的亲生父亲，且差点就成功了。如果说全公主是蛮横麻辣，让人敬而远之，那么这位永兴公主，她可就是生猛凶险，令人望而生畏退避三舍了。

捉弄丈夫，投入叔叔怀抱

既是皇后嫡出，又是长女，萧衍对萧玉姚自然很是宠爱。从小到大，锦衣玉食不说，对她的所有要求，基本上有求必应，从不加以管束。待永兴公主长大成人，大概萧衍也觉得女儿性情顽劣，有点不像话。于是，他精心为女儿挑选了一个好女婿，想借女婿之手加以管教。

萧衍给女儿挑选的这个夫婿，叫殷钧，是他早年好友殷睿（一作殷叡）的儿子。

殷睿"有才辩，知名齐世，历官司徒从事中郎，睿妻王奂女"，曾担任南齐司徒从事中郎，以擅长辩论知名于南齐，娶了王奂的女儿为妻。当时王奂正担任南齐雍州刺史、镇北将军，于是他上书朝廷，为女婿求得了镇北长史、河南太守的职位。南齐永明十一年（公元493年），"奂诛，睿并见害"，王奂被杀，殷睿受到株连，也被杀害了。"钧时年九岁，以孝闻"，此时殷钧只有九岁，却以孝顺而名于乡里。"及长，恬静简交游，好学有思理。善隶书，为当时楷法，南乡范云、乐安任昉，并称赏之。"长大后的殷钧，文静内向，不好交游，但勤奋好学，有才情，有见识，且写得一手好字，尤工于隶书，作品成为人们学习书法的摹本，就连南乡的范云、乐安的任昉[1]这样名重一时的文坛领袖，都对他另眼相看。

梁天监初年（公元502年），殷钧跟永兴公主结婚后，拜驸马都尉。此后，历任秘书郎、太子舍人、司徒主簿、秘书丞等职。"钧在职，启校定秘阁四部书，更为目录。又受诏料检西省法书古迹，别为品目。"他在任职期间，上书请求校定秘书阁四部书，为它们重新编排目录，后又受梁武帝特别指派，负责整理西省法书古迹，给它们另外编定类别和目录。"迁骠骑从事中郎，中书郎，太子家令，掌东宫书记。顷之，迁给事黄门侍郎，中庶子，尚书吏部郎，司徒左长史，侍中。"梁武帝对他的工作比较满意，不久就提升他为骠骑从事中郎、中书郎、太子家令，专门负责东宫，也就是昭明太子萧统宫中的事务性工作；再后，又升为给事黄门侍郎、中庶子、尚书吏部郎、司徒左长史、侍中等职。"东宫置学士，复以钧为之。"后来，太子宫中设置学士官职，梁武帝又让殷钧去担任此职，后因公事被免，"复为中庶子，领国子博士、左骁骑将军，博士如故。出为明威将军、临川内史。"梁武帝又任命他为中庶子、国子监博士、左骁骑将军，仍任博士之职。之后不久，殷钧出朝担任明威将军、临川内史。

在担任临川内史期间，"钧体羸多疾，闭阁卧治，而百姓化其德，劫盗皆奔出境"。因体弱多病，殷钧多数时间都是闭门卧床治病，但老百姓感恩于他的威德，就连抢劫偷盗的人都逃离了他的辖区。"郡旧多山疟，更暑必动，自钧在任，郡境无复疟疾。"临川郡过去多疟疾肆虐，一到夏天，不少人因此丧命。自从殷钧到任，灭蚊防疟，群防群治，郡内再没发生过大规模疟疾流行事件。后来，因母亲去世，殷钧不得不离职守丧。服丧完毕，"迁五兵尚书，犹以顿瘵经时，不堪拜受，乃更授散骑常侍，领步兵校尉，侍东宫。寻改领中庶子。昭明太子薨，官属罢，又领右游击，除国子祭酒，常侍如故"。（以上引文均见《梁书》卷27《殷钧传》）殷钧升任五兵尚书，但由于身体不好，难以胜任新职，梁武帝改任他为散骑常侍、步兵校尉，让他继续侍卫东宫。萧统去世后，殷钧又任右游击、国子祭酒，其散骑常侍官职保留不变。

殷钧温和孝顺、守礼低调，既能仁政化民又很有才学修养。如果用现代人眼光来看，他有房有轿有跟班，有品行有官位有人脉，且知书识礼又有才情的，还写得一手好字，堪称理想的结婚对象。可就是这样一位男人，却怎么也入不了永兴公主的青目，赢不了妻子的芳心。

首先，"钧形貌短小，为主所憎"，殷钧个子不高，其貌不佳，距离女人心目中白马王子的形象，相去甚远，阅人无数的永兴公主一见他就烦。其次，殷钧体弱多病，时常需要卧床医治，难以满足萧玉姚旺盛的生理要求。像殷钧这样生得斯斯文文、温和孱弱的丈夫，在别人眼里也许是个宝，但在永兴公主眼里，基本上就是残废男人。也难怪，这两个人，一个爱静，一个好动；一个孝顺，一个忤逆；一个温和理性，生活简朴，一个任性张狂，贪婪奢华；一个好学上进才情满怀，一个不学无术刁蛮少礼，这两人凑在一块儿，不出点事才怪。

《南史》卷60《殷钧传》载：

"钧形貌短小，为主所憎，每被召入，先满壁为殷睿字，钧辄流涕以出，主命婢束而反之。钧不胜怒而言于帝，帝以犀如意击主，碎于背，然犹恨钧。"

古代公主在出嫁后，有自己的独立府邸。驸马爷虽然是公主的合法丈夫，但一般非"召"不得擅自入内。即公主妻子如果不让你去，虽近在咫尺，你也是不能进去的。当然，为了防止公主借故不履行妻子的义务，历朝历代以各种名目规定，某日某日，比如逢五逢十，或者每五天、十天一次，公主不得无故推脱，必须召驸马进府，履行一个妻子的职责与义务。对于那些恩爱夫妻而言，"法定"的日子是甜蜜美好而又弥足珍贵的。可对于萧玉姚而言，她只嫌时间过得太快，巴不得这一天永远不要来才好。每到这一天，她都想法子把丈夫拒之门外。

虽说殷钧体貌不佳，可以说是标准的武大郎身材，永兴公主对他毫无兴趣，但武大郎也是有生理需求的。到了法定相聚的日子，谁也阻挡不了他去找妻子萧玉姚。可这一次，他那位合法妻子想出了一个恶毒无比的法子，正准备给他当头一棒。

那天，当殷钧把自己收拾一番，兴冲冲走进公主府，一抬头，这是什么呀！只见迎面满满一堵白墙上，殷睿、殷睿、殷睿……一个个张牙舞爪丑陋无比的大字正向着他龇牙咧嘴。书法家殷钧顿觉一股热血从脚底直冲脑门，几乎要喷射而出。他一个趔趄,抹着眼泪扭头冲出大门。

看到自己精心策划的这一出取得了预期效果,"书法家"萧玉姚差点儿笑出声来,心里别提多痛快了。不过痛快归痛快,因为怕出事,她还是叫婢女把驸马爷给追回来了。愤怒之极的殷钧执意不肯再回公主府,结果被婢女们用一根绸子给捆了回来。

本该卿卿我我享受鱼水之欢的日子,却被弄成了这个样子,真不知道两人这一夜是怎样过的!同床共枕当然是不可能了,即便不大打出手,至少也是怒目而视。永兴公主倒是无所谓,只是可怜小男人殷钧,一夜辗转反侧和衣而眠,只盼着公鸡早点儿啼,好快快逃离这个屈辱之地。

其实,不光是殷钧对妻子的这类"主题性书法展"忍无可忍,就是梁武帝萧衍,对女儿的这种恶作剧,也是零容忍。他听完女婿充满委屈的哭诉后,即刻差人去了公主府:"叫那个混蛋女儿速速来见我!"

看着女儿若无其事,一脸无辜地走了进来,再看看站在一边正闷头生气的爱婿,萧衍真是气不打一处来,他一把将女儿推倒在地,随手抄起案几上一把犀牛角如意,劈头盖脸就是一顿猛揍。皇帝打女儿,谁敢劝,谁敢拦?直到把好好的一把犀牛角如意都给打碎了,萧衍才气喘吁吁地住了手。

如意,也就是后来的痒痒挠,有实用的专供挠痒痒用的,也有做成痒痒挠模样仅供把玩用的。它一般有个长长的手柄,前头安个小耙子,可以从后背伸到衣服中自己去挠痒痒。如果是仅供玩赏的,那手柄就做得比较粗,小耙子也如榔头般大小了。梁武帝案头摆放的,应该就是专供把玩的比实用器要大一号的艺术品。这样的犀牛角如意打在身上,虽然隔着衣服,也不是闹着玩的,更何况是在气头上,生生把一个好端端的犀牛角如意给打碎了。萧衍这一次气坏了,下手狠了点儿。在父皇面前,永兴公主再疼也得忍着。这一打,不但将萧玉姚与殷钧之间那最后一点夫妻之情给打没了,也将她跟萧衍之间的父女之情打得灰飞烟灭。本来就桀骜不驯,不服管教也从来不曾有人管教过的萧玉姚,对父亲萧衍及夫婿殷钧,本该是她生命中最为重要的两个男人,从此怀恨在心。

萧玉姚以令人发指的方式,恶狠狠地背叛并报复了这两个疼她爱她的男人。

首先,萧玉姚不顾廉耻地投入了亲叔叔、临川郡王萧宏的怀抱,两人公开搞起了叔侄之恋。萧宏（公元473年—526年），是梁武帝萧衍的六弟。他"长八尺，美须眉，容止可观"，称得上是个标准的美男子——跟"形貌短小"的殷钧相比，在永兴公主的眼里，这位小叔叔简直是完美无瑕的白马王子。"宏性好内乐酒，沉湎声色，侍女千人，皆极绮丽。"美男子萧宏是风月场中的老手，终日沉湎于声色犬马之中。他的王府，竟被他弄成了一个绮丽的"百花园"，成百上千的姬妾、侍女打扮得花枝招展，供他玩赏。这位完美"暖男"萧宏，还有一个闻名遐迩的名字，"萧娘"。原来，萧衍的这位六弟，才质一般，只是凭借其宗室近亲的身份，先后出任扬州刺史、司徒、太尉、司空等朝廷要职。天监四年（公元505年），萧衍命他率军北伐，"宏以帝之介弟，所领皆器械精新，军容甚盛，北人以为百数十年所未之有"。本来，梁武帝给了他一支装备齐整的精锐之师，军旗猎猎，威风凛凛，连北方人都认为，这是百多年以来从未见过的阵容。可当大军到达洛口，前锋以锐不可当之势攻克梁城后，"宏部分乖方，多违朝制。诸将欲乘胜深入，宏闻魏援近，畏懦不敢进，召诸将欲议旋师"。平庸无能的萧宏连连部署失当，多次违反朝廷预先制定的计划，把局面搞得一团糟。诸将想乘势深入，克敌制胜，可萧宏听说北魏的援军已近，心中畏惧，怎么也不敢再推进了。诸将你一言我一语，一心要与北魏军决一死战。"宏不敢便违群议，停军不前。魏人知其不武，遗以巾帼。北军歌曰：'不畏萧娘与吕姥，但畏合肥有韦武。'武谓韦睿也。"萧宏不敢公开违背众人意愿，又不想进军，干脆当起了缩头乌龟，止步不前了。北魏人知道萧宏没有进军的勇气，就派人送来妇女用的头巾与头饰，整天在军前唱着歌谣："不畏萧娘与吕姥（吕僧珍），但畏合肥有韦武（韦睿）。"[2]

天监五年（公元506年）九月的一天，因暴风雨突袭，梁军军营中发生夜惊，"宏与数骑逃亡。诸将求宏不得，众散而归。弃甲投戈，填满水陆，捐弃病者，强壮仅得脱身"。军中惊乱，统帅萧宏应该力挽狂澜稳定军心，可他却置百万军士于不顾，带着数名骑兵，来了个脚底抹油，先溜了。主帅不见了，其他人又难以发号施令，百万大军自乱阵脚，军士们纷纷丢下铠甲，扔下矛戈，只顾逃命。一时河流田野，到处都是梁军丢弃的兵甲辎重，那些受伤的及生病的，都被弃于荒野，只有身强力壮的才有幸逃过一劫。萧宏一行人乘着小船渡过长江，夜晚来到白石垒，叩城门要求入城。"临汝侯登城谓曰：'百万之师，一朝奔溃，国之存亡，未可知也。恐奸人乘间为变，城门不可夜开。'宏无辞以对，乃缒食馈之。"守城的临汝侯萧渊献登上城楼对他大喊："百万大军，一下四散，国家的存亡还尚未可知。恐怕有奸人乘机作乱，城门不可在晚上打开。"萧宏没办法，只好蹲在城门口干等天亮，饿了，就由守城的士兵从城楼吊下些食物来给他们吃。一军之统帅，畏敌如虎，如丧家之犬般蹲在城门口等着别人吊下食物来充饥，这位"萧娘"萧统帅其才能品性如何，可想而知。

然而永兴公主偏偏喜欢萧宏这样的怯懦贪鄙之人。当然了，有了叔叔这个深谙风月的"高富帅"情人，殷钧也就从永兴公主心中永远地消失了。

欲登皇后位，其实只是别人一颗棋子

永兴公主置名正言顺的夫婿于不顾，跟亲叔叔成天搞在一起，还有一个原因，那就是二人都怀有更大的野心。"宏又与帝女永兴主私通，因是遂谋弑逆，许事捷以为皇后。"他们一个想杀了亲哥哥，自己称帝，另一个想登上皇后之位。

有句话叫"司马昭之心，路人皆知"。"宏自洛口之败，常怀愧愤。都下每有窃发，辄以宏为名，屡为有司所奏，帝每贳之。"洛口大败百万大军损失殆尽之后，萧宏既惭愧又怨怒，常常出言不逊，大有愤愤不平之意，又因为兵权在握，所以很多人都认为萧宏有反心，夺位是早晚的事。甚至后来京城中每有图谋造反者，都打着萧宏的旗号，说是他指使的。但"狼来了"说得太多了，就叫人怀疑了。萧宏要谋反一事，在京城传成了"笑谈"，连被造反者梁武帝都不在意了。萧宏屡次被有关部门弹劾，萧衍都主动为他开脱，根本没把他当作要夺自己位子的"狼"来看。

直到天监十七年（公元518年）的一天，"帝将幸光宅寺，有士伏骠骑航待帝夜出。帝将行心动，乃于朱雀航过。事发，称为宏所使"。这一天，梁武帝要去光宅寺，在行将出发的时候，突然心有所动，决定不像往常那样从骠骑航走，而是临时改道从朱雀航去光宅寺，结果躲过了一劫！那天真有人预先潜伏在骠骑航附近，准备要了他的命。后来这个人被抓，一审，说是萧宏指使的。

怎么又是他？这个小六子，究竟想干什么？人、刀俱获，看着口供后面那一枚鲜红手印，梁武帝有点不淡定了，不得不找六弟谈谈。"帝泣谓宏曰：'我人才胜汝百倍，当此犹恐颠坠，汝何为者？我非不能为周公、汉文，念汝愚故。'宏顿首曰：'无是，无是。'于是以罪免。"六弟呀，你真以为谋反上位，坐上那把龙椅就万事大吉了？我的才能胜过你一百倍，还整天焦头烂额，生怕哪一天自己就会被赶下台，死无葬身之地。你以为管理一个国家那么容易，你真能行吗？你别以为我不能像周公、汉文帝那样对兄弟大开杀戒，我只是觉得你愚钝如斯，没必要伤了兄弟情分罢了。你觉得你这般不开窍，能当个好皇帝，管理得了这个国家吗？面对声泪俱下的哥哥，萧宏吓得跪地叩头不止："绝无此事！绝无此事！哥，你别听别人乱讲，哪有这种事情！"没有？没有当然更好，最好是虚惊一场。看着弟弟那个怂样，萧衍放下心来，但他还是借故免了萧宏的官，夺去他的军权。

不过此后萧宏并没收敛，依然"纵恣不悛，奢侈过度"，"修第拟于帝宫，后庭数百千人，皆极天下之选。所幸江无畏，服玩侔于齐东昏潘妃，宝屦直千万"。他仿照皇宫的样式修造府第，后庭数百上千的人，都是从全国各地精选而来。他所宠幸的江无畏的服饰器物，堪与齐东昏侯潘妃相媲美，仅鞋子就价值千万。这真是有点故意犯上作乱，看你奈我若何的派头了。是天性愚钝不知收敛，还是大智若愚有意放的烟幕弹，恐怕只有他自己知道了。

没过多久，有人向萧衍密告，说萧宏府邸内堂大院后面，深藏着一百间库房，平时大门紧锁，"有疑是铠仗者"，怀疑里面藏了兵器，萧宏准备伺机造反。

怎么又来了？梁武帝听到这样的密告，十分不高兴。他不能大张旗鼓地派人把王府翻个底朝天，但如果不去查，又不放心：这万一要是真的，自己岂不是死到临头了！怎么办？萧衍苦思冥想几天，突然眉头一舒，计上心来。

梁武帝知道他这个好色的弟弟特别宠爱江氏，"寝膳不能暂离"，连吃饭、睡觉都不离须臾。"上佗日送盛馔与江曰：'当来就汝欢宴。'唯携布衣之旧射声校尉丘佗卿往。"一天，梁武帝派人送去精美的饭菜，说是盼咐宫中御膳房特地为江氏做的，自己闲来无事，想要到他们那里欢宴一场。为避免引起不必要的误会，梁武帝特意轻车简从，只带了未登基时的老朋友一起去。

在推杯换盏间，半醉的梁武帝借酒遮脸，突然对弟弟说："我今欲履行汝后房。"阿六啊，今天酒喝得真是开心，我想去你们家的后院走走。不待萧宏答应，他"嗖"地站了起来，径直往后院走去。

原来是醉翁之意不在酒，真是大祸临头了！萧宏吓得脸"刷"的一下就白了，只好惴惴不安地跟着往里走。"上意弥信是仗，屋屋检视。"看着萧宏惊惶不安的神色，萧衍更加相信密告属实了，他非要让弟弟把库房一一打开，要亲自逐屋巡视不可。结果这一看，还真是让他大开了眼界："宏性爱钱，百万一聚，黄榜标之，千万一库，悬一紫标，如此三十余间。帝与佗卿屈指计见钱三亿余万，余屋贮布绢丝绵漆蜜纻蜡朱沙黄屑杂货，但见满库，不知多少。"原来，这一百间库房，其中三十间堆满了钱，这些钱一百万堆成一堆，旁边插一块黄榜，每一千万钱占一间库房，以紫标标注。所有的钱都码得整整齐齐的，毫厘不差。梁武帝与丘佗卿屈指一算，萧宏库房中的现钱，竟然有三亿余万之多。其余库房则放满了布、绢、丝、绵、漆、蜜、纻、蜡、朱沙、黄屑等杂货，只见一间一间堆得满满的，一时也无法统计，不知有多少。"帝始知非仗，大悦，谓曰：'阿六，汝生活大可。'方更剧饮，至夜举烛而还。"萧衍见弟弟库房里满满的只是钱财，并没有兵器，一颗悬着的心终于放了下来，他转身对弟弟说："阿六，你的日子过得真是很不错啊！"[3]于是一行人又回去继续喝酒，一直喝到深夜，梁武帝才回了宫。

经过这次核查，梁武帝确信弟弟只是个守财奴，并没有私藏"大规模杀伤性武器"，也就放下心来。此后，"兄弟情方更敦睦"，兄弟俩越发敦爱和睦。

其实梁武帝错了，他的六弟一直想过一把黄袍加身的瘾。只不过社会上的那些传闻再加上他这个哥哥时不时的敲打，弄得他如惊弓之鸟，不敢轻举妄动。当然，天性怯懦的他也不会走武装夺权之路。如果能利用有利条件，四两拨千斤，顺理成章地入主皇宫，岂不更省事。在这方面，萧宏显示出了他非同寻常的智慧。

萧宏想借四两拨千斤的这个"四两"，不是别的，就是他那个鲁莽泼辣、头脑简单的侄女兼情人萧玉姚。"宏又与帝女永兴主私通，因是遂谋弑逆，许事捷以为皇后。"（以上引文均见《南史》卷51《萧宏传》）在一次耳鬓厮磨、颠鸾倒凤之后，两人你一言我一语地发泄对萧衍的不满。萧宏巧妙地引入正题，为萧玉姚描绘入主中宫的美景："你不是恨你那个爹冷酷无情吗，你不是想独享风光吗，只要你萧玉姚能够找准机会，杀了你那个老爹，我就让你当皇后！"

杀了爹就能当上皇后？只要稍有头脑，或者头脑稍微冷静一点，谁都不会相信萧宏的这番话，不会答应萧宏去做这样的事情。很简单，杀了自己的父亲，别人登上了皇位，到时候不把你抛出来当替罪羊以息众怒，难道还有更合适的人选？即便一切都处理得很好，你真就能够穿戴上凤冠霞帔入主中宫？萧宏再傻，也不可能冒天下之大不韪，让自己的姘头、侄女去当皇后。他的许诺，其实就是在空中画了个饼。但永兴公主头脑早已膨胀，她想都没想，当即答应下来。

一个小动作，弑父大戏功败垂成

机会终于来了。

梁武帝在刚建国时，比较重视儒家思想，亲自撰写《春秋答问》来解答大臣们的疑问。但是随着政局的稳定，年岁渐大，他从儒家转向了佛家。信佛之后，萧衍不近女色，不吃荤，常常在禁室里斋戒修行。这一天，萧衍又准备要"三日斋"了，并且"诸主并豫"，要求诸位公主跟他一起进入斋室，吃素拜佛三天。几个人共处一室，真是天赐良机。此时不动手，更待何时！经过一番精心谋划，萧宏与永兴公主制定了一个自认为天衣无缝的行动方案。一出可谓空前绝后的弑父大戏，在南梁宫中如期上演了：

"永兴乃使二僮衣以婢服。僮逾阃失屦，阁帅疑之，密言于丁贵嫔，欲上言，惧或不信，乃使宫帅图之。帅令内与人八人，缠以纯棉，立于幕下。斋坐散，主果请间，帝许之。主升阶，而僮先趣帝后。八人抱而擒之，帝惊坠于床。搜僮得刀，辞为宏所使。帝秘之，杀二僮于内，以漆车载主出。"（《南史》卷51《萧宏传》）

到了进宫这一天，永兴公主带着两个贴身丫鬟准时"赴约"。不过这两个丫鬟可不是平日里侍候她的，而是"衣以婢服"的"二僮"，即男扮女装的小伙子——很显然，他们是萧宏特地找来参与此次行动的两个冷面杀手——这两人跟着永兴公主小心翼翼地走向宫门。我们知道,男人再如何掩饰,他的举手投足,神态举止,跟女人还是有所区别。明眼人只要留心,便能看出端倪。由于太紧张,一个杀手在跨越宫中门槛的时候,"僮逾阈失屦",一不小心把鞋子给绊掉了。

本来,跨门槛时不小心碰掉鞋子,也很正常,算不得失态。但是侍立在一旁的宫廷侍卫队长,看出不正常来了。他越瞧越觉得不对劲儿:按说公主府的丫鬟进宫不是一次两次了,怎么还这么慌张?那个拣鞋子,穿鞋子的动作,幅度怎么那么大,哪像万事谨慎、恭顺守礼的丫鬟,倒像大大咧咧的野蛮男人。且这俩丫鬟走起路来扭动腰肢的动作很是僵硬,腰肢那么粗,越看越像个男人。不好!他们该不是男扮女装吧!宫中无小事,这可不是闹着玩的地方。这位队长来到后宫,把自己的疑惑悄悄告诉了梁武帝丁贵嫔。

这位丁贵嫔,乃太子萧统的生母。梁武帝即位时,嫡妻郗氏,也就是永兴公主的母亲已去世。据《南史》卷12《后妃传下》记载:"后酷妒忌,及终,化为龙入于后宫井,通梦于帝。或见形,光彩照灼。帝体将不安,龙辄激水腾涌。于露井上为殿,衣服委积,常置银鹿卢金瓶灌百味以祀之。故帝卒不置后。"自郗氏去世,梁武帝便不再册立皇后,而以丁贵嫔总掌后宫之事。丁贵嫔虽无皇后之名,却有皇后之权。听完侍卫队长的汇报,丁贵嫔也觉得事态严重。她对这位无法无天的长公主的劣迹早有耳闻,但是拿不准要不要向梁武帝汇报。权衡再三之后,她吩咐侍卫队长,多派几个人盯紧了那两个人,小心防范,见机行事。

于是,侍卫队长采取内紧外松的策略,精心挑选八名强壮的宫廷侍卫,让他们以"纯棉"缠身,也就是身上缠了好多层棉布,相当于穿上防弹衣,隐蔽于斋房帷幕之后,以防不测。

这边,梁武帝萧衍领着众公主吃斋拜佛,一切按部就班地进行着。"斋坐散,主果请间,帝许之。"待斋戒完毕,永兴公主轻轻地走到梁武帝面前,说道:"父皇,我有一件要紧的事儿,想要跟您一个人说。"梁武帝信以为真,命左右都退下。永兴公主故作神秘地走上台阶,向梁武帝走去。两个"丫鬟"紧随其后,悄悄绕到梁武帝背后,伺机动手。

说时迟,那时快!就在两人拔刀之际,从幕后"嗖"地冲出八名"怪人",将两人扑倒在地,并死死摁住。

面对这突如其来的变故,"帝惊坠于扆",梁武帝吓得从御座上一下子跌坐到后边的屏风上(扆,古代设依于庙堂户牖之间绣有斧形的屏风,天子见诸侯则依之而立)。这究竟是怎么回事?他当即亲自审讯那两个"丫鬟"。两人起初还百般抵赖,可一经卫士从身上搜出两把匕首来,并且男扮女装的实情也暴露无遗,觉得再也没什么好隐瞒的了,就异口同声地说,他们是受临川王萧宏指使,前来行刺的。

明白了!什么都明白了!女儿和六弟,两个自己的至亲之人,竟然联起手来想一刀杀了他!看到印着鲜红手印的供状,盯着两把差点扎进心窝的利刃,梁武帝恼怒异常、伤心无比。这两个畜生,真恨不得亲手千刀万剐了这两个忘恩负义、丢人现眼的东西。但发狠归发狠,萧衍内心明白,家丑不可外扬,这事不能声张。于是,他命人秘密处死了两个杀手,用漆车把永兴公主悄悄地送出宫去,并吩咐卫士们:"今天的事情,谁也不能提,谁说了,谁就脑袋搬家!"

"主薨死,帝竟不临之。"

"斋",本来源于"齐","整齐"之意,如沐浴更衣、把自己收拾清爽,当然也包括扫除一切私心杂念,等等。在佛教中,清除心的不净叫作"斋"。就是在这样的斋室里,女儿竟然要大开杀戒要她亲老子的命。萧衍越想越生气,越想越万念俱灰,只想剃尽万千烦恼丝,从此青灯古佛了此一生算了。当然,难过的不只是萧衍一个人,被押送回府的永兴公主,心情也是一团糟,遗憾、懊恼、羞愧、自责,五味杂陈。眼看着就要成功了,怎么会发生如此逆转?那些卫兵是从哪里冒出来的?他们是怎么知道我们的计划的,是谁事先走漏了风声,还是这儿天露出了什么破绽?现在命虽然保住了,可活着比死了还要难受,与其这样活着,不如死了算了。脾气暴烈的萧玉姚第一次尝到了失败的滋味,并且还失去了自由,又气又恼,不久就病故了。

关于永兴公主的死,史书上是这样记载的:"主薨死,帝竟不临之。"永兴公主因为怨怒而死,作为父亲的梁武帝,无论是女儿生病,还是最后去世,始终没有去看望一下,更没有参加她的葬礼。

像永兴公主这样含着金匙儿出生的人，尽享荣华富贵，但她总觉得这个世界待她不公，总想着活得比别人更好，于是就不断地折腾，结果从云端直坠地狱。有句话：性格决定命运。对于永兴公主而言，真是一点都不谬。

梁普通七年（公元526年）四月，在惶惶不可终日、忧惧成疾之后不久，萧宏去世。"自疾至薨，舆驾七出临视。"从他得病到去世，梁武帝先后七次探视。"及薨，诏赠侍中、大将军、扬州牧，假黄钺，并给羽葆、鼓吹一部，增班剑为六十人，谥曰靖惠。"（《南史》卷51《萧宏传》）梁武帝以极其隆重的礼仪为他发丧，下诏追封他为侍中、大将军、扬州牧，假黄钺，并给羽葆、鼓吹一部，增加班剑为六十人，谥号靖惠，可谓让他极尽哀荣。从表面上看，梁武帝这是以德报怨，但其实他每去探视一次，无形中就敲打了萧宏一次，萧宏的病情也就加重了一分。梁武帝这是在软刀子杀人，催他早死呢。在萧宏死后，萧衍为他所做的一切，将多年来他们兄弟不睦，弟弟一直想谋反的传言消弭一空，让那些心怀异志的人从此心灰意懒作鸟兽散。萧衍借此机会极大地提升了自己以德报怨的仁义形象——这个没用的弟弟，临了发挥了点余热，算是对哥哥的一点补偿吧。

梁普通八年（公元527年），萧宏去世第二年，萧衍来到同泰寺，做了三天的住持和尚，下令将这一年改为大通元年。萧衍早年吸取南齐灭亡的教训，勤于政务，励精图治，每天五更即起床批阅奏章，在冬天甚至把手都冻裂了。史称梁武帝时"治定功成，远安迩肃""三四十年，斯为盛矣"。梁朝乃东魏、西魏、梁三国中文化最为昌明之国，"中原士大夫望之以为正朔所在"。梁武帝和大多数皇帝一样，疑心病很重，特别害怕开国功臣们起兵造反。因此对于功臣，他向来刻薄寡恩严加防范，对于自己的宗族却格外照顾。他对亲属的这种放纵和过度优待，最终导致了弟弟叛乱，儿子和女儿反目。我们知道，萧衍早年以武功起家，信奉道家学说，刚建国时，重视儒家思想，但在发生儿子萧综反叛[4]和萧宏、萧玉姚行刺未遂这两件亲人背叛事件后，他的心态发生了变化，自此从儒家转向了佛家。自大通元年，萧衍先后四次脱下皇袍，入寺舍身，在寺内着法服，当住持，讲解经书。其中最短的一次是四天，最后一次长达五十一天，最后"群臣以钱一亿万奉赎皇帝菩萨"。（《南史》卷7《梁本纪》）"南朝四百八十寺，多少楼台烟雨中"，在他的身体力行之下，南朝一时佞佛成风，半壁江山内鼎盛时佛寺竟达两千八百四十六座，僧尼有八十二万之众。各地大兴寺刹，大量人口出家为僧，进一步导致国家经济和军事力量的削弱，"家家斋戒，人人忏礼，不务农桑，空谈彼岸"。除了几次入寺做和尚，萧衍还精心研究佛法佛理，广交高僧，主持并亲手编辑、注释佛经，多次举行法会并亲自登堂讲授，对于朝政，他越来越懒得理会了。总之，皈依佛门后，梁武帝愈发纵容各级官吏贪污腐败及宗室权贵违法作恶，以致"政刑弛紊"，地方官"皆尚贪残，罕有廉白者"，造成梁朝后期政治腐败，风气萎靡，社会贫富悬殊，国力外强中干，正如叛乱者侯景在告台城士民书中所言："梁自近岁以来，权幸用事，割剥齐民，以供嗜欲。如曰不然，公等试观：今日国家池苑，王公第宅，僧尼寺塔；及在位庶僚，姬姜百室，仆从数千，不耕不织，锦衣玉食；不夺百姓，从何得之！"（《资治通鉴》卷161《梁武帝太清二年》）侯景之乱直弄得梁朝山河破碎，生灵涂炭，"千里绝烟，人迹罕见，白骨成聚，如丘陇焉"。[5]（《南史》卷80《侯景传》）

这一切，梁武帝萧衍难脱干系。如果家庭和睦，梁武帝不一心遁入空门，还如早年那样励精图治，侯景之乱不会波及如此之广，产生如此巨大的破坏力。

永兴公主，你如果不是这样的捣蛋，不如此坑爹，而是做个善解人意、安分守性的乖乖女，该有多好！

可惜历史没有"如果"，历史的发展轨迹，正是各种力量、各种因素合力推动使然。永兴公主只能永远被钉在耻辱柱上。她的一生，让亲人，让家国，付出了惨重代价。而她自己，并未挣得什么好结局。

人生如斯，不亦悲乎！

注　释

[1] 范云乃当时文坛领袖，八岁能写诗，稍长即善属文，文思敏捷，时人多疑为宿构。钟嵘《诗品》评其诗"清便宛转，如流风回雪"。《梁书》卷13《范云传》记其有集三十卷，今文已亡佚几尽，诗尚存三十余篇。任昉，字彦升，著名文学家，代表作有《述异记》等。他自幼"聪明神悟"，四岁能诵诗，八岁能文，叔父任晷夸他"吾家千里驹也"。他一生仕宋、齐、梁三代，

为官清廉,仁爱恤民,天监七年(公元508年)卒,家中仅存有桃花米二十石。梁武帝"悲不自胜","即日举哀,哭之甚恸"。(参《梁书》卷14《任昉传》)

[2]吕僧珍(公元454年—511年),字元瑜,出身寒微,齐末投靠萧衍,屡建奇功,历任梁左卫将军加散骑常侍、南兖州刺史、领军将军等,死后诏赠骠骑将军,开府仪同三司,谥"忠敬侯"。韦睿(公元442年-520年),字怀文,他在齐末随萧衍起兵,"多建策,皆见用"。天监四年(公元505年),韦睿督军北伐,攻下北魏小岘城(今安徽省合肥市东)后进军合肥。魏将杨灵胤率五万人援救,韦睿引肥水灌城,大破之,斩俘万余人。天监五年(公元506年),韦睿又解钟离(今安徽省凤阳县东北)之围,晋爵为侯,任右卫将军。北魏人称其为"韦虎",甚是怕他。

"萧娘",即姓萧的女子,北魏是嘲讽萧宏胆小怯懦如女子。南朝以来,诗中常常以萧娘代称男子所恋女子,女子所恋男子则称为萧郎,后来"萧娘"就成为女子的泛称。

[3]萧宏家中藏有这么多钱财,是因为他敛财有道。"宏都下有数十邸出悬钱立券,每以田宅邸店悬上文券,期讫便驱券主,夺其宅。都下东土百姓,失业非一。帝后知,制悬券不得复驱夺,自此后贫庶不复失居业。晋时有《钱神论》,豫章王综以宏贪吝,遂为《钱愚论》,其文甚切。帝知以激宏,宣旨与综:'天下文章何限,那忽作此?'虽令急毁,而流布已远,宏深病之,聚敛稍改。"(《南史》卷51《萧宏传》)萧宏专门以百姓的田宅邸店作为抵押,放高利贷。他让借主们立下文书,等期限一到,如果还不起钱,就将原来的主人赶出去,夺其田宅,京城及东部的很多百姓由此失去田宅家业。梁武帝知道后,命令他不要再侵占别人的房产,这才使失家失业的人逐渐少了些。西晋时有篇文章叫《钱神论》,豫章王萧综仿照《钱神论》写了一篇《钱愚论》,讽刺叔叔的贪婪无度。梁武帝知道后,对萧综说:"天下文章可写的那么多,为什么偏偏要写这个?"下令烧毁所有印好的文章,但文章业已流出,人们争相传阅。萧宏怕引起众怒,才稍稍收敛了一下自己的行为。

[4]梁武帝次子萧综生母为吴淑媛,她原来是齐主东昏侯的妃子,在跟了萧衍七个月后就生下了萧综。尽管很多人怀疑萧综不是萧衍的亲儿子,萧衍却没有那样认为,不但封萧综为王,还令他作将军领兵作战,对他很是信

任。后来吴淑媛失宠,将早产的事告诉了儿子。萧综为了弄清到底谁是他的父亲,盗出东昏侯的尸骨,用自己儿子的尸骨来进行滴血验亲,最终认定东昏侯才是自己的生父。梁普通六年(公元525年),他在梁和北魏战争期间,前线反戈,投降了北魏。到洛阳后,魏主元诩拜他为侍中,封他为丹阳王。萧综以隆重仪式为父亲东昏侯萧宝卷举哀发丧,还将自己的姓名改为萧赞,以示与梁武帝脱离父子关系。消息传到建康,萧衍气得七窍生烟,下诏削夺了萧综的封爵和封地,撤除他的属籍,改其姓曰"悖"氏,并将吴淑媛废为庶人,不久,又下令将其毒死。

[5] 侯景,羯族人,他一开始为东魏将领,后投降西魏,西魏欲调其入京,他因为害怕失去兵权,转而又求降于南梁。梁武帝遣萧渊明率军援救侯景,结果几乎全军覆没,主帅萧渊明被俘。侯景初入梁时,欲求婚于王、谢名门,请梁武帝做媒,梁武帝嫌其门第不够予以拒绝,侯景因而心怀不满。后来,梁与东魏通好,梁武帝复信东魏说:"贞阳(指贞阳侯萧渊明)旦至,侯景夕返"。他想用侯景换回萧渊明。伤心失望的侯景遂暗中勾结阴谋篡位的梁武帝之侄萧正德,于梁太清二年(公元548年)八月,以清君侧为名在寿阳(今安徽省寿县)起兵反叛。完全没有防范的梁武帝命萧正德保卫京师,萧正德却派船接侯景叛军过江,迎进建康(今江苏省南京市),包围了"台城"(即宫城)。"景食石头常平仓既尽,便掠居人,尔后米一升七八万钱,人相食,有食其子者。"(《南史》卷80《侯景传》)太清三年三月,侯景攻陷台城,此时城中尸骸堆积,血汁漂流,只剩下两三千人。侯景得势后,杀萧正德,软禁梁武帝,不久,萧衍忧饥而死,侯景立萧纲为帝,后又杀萧纲立萧栋。天正元年(公元551年),侯景废萧栋,自己称帝,国号汉。次年,梁将王僧辩、陈霸先大败侯景军,攻下建康。侯景乘船逃至胡豆洲(今江苏省南通市一带),被部将羊鲲所杀。

平阳公主：身执金鼓功参佐命，军礼下葬风流千古

> 公主乃归鄠县庄所，遂散家资，招引山中亡命，得数百人，起兵以应高祖。
> ——《旧唐书》卷58《柴绍传附平阳公主传》
>
> 武德六年薨，葬加前后部羽葆、鼓吹、大辂、麾幢、虎贲、甲卒、班剑。太常议："妇人葬，古无鼓吹。"帝不从，曰："鼓吹，军乐也。往者主身执金鼓，参佐命，于古有邪？宜用之。"
> ——（《新唐书》卷83《平阳公主传》）

故事背景：大唐公主

因为有着鲜卑人的血统，李唐皇室宗亲在男女关系上颇为开放。大唐公主们比起其他朝代的公主，享有更多的自由。唐代有十八位公主做过道士，出家后，她们不但依旧享有奢华的生活，因为失去了约束，还能够发展更自由的男女关系。唐朝公主们往往都有一大堆情人。唐顺宗的女儿襄阳公主，甚至还忘情地向情人的母亲行起了儿媳之礼。唐肃宗女儿郜国公主在第二任丈夫去世后，竟然脚踩四条"船"，同时与四个男人往来，吓得肃宗把她软禁了起来。唯唐代所独有，共二十八位公主再嫁，其中还有嫁了三次的。这在宋、明、清，是完全难以想象的。另外，唐代公主对于政治拥有非凡的热情。武则天的女儿太平公主，三朝元老，权倾一时，最后被侄儿李隆基赐死

家中。唐中宗李显的女儿安乐公主，为了政治野心，和母亲一起毒死了自己的父亲。当然，唐代有证可考的一百九十八个公主中，有这样那样"劣迹"的也就十个左右，贤德的公主还是占了大多数，如娘子军领袖平阳公主、孝贞果敢的和政公主等。为了国家民族安宁，唐代还有三位嫡亲公主毅然走上了和亲之路，她们分别是：唐肃宗女儿宁国公主，出嫁回鹘英武威远毗伽可汗；唐德宗女儿咸安公主，出嫁回纥天亲可汗；唐宪宗女儿太和公主，出嫁回纥崇德可汗。这也算是开风气之先了。

本章主人公平阳公主（又称平阳昭公主），是唐高祖李渊的第三个女儿。前文我们写过一个平阳公主，她是汉景帝刘启的女儿、汉武帝刘彻的大姐。她本来封地阳信，称阳信公主，后因嫁给了平阳侯曹寿，才被称为平阳公主。那怎么现在又来了个平阳公主？其实，在中国历史上，先后有七位公主被封为或者被称为平阳公主。第一位大家已经知道了。第二位平阳公主，是汉元帝刘奭的女儿（又称阳阿公主）。第三位是汉明帝刘庄的次女、汉章帝刘炟的同母姐姐刘奴。第四位是晋武帝司马炎的嫡长女，她的母亲是武元皇后。第五位和第六位都是北魏公主，一位是北魏文成帝拓跋濬之女，一位是北魏广平王元怀的女儿、北魏孝文帝的孙女（孝文帝拓跋宏乃拓跋濬的长子长孙）。这两位平阳公主年龄相差不大。这第七位，是本章的主人公。这么多人被封为平阳公主，最出名的就数这头尾两位了。

唐高祖武德六年（公元623年）二月初的一天，寒风萧瑟，彤云低垂，长安城内外，一片缟素，一场规模浩大、庄严肃穆的葬礼正在举行。在一片堆山压银般的素白之中，除了可见表情凝重、悲戚地缓步而行的官员外，太子李建成、齐王李元吉、秦王李世民等唐高祖李渊的众多儿女们，也都哭得泪人儿一般。最为引人瞩目的，是一列列手执戈矛庄严肃立的士兵以及那些威风凛凛、一身戎装的将军们，他们的出现，让这次葬礼平添了几分雄壮色彩。在送葬队伍的最前列，有一支超乎常规的豪华仪仗队：前后部羽葆、鼓吹、大辂、麾幢、虎贲、甲卒，还有四十人的"班剑"队伍——羽葆，饰有鸟毛和流苏的大冠盖，大辂，华美大车，皆为皇室专享，普通人根本不可能去用；麾幢，带有流苏飘带的旗帜，鼓吹，指军乐，军中大将才能享有的葬礼规格；虎贲、甲卒，即猛士打扮的仪仗队员，班剑，指手持长木剑、排列整齐的仪仗队，人员越多，表示其规格越高——仪仗队的配置表明，这是在为某皇室重要成员送葬。而这个人曾经统兵作战，为大唐立下汗马功劳，所以葬礼除了是皇家配置，又额外享受着军队高级将领的规制待遇。

皇家成员，又曾统兵作战，在大唐开国之初，这样的对象还真是不少。如果李渊至亲之人中没几个能征善战的，哪会轮到他来坐这把龙椅？那该不会是哪位战功赫赫而又没福气的王爷在刚开国没几年就去世了吧，李渊把规格弄得这么高，显然是要借此来表达对他的一份感激，是对他为大唐开国所做贡献的一种认可与褒奖。这位王爷，可真是皇恩不浅，哀荣臻盛。不过且慢，从这场超规制葬礼的浩大现场，人们还看出了一点，那就是这不光是为一位皇家成员，一位将军送葬，看样子好像还是在为一位女人，一位贵夫人送葬。

女人？皇家成员？还是一位将军？难不成是一位来自皇室的女将军？自古只有妇好[1]为夫统兵，花木兰替父从军，还没听说过有其他女人，更别说是皇家娇滴滴的公主小姐披挂上阵，在男人堆里打滚，在战场上出生入死博取功名的。

不过这次你还真是猜错了。这场超规模的佐以军乐的豪华葬礼，确实是为一位女子——一位女将军，同时也是为一位当朝公主举行的。她就是唐高祖李渊的第三个女儿，芳龄才三十余岁的平阳公主。以崇高的军礼，由军队来为一位公主举殡，是李渊特别要求的。这位年纪轻轻就不幸离世的皇室女子，为大唐王朝的建立，为李渊入主金銮殿，立下了赫赫战功。她堪称是一位不折不扣的开国女将军，这场超级军人式葬礼，她受之无愧。

风云激荡，李三娘子揭竿而起

平阳公主与太子李建成、秦王李世民、齐王李元吉同为李渊原配窦氏[2]（后追尊为太穆皇后）所生。至于出生于哪一年，叫什么名字，史无记载。平阳公主之成为平阳公主，是在公元618年李渊建立大唐王朝以后的事了。这位长于深闺的"李三娘子"（当时人们称年轻女子为"娘子"）一跃成为一名威风凛凛的女将军，则是在公元617年，太原留守李渊起兵反隋的那一年。

在这一年的春天,李三娘子紧紧抓住这一次人生机遇,拿自己的性命与时局、命运狠狠赌了一把,从而凤凰涅槃,把自己的身影永远地印在了大唐军功簿上。

"平阳公主,高祖第三女也,太穆皇后所生。义兵将起,公主与绍并在长安,遣使密召之。绍谓公主曰:'尊公将扫清多难,绍欲迎接义旗;同去则不可,独行恐罹后患,为计若何?'公主曰:'君宜速去。我一妇人,临时易可藏隐,当别自为计矣。'绍即间行赴太原。"(《旧唐书》卷58《柴绍传附平阳公主传》)

隋大业十三年(公元617年),时任太原留守、晋阳宫监的李渊趁天下大乱,"传檄诸郡,称义兵,开大将军府,置三军。以子建成为陇西公、左领军大都督,左军隶焉;世民为炖煌公、右领军大都督,右军隶焉;元吉为姑臧公,中军隶焉"。(《新唐书》卷1《高祖本纪》)他起兵抢他表兄,同时也是外甥女婿杨广(隋炀帝杨广和李渊两人是表兄弟。两人的娘是同父异母的亲姐妹。李渊亲妹妹的女儿是杨广的妃子王氏)屁股下的那把龙椅。可在隋末群雄并起的格局中,李渊的胜算并不大。他的势力范围主要在远离都城长安和东都洛阳的山西边境,手下兵力,顶多万余人,而且还要面对北方突厥的侵扰。更为棘手的是,除次子李世民外,他的家眷,包括三女儿和丈夫柴绍一家,全都在长安。所以李渊在起兵前,首先要考虑家人的安全问题,得解决这个后顾之忧。他派使者秘密潜入长安,通知长子及三女儿夫妇等人悄悄撤离长安,免得到时候被当作人质,或者被抓起来杀掉。

柴绍,晋州临汾洪洞县人(今山西省临汾市尧都区贾得乡)。其祖父柴烈,曾任北周骠骑大将军,父亲柴慎,为隋太子右内率,封钜鹿郡公。作为将门之子,柴绍自幼"趫捷有勇力",少年时便当了元德太子(隋炀帝长子)的千牛备身(陪伴)。他谋略出众,善于出奇招以少胜多,大唐开国之时乃李世民麾下一得力干将,后长期与吐谷浑、突厥人作战。唐初,柴绍被封为左翊卫大将军,后封霍国公,赐食邑一千二百户,并转为右骁卫大将军——当然这些都是后话了——在大业十三年春天的那个夜晚,柴绍看到岳父遣人秘密送来的信后,转身对妻子说:"你的父亲将要起兵扫平乱世,我打算前去助他一臂之力。但是倘若我们一起离开,肯定会引起隋官兵的怀疑,到时候恐怕一个也走不了。可我独自走后,又担心你一个人留在这儿会有危险，你说我们到底该怎么办呢？"

结婚没几年的愣头青柴绍的这番话，大有扔下老婆，独自亡命太原的意思。老婆是李家的人，带着她目标太大，自己乃朝廷命官，又是武将，一个人逃跑自然更为容易。当然，柴绍所言也有一定道理。在当时那种凶险慌乱的情形之下，拖家带口举家逃命，显然不够明智。后来的情况也证明了这一点：李渊的妾万氏所生的李智云，只有十四岁，因为比较文弱，跑得慢了一点，被哥哥李建成弄丢了，被隋军捉住，以"叛逆者儿子"之罪被砍了头。而且，如果这边动静闹得大了，引起了隋朝官兵的怀疑，不但一个也逃不掉，弄不好还会让太原起兵的事提前败露，那可不知有多少人头要落地了。所以柴绍从大局出发，觉得最好的办法就是让家族中腿脚麻利点儿的男人们先去太原，女眷们待在家中，或者找个地方躲起来，这样总比大家一起冒险危险系数要小得多。但是他实在放心不下妻子，不知道他走了以后，妻子一个弱女子能否应付得了接下来的凶险境况，能否保得住性命。

他的担心完全是多余的。听了丈夫的话，平阳公主想都没想，毫不犹豫地对他说："你赶紧走吧，我一个妇道人家，遇到危险躲藏起来容易。放心，我自己会有办法的，你不必为我担忧。"

柴绍稍稍放下心来，即刻告别妻子，绕道并州，避开隋军从小道直奔太原。

外面兵荒马乱的，而且父亲、兄弟、丈夫马上就要起兵，成为"乱臣贼子"了，一家人危在旦夕，平阳公主真的就不担心在长安的隋朝官兵们把她抓了去，将她碎尸万段？其实，平阳公主说她是妇道人家，躲起来很容易，只是为了宽丈夫的心，她根本不想躲避起来。实际上一看见父亲的密信，平阳公主就拿定了主意。

"绍即间行赴太原。公主乃归鄠县庄所，遂散家资，招引山中亡命，得数百人，起兵以应高祖。"丈夫刚走，平阳公主就动身回到鄠县（今陕西省户县）的李氏庄园。稍事安顿，她找来庄园管家，要他将庄园产业全部变卖，换成白花花的银子。然后，她拿出银子赈济灾民，招兵买马，很快拉起一支几百人的队伍。

与其坐以待毙，何如主动出击。先发制人，后发制于人。我何不先拉起一支队伍，烧起几把火来再说！

不久，李渊在太原正式起兵的消息传来，平阳公主决心为父亲招募更多的人马,以助一臂之力。此时长安城还掌握在朝廷手中,但周围的州县早已烽烟四起,到处都在闹互不统属的土匪、"义军"。"时有胡贼何潘仁聚众于司竹园,自称总管,未有所属。"其中最大的,是来自西域胡商何潘仁所统领的一帮,他们盘踞在鄠屋县(今陕西省周至县)司竹园一带,号称有几万人。平阳公主首先打起了这帮土匪的主意,"公主遣家僮马三宝说以利害,潘仁攻鄠县,陷之"。平阳公主派一名叫马三宝的机敏能言的家僮,去游说何潘仁。凭着三寸不烂之舌,没费什么周折,马三宝就让势力远远超过平阳公主的何潘仁改弦易辙,甘投平阳公主门下了。而且,何潘仁率军攻下了鄠县县城,作为投名状。

"三宝又说群盗李仲文、向善志、丘师利等,各率众数千人来会。"平阳公主又趁热打铁,派这位纵横家马三宝如法炮制连续说降了附近的李仲文、向善志、丘师利等"义军",他们各率数千人马来归,平阳公主由此势力大增。"时京师留守频遣军讨公主,三宝、潘仁屡挫其锋。公主掠地至鄠屋、武功、始平,皆下之。"在这期间,隋朝西京留守卫文升、阴世师等屡屡派兵前来"讨伐"。马三宝、何潘仁不但打败了他们的一次次进攻,而且还转守为攻,接二连三攻占了周边鄠屋(今陕西省周至县)、武功(今陕西省武功县武功镇)、始平(今陕西省兴平市东南)等关中要地,直弄得长安城风声鹤唳,那些隋朝官兵们都觉得这次自己是遇上了劲敌,都不敢再轻易出城、出兵了。

如果说逃出京城表现了平阳公主的冷静与机敏,那么接下来不断凭自己的身份化敌为友,团结一切可以团结的力量,组成一支反隋同盟军,势如破竹地在长安周边攻城略地,牵制朝廷兵力,减轻父兄那边的压力,则表现出了平阳公主非同一般的才智、谋略与高瞻远瞩的战略眼光。

平阳公主深知,乱世之中豺豹满地,最终得民心者得天下。她收编来的这班人马中,不乏兵痞流氓和杀人越货者。她担心如果不能让这帮人改掉土匪习性,做到军纪严明、令行禁止,那么自己非但不能带着他们去打天下,弄不好还会引火烧身,给父兄他们帮倒忙。于是接下来,平阳公主以铁腕手段,从严治军,"每申明法令,禁兵士无得侵掠"。(以上引文均见《旧唐书》卷58《柴绍传附平阳公主传》)她制定出若干法令,以规正士兵言行,严禁他们再四处去抢劫侵扰,要求他们把老百姓当成自己的衣食父母来对待,对他们秋毫无犯，真正保境安民。

由于平阳公主令出必行，且身体力行赏罚分明，再加上她善于利用自己身份优势处理各方面利益冲突，表现出了超人的政治智慧与驾驭应变能力，且处事又公道合规，所以很快就赢得了这帮来自四面八方军士们的信任，她的军队也很快就脱胎换骨，成了一支纪律严明，作风严整，来之能战，战之能胜的生力军。一时"远近咸附，勒兵七万，威振关中"。(《新唐书》卷83《平阳公主传》)附近百姓，甚至很多人都是不远千里前来投奔，在不到两个月时间内，这支军队就达到七万之众，威名远播，关中震惊。"公主令间使以闻，高祖大悦。"(《旧唐书》卷58《柴绍传附平阳公主传》)就连李渊闻此，也是大吃一惊。

成功收编这么多队伍，而且将这群乌合之众以最快的速度转变为一支能征善战的劲旅，取得如此巨大的战绩，足见平阳公主非凡的领导天分与治军才能，其危难时刻所表现出深谋远虑运筹帷幄的大将风度，真是巾帼不让须眉。

攻入长安，"娘子军"名震天下

隋大业十三年（公元617年）春夏之交，"建大将军府，并置三军"，李渊正式誓师起兵，柴绍被"授右领军大都督府长史。大军发晋阳，兼领马军总管"。(《旧唐书》卷58《柴绍传》)作为李世民麾下一名干将，柴绍一路冲锋陷阵，表现神勇。"秋七月壬子，高祖率兵西图关中，以元吉为镇北将军、太原留守。癸丑，发自太原，有兵三万。"(《旧唐书》卷1《高祖本纪》)这一年农历七月，李渊率长子李建成、次子李世民等人领兵三万挥师南下，先后破霍邑（今山西省霍县）、渡黄河，进入关中地区。在渡黄河以前，李渊一度与隋将屈突通缠斗，难以脱身，后来他采纳李世民的计策，以少量兵力，对屈突通围而不攻，将主力强渡黄河。九月，李渊进入关中地区，惊喜地发现，平阳公主已经打下了一大片地盘。他一进入关中，就有了一块稳固的根据地，可靠大后方。他进可攻，退可守，可以毫无顾忌地部署对京城长安的围攻计划。

可以这么说，唐军能南渡黄河进入关中，未曾一战即兵临长安，平阳公主立下了头功。如果没有平阳公主的接应，李渊强渡黄河挺进关中这一招，就成了孤军深入的冒险行为，如果进攻长安不利，则后路势必被屈突通给切断，他们就成了瓮中之鳖了。李渊的天子梦，很有可能成了黄粱美梦。因之，平阳公主在关中行动的意义，对李唐王朝的建立，可以说怎么赞誉都不过分。

我们不难想象，当李渊渡过黄河后，发现平阳公主已经在关中建立起这么大一块比较稳固的根据地，只怕"李阿婆"（唐刘餗《隋唐嘉话》："炀帝燕群臣，以唐高祖面皱，呼为阿婆。"）胡桃皮般的脸上真要笑得又多出好几道皱纹来了。他"遣绍将数百骑趋华阴，傍南山以迎公主"，乐颠颠地派柴绍带几百骑兵先行赶到华阴（今陕西省华阴市境内）去迎接他的这位大功臣——当然，他也是想让这对为他的帝业立下大功的小夫妻早点儿团聚，补叙一下儿女私情吧！

几个月之前，柴绍咬咬牙丢下妻子一个人逃走，虽然是迫不得已，但一路上他肯定忐忑不安，心中有一种挥之不去的不祥之感。四个月之后，夫妻再相见，平阳公主风光地站在他面前。柴绍看着一身戎装的妻子，及她身旁威风凛凛的大将，身后几万训练有素的士兵，惊喜之余，不可避免地感到一阵羞愧与难以言状的酸楚：平日里还真是小瞧了你李三娘子了。

此时，平阳公主的大本营在司竹园，李世民一过黄河，就带着人马去司竹园跟姐姐会师。在这一年11月初围攻长安的战役中，"公主引精兵万余与太宗军会于渭北，与绍各置幕府，俱围京城，营中号曰'娘子军'"。（《旧唐书》卷58《柴绍传附平阳公主传》）在李渊的统一部署下，平阳公主从自己的队伍中挑选出一万多能征善战的精兵，与弟弟李世民列阵渭河北岸，共同承担主攻长安的任务。而作为李世民手下一名猛将，柴绍[3]也被委以重任，担任此次进攻的先锋。在渭河北岸，平阳公主与柴绍，这夫妻二人各领一军，各置幕府，相距不远，指挥着各自的队伍杀向长安城。

夫妻二人各置幕府，摆起了攻城擂台赛，这在中国战争史上，真是绝无仅有的奇观。平阳公主的这支由一万多精兵组成的"娘子军"，更是为众人所瞩目，女将军"李三娘子"，自此声名远播。

攻入长安之后，李渊"立代王侑为天子，遥尊炀帝为太上皇，大赦，改元为义宁"。（《旧唐书》卷1《高祖本纪》）他遥尊远在江都的隋炀帝杨广为太上皇，另立隋炀帝之孙、代王杨侑为新君（是为隋恭帝），改元义宁，大赦天下。隋恭帝进封李渊为唐王、大丞相、尚书令，以李建成为唐王世子，李世民为京兆尹，改封秦国公，另封李元吉为齐国公。

平阳公主夫妇喜气洋洋地进了城，小别几个月，夫妇俩又住进了他们的府邸。想想几个月前，平阳公主乔装改扮，如漏网之鱼般躲在人群里战战兢兢地混出城去，随时都会有被抓住砍了头挂在城门口的可能，可现在，她却是八面威风地带着几万将士耀武扬威地进了城。如果不是亲身经历，恐怕平阳公主自己都不会相信这几个月在她身上所发生的一切——真是恍若隔世啊。想不到自己还能干成这样一件大事，呵呵——待回到家中脱去铠甲，换上女儿装，平阳公主这才回过神来，不由得头皮阵阵发麻：自己这几个月干的可是脑袋拎在手里的勾当！花木兰当年不过是女扮男装，混在一堆男人中去冲锋陷阵，恐怕远远不如我所经历的这般惊险刺激吧！如果现在回过头来再选择一次，自己还有没有当初那股子勇气跟豪气再去拼一回搏一把？

义宁二年（公元618年）农历三月，"右屯卫将军宇文化及弑隋太上皇于江都宫，立秦王浩为帝，自称大丞相"。（《旧唐书》卷1《高祖本纪》），被李渊尊为太上皇的隋炀帝在江都被兵变禁军将领杀死。两个月后的农历五月，隋恭帝禅位于李渊，李渊即帝位于长安，国号唐，建元武德。唐高祖李渊以李世民为尚书令，不久，又立李建成为皇太子，封李世民为秦王，李元吉为齐王，封三女儿"为平阳公主，以独有军功，每赏赐异于他主"。（《旧唐书》卷58《柴绍传附平阳公主传》）

平阳，即今山西省临汾市，汉时称平阳郡。杨坚建隋时，忌讳于杨、阳音同，认为不吉利，所以将平阳郡改为临汾郡。李渊起兵后，又将临汾郡改回了平阳郡：平阳，平杨也哉！李渊将他这个了不起的三女儿封为平阳公主，其意旨十分明显：这是对她在"平杨"战争中所立下卓越功勋的一种肯定与褒奖，是给平阳公主发了一枚超级军功章啊。非但如此，李渊此后对这位关键时刻助他一臂之力的大功臣也都是另眼相看，给她的赏赐远远超过了其他诸公主。

当然了，皇上的赏赐可不是让你白拿的。在"每赏赐异于他主"的同时，李渊把一项更为重要，也更为艰巨的任务，交给了这位大唐女将军。

一"妇"当关，万夫莫开

在今太行山脉西侧，河北省石家庄市井陉县西口，山西平定县东北的绵山山麓上，有一个十分险要的关口。关口的城堡依山傍水，居高临下，在东、南方向分别建有两座关门。东门为上关门，其砖砌城门上有个平台城垛，显然是为检阅士兵、瞭望敌情而筑。下关南关门上有"宿将楼"，其两边石柱镌刻有楹联曰：雄关百二谁为最 要塞三千此并名，有额题"京畿藩屏"。可能读者诸君已经看出来了，这就是地处晋、冀咽喉要地，一夫当关，万夫莫开，有着"三晋门户"和"万里长城第九关"之称号，历来为兵家必争之地的娘子关。

娘子关最初叫苇泽关。据相关记载，隋文帝开皇时期，于此设置苇泽县。之所以后来人们称它为"娘子关"，不是李渊的旨意，而是因为平阳公主曾经率领她的"娘子军"在此设防、驻守多时。据说现在娘子关南门上巍然屹立的那座"宿将楼"，即为当年平阳公主聚将御敌之所。娘子关上另外承天寨、老君洞、烽火台、洗脸盆、避暑楼等十多处地方，也都传说为当年平阳公主驻防时所建。在娘子关[4]东门里，桃河岸边，现在还有处砖砌石台，传说这就是平阳公主当年的点将台。

娘子关，娘子军，不知是关因军名，还是军因关显。那么当年在建国之后，李渊为什么不让三女儿卸甲归"闺"，去享受富贵而悠闲的美好时光，还接着让她披挂上阵，镇守娘子关呢？

这还得从大唐建国之初的天下情势说起。

公元618年，李渊虽然建国，但是他不过大致控制了半个关中地区。此时他的四周都是敌人，天下还处于四分五裂的状态。为统一全国，唐朝先后进行了六次大的战役，其中四次是由李世民亲自领兵，且都是发生在关中及以太原为中心的中原地区。

李世民当年首先要对付的，是据有陇西之地，自称西秦霸王的薛举和占据凉州（今甘肃省武威地区），尽有河西之地的原隋朝武威郡鹰扬府司马，后自称大凉皇帝的李轨这两部。

唐武德元年（公元618年）六月，薛举趁唐立足未稳之机率军进攻关中，双方发生激战，一开始唐军在浅水原（今陕西省长武县境内）被打得大败，不得不暂时退回长安。十一月，同样是在浅水原，李世民彻底打败了薛举之子薛仁杲（此时薛举已死），消灭了陇东集团。

次年二月，李世民打败并生擒了李轨，河西五郡复归大唐。至此，关中地区稍安。三月，骁勇善骑射，原为隋鹰扬府校尉，杀太守王仁恭据郡起兵，被突厥封为定杨可汗，后自称皇帝的刘武周率两万士兵南侵并州（治所晋阳），四月，他联合突厥，驻扎黄蛇岭（今山西省晋中市榆次区北）。并州总管、齐王李元吉派车骑将军张达率步卒抵御，结果全军覆没。刘武周遂趁势攻破榆次（今山西省晋中市榆次区），攻陷平遥（今山西省介休市）。李渊先后派太常少卿李仲文、右仆射裴寂督军抗击刘武周，均大败而回。刘武周一路势如破竹直逼晋阳（今山西省太原市晋源区），李元吉连夜携其妻妾弃州逃奔长安。刘武周占据李渊的老巢太原后，又派部将宋金刚攻陷晋州（今山西省临汾市），进逼绛州（今山西省绛县），直捣龙门，又攻占了浍州（今山西省翼城县），锋芒所指，几乎席卷整个黄河以东地区。更加令李渊雪上加霜的是，夏县（今山西省西南）的吕崇茂此时也起而响应刘武周，杀县令举兵叛唐。隋将王行本则据蒲坂（今山西永济市西南）与之遥相呼应，整个山西当时仅剩下虞州（今山西省运城市）、泰州（今山西省万荣县）等晋西南一隅之地还在唐军手中。

山西，本是李渊的老巢，是他的龙兴之地，这下刚刚披上龙袍的李渊有点坐不住了。"高祖以王行本尚据蒲州，吕崇茂反于夏县，晋、浍二州相继陷没，关中震骇，乃手敕曰：'贼势如此，难与争锋，宜弃河东之地，谨守关西而已。'"（《旧唐书》卷2《太宗本纪》）他甚至想收缩兵力，放弃黄河以东地区，当个缩头乌龟。

在此危急关头，唐武德三年（公元620年），秦王李世民主动请缨，领军进讨刘武周。

真是好一番鏖战！在柏壁（今山西省新绛县西南），李世民与刘武周、宋金刚部对峙了近半年之久。后来李世民设计断了他们的粮道，刘武周阵脚大乱，被迫放弃太原。李世民率部"乘胜逐北，一昼夜行二百余里，战数十合""追及金刚于雀鼠谷，一日八战，皆破之，俘斩数万人。夜，宿于雀鼠谷西原，世民不食二日，不解甲三日矣，军中止有一羊，世民与将士分而食之"。（《资治通鉴》卷188《唐高祖武德三年条》）在追逐敌军的路上，李世民跟士兵一起两天不吃饭，三天不解甲，中间仅与军中将士合吃了仅有的一只羊。在惨败之后，刘武周和宋金刚率五百人投奔突厥，而此时突厥已同唐联手，自然将他们作为战利品献给了李世民。"武周所得州县皆入于唐"，唐军这才收复了失地。

公元617年，原隋朝兵部员外郎王世充被李密战败后入据洛阳。隋炀帝被杀后，他拥隋越王杨侗为帝。公元619年，他又废杨侗，自立称帝，国号郑。公元621年，李世民率军将王世充团团围困在洛阳，欲令其无粮草供应而自毙。王世充向外紧急求援，建有夏国小朝廷的河北窦建德率十余万众号称三十万一路杀将而来，结果被李世民堵在虎牢（今河南省荥阳市西北）。"太宗率史大奈、程咬金、秦叔宝、宇文歆等挥幡而入，直突出其阵后，张我旗帜。贼顾见之，大溃。追奔三十里，斩首三千余级，虏其众五万，生擒建德于阵。"见生擒了窦建德，"世充惧，率其官属二千余人诣军门请降，山东悉平。"（以上引文均见《旧唐书》卷2《太宗本纪》）王世充知道自己大势已去回天乏力，只得出城投降。这次李世民围点打援，取得了唐初统一战争中最大的也是决定性的胜利。

窦建德覆灭后，其余部推刘黑闼为主，于武德四年（公元621年）七月在漳南（今河北省故城县）起兵反唐。他们北联突厥，不到半年就尽复窦建德旧地。刘黑闼自称汉东王，定都洺州（今河北省永年县东南），他将窦建德的夏政权文武官员全部恢复原职，也全部效法夏政权的制度。李世民依仗洺水的险要，大兵压境威逼刘黑闼，刘黑闼率领步兵、骑兵两万人欲过洺水摆阵，与李世民决一死战。"先是，太宗遣堰洺水上流使浅，令黑闼得渡。及战，乃令决堰，水大至，深丈余，贼徒既败，赴水者皆溺死焉。"（《旧唐书》卷2《太宗本纪》）李世民引洺水淹军，刘黑闼人马被杀死一万多人，淹死几千人，其余狼狈逃窜。此后，武德五年（公元622年）六月，刘黑闼又借得突厥兵再起，侵犯山东地区。这股反唐势力直到次年正月才被彻底平定。

唐初这几次生死攸关的重大决战，李世民无疑立下大功，其威望也是日渐飙升。尤其是在虎牢之战后，"太宗亲披黄金甲，阵铁马一万骑，甲士三万人，前后部鼓吹，俘二伪主及隋氏器物辇辂献于太庙。高祖大悦，行饮至礼以享焉。高祖以自古旧官不称殊功，乃别表徽号，用旌勋德。"李世民在长安受到天子般的礼仪招待。武德四年冬十月，李世民被"加号天策上将、陕东道大行台，位在王公上。增邑二万户，通前三万户。赐金辂一乘，衮冕之服，玉璧一双，黄金六千斤，前后部鼓吹及九部之乐，班剑四十人。"非但如此，李渊还特地下诏，特许天策府自置官属。李世民因此"开文学馆以待四方之士。行台司勋郎中杜如晦等十有八人为学士"。（以上引文均见《旧唐书》卷2《太宗本纪》）文学馆与秦王府俨然一个小政府的雏形，这无疑是将本无望冲顶的秦王李世民，向帝王之路推进了一大步。

李世民在唐初统一战争中战无不胜，剿灭了一个又一个劲敌，挽救了一次又一次危局，博得这么高的人气与声望，为日后从他哥哥李建成手中夺得帝位并成就一代伟业，开大唐盛世，无疑是奠定了坚实的基础。但这一切成就，是他站在别人的肩膀上取得的。尤其是他的姐姐平阳公主，为他的建功立业提供了关键性的、基础性的保障。

首先，李世民之成功除了靠自己的雄才大略，还得靠他手中那一支招之即来，来之能战，战之能胜的铁军。战场上你死我活的拼杀，拼的是综合实力，靠的是配合默契的集体的力量。如果他手中没有一支任何时候都作风过硬，善于战斗敢于胜利的军队，手下没有几员敢打硬仗、恶仗，所向披靡的大将，那他个人再是身怀绝技也是白搭。我们且不说这几场硬仗中都可见平阳公主的丈夫柴绍那矫健的身影，"从太宗平薛举，破宋金刚，攻平王世充于洛阳，擒窦建德于武牢"。（《旧唐书》卷58《柴绍传》）平薛举父子，消灭刘武周，擒获王世充、窦建德的洛阳、虎牢之战，柴绍都有参加并屡立战功，在消灭唐朝最后一个对手梁师都时，他更是主将。我们更要特别指出的是，李世民手中的这支铁军，其中很大一部分是他姐姐当年在司竹园的旧部。也就是说，李世民手下这支能征善战的部队，包括好多将领，很多是平阳公主花大力气调教出来的。

《旧唐书》卷2《太宗本纪》载："太宗自趣司竹，贼帅李仲文、何潘仁、向善志等皆来会，顿于阿城，获兵十三万。"这几句话的意思很清楚，李世民过了黄河进入关中地区后，首先来到司竹，收编了李仲文、何潘仁、向善志的队伍，这样他手中的军队一下子就增加到了十三万人。司竹园是平阳公主的大本营,何潘仁、向善志、李仲文,还有丘师利等人早就投奔了平阳公主了,怎么现在又带着队伍投奔李世民了,是李世民对他们进行了收编改造?这究竟是怎么回事儿?

其实,如果我们对这一段记载仔细揣摩一番,不难看出个中端倪。记载中用了"皆来会"这三个字,等于是说这几个人以及他们的队伍等右领大都督李世民一到,就主动列队前来投入他的麾下。李世民不费吹灰之力,就扩兵十三万。史料如此记载,自有作者用意所在。基本的事实应该是,李世民一到司竹,平阳公主除了留下少部分人,大部分军队都移交给了弟弟李世民——这不难理解,大概是李渊为便于统一节制,把军队牢牢抓在自己手中而下的命令吧。但是史书为何不如实记载,而是说这些人以及他们的队伍主动投奔了李世民,来个二次归顺呢?

我们知道,像这种帝王《本纪》,大多是根据《实录》来写的。《实录》又是谁写的?当然是不离皇帝左右的身边人写的。那收编了这么多人,扩充了这么多的军队,这首功怎么能不归于太宗名下,更何况这些人马后来一直跟着李世民打天下。其二,就是大男子主义思想在作祟了。平阳公主作为一个女人,是不简单,为大唐开国立下了大功,但无论是在当时还是后来一些史学家的心中,女人功劳再大,她能大得过男人去?史书中怎么能将她们与男人相提并论?大唐开国这样的千秋伟业,怎么能让一个女人去抢了头功,出尽了风头?于是即便是不得不提到平阳公主,有时候就用点"春秋笔法",甚至于不惜移花接木暗度陈仓,也要功劳记到男人头上去(《旧唐书》就是将平阳公主附于其夫柴绍传中来介绍)。中国的史书对待女子的态度,至五代为之一变。五代以前,无论是谁,只要能够上史书的,多半会留下她们的名字。但是到了宋朝以后,女子的姓名就不再公开纪录在史册中了。《旧唐书》和《新唐书》,一作于后晋,一作于北宋,所以平阳公主到底叫什么,我们不得而知。连姓名都不肯留下,那么对于她们事迹的记载,自然更是大打折扣语焉不详,或者干脆张冠李戴,"分解"到别人头上去了。

基于以上两点,《旧唐书》卷1《高祖本纪》在记载这一段史实时也只说"鄠县贼帅丘师利、李仲文、盩厔何潘仁等合众数万来降",根本没提他们曾被平阳公主收编以及平阳公主对他们进行改造之事。对平阳公主只简单地提了一句:"柴氏妇举兵于司竹,至是并与太宗会。"怎么举兵、"柴氏妇"

是谁、其军队到底是哪里来的,这些都只字未提。这一方面是因为主角永远是男人,女人只能隐在幕后;另一方面是不能提,如果一提,就露馅儿了。

当然,无论是当时还是后来,做姐姐的都不可能去跟弟弟计较这些,更何况大家都是为了一个共同的目标。但是不可否认的是,李世民的那些后来跟着他南征北战的十三万生力军,那些战功赫赫的将领,有很大一部分,都是平阳公主当年帮他收编调教出来的。唐初几场生死攸关的统一大战,平阳公主虽然未亲自领兵鏖战,但无疑也是贡献了一分力量,同样功不可没。

现在大家可能已经看出来了,在唐初北方的这一系列战争中,山西,乃中原和关中地区的一道屏障,无山西则中原和关中不稳,山西如果丢了,那么不光等于是中原地区丢了,关中地区也是岌岌可危,刚刚建立起来的大唐王朝那也就是凶多吉少了。而娘子关,正是出入山西,又是中原跟关中之间的一条咽喉要道,是一个至关重要的,也可以说是生死攸关的战略要塞。在唐初北方瞬息万变的敌我情势中,娘子关,它有时候作为李家太原老巢的门户,有时是阻止敌军东进西出的关口,有时又是偌大口袋阵中的一个扎口,而更多的时候,它更是敌我双方在地理上的和心理上的一道闸门,是一颗关键性的棋子。其战略地位,无疑非常重要。李渊派娘子军驻守娘子关,是对平阳公主的信任,但也是一次严峻的考验。

在民间,流传着一个平阳公主米汤退兵的故事。说平阳公主率娘子军驻扎娘子关之后,一次,刘黑闼部为进入关中,大举进攻娘子关。由于关内兵力不足,平阳公主一面指挥娘子军与居民严防死守,一面赶紧派人去太原搬救兵。看着关下数倍于自己的敌军攻势越来越凶猛,而援军又迟迟未到,平阳公主在城楼上心急如焚。忽然,她望着远处田野上丰收在望的谷子,眉头一舒计上心来。她下得楼来,令军民除部分守关外,全体出动,立即收割谷子,然后又让他们架锅烧火,将新收上来的谷子熬成米汤。待几大锅米汤熬好后,平阳公主令人乘着夜色,将米汤从关上全部倒入关前的沟壑中。第二天,敌哨兵发现娘子关前沟壑中汤水横溢,急忙报告主帅,说关前突然飘来一股酸酸的马尿味儿,沟壑中马尿横流。主帅出帐一看,只见娘子关城楼上旌旗招展,空中也不断有战鼓声、呐喊声远远地传来,便判断这是李三娘子的援兵到了,自己已经失去了最好的进攻机会,于是下令撤兵。

这个故事的来源待考,其真实性存疑。但有一点是肯定的,那就是平阳公主当年镇守娘子关，也是险象环生。唐军与来自各方面的敌军斗智斗勇斗险，经历住了重重考验，挡住了一次又一次攻击，成功守住了这个关卡，为李世民，当然也是为大唐，一次又一次赢得了战略空间与克敌制胜的时机。

当然，必须要指出的是，现在还没有确凿记载，来证明平阳公主确实亲自驻守过娘子关。更大的可能是，在一段时间内，娘子关曾经由她的那支威名远震的娘子军来把守过，后人也就开始附会想象平阳公主那依关伫立的飒爽英姿了，于是就有了种种传说。但是不管怎么说，唐初的统一战争，平阳公主，无疑是功不可没。

军礼下葬，独彪千秋

可惜的是，为大唐立下汗马功劳的平阳公主，却未能充分享受这胜利的果实。唐高祖武德六年（公元623年），平阳公主年纪轻轻就去世了。对于平阳公主的死因，史书上一字未提，估计应该是积劳成疾，因病去世的吧。但是对于平阳公主非同一般的葬礼，史书上倒是大书特书了一笔："武德六年薨，葬加前后部羽葆、鼓吹、大辂、麾幢、虎贲、甲卒、班剑。太常议：'妇人葬，古无鼓吹'。帝不从，曰：'鼓吹，军乐也。往者主身执金鼓，参佐命，于古有邪？宜用之。'"（《新唐书》卷83《平阳公主传》）《旧唐书》中，则记载得更为详细："六年，薨。及将葬，诏加前后部羽葆鼓吹、大辂、麾幢、班剑四十人、虎贲甲卒。太常奏议，以礼，妇人无鼓吹。高祖曰：'鼓吹，军乐也。往者公主于司竹举兵以应义旗，亲执金鼓，有克定之勋。周之文母，列于十乱；公主功参佐命，非常妇人之所匹也。何得无鼓吹！'遂特加之，以旌殊绩；仍令所司按谥法'明德有功曰昭'，谥公主为昭。"（《旧唐书》卷58《柴绍传附平阳公主传》）

平阳公主的葬礼之所以引起史学家们高度重视，争先恐后地去记上重重一笔，是因为这场葬礼是僭越礼制的，也可以说是前无古人，后无来者的。而之所以如此，是"应诏"，是"诏加"，是唐高祖李渊特别下诏，应他的要求而特别安排，相关部门重点打造的。这在当时，引起了一些人的闲言碎语。特别是李渊下诏要求仪仗队中加入"鼓吹"等军乐，以军礼为平阳公主送葬，朝堂上当场就有人认为不妥。不错，平阳公主她老公柴绍是左卫大将军，后来立了功，又封为右卫大将军（古代地位右高左低）。而平阳公主虽然也曾领兵作战，立有军功，可是她没有军阶，朝廷并没有封她一个将军之类的头衔。更准确一点说，平阳公主虽然也曾沙场点兵，但是她并没有加入大唐军队序列，恐怕连个军籍都没有。她的身份，是"李三娘子"、平阳公主、柴氏妇。她既无官阶、军阶，那怎么能以军礼，让军队来为她举殡呢？所以待李渊诏下，朝中主管礼仪的太常当场上奏："妇人葬，古无鼓吹"。他认为自古以来女人的葬礼就没有用鼓吹的，平阳公主的葬礼应当按规矩来办。如果加了鼓吹军乐，那就是乱了套，不合礼仪了，所以他奏请高祖收回成命，仍然以一般皇家礼仪来为平阳公主送葬。

一般礼仪？就一帮道姑奏奏钟磬，再加个唢呐、笛子什么的，那怎么成？！那怎么能对得起为了自己的春秋大业而舍生忘死立下殊勋而又不幸早逝的三丫头？！再说，我的这个三女儿除了是女儿身，哪一点比那些将军差？她就是当之无愧的开国之将，帝国奠基者之一！想当年她在那么艰苦的情况下从无到有拉起队伍，打下那么大的地盘，后来又主攻长安，镇守娘子关，那是为我大唐立下了大功的！我考虑到她是女子，又是我的女儿，才没给她军阶军功章，当然也不可能在朝中封她个一官半职，不过我"每赏赐异于他主"，对她另眼相看的意思你们难道还不明白吗？如果她不配以军礼、军乐送葬，那谁还配？于是李渊不由得提高了嗓门：不错，鼓吹是军乐，女子用鼓吹确实古来没有过。不过古代有公主，有女人能像平阳公主这样吗？想想当年她一个弱女子，毫不畏惧毅然举兵以应义旗，那是有首义克定之勋啊。想想她每战亲执金鼓，身先士卒，那是何等的英武，比哪一个男人，哪一个军人差？！古代周武王的王后邑姜，因助丈夫夺得天下有功，不是也跟其他九个男人一起列入周开国十大功臣之中吗？就连孔老夫子都承认她的功臣之位："唐虞之称，于斯为盛。有妇人焉，九人而已。[5]"

这样平阳公主就成为中国封建史上唯一一位由军队为她举殡的女子，于是也就有了我们在本章开头所描述的那一场超级豪盛的葬礼。

并且，这还不算，李渊还力排众议，按照谥法所谓"明德有功曰昭"，谥平阳公主为"昭"——这也就是后世称平阳公主为"平阳昭公主"的由来。

在父亲、兄弟起兵太原的时候，平阳公主以过人胆识，散尽家财招兵买马,开辟关中根据地,不但将一群游兵散勇组合成一股反隋义勇军,而且还通过"每申明法令,禁兵士,无得侵掠",在极短的时间内整编出了一支纪律严明,能征善战的铁军队伍,然后待时机成熟,她又和李世民会兵一处,一举拿下了长安城。在手中并无一兵一卒,也没有任何外援的情况下,在这么短的时间内就开辟出这么一大块敌后根据地,缔造出这么一支队伍,取得了这么骄人的战绩,这简直是一个奇迹,一个很多男人也难以创造的奇迹啊。平阳公主在中国军事史上的这些创举,千百年来为人们所称道并效仿。但是可惜的是,对于平阳公主的事迹,包括她最后是怎么去世的,史书却并无太多的记载。无论是当时还是后来的史官,都不会情愿,也不大可能将李唐开疆辟壤的殊荣过多地记在一个女人身上,这是时代的局限,更是历史的缺憾。

懦弱而又优柔寡断的李渊之所以能够最终坐上皇帝宝座,仅仅用了七年的时间就扫平天下,统一全国,最重要的,是他生了一群杰出的儿女。这群儿女中功绩最大的当数李世民、李建成,还有就是平阳公主了。从孤身一人出逃到带领七万之众打出一片天地,从围攻长安到坚守娘子关,巾帼不让须眉,平阳公主在危急时刻放下手中的绣花针,为大唐王朝的建国大业,亲手去清扫地基并铺就了一块牢固的奠基石。

唐朝的女强人很多,还出了中国第一个,也是唯一一个女皇帝。平阳公主之后又出现了高阳公主、太平公主、安乐公主等名噪一时的强势公主。有人说是鲜卑血统决定了唐朝女性的惊人表现。但是出身论、血统论似乎并不科学,还是无论男女,时势造英雄,英雄引领时代潮流吧。女将军平阳公主抓住了历史机遇开风气之先,我们无疑应该为她大大地点个赞!

最后简单交代一下平阳公主家人的情况。她的丈夫柴绍,"贞观元年,拜右卫大将军。二年,击梁师都于夏州,平之。转左卫大将军,出为华州刺史。七年,加镇军大将军,行右骁卫大将军,改封谯国公。十二年,寝疾,太宗亲自临问。寻卒,赠荆州都督,谥曰襄。"(《旧唐书》卷58《柴绍传》)柴绍到贞观十二年(公元638年)才因病去世。因为他南征北战为大唐立下殊勋,唐太宗将其列入开国二十四功臣之中,其画像被供奉于凌烟阁。[6]平阳公主跟柴绍生有两个儿子。大儿子柴哲威"历右屯营将军,袭爵谯国公";次子柴令武,"累除太仆少卿、卫州刺史,封襄阳郡公",他娶了唐太宗的女儿巴陵公主为妻。唐高宗永徽年间,"坐与公主及房遗爱谋反,遣使收之。

行至华阴，自杀，仍戮其尸。公主赐死"。因涉嫌高阳公主、房遗爱等谋反案（详见下一章），柴令武被从卫州（今河南省北境地区）抓回长安，押解至华阴时，愤而自杀。自杀之后仍免不了被戮尸，妻子巴陵公主则被赐死。他的哥哥柴哲威，"坐弟令武谋反，徙岭南。起为交州都督，卒官"。（以上引文均见《旧唐书》卷58《柴绍传附平阳公主传》）他受到弟弟牵连被流放岭南，后起为交州都督，死于任所。

附　注

[1] 妇好，商王武丁见于史料的六十余位"诸妇"中，三位拥有王后地位的女人之第一人。妇好应该是姓"好"，"妇"则是一种亲属称谓，其谥号为"辛"，商王朝后人们尊称她为"母辛""后母辛"。她是中国历史上有据可查的第一位女将军、女政治家。作为商朝历史上有名的一代雄主，武丁在位五十九年中，频繁出征开疆拓土，而大部分时间领兵作战的，就是这位妇好王后。在现存的安阳殷墟出土的一万余片甲骨中，妇好的名字被提及两百余次。甲骨文中记录了妇好作为商王朝军事统帅，率军击败北土方、南夷国、南巴方，以及鬼方等二十多个小国的情况。

[2] 窦皇后，京兆平陵（今陕西省兴平市）人，父亲窦毅是北周的大司马大将军，八大上柱国之一，母亲是北周武帝的姐姐襄阳长公主。因聪明伶俐，窦氏从小被武帝留在宫中当自己的女儿抚养。当时天下三分，弱小的北周为了取得外援，武帝娶了一名突厥公主为皇后，但因为不喜欢，他经常让突厥公主独守空房。幼小的窦氏就劝舅舅道："四边未静，突厥尚强，愿舅抑情抚慰，以苍生为念。但须突厥之助，则江南、关东不能为患矣。"窦毅由此认为女儿不是等闲之辈，对妻子说："此女才貌如此，不可妄以许人，当为求贤夫。"于是他想了个比武招亲的法子："乃于门屏画二孔雀，诸公子有求婚者，辄与两箭射之，潜约中目者许之。"窦毅让人在大门上画了两只孔雀，有意者须在百步外射出两箭。能够两箭各射中一只孔雀眼睛的，就招为女婿。结果几十人来应试，只有李渊两箭都射中了。（以上引文均见《旧唐书》卷51《后妃传》）

[3]《旧唐书》卷58《柴绍传》记载了一个柴绍打吐谷浑的故事："吐谷

浑与党项俱来寇边，命绍讨之。虏据高临下，射绍军中，矢下如雨。绍乃遣人弹胡琵琶，二女子对舞，虏异之，驻弓矢而相与聚观。绍见虏阵不整，密使精骑自后击之，虏大溃，斩首五百余级。"唐武德六年（公元623年）四月，吐谷浑侵扰唐芳、洮、岷等州。六月，柴绍军进至岷州。有一天，柴绍被吐谷浑军团团围困在一片山谷中。吐谷浑军居高临下箭如雨下，唐士兵们一个个吓得面无人色，主帅柴绍却面不改色，安然而坐。他令人从后面的随军"文工团"里找来两位来自西域的乐工，让他们支起胡琵琶不慌不忙弹奏起来。射箭射得正起劲的吐谷浑士兵忽然听得山谷中响起熟悉的旋律，不由得一愣，停止射击，探出头来想看个究竟。只见山谷中一对妙龄女郎，穿着他们所喜欢的那种服饰在琵琶声中翩翩对舞。吐谷浑士兵都看得呆了，不由得都放下弓矢，如饥似渴地欣赏起来。此时柴绍指派精骑兵绕到他们的背后，发起猛攻，斩首五百余吐谷浑士兵。这一仗之后的八月，吐谷浑即宣布归附大唐。

[4] 关于娘子关这个名称的来源，有不少传说。唐李吉甫所撰地理著作《元和郡县志》中说，春秋时晋国介子推的妹妹介山氏，焚死绵山，后人为之筑妒女祠。宋李焘《续资治通鉴长编》卷1《宋太祖建隆元年》（公元960年）有"升镇州娘子关为承天军"的记载，可见娘子关这个名称唐五代就已经有了。明洪武《太原志》和《永乐大典》记载："承天镇，在平定州东北九十里，古妒女祠在焉，故俗谓娘子关。"著名地理学家顾祖禹《读史方舆纪要》载："苇泽关州东北八十里，即唐之承天军，俗曰娘子关，以妒女祠而名。"光绪版《山西通志》亦言："苇泽关一名娘子关，盖以妒女祠而名。"清代乾隆、光绪两版《平定州志》则云："唐平阳公主驻兵于此，故名。"

[5]《论语·泰伯》："舜有臣五人而天下治。武王曰：'予有乱臣十人。'孔子曰：'才难，不其然乎？唐虞之际，于斯为盛，有妇人焉，九人而已。三分天下有其二，以服事殷。周之德，其可谓至德也已矣。'"孔子认为舜有五位贤臣，就能治理好天下。周武王说他身边有十个能臣。孔子说人才难得，真是不简单。但周武王所说的十个大臣当中，有一个是妇女。朱熹作注说，孔夫子所说周初十大功臣，有九个是男人，唯一的一个女人，便是周武王的妻子邑姜。唐高祖用此典来反驳朝臣，以军礼安葬平阳公主。

[6]凌烟阁是唐朝为表彰功臣而建筑的绘有功臣图像的高阁。唐贞观十七年（公元643年）二月，李世民为怀念当初一同打天下的众位功臣，命画家阎立本在凌烟阁内描绘了二十四位功臣的图像，皆真人大小，由褚遂良题字。柴绍在唐凌烟阁二十四功臣中排第十四位。

高阳公主：跟大伯子过不去，其实就是跟国家过不去

> 初，浮屠庐主之封地，会主与遗爱猎，见而悦之，具帐其庐，与之乱，更以二女子从遗爱，私饷亿计。
>
> ——《新唐书》卷83《高阳公主传》
>
> 主既骄恣，谋黜遗直而夺其封爵，永徽中诬告遗直无礼于己。高宗令长孙无忌鞠其事，因得公主与遗爱谋反之状。遗爱伏诛，公主赐自尽，诸子配流岭表。
>
> ——《旧唐书》卷66《房玄龄传附子遗爱传》

故事背景：李世民与贞观之治

玄武门之变，李世民踩着尸体，顶着骂名走马上任。不过作为一代君主，他是称职的。他在位二十三年，知人善用，励精图治，积极采取以农为本、减轻徭赋、厉行节约、完善科举制度等一系列政策，使大唐政治清明，经济发达，社会安定，人民富足安康。"官吏多自清谨。制驭王公、妃主之家，大姓豪猾之伍，皆畏威屏迹，无敢侵欺细人。商旅野次，无复盗贼，囹圄常空，马牛布野，外户不闭。又频致丰稔，米斗三四钱，行旅自京师至于岭表，自山东至于沧海，皆不赍粮，取给于路。入山东村落，行客经过者，必厚加供待，或发时有赠遗。此皆古昔未有也。"(《贞观政要》卷1《论政体》）唐太宗威权治国，不惜以强人手腕，抑制豪强，强化吏治，让那些土豪劣绅们"无敢侵欺细人"，真正让老百姓享受经济社会发展之成果，从而极大地调动

最广大人民群众生产、生活积极性，让社会步入可持续良性发展轨道，也让大唐成长为一个万邦来朝的世界强国。李世民的"贞观之治"，成就了一个后人难以企及的世界级神话。

一只玉枕，辩机丧命

公元648年末—649年初，京城长安显得异常的凄冷而枯寂。一入冬，接二连三次第而至的几阵风雪，似乎将古老城池的最后一点热气，最后一片生机，都给刮走了。路旁枯树上那摇曳于夜色雪光中的几片凋敝的枯黄，更是将那彻骨的凛冽劈头盖脸地抖落到匆匆而过的行人身上。就在刚刚过去的这一年的夏天，大唐贤相，李世民的重要谋士和得力助手房玄龄因病去世。风吹草折，大树凋零，这几年，那些曾经叱咤风云、不可一世的大唐开国名将、名臣们，一个接一个倒下，当今皇上最近身体不适的传闻，也在大街小巷悄悄流传开来。虽然对于每日里忙着讨生活的芸芸众生而言，皇上的健康与否那是与他们八竿子也打不着的事情，根本轮不到他们去担忧与牵挂，但这样的传闻还是让很多人战战兢兢不寒而栗，感觉到这个冬天格外的寒意逼人。是的，每次那幽闭的皇宫里老主子换新主子，虽说都是皇帝佬儿自己家里的事情，可哪一回不闹腾点儿动静，弄出几个大案子来，哪一次不是要杀掉一批人又一批的人，这刑场上热闹了，安静了，再热闹了，又安静了下来，然后这天下才会安生几年？想想二十多年前的那次血溅玄武门，同室操戈，兄弟相残，前前后后多少冤死鬼血洒街头！[1]唉，不知道这一回，又该轮到哪几家哪些人了，又不知道会有多少绊脚的垫背的在那里引颈待戮了。

就在很多人在这死寂的冬天怀着一种说不清道不明的心情静静等待着什么的时候，一个消息迅速传开了。

刑台上又要开铡了，又有杀人好戏看了！而且这次的苦主是一个和尚，一个据说开了花戒的和尚，可能还要腰斩。腰斩，就是把犯人放在大木板上，用铡刀从腰间将其斩成两段。

犹如白花花千里北冰洋突然落下了一颗大陨石，长安城一下子炸开了锅，大街小巷里几乎所有人都好像突然从冬眠中苏醒过来一般，一个个显得兴奋异常:知道吗,有好戏看了,这回要腰斩一个和尚。哪里的和尚?听说是弘福寺的。弘福寺?那不是太宗皇帝当年为追荐母亲太穆皇后,拿右领军大将军彭国公王君的故宅改建的一座超豪华寺院吗,听说一个从西天取经回来的高僧在那里开办了一个译场,正组织人手翻译经文。那里的和尚可不是一般的和尚,一个个都是满腹经纶,好像什么都懂似的。说是什么缀文大德,也不知道是个什么意思,反正如果不是犯了死罪,我们平时连见都见不着。听说这个和尚才三十来岁。这么年轻,阿弥陀佛,真是罪过,说是犯了戒,跟什么人偷情呢。这倒新鲜了,我大唐偷情的人可多了去了,管都管不过来,偷情的和尚也不是一个两个。有些人白天当和尚,晚上当情郎,这日子过得比谁都滋润。怎么就他倒霉,被腰斩?看来他偷情的对象非同一般,肯定是哪位贵妇人了。到时候一定要去看看这个有才又倒霉的大和尚到底长什么样儿。

于是这一天,房子空了,巷子空了,所有的街道也都差不多空了,设在长安西市场十字路口一棵古老柳树下的刑场,一大早就被围个水泄不通。听说这一次能看到难得一见的腰斩极刑,而且,罪人又是平时高傲神气、神神道道的沙门,一位犯了淫戒的花和尚,大家都不由得兴奋地伸长了脖子。

不一会儿,犯人被带来了。果然是清俊秀雅,玉树临风。已是死到临头了,仍然面不改色,目不游离,走上刑台的那几步,胜似闲庭信步,面对寒光闪闪的铡刀,也波澜不惊。果然年轻!果然不凡!果然经历过荣辱沉浮、世事消长,早已是看破了红尘,参透了生死。只是不知此时此刻的他,心中能否放得下那份曾经刻骨铭心的情爱。

有唐一代,儒、释、道并重。不远万里,远道而来的佛教在中华大地得以遍地开花并快速落地生根,初步完成了其本土化的改造过程。但是在唐朝初年,佛教还是以大乘为主,属于精英知识阶层,乃贵族文化的一部分。对于普通老百姓而言,这些外来的经文过分艰涩,看不懂也听不懂。他们觉得那些和尚神经兮兮的,成天经不离口,却根本听不懂他们念什么,也不知道他们为什么总是在那儿念那劳什子经。听说这外来的所谓佛,能管所有人的前世今生,是可以让你从人生苦海彻底解脱,升入天堂,或者下辈子能托生个好去处的了不起的"大人物"。可一般的市井小民,哪里有这个福分去通过念经拜佛,从而参透这玩意儿修成正果。

现在看着得道高僧也落到如此悲惨结局,不少人心中涌起一种无可名状的快感。偌大的刑场上，议论声、吼叫声、揶揄嘲笑声不断从黑压压的人群中传出来。人们兴奋地交谈着，跷着脚急切地等待着血腥而又刺激的那一刻。可是他们并不知晓，就是这位曾经虔诚地拜佛念经十多年，立誓以普度众生为己任，结果却受尽难以名状地狱之苦，即将被腰斩于市的花和尚，已经通过几年的不懈努力，即将对他们，对后人的生活产生无可估量的影响。

这位即将被处以极刑的和尚，是远赴印度成功取回多部经书的大唐第一高僧玄奘的得力译经助手，《大唐西域记》的撰者，辩机。

《西游记》里面唐僧的原形，就是一千多年前的大唐玄奘法师。《西游记》就是根据他取经回来后所写的十二卷本《大唐西域记》创作而成的。而《大唐西域记》，是由玄奘根据自身经历整理，具体则是由他的得力助手辩机缀辑而成的。即这本书的经历者是玄奘，真正的执笔写作者，则是辩机和尚。我们且来看《大唐西域记》卷末《记赞》中的一段话：

"辩机远承轻举之胤，少怀高蹈之节，年方志学，抽簪革服，为大总持寺萨婆多部道岳法师弟子。虽遇匠石，朽木难雕，幸入法流，脂膏不润。徒饱食而终日，诚面墙而卒岁。幸藉时来，属斯嘉会。负燕雀之资，厕鹓鸿之末。爰命庸才，撰斯方志。学非博古，文无丽藻，磨钝励朽，力疲曳蹇。恭承志记，伦次其文，尚书给笔札而撰录焉。"

从这一段充满自信的自谦之词，我们首先知晓，这位"少怀高蹈之节"的辩机和尚，十五岁时即剃发出家于长安城西南隅永阳坊的大总持寺，为著名法师道岳的弟子。虽经多年苦修，但他仍感到自己水平有限，能力不够，能够有幸参与译经工作，执笔撰写《大唐西域记》，他觉得三生有幸。自己别无选择，唯有恪尽职守，尽责尽力，勉为其难了。至此他总算完成了任务，真心实意地等待别人的批评指正。辩机之所以会如此谦虚，是因为写作此文时的他，才二十多岁。无经历，无经验，有幸成为《大唐西域记》的编撰者，也算自己佛缘不浅，唯有诚惶诚恐，虚心谨慎为是了。

唐太宗贞观元年（公元627年），大唐法师玄奘一人悄悄西行，一路风餐露宿，历经数年艰辛辗转到达印度佛教中心那烂陀寺。在游历十七年，学遍了大乘、小乘各种学说之后，他于贞观十九年（公元645年）回国。十八年前，玄奘是一个人偷偷摸摸去"西天"取经的，十八年后回来，不仅玄奘自己学富五车，他还随身带回了佛舍利一百五十粒，佛像七尊，各种经论六百五十七部。唐太宗在东都洛阳以最高礼遇隆重接见了他，他在长安举行的归国专题汇报展，也是万人空巷，人们争相一睹为快。之后，他向唐太宗提出要组织人员把他带回来的那些经书译成中文，唐太宗马上表示支持："自法师行后造弘福寺，其处虽小，禅院虚静，可为翻译。所须人物吏力，并与玄龄商量，务令优给。"（《续高僧传》卷4）在朝廷的大力支持下，玄奘在弘福寺设立了译经院，开始了神圣的译经工作。为了保证这项工作的顺利开展，他从全国遴选了二十多位有道高僧，然后从这二十多人中又选出九位更出色的，作为自己最得力的译经助手，称为"缀文大德"。所谓"缀文"，就是在译经过程中，把梵语的语法改造转换成汉语的语法。玄奘译经队伍里的核心成员包括证义大德十二人、缀文大德九人、字学大德一人、证梵语梵文大德一人。已经潜心钻研佛学理论十余年，此时正在长安城西北金城坊会昌寺潜心修行的辩机，这次便以谙解大小乘经论、为时辈所推崇的资质，入选玄奘译场，有幸成为九名缀文大德[2]之一。

此时的辩机，清朗俊雅，英飒不凡，虽然年龄最小，大概只有二十六岁，却深得玄奘器重。据后人统计，他在玄奘译场中担任缀文大德，先后译出的经典，计有《显扬圣教论颂》《六门陀罗尼经》《佛地经》《天请问经》各一卷；参与《瑜伽师地论》要典的翻译工作，其一百卷经文中，由他受旨证文的，约为三十卷。因之，称他为玄奘译场的核心成员，一点也不为过。

另外，因为文采出众，除了参与译经，辩机还被玄奘特别选中，与他一起编撰《大唐西域记》一书。这本书，可是玄奘奉唐太宗诏命而特别撰写的一部重要著作。

当时，雄才大略的唐太宗正四面出击，全力开拓大唐疆域。贞观六年（公元632年），他出兵打垮西突厥，建置西伊州（今新疆哈密）。贞观十四年（公元640年），他又出兵平定高昌，建置西州（今新疆吐鲁番）、庭州（今新疆吉木萨尔）。唐太宗迫切需要精通西域、中亚各国地理交通以及政治、经济、文化等方面情况的人才。玄奘西行，沿途经历西域、中亚、南亚多个国家，对这些地区的各方面情况可谓了如指掌，无疑是唐太宗经略西域最好的顾问人选。因此，玄奘回国后，唐太宗多次要求他蓄发还俗入朝，担当起经略西域的重任。在玄奘回国之初，李世民与他初次见面，就给他戴了顶高帽子，"朕今观法师词论典雅，风节贞峻，非惟不愧古人，亦乃出之更远"，然后要求他弃缁还俗，"帝又察法师堪公辅之寄，因劝罢道，助秉俗务"，直接提出要玄奘到朝廷来任个一官半职，襄助他开拓西域事务。在被玄奘坚拒后，唐太宗不肯放弃，常常"逼劝归俗，致之左右，共谋朝政"。到了贞观十九年，唐朝进军辽东，李世民还要求玄奘随行观战，并再次提出希望其还俗的要求。玄奘不得不再三上疏陈明，自己无意还俗："守戒缁门，阐扬遗法，此其愿也。"无奈之下，唐太宗郑重地嘱咐玄奘："佛国遐远灵迹法教，前史不能委详。师既亲睹，宜修一传以示未闻。"（以上引文均见唐慧立原本，彦悰撰定《大慈恩寺三藏法师传》）要求他将一路上亲睹亲闻，尽快修成一书，以示未闻，以供参阅。接到这样的圣旨，玄奘自是不敢怠慢。他特别选定自己最为倚重的辩机作为撰写此书的助手，"亲受时事，连缀前后"。（《续高僧传》卷4），他将自己十几年游历中积累下来的资料，交给辩机，让他来编排整理。师徒二人花了一年多时间，于贞观二十年七月，终于连缀成文，修成《大唐西域记》一书。书中郑重注明："三藏法师玄奘奉诏译 大总持寺沙门辩机撰"。

《大唐西域记》，计十二卷，十余万字。正如玄奘在书成进表太宗时所云："所闻所历一百二十八国，今所记述，有异前闻，皆存实录，非敢雕华，编裁而成。"全书记述了玄奘游历西域和印度途中所经国家、城邑的所见所闻，不但全面反映各国疆域气候、风土人情、宗教文化等方面的情况，还记录了大量的历史传说、神话故事等。除了关于佛教圣迹的大量记载外，书中还向人们提供了许多关于各地政治、历史、地理、民族、风尚、物产等方面的资料，为后人研究中古时期中亚、南亚诸国历史以及中西交通史，也为研究佛教史学、佛教遗迹，提供了极为珍贵而翔实的第一手资料。在当时，隋代吏部侍郎裴矩撰有《西域图记》，唐初出使西域的王玄策撰有《中天竺国行记》一书，唐高宗时史官亦奉诏撰成《西域图志》等同类著作，然这些著作今皆不传，唯有《大唐西域记》流传了下来并备受中外学者的重视，足见该书的影响力及价值之所在了。

到此，我们对青年才俊沙门辩机有了一个大致的了解了。那么作为玄奘手下的一名缀文大德，皇家译经团的重要成员，怎么就破了戒，还要被处以腰斩极刑呢？他所编撰的《大唐西域记》，唐太宗李世民可是爱不释手，喜欢得不得了。这才过了没几年，书还墨迹未干，墨香依旧，他怎么会就下令将本书的撰者处以腰斩之刑了？一个小小的和尚，怎么就触了他的龙须，惹得他勃然大怒非要置其于死地呢？在整个贞观年间，全国每年判处的死刑犯才几十人。晚年李世民为何跟一个和尚过不去，而且还是个非同一般的和尚？

要弄清楚这些，还得从一个业务够精，但运气欠佳的小偷说起。

贞观二十二年（公元648年）下半年的一天，很偶然地，长安城便衣警察在街上抓住了一名小偷。抓小偷不足为奇，只要想抓，哪年哪月，哪个朝代的公安警察不是每天都能抓他十个八个的。所以一开始，他们没有把这个倒霉蛋当回事，只令他好好面壁思过，等待处分，可是不一会儿，满屋子的警察都张大了嘴巴、瞪大了眼睛——从刚刚抓获的这个小偷的随身物品中，他们搜出了一件非同一般，足以令所有人都头晕目眩的东西。

什么稀罕物？一只如果不是拜这位小偷所赐，很多人恐怕一辈子也无缘相见的"金宝神枕"。说得再具体一点，就是一只描金镶银，缀满各色珠宝，艳丽豪华的女用高级玉枕。它绝非一般人所用之物，应该是来自皇家或者某位达官贵胄的香闺之中，乃御用之物无疑。

如此，这位小偷是偷到某戒备森严的高档小区，偷到令人望而兴叹望而生畏的上层社会，是翻箱倒柜偷到人家大小姐的闺房中去了。他捅了大娄子，可要吃不了兜着走了。究竟偷的是哪一家，还不从实招来！可是无论怎样严加审讯，小偷都一口咬定，玉枕并不是他登堂入室从哪个高门大院偷出来的，而是他遵循"贼不走空"原则，从城里弘福寺内一个沙门的房间里顺手牵羊拿出来的。

弘福寺？沙门和尚？女用玉枕？而且还是金宝神枕，皇家之物，这怎么可能？

于是，一行人押着这名小偷，来到弘福寺进行现场指认。这一指认，让大家开始相信他说的是真的了。所有的证据以及现场留下的痕迹，似乎都证明这个非同一般的金宝神枕，就是他从弘福寺内一个沙门的房间里偷出来的。

再派人一查，住在那个房间的和尚，他的名字叫辩机。

他就是那位跟着名满天下的玄奘法师译经的年轻缀文大德，《大唐西域记》的撰者。他现在可是名人，满大街的善男信女们正传着他的法号，对他年纪轻轻就具有如此德行如此才能交口称赞，一些女信主甚至在内心里巴不得他哪一天能还俗好嫁给他。难道是皇上觉得他书写得好，经译得妙，工作能力强，加之工作态度又不错，特别加赏于他？但加赏也不至于赏给他一个和尚一只女用玉枕。为了查清真相，少不得得罪一屋子人，把这位了不得的缀文大德叫出来问一下，来个当面对证了。

可事情再一次出乎了他们的意料。

当那位叫辩机的和尚一见那个金宝神枕，先是大惊失色，然后马上承认：不错，这确实是他前几天失窃的东西。

所有人都愣在了那里，除了那个小偷。看来只能先相信这一切都是真的，把这位缀文大德带回去协助调查了。阿弥陀佛！但愿查下来这一切都不是真的，不要让人大跌眼镜才好。

可也不知是因为害怕，还是为了自保，还是我本善良，出家人以诚为本，口不出谎言妄语。总之根本没费任何周折，也无须威逼利诱，更用不着严刑拷问，辩机和尚一下子就承认，金宝神枕确实曾经是他所保管，当今皇上的女儿高阳公主送给他的。

"你说是当今皇上的女儿高阳公主送给你的？这怎么可能？！你怎么不说这个女用玉枕是当今皇上送给你的？你敢再说一遍试试！"

"阿弥陀佛，善哉善哉！出家人不打诳语，这确实是高阳公主亲手交给我的，信不信由你们。"

本以为只是一桩普通的盗窃案，这下事情可闹大了。这几年，辩机沙门不都是跟着玄奘法师在弘福寺忙着译经著书吗？即便是我大唐王朝风气开放，高阳公主有机会到得弘福寺，她又怎么会跟辩机和尚接触，还送他一只显然是从自己闺房中拿出来的枕头？高阳公主又为什么非要把自己这么高级的一只枕头送给一个和尚，这不是授人以柄吗？我大唐女人们再怎么放得开，也不至于做事如此不顾众人眼光，不顾影响。更何况她可是高阳，是备受当今皇上所宠爱的高贵高傲的大唐公主。眼下这一切该如何解释，又该如何来结这个案？

遇到问题就上交，这是古往今来最简便，也是最保险的处理办法。于是，这起盗窃案连同玉枕，小偷以及辩机和尚，被一级一级递解到了大唐最高监察机构御史台御史大人的手中。

这和尚就是和尚，缀文大德就是缀文大德，真是不服不行。面对威严的御史大人，辩机和尚仍然一脸平和，且一口咬定："不错，这只金宝神枕是高阳公主当年送给我的。不管你们信不信，这都是事实。"

高阳公主从小受到圣上的特别眷宠。连她那个无用的丈夫，这几年都跟她沾了不少光，直让不少人羡慕不已。

"她怎么会把自己的枕头送给你一个和尚？"

"因为她和我有私情。"

一个高贵的公主，会跟你这个秃头有私情？怎么一个和尚，青天白日的也学会信口雌黄了？公主们即便想找个情人，也不会去找和尚啊——这位御史大人蒙了。

"我说的都是真的，信不信由你们，阿弥陀佛。"

于是，真相很快水落石出。

看着正闭目而立，口中念念有词的辩机，御史大人知道，又一条不甚光彩的皇家秘闻，在他手中诞生了。从明天起，伴随着一阵冷似一阵的寒风，这简直是剜皇上心窝子的绯闻，马上就会大街小巷满天飞了，不知会有多少人，为此要付出生命的代价。不过这些都由不得他了，事情到了这一步，他唯有小心谨慎，详加审讯，做好自己的分内工作，待弄清来龙去脉，再次将问题上交就是。然而他始终弄不明白的是，高阳公主，当今圣上的掌上明珠，当年风风光光嫁入宰辅房家，不要说是普通人，就是她的那些姐妹们，谁个不羡，哪个不慕？怎么结婚才几年，就整出这档子事情来，而且还是跟一位和尚，这不是想要了她老爷子的命吗？

傲娇高阳，爱上和尚

高阳公主，唐太宗李世民的第十七女（也有说是十九女，唐太宗共有二十一个女儿）。虽然她究竟是唐太宗的哪位妃子所生，史无记载，无所考证，但是，"主，帝所爱"。高阳公主和另外五位公主一起，从小深得唐太宗宠爱（据《旧唐书》《唐会要》等史料，可以称作唐太宗爱女的共有六位，即长乐公主、豫章公主、城阳公主、高阳公主、晋阳公主和新城公主）。经常得见天颜，承欢父皇膝下的高阳公主，"骄恣"，娇生惯养，颐指气使乃至飞扬跋扈、刁蛮不可一世。约在贞观十五年（公元641年）前后，高阳公主被李世民许配给了自己最信任的，跟他一起出生入死挣下大唐王朝的亲密战友，开国名相房玄龄的第二个儿子房遗爱为妻，是李世民所有女儿中册封和出嫁较早的公主之一。

本出身山东清河（今河北省清河县）的房氏，在唐代是数得上的高姓望族。作为唐太宗之左膀右臂，房玄龄历任大唐中书令、尚书左仆射、司空等职，封梁国公。他主掌大唐帝国政务长达二十余年，在凌烟阁二十四功臣中名列第五，可谓名满天下。将高阳公主许配给房家，可足见唐太宗对这个女儿的看重。而"主有宠于太宗，故遗爱特承恩遇，与诸主婚礼秩绝异"。（《旧唐书》卷66《房玄龄传附子遗爱传》）正是因为高阳公主深得太宗皇帝的宠爱与器重，所以在结婚以后，高阳公主的丈夫房遗爱，也是大大地沾了妻子的光，深得太宗皇帝的照拂，在其礼仪待遇和爵禄品级等方面，比其他驸马要高出一两个档次。从史料记载看，房遗爱先是为太府卿、散骑常侍，"掌财货、廪藏、贸易，总京都四市、左右藏、常平七署。凡四方贡赋、百官俸秩，谨其出纳。赋物任土所出，定精粗之差，祭祀币帛皆供焉"。（《新唐书》卷48《百官志》）能得到太宗朝其他驸马都尉所得不到的这样一个主管财物，有着实权的肥差，估计高阳公主没少在父皇面前撒娇力求，也足见李世民对这对夫妻确实是另眼相看。

高阳公主的婆母范阳卢氏，乃有名的刚烈专情女子。在《新唐书》卷205《列女传》中，记载了一则卢氏"剜目明志"的故事："房玄龄妻卢，失其世。玄龄微时，病且死，诿曰：'吾病革，君年少，不可寡居，善事后人。'卢泣入帐中，剜一目示玄龄，明无它。会玄龄良愈，礼之终身。"为表明自己对丈夫的忠贞不贰，她竟然生生剜下自己的一只眼睛！在唐刘餗所著笔记小说《隋唐嘉话》中，还记载了一则卢氏"千古风流一坛醋"的趣事，当然其真实性待考。[3]

房玄龄见诸史料的有三子一女：长子房遗直，娶妻杜氏，次子房遗爱，尚高阳公主，第三子房遗则，则是高攀了唐高祖李渊第六子，荆王李元景的女儿。他的一个女儿，则是嫁给了唐高祖李渊第十一子，韩王李元嘉（母为宇文昭仪）为王妃（根据近期发掘的房氏墓志，发现房玄龄可能还有一子名房遗义，妻吴氏，还有一女嫁给莱州刺史兼莱州港造船使郑仁恺）。房家子女个个攀龙附凤，地位显赫，想来高阳公主下嫁这样一个家庭，不幸摊上了这样一位性格鲜明的婆婆，又有着一个辈分高于自己，见面还得磕头行大礼的小姑子，想要还像个被惯坏的小姑娘那样为所欲为恐怕不太可能了。不过自她出嫁，更加感到拘束、不自在的，是房家。

皇帝的女儿不好惹。自名声在外的高阳公主嫁入房家第一天起，房家上上下下都是诚惶诚恐，毕恭毕敬，甚至可以说是战战兢兢，唯恐稍有冒犯而引发不必要的事端。在《新唐书》卷83《高阳公主传》中，记载有这样一件事："房遗直以嫡当拜银青光禄大夫，让弟遗爱，帝不许。"有一次，李世民特别恩宠，"下拨"了一个银青光禄大夫（为从三品，唐朝一、二品一般均为虚衔，正三品即为宰相级别）的官职给了房家。按照惯例，这样的恩宠理当是由嫡长子，也就是房遗直来承受，根本不可能有其他几个儿子的份儿。但是房遗直却马上上书，表示愿意把这份荣宠让给弟弟房遗爱。可表奏上去，遭到唐太宗的否决。他的理由是自古以来这样的宠遇均由嫡长子来继承，不要因为自己的女儿、女婿而坏了规矩。

房遗直之上书，自然是得到了"老江湖"，父亲房玄龄的同意，或者干脆就是来自老爸的授意，甚至是全家人商量的结果。其缘由，也是因为高阳公主。《新唐书》卷96《房玄龄传附子遗爱传》说得更加直白："主骄蹇，疾遗直任嫡，遗直惧，让爵，帝不许。"骄蹇，傲慢，不顺从之意也。正是出于对这位"骄蹇"公主的恐惧，房家才主动提出要让爵。

从这件事情上，我们不难看出，虽然是房家的儿媳，虽然辈分比房家的女儿还低了一辈，但高阳公主就是理所当然的房家的CEO，名副其实的"霸道总裁"。房家人对她的骄蛮、霸气、贪得无厌，早已心领神会。而知女莫若父，唐太宗李世民料到这个从小就恣意妄为的女儿在房家，那绝不是个省油的灯。对这个不可一世的宝贝女儿，做父亲的他必须得时时敲打：可别给我得瑟过了头！你还是本分一点，做一个好儿媳，好妻子吧。

高阳公主对这门亲事，从一开始就打心眼里不满意。不知是高阳公主真的不明白，还是明白了之后心有不甘：自古以来，公主的婚姻都是由不得自己做主的，而且越是受到父皇喜欢，就越是没有自主权。公主，特别是那些出类拔萃备受宠爱的公主，几乎无一例外的，被她们的"父皇"当作笼络亲信大臣的政治礼物，当作平衡大臣关系的筹码，嫁给了，实际上是赏赐给了那些大臣或他们的子弟们。爱情对公主而言，是只可憧憬而不可获得的奢侈品。关于自己的终身大事，公主们还没有小门小户的民间女子来得自由。高阳公主的丈夫房遗爱，"诞率无学，有武力"。(《新唐书》卷96《房玄龄传附子遗爱传》) 这位驸马爷没读过什么书，等于是不学无术，但孔武有力，率性放诞。从高阳公主后面的所作所为来看，嫁给这样一位平俗庸常，满脑子糨糊的肌肉男，从小阅人无数，心高气盛，对人生充满璀璨憧憬的她，显然很不情愿。

但是不满意又怎么样，不情愿又能怎么样！自从上了花轿踏进房家的大门，跟丈夫好好过日子，与房家人和睦相处，必要时还得尽点监御史的职责，向父皇打点"小报告"，就成了她既定的且必须去完成的任务。

然而有一点高阳公主倒也满意，那就是这个有着一身蛮力的愣头青丈夫，对自己百依百顺。她不费吹灰之力，丈夫就成了自己手下一个小马仔。都说婚姻是爱情的坟墓，对于皇帝的女儿而言，婚姻那就是一道门槛。只要一跨入洞房，公主的少女玫瑰梦，就彻底被挡在门外，永无实现之日了。

不过世事难料。婚后没多久，一个偶然的机会，高阳公主弥补了其心灵的缺憾，得到了渴望已久的那份情爱。

"初，浮屠庐主之封地，会主与遗爱猎，见而悦之，具帐其庐，与之乱，更以二女子从遗爱，私饷亿计。"(《新唐书》卷83《高阳公主传》)

婚后不久的一天，风和日丽，高阳公主和丈夫带着一大堆随从，来到长安郊外的公主领地上打猎消遣。偶一抬头，高阳公主发现不远处竟然有一处草庵。草庵虽然不大，也略显破旧，不过干净别致。于是在一群侍女的簇拥下，她信步来到草庵前。

在杂乱的脚步声中，一位年轻僧人开门迎了出来。高阳公主打眼一望，只见这位小和尚，身着粗布僧服，除了手中一串念珠，别无长物，但那番英俊秀朗与清澈雅净，一下子把她给吸引住了：想不到世间竟有这般男人。跟他比起来，那些锦衣玉食、油光满面的男人只能算是泥猪癞狗了。当与这位年轻僧人的眼光一交集，平日里大大咧咧的高阳公主突然忸怩起来，脸上也开始微微的发烧。而那位双手合十的小和尚看着越走越近，环佩叮当、花团锦簇的这一群人，也显得局促不安起来，手足无措得不知道该怎么招呼才好了。

再一交谈，高阳公主发现，这位名叫辩机的和尚，不但外表不俗，谈吐亦很风雅，且富有学识，幽默机敏，虽然年龄不大，但其悟识与眼界，亦很是了得。在此荒野之地，竟然会遇上此等之人！高阳公主不由得瞪大了眼睛，心怦怦乱跳。

之后，高阳公主几次趁游玩之机来到草庵，与这位了不得的年轻僧人攀谈起来。从如来世尊，到天地众生，从西天极乐世界，到世间人生百态……谈着谈着，两位年轻人慢慢发现，他们之间虽然地位悬殊，虽然来自于完全不同的两个世界，但却是那样的容易沟通，那样彼此激赏。两颗同样饥渴的心，靠近了，融合了。终于在某一天，"具帐其庐"，高阳公主让随身侍女把特意带来的床帐枕席被单等用具，抬进了那个草庵。

于是乎，一个忘了皇家公主那贵的身份，一个忘了已坚守数年的佛家规矩，两个一见钟情的年轻人，就在这破旧的荒野草庵里，如胶似漆地紧紧缠绵在了一起。此时此刻，犹如一朵风华绝代的牡丹，高阳公主将蓄势多年的璀璨华丽，尽情绽放在自己心爱的男人面前。而一个正当妙龄、含情脉脉，且自荐枕席的美丽公主，犹如期待中的女菩萨，也让辩机那颗禅寂多年的心，瞬间燃烧起来。他那充满青春活力的身躯，无可救药地，瞬间被引爆。

恋爱中的女人是最幸福的，陶醉在幸福里的女人自然是与众不同的。那无须胭脂，两颊上自然氤出的玫瑰色红晕，无时无刻不在闪烁着的多情的眼神，以及说话时自然而然流露出来的生动与快乐，无不向别人昭示着自己内心的秘密。当然从一开始，沉浸于偷情所带来的刺激与兴奋之中，被炽烈情火所燃烧着的高阳公主就没打算瞒着丈夫。为了补偿对丈夫的亏欠，她主动送给丈夫两名年轻、漂亮的侍女，给了他数以亿计的财物。于是，几年间大家相安无事。

其实，这也不难理解。对于房遗爱而言，被妻子有所补偿地戴了绿帽子，当然憋屈、痛苦，但是他有提出异议的条件吗？

贞观十五年（公元645年），在玄奘举国选拔译经人才的考核中，辩机有幸被选中。于是辩机不得不告别胭红粉香的高阳公主，前往弘福寺去献身于那法量无边的佛祖，普度众生去也。依依惜别之机，高阳公主将自己所最为喜欢的一只玉枕，送给了辩机。

为夺爵位，屡屡诬害大伯子

贞观二十二年（公元648年）夏天，大唐贤相，年届70的房玄龄突然病重。唐太宗"敕遣名医救疗，尚食每日供御膳。若微得减损，太宗即喜见颜色；如闻增剧，便为改容凄怆"，对这位老战友可谓关怀备至。病榻上的房玄龄认为，"唯东讨高丽不止，方为国患"，遂上表唐太宗，力谏罢高丽战事。唐太宗见表，动情地对高阳公主说："此人危惙如此，尚能忧我国家。"他都已经病得这个样子了，还在担忧国之安危，真是难能可贵，令人为之动容啊。在房玄龄弥留之际，"上又亲临，握手叙别，悲不自胜。皇太子亦就之与之诀。即日授其子遗爱右卫中郎将，遗则中散大夫，使及目前见其通显"。唐太宗亲临病榻拉着他的手，悲痛诀别，并立即下诏，授房遗爱右卫中郎将，房遗则中散大夫。房玄龄去世后，唐太宗又"废朝三日，册赠太尉、并州都督，谥曰文昭，给东园秘器，陪葬昭陵"。（以上引文均见《旧唐书》卷66《房玄龄传》）

这位房相真可谓极尽哀荣了。

在房玄龄去世后不久，不和谐之音出现了："玄龄卒，主导遗爱异赀，既而反谮之。"（《新唐书》卷83《高阳公主传》）这次，高阳公主先是撺掇丈夫去跟房遗直析产分家，又放出风来："你们不知道吧，这是大伯子主动跟我们提出来，要急着跟我们分家另过呢。"

按照《唐律·户婚》："诸居父母丧，生子及兄弟别籍异财者，徒一年。"即如果你在父母去世一年内，提出要分割财产，分家别居，那你就是有罪，要被判流放一年。高阳公主分明是想构陷房遗直违反《唐律》，让他成为一个流放犯啊。

先去煽风点火，再倒打一耙。公公尸骨未寒，高阳公主便使出如此歹毒之计，将驸马的亲兄弟往绝路上逼。她跟房遗直怎么就这么不共戴天？

其实，其缘由、性质跟上次的银青光禄大夫事件是一样的，都是"嫡长子"这三个字惹的"祸"。

中国历来奉行嫡长子继承之宗法制度。房玄龄去世后，其梁国公的爵位、封邑以及朝廷其他的一些恩宠，均由嫡长子房遗直来继承。房遗直理所当然地成了房家这一大家子人事实上的"家长"。假如老大倒了，一切不就该老二的了吗？"谋黜遗直而夺其封爵。"（《旧唐书》卷66《房玄龄传附子遗爱传》）高阳公主的狼子野心呼之欲出。

相处了这么多年，房遗直当然知晓高阳公主的打算。于是"遗直自言"，他干脆跑到唐太宗李世民那儿，一五一十将事情前因后果，将父亲去世后家里的情状，痛痛快快全都来个上奏天听。

唐太宗听完勃然大怒。房玄龄，那是朝之重臣，朕可以托付生死的兄弟啊。朕当初把你嫁入房家，就是指望你能够跟他们一家人搞好关系，进而进一步笼络房家更好地为朝廷，当然也是为我们李家来出力卖命，顺便也给天下人做个表率。现在倒好，公公尸骨未寒，你做儿媳的竟然就使出来这一招。况且，朕对房家如此的恩宠有加，还不是因了你，还不是做给大臣们，做给天下人看的！

于是，"帝痛让主"，李世民立马把这个不懂事还会挑事的十七女叫到病榻前，狠狠地斥责了一通。并且，"自是稍疏外"，从此以后，他渐渐疏远了这个不懂事的女儿，不再轻易宣她进宫了。"主怏怏。"（以上引文均见《新唐书》卷83《高阳公主传》）偷鸡不着反蚀了把米，难得再见到父皇的高阳公主，心中怏怏不爽，对房遗直更是怀恨在心。

但是正在家中怒气冲冲、诅咒发誓要再把事情扳过来的高阳公主可能做梦都没有想到，因为一个杀千刀的小偷，一场更大的风波已汹汹向她袭来。她在父皇心目中的形象与地位，即将一落千丈，永无翻身之日了。

当那只金宝神枕，当然还有辩机和尚的口供递上御案，李世民恼怒异常。此时此刻，没有人能比李世民更尴尬更难受，也没有人能比他更愤怒更无助的了：本想通过大力整治，让自己做个恶人，给太子留下一个风清气正的社会，好让他这个皇帝当得轻松些，可现在这个不争气的女儿不但让一切都前功尽弃，而且还给自己出了一道难题。现在自己该怎样去给天下人一个交代，九泉之下又怎么去跟我那老战友见面？对不起了，小和尚，虽然我很喜欢你写的书，也很赏识你的才智，但我只能以判你极刑，来挽回一点影响。

于是，按《唐律》"诸盗御宝者，绞"之律条，唐太宗下诏，将辩机按"盗御宝"之罪，处以腰斩之刑。

除了腰斩辩机，唐太宗还狠下心来，"杀奴婢十余"，以知情不报之罪，将高阳公主身边十多名奴婢也一并处以极刑。

正是昔日最疼爱自己的父皇，杀害了自己最心爱的男人！自此，高阳公主形同槁木，心若死灰。几个月之后，李世民驾崩。"帝崩无哀容"，曾经那么疼她爱她的父皇死了，高阳公主竟面无戚色，一滴眼泪也没有流。在她心里，情人比爹的分量更重，父皇腰斩了她心爱之人，他们间的父女之情，也就同时被腰斩了。

此后，高阳公主放浪形骸，疯狂地四处寻找俊俏的和尚道士，专与这些人寻欢作乐。"又浮屠智勖迎占祸福，惠弘能视鬼，道士李晃高医，皆私侍主。"（以上引文均见《新唐书》卷83《高阳公主传》）和尚智勖善于占卜祸福，惠弘能够视见鬼魂，道士李晃有着高明的医术。高阳公主大概是祈求通过他们，让自己能够再见到辩机，再与他的魂魄相依相偎一番吧。然而不难想象，在与这些人的纠缠中，高阳公主得到的只是暂时的欢愉而已，待她清醒过来，等待她的一定是加倍的痛苦与绝望，是一次次歇斯底里的失声痛哭吧。

李世民去世，太子李治即位，是为唐高宗。高阳公主的辈分又升了一级，成了高阳长公主了。父皇一死，再也没有能够管束自己的人了，高阳公主再次闹腾起来。"上即位，主又令遗爱与遗直更相讼，遗爱坐出为房州刺史，遗直为隰州刺史。"（《资治通鉴》卷199《唐高宗永徽三年》）高阳公主唆使丈夫跟大哥时不时搞点小摩擦，有时候都闹到了高宗李治那儿。

有句话叫清官难断家务事。对于刚刚继位的李治而言，高阳长公主家的这些乱七八糟鸡毛蒜皮的事儿，他哪里搞得清，又哪里有心情去弄清它！他不问青红皂白地各打五十大板：出房遗爱为房州（今湖北省房县）刺史，房遗直为隰州（今山西省隰县）刺史。算了，你们家的事你们自己去慢慢弄清楚吧，我先把你们分开再说。

当然，李治对高阳长公主还很是照顾的。"冬十月戊戌，幸同安大长公主第，又幸高阳长公主第，即日还宫。"（《旧唐书》卷4《高宗本纪上》）永徽三年（公元652年）的冬天，李治在去了姑妈同安大长公主家之后，还特意跑到高阳长公主家里，拉家常，聊亲情，估计赏赐也是少不了的。

然而高阳长公主不达目的誓不罢休。"主既骄恣，谋黜遗直而夺其封爵，永徽中诬告遗直无礼于己。"(《旧唐书》卷66《房玄龄传附子遗爱传》)这位已经是几个孩子母亲的"骄恣"公主,偏偏就跟大伯子较上劲儿了,非要夺了人家的爵位不可。这一次,她索性径直哭哭啼啼跑进宫去,跪在李治面前,一把鼻涕一把泪哭诉道,"皇上,这次你可要给我做主啊。"

"无礼于己",现代人往往首先想到的是对女人无礼,就是对女人言语猥亵或者动手动脚,甚至企图强暴她了。但这里的"无礼于己",非是无礼于"女人",而是无礼于"公主"。重点不在性别,而在身份。从皇家来看,是公主下嫁,在大臣家,那叫"尚"公主,那是高攀了。所以即便是结婚了,公主一般都拥有自己豪华的府邸。平日里大部分时间,只要她们愿意,也是住在自己的公主府,有时甚至不经允许,就连驸马也不能跨进公主府一步(可参《永兴公主》一章)。更别说其他人见了公主,或者一家人与公主相处,那都是有一套严格的礼仪规制必须遵守,谁也不可违反,谁也怠慢不得的。否则就是冒犯了神圣不可侵犯的皇家威严,是重罪。

所以高阳公主说房遗直"无礼于己",只是想告房遗直一个对皇家的大不敬,以彻底整垮房遗直,夺了他的爵位而已。

然而,不管她怎么想,这一次,任性、贪婪而又愚蠢的高阳公主把玩笑开大了,大到让许多人付出了生命的代价,让大唐国运大大打了个折,甚至是间接地助力一位女人顺利地登上了历史舞台,从而制造出数不清的人间悲喜剧,让历史,大大拐了弯。

反诬洗诬,三王爷三驸马殒命

面对高阳公主无中生有的指控,房遗直急红了眼:如果罪名成立,弄不好要掉脑袋的呀。已无退路的房遗直"亦言遗爱及主罪,云:'罪盈恶稔,恐累臣私门。'"(《资治通鉴》卷199《唐高宗永徽三年》)他当庭反戈一击:陛下,臣冤枉啊,他们这是倒打一耙,以掩盖自己的罪行。事情到了这一步,臣也顾不得什么,虽然这是罪大恶极,会让我们房家灭九族,但是臣什么也不管不顾了。皇上,臣揭发,臣弟和高阳公主他们正在谋反,策划推翻您而另立新君呢,陛下!

还有这样的事情？于是，高宗"令长孙无忌鞫其事"。惊愕不已的李治把时任大唐太尉，同中书门下三品，其实也就是最有实权的当朝宰相，他的亲舅舅长孙无忌叫来，把这个案子交给了他。

由此，悬在房家上空多年的一颗定时炸弹，这一次终于彻底爆炸了，而且其威力，远远超过了所有人的想象。

关于这一起高阳公主、房遗爱谋反案详情，新、旧《唐书》他们的本传中语焉不详，只说"高宗令长孙无忌鞫其事，因得公主与遗爱谋反之状"，"乃得主与遗爱反状"，在其他篇章中，也只有一些零星的记载。司马光在《资治通鉴》卷199中，根据新、旧《唐书》各章内容，为我们勾勒了一个大概：

"先是，驸马都尉薛万彻坐事除名，徙宁州刺史，入朝，与遗爱款昵，对遗爱有怨望语，且曰：'今虽病足，坐置京师，鼠辈犹不敢动。'因与遗爱谋，'若国家有变，当奉司徒荆王元景为主。'元景女适遗爱弟遗则，由是与遗爱往来。元景尝自言，梦手把日月。驸马都尉柴令武，绍之子也，尚巴陵公主，除卫州刺史，托以主疾留京师求医，因与遗爱谋议相结。"

驸马都尉薛万彻，本为隋将，后与兄长薛万均自幽州降唐。玄武门之变，时在太子李建成幕府的薛万彻率东宫兵马反扑秦王府，直到李世民派人出示太子首级，他才放下武器，带领数十骑逃入南山，在李世民屡次遣使诏谕后，他才复出。他平突厥、薛延陀部，征高句丽，均屡立奇功，成为李世民手下三大名将之一（另外两位为：李世勣又名李勣，李道宗）。贞观十八年（公元644年），唐太宗把他的亲妹妹，唐高祖李渊第十五女丹阳公主嫁给了他。[4]"万彻在军，仗气凌物。"薛万彻乃有名的口无遮拦，辱骂属下甚至目无尊长那是他的常态。他曾经因为被人告发乱议朝政对太宗颇有微词而被"除名徙边，会赦得还"。（以上两段引文均见《旧唐书》卷69《薛万彻传》）唐永徽二年（公元651年），作为唐高宗姑父的薛万彻，又"坐事除名"，又一次受到撤、降职处分，调任宁州（今甘肃省宁县）刺史。第二年，薛万彻入朝，因与驸马房遗爱一家关系密切，于是在见过唐高宗后，他抬脚就来到房家。几杯酒下肚后，他又管不住自己的嘴巴了，说，"别看我现在腿脚不灵便了，如果我坐镇京师，看尔等鼠辈谁敢乱动！"又跟房遗爱推心置腹窃窃私语："如果国家有变，李治那小子下课了，你看谁比较合适？我看当数荆王李元景，他是最为合适的继位人选。"

为什么他们会首选李元景呢。我们上文也交代过，李元景的女儿嫁给了房家老三房遗则。李元景又是李渊第六子，薛万彻的妻兄，房遗爱的妻叔，所以他跟房家及薛万彻的关系都还不错，特别是跟房遗爱他们家，因为亲上加亲，往来就更加密切，几个人几乎无话不谈。李元景曾对房遗爱说，他做过一个奇怪的梦，梦见自己一手握着太阳，一手握着月亮。而李世民去世后，时任大唐司徒的荆王李元景，就成了李渊在世皇子中最年长的一个了。如果天下有变，他不是首选，那还有谁比他更合适？

李渊的女儿平阳公主跟柴绍所生的儿子柴令武，娶的是唐太宗的第七个女儿，高阳公主的姐姐巴陵公主。于是房遗爱一家跟柴令武一家，平日里也是亲如一家。永徽三年，柴令武出任卫州（今河南省卫辉市）刺史，他并没有马上走马上任，而是假托妻子巴陵公主有病需要照顾，滞留在了长安。之后，他与房遗爱，这两个官二代、驸马爷，整天厮混在一起。

这样以房遗爱家为纽带，三位老、少驸马，三位公主，一位老牌皇子，就关联在了一起，无形中形成了一个贵族俱乐部。同是天涯沦落人，这些人成天待在一起，骑马、打球、喝酒、聊天，不谋议点什么事情，那才怪呢。

可隔墙有耳，世界上没有不透风的墙。他们这边口无遮拦酒后胡言乱语，那边有人早就悄悄给他们一一"实录"在案了。人家没有告发你，只是因为时机未到。

现在，高阳公主这么一闹，时机终于到了。

突破口是房遗爱。无须长孙无忌费什么周折，他就全部交代了出来。令人不齿的是，"万彻不之伏，遗爱证之"。（《旧唐书》卷69《薛万彻传》）当薛万彻拒不承认对他的所有指控时，房遗爱竟然当面对证，还原当日情景，直接把姑父打入了十八层地狱。

关于高阳公主参与这一起谋反活动的情况，史书上有一句话值得关注："主使掖廷令陈玄运伺宫省禨祥，步星次。"（《新唐书》卷83《高阳公主传》）高阳公主暗地里买通掖廷令陈玄运，让他去察看内宫祥祸，推演星象，实际上也就是把他作为内应，让他暗中监视宫里动静，有什么及时报告。其实高阳公主做这些，也可以说跟所谓谋反，一点关系也扯不上。皇亲国戚也好，大臣也罢，谁在宫里没个内应，没个把走得近的，递个话的？难不成一个个都想谋反不成？不过毫无疑问的是，在这起事件中，高阳公主绝对是脱不了干系的。她理应是积极参与者，是旗帜，是纽带。如果没有高阳公主，或者她没有参与其中，单凭房遗爱，是形成不了这样的关系这样的局面的。至于理由，我想不用多说，单凭老爹腰斩了她心爱的男人，再加之屡屡想夺了房遗直爵位而不成，凭她的个性，不添点乱才怪。永徽四年（公元653年）春二月，"诏遗爱、万彻、令武皆斩，元景、恪、高阳、巴陵公主并赐自尽"。（《资治通鉴》卷199《唐高宗永徽四年》）三个驸马皆被问斩，荆王李元景、吴王李恪及高阳、巴陵二公主毕竟皇亲国戚，给他们留个全尸，赐自尽。值得一提的是，薛万彻，真不愧为千古好男儿，"临刑大言曰：'薛万彻大健儿，留为国家效死力固好，岂得坐房遗爱杀之乎！'遂解衣谓监刑者疾斫。执刃者斩之不殊，万彻叱之曰：'何不加力！'三斫乃绝。"（《旧唐书》卷69《薛万彻传》）此等盖世英豪，杀了真是可惜，真该留下他为国效力，让战场成为他的刑场。

此案牵连甚广。"侍中兼太子詹事宇文节，特进、太常卿、江夏王道宗，左骁卫大将军、驸马都尉执失思力并坐与房遗爱交通，流岭表。""废恪母弟蜀王为庶人，置巴州；房遗直贬春州铜陵尉，万彻弟万备流交州。罢房玄龄配飨。"（《资治通鉴》卷199《唐高宗永徽四年》）因为和房遗爱一家交集较多，唐高祖李渊的侄子，时任太常卿、礼部尚书，战功卓著的江夏郡王李道宗，被判流放象州（今广西柳州东南象州县），病死于流放途中。侍中、太子詹事宇文节（相当于宰相），驸马都尉、左骁卫大将军、安国公执失思力（娶唐高祖之女、唐太宗之妹九江公主。九江公主后上表请求削去自己封邑，跟丈夫一起流放，不久病逝）以及谯国公、安西都护、柴令武的哥哥柴哲威，尚书奉御、薛万彻的弟弟薛万备等人，都被流放边远地区。房遗爱的哥哥，梁国公、汴州刺史房遗直因揭发有功，免于一死，被贬为春州（今广东省阳春市）铜陵尉（从九品）。另外，房玄龄配享唐太宗李世民香火祭祀的牌位，也被撤除。房遗爱跟高阳公主的子女，亦难幸免，"诸子配流岭表"，全部被流放到了岭南地区。（《旧唐书》卷66《房玄龄传附子遗爱传》）

这次皇室大清洗，可谓血流成河，异常残酷。但其中最冤屈，最无辜的，是大唐司空、吴王李恪。

"恪母，隋炀帝女也。恪又有文武才，太宗常称其类己。既名望素高，甚为物情所向。"吴王李恪，李世民第三子，母亲杨妃，乃隋炀帝杨广的女儿。流淌着两朝皇家血脉、英俊不凡的李恪，从小就很受唐太宗喜欢。唐太宗不但多次称他"类己"，还一度打算立他为太子。虽然唐太宗最后按长孙无忌的意愿立第九子，晋王李治为太子，但李恪"名望素高，甚为物情所向"。（以上引文均见《旧唐书》卷76《吴王恪传》）对于这位文武双全、深孚众望的李恪王爷，长孙无忌一直防备嫉恨在心，必欲除之而后快。

现在机会终于来了。

"恪名望素高，为物情所向，无忌深忌之，欲因事诛恪以绝众望。遗爱知之，因言与恪同谋，冀如纥干承基得免死。"（《资治通鉴》卷199《唐高宗永徽四年》）贪生怕死的房遗爱被抓以后，自认为只要能够检举揭发，戴罪立功就可逃过一劫。他知道长孙无忌最忌恨的是李恪，于是他就效仿当年因主动揭发太子李承乾造反从而立功免死的纥干承基[5]，向长孙无忌主动揭发说，吴王李恪也是他们的同谋。心知肚明的长孙将计就计，把远在外地担任都督的李恪抓到长安，屈打成招，要了他的命。李恪的四个儿子，"仁、玮、琨、璄，并流于岭表"，被流放到岭南地区。李恪同母弟弟蜀王李愔，被流放巴州（今四川省巴中市），贬为庶人。

三位王爷、四位驸马、四位公主，再加上受到牵连的一大堆人，他们当中有的位列三公，有当朝宰辅，有南征北战威震敌胆的大将军，也有各地的刺史、都督。可以说为巩固外甥李治的统治，为确保自己元舅首辅的地位，长孙无忌"衔不协之素，致千载之冤"（《旧唐书》卷60《江夏王道宗传》），以一场家庭纠纷为引子，不惜借高阳公主、房遗爱谋反案，一竿子打翻了一船人，在朝廷上下掀起惊涛巨浪，把后太宗朝时期的皇亲国戚们收拾得七零八落、服服帖帖。李恪临死时，大骂长孙无忌"窃弄威权，陷害良善，宗社有灵，当不久族灭"。（《资治通鉴》卷199《唐高宗永徽四年》）有趣的是，长孙无忌的结局被李恪说中了。六年之后的唐高宗显庆四年（公元659年），"中书令许敬宗遣人上封事，称监察御史李巢与无忌交通谋反"。武则天的政治同盟许敬宗指使人向高宗呈奏密章，称监察御史李巢勾结长孙无忌，图谋造反。高宗下诏削去长孙无忌的官职、封邑，流徙黔州（黔州辖境相当于当今湖南、湖北、重庆和贵州交界处，后来称贵州省为黔）。他的儿子们都被罢官除名，流放岭南。这一年七月，"敬宗寻与吏部尚书李义府遣大理正袁公瑜就黔州重鞫无忌反状，公瑜逼令自缢而死，籍没其家"。（以上两段引文见《旧唐书》卷 65《长孙无忌传》）唐高宗让李勣、许敬宗复审长孙无忌谋反案，许敬宗命中书舍人袁公瑜赴黔州去复审，结果袁公瑜一到那儿，便逼令长孙无忌自缢——这应该是秉承了皇后武则天的意思吧。

鹬蚌相争，渔翁得利。长孙无忌挖空心思严厉打击宗室势力，试图以外戚力量来排斥异己、巩固皇权，保自己及外甥李治的位子，但到最后，他却给李唐王朝制造了最大的危机与伤害。正是因为长孙无忌利用这一次所谓谋反案，将皇亲国戚里堪用的人才如李元景、李恪、李道宗、薛万彻、执失思力等人悉数清除，后来武则天残害李唐宗室、抢班夺权的时候，才没有人能站出来阻止她。高宗李治最后成了武则天手中的一个傀儡，任其摆布，眼睁睁看着李唐王朝一步步被人蚕食。唐太宗临终前，将太子郑重托付给长孙无忌、褚遂良，要求二人"尽诚辅佐"，"永保宗社"。可现在，长孙无忌、褚遂良等人将太宗的嫡系子孙几乎诛杀殆尽，导致大唐"中断灭国"，走向衰败毁灭之路，让一个女人占尽了便宜，成就了一番千秋大业（参见后一章《太平公主》）。如果太宗地下有知，真不知该做何感想？长孙无忌地下若逢太宗李世民，真不知有何言哉！

但不管怎么说，这一切，其当初的由头，还不都是拜那位贪婪、愚蠢而又骄横不可一世的高阳公主所赐？！

所谓的高阳公主、房遗爱谋反案，根本没有进入实质性的实施阶段。高阳公主，一辈子桀骜不驯，一辈子不肯居人之下，可却是一辈子成了被人所利用的主儿。如果真是叫她去造反夺权，恐怕她还真没这个胆识，也真不是这块料。

悲乎高阳公主，你对大唐，对唐太宗李世民，还真算得上是一颗灾星，虽然你其实并无祸国家、害父皇之本意。

注　释

[1] 公元 618 年，李渊建国称帝时，立长子李建成为太子，封同为皇后所生的次子李世民为秦王。随着李世民在外屡立战功，功名日盛，太子李建成心中不安，遂与弟弟、齐王李元吉结成同盟，想方设法来消减李世民的威望与势力。一时太子党和秦王党明争暗斗，搅出了数不清血雨腥风。唐高祖

武德九年农历六月四日（公元626年7月2日），在李世民的要求下，唐高祖李渊召李建成和李元吉进宫接受质询。李世民带一百多人埋伏在宫城北门玄武门内。本是太子亲信的玄武门执行禁卫总领常何，已被李世民策反。当李建成和李元吉两人走到临湖殿，发觉情势不对时，李世民率伏兵从四面杀将而出。李建成被李世民一箭射杀，李元吉被尉迟恭射死。东宫太子部将得到消息后，兴兵前来报仇，双方在玄武门外发生激战。"尉迟敬德持建成、元吉首示之，宫府兵遂溃。"（《资治通鉴》卷191《高祖武德九年》）尉迟恭将李建成和李元吉二人的头割下来示众，太子兵马顿作鸟兽散。之后，李世民跪见李渊，上奏事情经过。三天后，李渊立李世民为皇太子。两个月后农历八月初九（公元626年9月4日），太子李世民在东宫显德殿即帝位，是为唐太宗。这就是"玄武门事变"。

[2]与辩机同时入选为缀文大德的另外八人分别是：西京普光寺沙门栖玄、弘福寺沙门明浚、终南山丰德寺沙门道宣、简州福聚寺沙门靖迈、蒲州普救寺沙门行友、栖岩寺沙门道卓、豳州昭仁寺沙门慧立、洛州天宫寺沙门玄则。这几个人当中又以辩机、道宣、靖迈、慧立四人最为著名，因为他们除了参与译经之外，都另有著作问世。道宣著有《大唐内典录》《续高僧传》，靖迈著有《古今译经图记》，慧立则有《大慈恩寺三藏法师传》问世。

[3]《隋唐嘉话》载：梁公夫人至妒，太宗将赐公美人，屡辞不受。帝乃令皇后召夫人，告以媵妾之流，今有常制，且司空年暮，帝欲有所优诏之意。夫人执心不回。帝乃令谓之曰："若宁不妒而生，宁妒而死"曰："妾宁妒而死。"乃遣酌卮酒与之，曰："若然，可饮此鸩。"一举便尽，无所留难。帝曰："我尚畏见，何况于玄龄！"

唐太宗几次想赏赐美女给房玄龄，房玄龄均婉言谢绝。唐太宗一打听，原来是房夫人天性好妒，房玄龄偏偏又惧内。唐太宗于是派人去做工作，无奈房夫人始终不应。唐太宗一气之下派人送了杯"毒酒"给她，没想到她竟然一饮而尽。当然，唐太宗送的根本不是毒酒，而是一杯浓醋。从此，吃醋便成了"嫉妒"的同义词，尤其在男女关系中。

[4]《新唐书》卷83《丹阳公主传》："丹阳公主，下嫁薛万彻。万彻蠢甚，公主羞，不与同席者数月。太宗闻，笑焉，为置酒，悉召它婿与万彻从容语，握槊赌所佩刀，阳不胜，遂解赐之。主喜，命同载以归。"

下嫁薛万彻的丹阳公主觉得丈夫太蠢太笨,脸上无光,数月也不肯跟他在一块儿。唐太宗知道后,大笑不已。一次,他设下酒宴,将公主、驸马夫妇们都召入宫中,故意让薛万彻在大庭广众之下出尽了风头。他又主动提出要跟薛万彻来一场角力游戏,并以自己的佩刀作赌注,然后故意输给薛万彻,解下佩刀相赐。丹阳公主见丈夫如此厉害,也就高高兴兴和他同乘一辆车回家去了。

[5]唐太宗的皇后长孙氏生有三子,长子李承乾,八岁时被立为太子;四子李泰,封魏王;九子李治,封晋王。太子李承乾暗中豢养刺客纥干承基等人,想要杀掉魏王李泰。这时有一个叫于志宁的人上书进谏,叫太子切勿这样做。太子就派张思政、纥干承基二人去刺杀于志宁。他们到于志宁的宅第,看见于志宁躺在苫席上,头枕着土睡觉,就没有忍心杀他。后来李承乾勾结李元昌(唐太宗庶弟)、侯君集等人预谋发动宫廷政变,夺取皇位。刚好唐太宗第七子、齐州都督、齐王李祐起兵作乱。"太子闻齐王祐反于齐州,谓纥干承基等曰:'我宫西墙,去大内正可二十步耳,与卿为大事,岂比齐王乎!'会治祐反事,连承基,承基坐系大理狱,当死。"(《资治通鉴》卷196《唐太宗贞观十七年》)李祐造反一事牵连出纥干承基,纥干承基为求生存,主动上书告发太子谋反之事。结果太子李承乾被废为庶人,李元昌、侯君集等参与者均被处死。因揭发有功,唐太宗"以纥干承基为祐川府折冲都尉,爵平棘县公。"永徽初,唐高宗改授纥干承基为广州番禺府折冲都尉,唐显庆元年(公元656年),纥干承基死于广州,年五十三岁。

安乐公主：当"皇太女"不成，她竟然毒杀父皇

> 安乐最幼，生于房州，帝自脱衣裹之，遂名曰裹儿，特宠异焉。
> ——《旧唐书》卷51《中宗韦庶人传》
>
> 常自草制敕，掩其文而请帝书焉，帝笑而从之，竟不省视。又请自立为皇太女，帝虽不从，亦不加谴。
> ——《旧唐书》卷51《中宗韦庶人传》

故事背景：武则天和她的儿女们（上）

武则天（公元624年—705年），唐朝功臣武士彠次女。她十四岁入宫为唐太宗李世民五品才人，赐号"武媚"。唐太宗去世后，武才人入感业寺削发为尼。唐高宗永徽二年（公元651年），在王皇后的帮助下，本来就跟李治有私情的武氏再度入宫，不久即生下儿子李弘，唐高宗封其为二品昭仪。一年之后，武昭仪生下一个女儿。李治非常喜欢这个小公主，可某一天在王皇后探望了小公主之后不久，有人向高宗报告说，这个才几个月大的小公主已被人掐死于襁褓之中。除了这一男一女，武则天还先后为李治生下了儿子李贤、李显、李旦和次女太平公主。

永徽六年（公元655年），高宗立武则天为皇后。显庆五年（公元660年），高宗因患头风之疾，不能履职理政，遂命武皇后代理之。乾封二年（公元667年），因久疾不愈，高宗又命太子李弘监国。上元元年（公元674年）

秋八月，高宗称天皇，武后称天后，并称"二圣"。第二年春天，因病情加重体力不支，李治打算禅位给太子，自己好一心一意退休养病。可就在这一年的四月，李弘随帝、后出行洛阳时，猝死于合璧宫绮云殿，年仅二十三岁。（《新唐书》卷3《高宗本纪》："天后杀皇太子。"）李弘死后一个月，李贤被立为太子。调露二年（公元680年），常伴武后左右的一五品官员明崇俨为盗所杀，武后怀疑是太子所为，派人搜查太子府，查出皂甲三百余副，武后执意要大义灭亲，高宗遂贬太子为庶人（后囚禁巴州），另立李显为太子。弘道元年（公元683年）十二月，唐高宗病逝，临终遗诏：皇太子即位于柩前，军国大事有不决者，取天后处分（参《旧唐书》卷5《高宗本纪》）。

公元684年2月，即位四十余天的唐中宗李显欲以韦皇后之父韦玄贞为侍中，宰相裴炎力谏不听，武则天遂废唐中宗为庐陵王。武则天的四儿子李旦登基，是为唐睿宗。睿宗朝，武则天临朝称制，自专朝政。值得一提的是，就在李显被废的第三天，武则天派丘武官去了废太子李贤的囚禁地巴州，李贤自缢身亡。

安乐公主是唐中宗李显与韦氏所生的四个女儿中最小的一个。她虽然在历史上名气不及她的姑妈太平公主（详见下一章），但是她那种无所畏惧的闹腾劲儿，那种以"皇太女"自居，目空一切的狠劲儿，却是远超她那个姑妈。安乐公主，这位"光艳动天下"，比杨贵妃还要娇媚漂亮的大唐公主，她最苦命却又最为幸运，她最受宠爱却又是最是不孝，她最是聪明伶俐，其心狠手辣堪比她的祖母武则天，但其结局却是最为惨烈。她在二十六岁花季之年被一刀毙命，尸首还被示众数日，一个"悖逆庶人"的封号，将其永远地钉在了历史的耻辱柱上。可以说正是童年的一段经历，其人生大起大落的极度反转，还有自身那难以遏制的无尽贪欲，让安乐公主这位人生本不该如此的盛唐公主，跟自己的命运，也跟历史，开了一个血腥而又残忍的玩笑。

生于路次，小名裹儿

　　公元684年（唐嗣圣元年）农历二月，刚刚即位四十余天的唐中宗李显，被以皇太后身份临朝称制的武则天，废为庐陵王。他先是被"幽于别所"，然后，"其年五月，迁于均州，寻徙居房陵（州）"。（《旧唐书》卷7《中宗本纪》）这位落魄天子不得不带着身怀六甲的妻子韦氏和几个尚在牙牙学语的儿女，在母亲派来的精兵"护卫"之下，离开长安，走上漫漫远徙之路。从均州（今湖北省丹江口市）迁往房陵（今湖北省房县）的路上，韦氏忽然腹疼难忍。不一会儿，就在押送他们的车子里，一个女婴呱呱坠地了。真是在家千日好，出门一时难。听着女儿急促的啼哭声，曾经富有四海的李显左寻右觅，却心酸地发现，身边竟然连一张用来包裹婴儿的被毡都没有。于是"帝自脱衣裹之，遂名曰裹儿"。情急之下，李显将自己的衣服脱了下来，将冻得哭个不停的女儿小心翼翼地裹了起来，紧紧抱在怀里。那止不住的一行行热泪，尽情地洒在女儿那血污的脸上。

　　由此，这个苦命的孩子，有了一个令人酸鼻的名字——裹儿。

　　李裹儿和父母兄姐一路颠簸来到他们的流放地，从此成了一名房州人。

　　"时中宗惧不自安，每闻制使至，惶恐欲自杀。后劝王曰：'祸福倚伏，何常之有？岂失一死，何遽如是也！'"眼见得与自己手足情深的两位兄长李弘、李贤和一位尚在襁褓之中连名字都没来得及取的妹妹死于母亲之手，李显来到房州后，每天如惊弓之鸟般惶恐度日。他知道只要什么人多上一句嘴，远在京城的母亲随时都会差遣人来，要了他一家老小的命。因此只要一听说母亲又派人来了，他就崩溃得到处找绳子想要自我了断。如果不是妻子韦氏的安慰加训斥，他恐怕命不久矣。在这样的日子里，生于路上，差点儿就活不下来的小裹儿，给一家人的生活带来了些许安慰与快乐，也给他们增添了不少活下去的勇气与希望。因为心怀愧疚，李显和韦氏对生不逢时的小裹儿"特宠异焉"。（以上引文均见《旧唐书》卷51《中宗韦庶人传》）真是百般呵护，千般宠爱，不让她受一丁点儿委屈。裹儿的哥哥李重润和李仙惠等几位姐姐，对她这个小妹妹也是充满了爱护疼惜，因此，尽管生活艰辛，又时时面临死亡的威胁，小裹儿还是顺利地长大了。

转眼间，十四年过去了。沐浴着房州的阳光雨露，少女李裹儿"姝秀辩敏"，出落得很是聪慧伶俐、秀丽可人。当然，自出生即生活于房州，从不知长安为何地，殿宇为何貌的李裹儿，对于这种每天无拘无束，亲人们都围着她转的日子很是满意。对于她而言，房州就是她的家乡，她所看到的房州的天空，就是她的整个世界。她的父母和哥哥、姐姐，就是她所有的亲人。十四岁的她觉得，再过一两年，待父母为她寻下一个门当户对的帅小伙儿，一辈子在房州这样快快乐乐地过下去，也不错。

然而事情发生了她根本意想不到的戏剧性变化。

武周圣历元年（公元698年）初，武则天听从宰相狄仁杰等大臣的劝说，决定将三子李显召还东都，重新立其为太子，准备在自己百年之后，还是把位子传给他，把江山还给李唐。

李显一家在被放逐了十四年之后，又顺顺当当地举家回到了京城。

圣历元年农历九月，武则天正式封李显（当时还叫李哲）为太子。之后，她封李显跟韦氏所生的儿子李重润为邵王，女儿李仙蕙为永泰郡主，李裹儿为安乐郡主。

洗净蓬头垢面，却原来是金枝玉叶。生下来连一块包裹布都没有的乡下野丫头，转瞬间就置身于温柔富贵乡，成为大唐郡主。从踏进金碧辉煌的宫殿的那一刻起，昔日的李裹儿就彻底消失了，丑小鸭转瞬间变身人人惊羡的小天鹅！

此后，"生于路次，性惠敏，容质秀绝"。（《旧唐书》卷183《外戚·武延秀传附安乐公主传》）流淌着高贵的皇家血脉，又带着清新的乡野气息，姿性聪敏，娇俏可爱的安乐郡主，无论走到哪里，都构成了京城里——特别是成了那些贵族青少年心中——一道抹不去的靓丽风景。作为当下皇太子的爱女，又是如此的美丽动人，一时上门求亲的达官贵人挤破了头。但是这些人挤破了头也没用，不光是安乐郡主，包括她姐姐们的婚姻大事，有一个人，早就为她们做下主了，根本容不得其他人来染指。

这个人，就是她们的祖母，此时的大周皇帝武曌。

此时，已决定传位儿子的武则天，正想方设法通过种种手段，将李、武两家紧紧捏合到一块儿，以图消弭两家之间数十年来的恩怨情仇与将来难以避免的政治争斗。而李、武两家联姻，是她惯常使用的手段。于是，安乐郡主的姐姐永泰郡主，由武则天做主，嫁给了她的大侄儿武承嗣之子武延基，安乐郡主被她许配给了自己的另一个侄儿武三思的儿子武崇训。

安乐郡主正式出嫁武崇训，是在武周长安年间（公元701年—703年）。"崇训之尚主也，三思方辅政，中宗居东宫，欲宠耀其下，乃令具亲迎礼。"（《新唐书》卷206《外戚·武三思传》）此时，李显方为东宫太子，武三思刚刚被任命为内史（中书令）不久。李显想为女儿办一场风风光光的婚礼，来冲散以往十多年的晦气，炫一炫自己当下那独一无二的太子身份，当然同时也顺便为亲家翁脸上添添光。"三思宅在天津桥南，自重光门内行亲迎礼，归于其宅。"安乐郡主出嫁这一天，从重光门，也就是太子东宫正门，直到城里天津桥南的武宅，一路红烛高照，安乐郡主送亲迎亲及过礼的喜气洋洋的大红队伍，吹吹打打迤逦而行，羡煞无数路人。

武三思"又令宰臣李峤、苏味道，词人沈佺期、宋之问、徐彦伯、张说、阎朝隐、崔融、崔湜、郑愔等赋《花烛行》以美之。其时张易之、昌宗、宗楚客兄弟贵盛，时假词于人，皆有新句"。（以上两段引文见《旧唐书》183《外戚·武崇训传》）武三思特地邀请了宰相李峤、苏味道以及名重一时的诗人沈佺期、宋之问、张说等人当场以"花烛行"为题，吟诗作赋，共祝一对新人百年好合。一时"造作文辞，僈泄相矜，无复礼法。"（《新唐书》卷206《外戚·武三思传》）那些文人骚客们争相猎巧搜奇，无不穷尽其才剪裁新句，让一对新人的婚礼到几成诗坛一大盛事。就连武则天的宠臣张易之、张昌宗、宗楚客等人，虽然本人不善此道，也都假他人之手，附庸风雅地献诗凑趣来了。"帝城九门乘夜开，仙车百辆自天来，列火东归暗行月，浮桥西渡响奔雷。"这是诗人宋之问《花烛行》中的几句。[1] 由此我们不难想象，婚礼现场那车辆人员如流，炬火掩月、礼炮如雷的宏大喜庆场景。

但是，等待着安乐郡主的不仅是鲜花着锦的新婚生活，一件轰动京城的惨烈事件让她那稚嫩的心脏第一次感受到了生活的严酷，让她上了极为生动的人生一课。

"大足中，张易之兄弟得幸武后，或谮重润与其女弟永泰郡主及主婿窃议，后怒，杖杀之，年十九。"（《新唐书》卷81《李重润传》）公元701年（武则天大足元年或长安元年）的一天，安乐郡主的哥哥李重润与其姐永泰郡主、姐夫武延基私下里议论，"张易之兄弟出入宫中，恐有不利，后忿争不协"。(《旧唐书》卷183《外戚·武承嗣传》)张易之、张昌宗这兄弟俩如此受宠，这样随意出入后宫成何体统，可祖母却听之任之，这样下去如何是好。结果不知怎的，竟有人将他们私下里议论的这些话，告知了张氏兄弟，张氏兄弟自然添油加醋地告到了武则天那里。本来到了晚年疑心病就很重的武则天听到这些话，勃然大怒。九月初三，她下令将嫡孙李重润当庭活活打死，武延基被逼自杀身亡。受此惊吓，身怀六甲的永泰郡主第二天出现早产征兆，血流不止，不久即母子双双殒于血泊之中。[2]

一个是亲孙子，一个是亲孙女，还有一个是亲侄孙、亲孙女婿，因为私下里说了几句不痛不痒的话，做祖母的竟然下如此毒手。而眼睁睁看着一双儿女及尚在胎中的孙儿顷刻间死于非命，作为父母的李显跟韦氏除了悲悲戚戚，暗自垂泪，竟然一句话不敢说，一点不服不满的情绪也不敢流露。

通过这件事，安乐郡主第一次领略到那来自至高无上权杖的威力，第一次知晓，普天之下，芸芸众生，除了那把龙椅上的主人，其他人，无论是谁，都是命如草芥，随时随地都会大祸临头。

丑小鸭变身小天鹅　贩夫走卒"斜封官"

神龙元年（公元705年）正月二十二日，宰相张柬之、李多祚等人率五百余人冲入玄武门，诛杀了张易之、张昌宗兄弟及其党羽，迫使武则天传位于太子李显，二月，正式改国号为唐。由此，大唐正式复国。

复位后的唐中宗封韦氏为皇后，安乐郡主顺利升级为安乐公主。当然，李显也忘不了四年前惨死的那一双苦命的儿女。他追封李重润为"懿德太子"，永泰郡主为"永泰公主"，并将他们二人的尸骨分别迁葬乾陵，陪葬唐太宗。李显还空前绝后地特许他们的坟墓尊称为"陵"，其规格与帝王相同。

这一切对于惨死于祖母手下的兄妹俩而言，已经没有什么实质性的意义了。倒是九死一生终于熬出了头的韦皇后及安乐公主她们，现在终于是苦尽甘来，长舒了一口气。此时，一片璀璨崭新的世界，正在她们面前尽情舒展，曾经拥有，现在又失而复得的大唐帝国，正敞开胸怀，等着她们去纵横驰骋，以一舒人生快意呢。

李显与韦氏被流放于房州时,两人"累年同艰危,情义甚笃"。李显曾不止一次对跟自己同生死、共患难的妻子许诺说:"一朝见天日,誓不相禁忌。"所以中宗复位后,对韦后很是放纵,无论韦后做什么,他都从不过问。在生死线上苦苦挣扎几十年,现在终于翻身得解放成为人上人的韦后,首先当然是亏不了曾经为她担惊受怕,跟着她受苦受难的娘家人,"后方优宠亲属,内外封拜,遍列清要"。另外,"时昭容上官氏常劝后行则天故事,乃上表请天下士庶为出母服丧三年;又请百姓以年二十三为丁,五十九免役,改易制度,以收时望。制皆许之。"(以上引文均见《旧唐书》卷51《中宗韦庶人传》)在曾多年担任武则天"女秘书",有着"巾帼宰相"之称的大唐才女,现被唐中宗拜为昭容,仍负责诏令起草工作的上官婉儿的撺掇下,一步登天,初步尝到权力滋味的韦后也想学婆母武则天了。[3]她利用身份、权力之便,开始收买人心,让天下人觉得她这个皇后时时想到百姓的疾苦,从而让大家能够慢慢接受她,拥戴她。后来,在上官婉儿的提议下,仿当年李治和武则天"天皇""天后"二圣并尊的故事,中宗加尊号"应天",韦氏加尊号"顺天",让帝后同朝理政。每当中宗视朝,韦后就在御座左侧隔着布幔坐着。"皇后韦氏既雅为帝所信宠,言无不从。"对于她的话,本来就很懦弱且缺乏主张的中宗唯唯诺诺,言听计从,倒是堂下时任侍中的桓彦范这时有点看不下去了,他上表中宗:"古人譬以'牝鸡之晨,惟家之索。'《易》曰'无攸遂,在中馈',言妇人不得预于国政也。伏愿陛下览古人之言,察古人之意,上以社稷为重,下以苍生为念。宜令皇后无往正殿,干预外朝,专在中宫,聿修阴教,则坤仪式固,鼎命惟永。"他劝中宗以古人之言为戒,以江山社稷、黎民苍生为重,让韦后退回女人所应该待的地方去,去做她应该做的事,不要再干预国政了,省得再惹出许多不必要的是是非非来。对于桓彦范的这番苦口良言,中宗不但不领情,反而在韦氏、武三思等人唆使下,"进封彦范为扶阳郡王","虽外示优崇,而实夺其权也"。(以上引文均见《旧唐书》卷91《桓彦范传》)将桓彦范夺权外放了事。

这之间,韦氏还"受上官昭容邪说,引武三思入宫中,升御床,与后双陆,帝为点筹,以为欢笑,丑声日闻于外"。(《旧唐书》卷51《中宗韦庶人传》)上官婉儿还以韦氏"闺蜜"的身份,将自己的情人武三思推荐给了韦后。这样韦氏跟武三思,这一对亲家母跟亲家翁很快就不顾礼义廉耻地搞在了一起,两人甚至就在后宫御床上公然苟且起来。有时两人在宫中下棋,中宗还居中为他们摆放棋子,计算输赢。大唐三个最具权势的男女之间这种奇妙的"三角"关系,一时成为京城街头巷尾的笑谈。后来就连地位卑微的伶人们,也将这桩天字第一号"绯闻"编成小调来到处传唱,公然去讥讽他们这位被戴了大大"绿帽子"还浑然不觉的天子大人了。

此时的安乐公主,"光艳动天下"。(《新唐书》卷83《安乐公主传》)作为新鲜出炉又最受父皇母后宠爱的公主,再加之天生丽质,又略带点来自村野小巷的天然率真之气,安乐公主受到了前所未有的追捧与惊羡。"中宗、韦后爱庞日深,恣其所欲,奏请无不允许。"(《旧唐书》卷183《外戚·武延秀传附安乐公主传》) 大概是想要对这位"生于路次",跟着他们过了那么多年苦日子的小女儿有所补偿,唐中宗跟韦皇后对于这个女儿,真可以说是集万千宠爱于一身了。无论她提出什么样的要求,都尽力去满足她。特别是韦后,"又欲宠树安乐公主,乃制公主开府,置官属。太平公主仪比亲王。长宁、安乐二府不置长史而已。宜城公主等以非后所生,各减太平之半"。(《旧唐书》卷51《中宗韦庶人传》),一心想"行则天故事"的韦后,想将女儿发展成为她强有力的同盟军,特地下了一道制书,准许太平、安乐、长宁、宜城等七公主开府置官。其中太平公主因为辈分高,且又在神龙政变中立下大功,仪比亲王。自己的女儿安乐、长宁俩公主,"不置长史而已",其他待遇跟太平公主都差不多。

安乐公主她们可以开府置官了,那么她这个官属从哪里来?当时,唐中宗特别给韦后、安乐公主她们开了一道"后门",搞了一个"墨敕斜封官"制度。

"虽屠沽臧获,用钱三十万,则别降墨敕除官,斜封付中书,时人谓之'斜封官'。"(《资治通鉴》卷209《唐中宗景龙二年》)不管是谁,无论你什么出身,什么学历,水平能力如何,你只要交足三十万钱,就可以买一个官来做。只要你交了钱,就有人写下你的姓名和拟任官职,斜着封好上角,直接拿给唐中宗。唐中宗在上面用墨笔写一个"敕"字,然后派人从侧门直接交付到中书省去办理。这样过不了几天,你就可以走马上任了。这种跟一般黄纸朱笔敕命正封任命的官员不同的官,就叫"斜封官"。

"中宗时,长宁、宜城、定安诸公主及后女弟、昭容上官与其母郑、尚宫柴、陇西夫人赵及姻联数十族,皆能降墨敕授官,号斜封。"(《新唐书》卷112《柳泽传》)一时出售"斜封官",成了中宗朝贵族女子敛财、参政的一种手段与捷径。而安乐公主从小生活于房州,成长于民间,未能受到良好的教育,人脉很是有限,所以,"与太平等七公主皆开府,而主府官属尤滥,皆出屠贩,纳赀售官,降墨敕斜封授之"。(《新唐书》卷83《安乐公主传》)无论屠夫酒肆之徒,还是土豪劣棍之属,只要你能纳钱三十万,立马成了安乐公主府的属官。这些官员其素养能力如何,这个属官队伍的整体水平又如何,真是可想而知了。

"穷极壮丽,帑藏为之空竭。"

安乐公主不但"所署府僚,皆猥滥非才",而且"又广营第宅,侈靡过甚"。(以上两段引文见《旧唐书》卷51《中宗韦庶人传》)过甚到什么程度呢?"主营第及安乐佛庐,皆宪写宫省,而工致过之。"(《新唐书》卷83《安乐公主传》)安乐公主大兴土木,广建宅第,还建了一个安乐佛庐,不仅在建筑规模上完全模仿宫禁,其在精巧程度上还要超出皇宫一头。神龙三年(公元707年)二月,诗人宋之问随扈唐中宗"幸安乐公主宅"。(《旧唐书》卷7《中宗本纪》)见多识广的他也不禁为公主府的精致奢华而震撼,当场赋诗礼赞:"英藩筑外馆,爱主出王宫。宾至星槎落,仙来月宇空。玳梁翻贺燕,金埒依晴虹。箫奏秦台里,书开鲁壁中。短歌能驻日,艳舞欲娇风。闻有淹留处,山阿满桂丛。"(宋之问《宴安乐公主宅》)

安乐公主"又为宝炉,镂怪兽神禽,间以璆贝珊瑚,不可涯计"。(《新唐书》卷83《安乐公主传》)她集天下巧匠,铸造的一座百宝香炉,上面镂刻各种怪兽神鸟,再衣以锦绣、丹青,饰以金银、珠玉,其周遭镶嵌的玛瑙、砗磲、珊瑚等,更是难以胜数。

安乐公主甚至还"尝请昆明池为私沼,帝曰:'先帝未有以与人者。'主不悦,自凿定昆池,延袤数里。定,言可抗订之也。"长安城皇家园林之昆明池,本是汉汉武帝时期所开凿,经过历代帝王不断打造,俨然成了风景绝佳的游览胜地。安乐公主嫁出宫去，心中总是惦念着昆明池畔的美妙风光，便仗着父皇宠爱，数次要求中宗把昆明池赏给她。在遭到父皇拒绝之后，安乐公主一气之下，强夺民田，在长安城西自行开凿了绵延数里的一个大水池，取名定昆池。"司农卿赵履温为缮治，累石肖华山，隥衟横邪，回渊九折，以石潵水。"（以上引文均见《新唐书》卷83《安乐公主传》）安乐公主让朝廷司农卿赵履温专门为她来缮治打造这个定昆池，其池边风景规制，全照昆明池的模样来，一心要把父亲不肯给她的昆明池给比下去。在池中央，她让人仿照华山堆起了一座石山，其间石阶、石桥纵横交错，潺潺溪水九曲回旋，更有一股瀑布从山巅飞流而下。沿池两岸，更是遍布楼台亭榭，座座回廊步檐，翘盖如翼。池之周遭，也均砌以玉石，处处琼花瑶草，郁郁芬芳。

"时安乐公主池馆新成，中宗亲往临幸，从官皆预宴赋诗。"安乐公主本是为了气气父皇才大兴土木，可唐中宗不但不生气，反而率群臣前往祝贺。那些跟随的官员们，知道中宗对小女儿很是爱宠，早早做好了准备，在定昆池上欢宴之余，纷纷搜肠刮肚频吐佳句，齐声唱起了颂歌，好像开凿定昆池是个功德无量的大事情似的。这时候有一个人看不下去了。"日知独存规诫，其末章曰：'所愿暂思居者逸，莫使时称作者劳。'论者多之。"（以上两段引文均见《旧唐书》卷188《李日知传》）时任黄门侍郎的李日知觉得安乐公主此等劳民伤财之举，太过铺张，也太过张扬，于是他以诗规诫，在诗的最后写道：所愿暂思居者逸，莫使时称作者劳——我希望大家在让自己住得安逸的同时，也不要让时人总是去议论建筑者的劳累。也就是说希望大家不要只顾着自己享乐，而把自己的快乐建筑在别人的劳苦甚至痛苦之上——其个中微言大义，自是不言而喻。李日知此言一出，众人争相称赏，但座中却有一个人为他捏了一把汗。"及睿宗即位，谓日知曰：'当是时，朕亦不敢言之。'"（《资治通鉴》卷209《唐中宗景龙三年》）时为相王，后登基为唐睿宗的李旦也在座。他后来对李日知说："在那个时候，虽然不少人心中都颇有微词，但这样的话连我也说不出口，只有刚正不阿的你才敢这样说，那一次我真是为你担心。"

安乐公主还"夺临川长公主宅以为第，旁彻民庐，怨声嚣然。第成，禁藏空殚，假万骑仗、内音乐送主还第，天子亲幸，宴近臣"。（《新唐书》卷83《安乐公主传》）她甚至霸王硬上弓，将祖姑母临川长公主（唐太宗之女，永淳元年即公元682年病逝）的老府邸强行夺了过来，然后再大张旗鼓改造翻新，来作为自己的行宫。安乐公主指使人广拆民房，超规模扩建，直弄得民众怨声载道，也几乎掏空了大唐国库。然而在新宅建成之后，为了摆个大排场，以便压过太平公主等人，她特地要父皇下诏，以超规制的万骑仪仗、内府音乐送他们夫妇俩还家，还让父皇也驾临新房，宴飨近臣，唐中宗居然一一照办。

为了填充她那些个偌大的庭院池宅，安乐公主与长宁公主、定安公主等又开始了另一场竞争，那就是纵使家奴在长安城四周出击，抢掠百姓的儿女来做她们府中的奴仆侍婢。"时主与长宁、定安三家厮台掠民子女为奴婢，左台侍御史袁从一缚送狱。"这几个公主的家丁们闹得太不像话了，左台侍御史袁从一派人将他们用绳子捆了投进监狱，然后奏请中宗，要求严加惩处。"主入诉，帝为手诏喻免。从一曰：'陛下纳主诉，纵奴驺掠平民，何以治天下？臣知放奴则免祸，劾奴则得罪于主，然不忍屈陛下法，自偷生也。'不纳。"（以上引文均见《新唐书》卷83《安乐公主传》）接到下人"报警"，安乐公主连忙入宫，二话不说只要求父皇放人。唐中宗也不问青红皂白，下了手诏，不但百般为女儿开脱，还要求袁从一即刻放人。不服气的袁从一接诏后再次上奏："陛下如果接受公主的申诉，纵容她们如此掠夺人丁，那陛下凭什么来治理天下，凭什么去服众？臣知道释放了他们就可免祸，劾治了他们自己就会得罪了公主，但臣还是不忍亏屈了陛下森严之法，以换取自己的苟且偷生。"可对他的这份冒死规谏，唐中宗根本就听不进去，只是一个劲儿叫他放人。

很显然，唐中宗是把对死去的儿女的疼惜，移到了小女儿安乐公主身上。在当时，有人就认为李显这是"爱一女而取三怨（官怨、兵怨、民怨）于天下"。什么国法森严、难以服众，为了心肝宝贝小裹儿，唐中宗就差把一颗心掏出来给她了。

但是唐中宗那超乎常规的父爱，换回的又是什么呢？安乐公主"穷极壮丽，帑藏为之空竭"。（《旧唐书》183《外戚·安乐公主传》）她"广营第宅，侈靡过甚。长宁及诸公主迭相仿效，天下咸嗟怨之"。（《旧唐书》卷51《中宗韦庶人传》）她穷极华丽广建宅第，令大唐一时财政空虚。在她的影响下，中宗的另一个女儿长宁公主也大兴土木，互相攀比看谁的府邸修得更豪华。

这样自然弄得国力日竭，民不聊生。说这位安乐公主是个坑爹的主儿，恐怕一点也不为过。[3]

激变太子，只因当不上"皇太女"

当然，如果仅仅是广修府邸，骄奢淫逸倒还罢了，顶多也就劳民伤财而已。问题是，成天被一帮阿谀奉承之徒所包围，早已嗅到了权力滋味的安乐公主像母亲一样，手越伸越长了。"安乐恃宠骄恣，卖官鬻狱，势倾朝廷。"（《旧唐书》卷51《中宗韦庶人传》）因为父母的溺爱而益发骄纵狂妄的安乐公主，以自己的方式来笼络朝臣，插手朝廷事务了。她"尝作诏，箝其前，请帝署可，帝笑从之"。（《新唐书》卷83《安乐公主传》）有好几次，她甚至自己预先拟好诏书，然后拿进宫去，撒娇弄痴地一手掩住诏书上的文字，一手捏住唐中宗的手，要他什么也别看就在诏书上签字。爱女心切的李显竟然真的看也不看，也不去问她到底写的什么，一笑签名了事。朝政大事被如此当成儿戏，那还有什么是安乐公主不敢干的？！不久，安乐公主即"恃宠横纵，权倾天下，自王侯宰相已下，除拜多出其门"。（《旧唐书》183《外戚·武延秀传附安乐公主传》）那些想投机取巧的官员士子们，纷纷奔走于安乐公主府门前。安乐公主基本是来者不拒，有李显这样一位父皇毫无原则的宠护，大约除了宰相和大将军等少数几个朝廷高官以外，恐怕没有她不敢求签任命的。"侯王柄臣多出其门。"（《新唐书》卷83《安乐公主传》）几年下来，朝中三省六部属员，甚至一些要员，很多都出自安乐公主门下。

昨天的杀猪匠，说不定今天就进了御史台，今天高坐大堂的县令、刺史，说不定昨天还在赶鸭卖鹅，行船推磨呢。朝堂上今天突然多出几个人，明天又冒出了几个陌生面孔，不但吏部衙门不知道，就连中宗本人也是摸不着头脑，说不清这些人是从哪里来的。中宗朝这种莫名其妙的怪状，有很多都是拜安乐公主所赐。"太平、安乐公主各树朋党，更相潜毁。"（《资治通鉴》卷209《唐中宗景龙三年》）积累了一定资本的安乐公主，一心想与姑妈太平公主争个高下。她之一系，也成了大唐政坛不可小觑的一股政治力量。

安乐公主多次"请自立为皇太女，帝虽不从，亦不加谴"。（《旧唐书》

卷51《中宗韦庶人传》)她要求父皇立她为皇太女,也就是将她列入大唐皇位继承人之列。不过这一次,唐中宗没有答应。毕竟也是从大风大浪趟走过来的,唐中宗在大是大非问题上还不算糊涂,他知道立女儿为"皇太女"这样的事情,可不是仅凭他的一句话就能摆平的,想当年母亲武则天为了争得那至高无上的权力,为了坐上那把龙椅,搅出了多少惊涛骇浪,制造了多少冤案,死了多少人。就连自己嫡亲的两个哥哥一个姐姐,都不明不白地死了。

其实对于立皇太女这件事,唐中宗也犹豫过,还征求过一个人的意见——历仕高宗、武后、中宗三朝,时任尚书左仆射的魏元忠。

"是时,安乐公主尝私请废节愍太子,立己为皇太女。中宗以问元忠,元忠固称不可,乃止。"(旧唐书)卷92《魏元忠传》)安乐公主要求唐中宗废了太子李重俊,改立自己为皇太女。中宗就此事征求魏元忠的意见。魏元忠坚定地说:"陛下,此事万万不可。"这样才坚定了唐中宗回绝女儿的决心。

当然这下子,安乐公主可就不开心了。当她得知是魏元忠从中作梗不让父皇立自己为皇太女时,恶狠狠地骂道:"元忠,山东木强,乌足论国事?阿武子尚为天子,天子女有不可乎?"(《新唐书》卷83《安乐公主传》)这个魏佬儿,他本就是个来自山东的愚顽倔强之人,父皇怎能跟他商议国事?怎么能听他的话?像阿武(武则天)那样出身的人都能当上皇帝,我本就是天子之女,有何不可!

确实,嫡出的李重润与永泰公主都过世了,那作为嫡出的、备受父皇母后宠爱的,又颇有人望的小女儿,安乐公主自然享有其他公主、皇子无法比肩的极度的权势、地位、身价与尊荣。舍我其谁!处于这样一种别人可望而不可即,距龙椅仅一步之遥,似乎一切都唾手可得的优渥境遇之中,安乐公主心中那份无可比拟的虚荣,那份要将最高权力收入囊中的欲望,不极度膨胀才怪。

屡次想当皇太女不成,安乐公主把一肚子怨气,撒到了她所羡慕嫉妒恨的太子李重俊身上。

现任太子李重俊,也是个可怜之人。因并非韦后所生,所以虽贵为太子,在朝中却是无权无势,从一开始即不受韦后及安乐公主等人待见。"时武三思得幸中宫,深忌重俊。三思子崇训尚安乐公主,常教公主凌忽重俊,以其非韦氏所生,常呼之为奴。"与韦后及上官婉儿等人沆瀣一气的武三思,对李重俊很是忌讳。他心里很清楚，将来这小子上了位，无论从哪个角度讲，都绝对不可能有他的好果子吃，最大的可能是自己连老命都保不住。因此武三思不断暗中指使儿子武崇训，让他唆使妻子安乐公主时不时地凌辱一下这个倒霉的太子——这也正中安乐公主的下怀——于是安乐公主每次跟太子见面，不是对他指手画脚，就是对他嘲弄讥讽，有时甚至当面"呼之为奴"。另外，武三思"或劝公主请废重俊为王，自立为皇太女，重俊不胜忿恨"。（以上引文均见《旧唐书》卷86《节愍太子李重俊传》）武三思知道儿媳妇的心思，只要有机会就投其所好，唆使安乐公主去让她父皇干脆废了李重俊这个太子，改立她为皇太女。这样的劝说安乐公主很是受用，立刻就到父皇那边去求请。太子李重俊自然就恨死了他们这帮人。

这时朝中还有一个人，也让这位弱势太子恨得咬牙切齿。"婉儿既与武三思淫乱，每下制敕，多因事推尊武后而排抑皇家。节愍太子深恶之。"（《旧唐书》卷51《上官昭容传》）跟韦后、武三思他们属于一个阵营的上官婉儿，对太子也是不怎么待见。她帮唐中宗起草诏书，每次都是转弯抹角地去推尊武家，贬低他李唐李家。在十几岁的李重俊看来，上官婉儿就是个吃里爬外的货，恨不得立马将她千刀万剐。

唐中宗神龙三年（公元707年）农历七月的一天夜里，受够了韦后排斥、安乐公主欺凌和上官婉儿戏弄的李重俊，终于爆发了："率左羽林大将军李多祚、右羽林将军李思冲、李承况、独孤祎之、沙吒忠义等，矫制发左右羽林兵及千骑三百余人，杀三思及崇训于其第，并杀党与十余人。"他与当年神龙政变的功臣，左羽林大将军李多祚等人，弄虚作假调出三百余羽林军，打着火把浩浩荡荡开到城南武三思府邸，手起刀落，将武三思、武崇训父子砍为两段。然后，李重俊回过头来，"又令左金吾大将军成王千里分兵守宫城诸门，自率兵趋肃章门，斩关而入，求韦庶人及安乐公主所在"。在分兵把守好四门后，亲自率兵从肃章门斩关而入，直奔韦后及安乐公主住处，想一举擒获了她们。"韦庶人及公主遽拥帝驰赴玄武门楼，召左羽林将军刘仁景等，令率留军飞骑及百余人于楼下列守。"（以上引文均见《旧唐书》卷86《节愍太子李重俊传》）韦后和安乐公主知道李重俊是冲着她们来的，情急之下挟持唐中宗紧急避入玄武门楼，召刚刚赶到的左羽林将军刘仁景率领的一小拨人马环守于楼下待援。当然，李重俊也没有忘了他所深恶痛绝的上官婉儿，"及举兵，至肃章门，扣阁索婉儿"。一进入肃章门，他就叫人一一叩击阁门，搜捕上官婉儿。"婉儿大言曰：'观其此意，即当次索皇后以及大家。'帝与后遂激怒，并将婉儿登玄武门楼以避兵锋。"（《旧唐书》卷51《上官昭容传》）在此万分危急之际，上官婉儿一路狂奔至唐中宗和韦皇后处，大声说道："陛下、皇后，看样子太子是要先杀了我，再依次捕弑皇后以及大家呀。"唐中宗和韦后大怒，也带她一起登上了玄武门楼。

一方楼上，一方楼下，冲天火光中，双方对峙着。待惊魂甫定，唐中宗就趴在栏杆上，对他的兵士展开策反活动了。"汝并是我爪牙，何故作逆？若能归顺，斩多祚等，与汝富贵。"诸位将士，你们都是朕的宿卫之士，怎么会跟着李多祚造反呢？如果你们现在反戈一击杀了李多祚等逆贼，朕不仅赦你们无罪，还保证你们以后有享不尽的荣华富贵。"于是千骑王欢喜等倒戈，斩多祚及李承况、独孤祎之、沙吒忠义等于楼下，余党遂溃散。"既然皇上都发话了，那还跟着太子干吗？于是千骑王欢喜等一大半人纷纷回身开杀，三下五除二就把李多祚等几个重要将领的脑袋当场砍了下来。太子李重俊一看行情发生逆转，赶紧带着几个随从奔终南山而去。"会日暮憩林下，为左右所杀。"（以上引文均见《旧唐书》卷86《节愍太子李重俊传》）可等他气喘吁吁逃到终南山上，下得马来坐在一棵松树下面刚想喘口气儿，他的一个随从即走过来手起刀落，这个倒霉太子的人头就滚到了一边。

虽然自己因为在宫中跟父皇母后在一起，逃过了一劫，但公公、丈夫，及家里几个亲人都死了，在这次太子兵变中，安乐公主应该是损失最大的了。为了安慰女儿，"帝为举哀，废朝五日，赠太尉，复封梁王，谥曰宣。追封崇训鲁王，谥曰忠"。（《新唐书》卷206《外戚·武三思传》）唐中宗追封武三思为梁王，武崇训为鲁王，让他们父子俩享尽哀荣。"安乐公主又以节愍太子首致祭于三思及崇训灵柩前。"（《旧唐书》卷183《外戚·武三思传》）安乐公主派人将李重俊的人头拿来，放到武三思及武崇训灵柩前，祭奠他们的亡灵。做完了这些，安乐公主觉得还不够，她又"奏请依永泰公主故事，为崇训造陵"。前文说过，唐中宗上位后，追封被武则天冤杀的儿子李重润为懿德太子，女儿永泰郡主为永泰公主，并将他们的墓升格为"陵"。那么这时候，在他人暗示下，安乐公主上书唐中宗，说自己与驸马一向情意深重，日后定会与他合葬，现在就请父皇按永泰公主例，为武崇训也建造一座陵墓吧。

我们不难推想，安乐公主此举，一是想攀上永泰公主独得的这高人一等的待遇，满足一下虚荣心，另外也是心中那份"皇太女"情结在作祟：要知道"陵"从来都是帝王独有的哀荣，独享的待遇。

对于安乐公主的这一奏请，大臣们都知道其中的奥秘所在。可大概是觉得女儿这回是太过可怜了吧，唐中宗竟然"诏从其请"。他竟然下诏，就依公主所请，按"陵"的规格为武崇训造墓。

给事中卢粲实在是按捺不住了，表示反对，"自皇家已来，诸王及公主墓，无称陵者。唯永泰公主承恩特葬，事越常涂，不合引以为名"。他认为自有帝王以来，诸王及公主的墓，从来都没有称为陵的。只有永泰公主是承蒙皇恩特别殡葬，才超出常规，但这并不应引以为例。"鲁王哀荣之典，诚别承恩；然国之名器，岂可妄假！又茔兆之称，不应假永泰公主为名，请比贞观以来诸王旧例，足得丰厚。"他进一步指出，殡葬追悼鲁王的礼仪，诚然是承蒙陛下恩宠，特别隆重，然而对于称号及车服仪制，国家有着严格的等级规定，岂可随便滥用。坟茔墓地的称呼，不应攀借永泰公主之名。既然武崇训已被封为王，那么即可比照贞观以来诸王旧例来办理。他要求唐中宗收回成命，不能按"陵"的规格为武崇训造墓。唐中宗于是给卢粲写了一份"手敕"："安乐公主与永泰公主无异。同穴之义，古今不殊。鲁王缘自特为陵制，不烦固执。"他答复卢粲：安乐公主与永泰公主都是朕的女儿，并没有什么不同。夫妇死后同葬一穴，古今都一样。鲁王武崇训建陵之事，就这么定了，你也不必再坚持己见。卢粲还是不服，继续上书："陛下以膝下之恩爱，施及其夫，赠赗之仪，哀荣足备，岂得使上下无辨，君臣一贯者哉！"陛下，您把对女儿的恩爱之情，移加到她丈夫身上，赠送财物资助祭品，让死者享尽哀荣，这本无可非议，但怎么能够上下尊卑不分，君王臣子完全一个样呢！他坚持认为："鲁王之葬，车服有章，加等之仪，备有常数，茔兆之称，不应假永泰公主为名，非所谓垂法将来，作则群辟者也！"鲁王的殡葬、车服，自有法规。要提高其礼仪等级，那也是有矩可循的。墓地的称呼，如果应循了永泰公主的特例，那陛下就是开了个坏头，难以垂范于将来，为诸侯卿士树立好榜样了。"帝竟依粲所奏。"卢粲把话说到这个份上，唐中宗不好再坚持了。安乐公主自然气得要命，"公主大怒。粲以忤旨出为陈州刺史"。（以上引文均见《旧唐书》189《卢粲传》）不久，卢粲因忤逆皇上旨意，被贬为陈州（今河南省淮阳县）刺史，估计就是安乐公主从中起的作用。

本次太子兵变，韦后、安乐公主母女，可以说是第一责任人了。没有她们对太子的轻慢、侮辱，甚至千方百计想要废了他，太子应该不会如此轻举妄动。但她们不这么认为，她们认为这是太子妄图抢班夺权，咎由自取。而且，她们还想扩大战果，充分利用这次事件，扳倒自己那些政敌们。韦后想效"则天故事"，安乐公主想为"皇太女"，她们最大的拦路虎还有谁呢？他们一个是曾经的唐睿宗，现在的安国相王李旦和他的那几个如狼似虎的儿子，再一个是与"安乐公主各树朋党，更相谮毁"的镇国太平公主。这两人堪称唐中宗的左膀右臂，大唐王朝的中流砥柱，现在也就是她们母女俩最大的敌人。

当然，韦后和安乐公主自知无论智谋还是实力，都比不过他们，所以平时根本不敢露出半点敌意，更不会针对他们有所行动了。不过这一次，机会送上门来了。"有三思党与宗楚客、纪处讷令侍御史冉祖雍奏言：'安国相王及镇国太平公主亦与太子连谋举兵，请收付制狱。'"韦后死党宗楚客等人指使另一个死党、侍御史冉祖雍上奏唐中宗：陛下，有人说这一次太子谋反，安国相王及镇国太平公主两人都是同谋，陛下应该立刻将他们收监审理，以弄清事情真相，严加惩处。

还有这样的事？那可不得了了。冉祖雍这一奏言，直把唐中宗听得一头雾水。"中宗召至忠令按其事。"他把御史中丞萧至忠叫来，让他按规矩办，先采取行动查明真相。

真是苍天有眼！这个萧至忠，乃是太平公主的铁杆儿死党，太平公主对他有知遇之恩。所以他一听此言，"泣而奏曰：'陛下富有四海，贵为天子，岂不能保一弟一妹，受人罗织？宗社存亡，实在于此。臣虽愚昧，窃为陛下不取。'"陛下，您富有四海，贵为天子，难道就容不下一个弟弟一个妹妹？您想他们像是叛乱之人吗？您何苦要着了别人的道，残害自己的手足。陛下如果这样做，是要动了大唐根基，让李唐王朝再次陷入万劫不复之地了！臣虽愚钝，但还是要劝陛下万万不可做这种手足相残让亲者痛仇者快的事情。陛下，请您三思啊。"帝深纳其言而止。"（以上引文均见《旧唐书》卷92《萧至忠传》）唐中宗一听，也觉得安国相王和镇国太平公主都位极人臣，没有必要冒这个险。再者，他们二人作为政变老手，如果真的参与了谋划的话，太子何至于败得如此之快。想到这儿，唐中宗对萧至忠摆摆手，行，这个事情就到此为止吧，朕不再追究了。

情人变丈夫，母女同侍一"夫"

上文说过，安乐公主对父皇说，自己跟驸马武崇训情深意笃，死后也准备跟他合葬。那么她真的与武崇训夫妻情深吗？事实是："崇训死，主素与武延秀乱，即嫁之。"（《新唐书》卷83《安乐公主传》）武崇训七月死于非命，安乐公主在这一年的十一月，再次穿上嫁衣，跟武承嗣的第二个儿子、她前夫的堂弟、自己昔日的"小白脸"武延秀，结婚了。

这个武延秀，其实也是个倒霉蛋。武则天时期，突厥默啜可汗派人前来修好，武延秀被武则天送到塞外，"将亲迎默啜女为妻"，让他作为和亲对象去迎娶默啜可汗的女儿。可等他去了之后，默啜反悔了，将他扣留在突厥好几年，直到神龙初才放了回来。"时武崇训为安乐公主婿，即延秀从父兄，数引至主第。延秀久在蕃中，解突厥语，常于主第，延秀唱突厥歌，作胡旋舞，有姿媚，主甚喜之。"武崇训在与安乐公主结婚后，常常把他这个堂弟带到公主府。武延秀见安乐公主不但国色天姿，还很是妩媚多情，心中早就七八只小鹿乱跳，蠢蠢欲动了。他在突厥数年，学会了番语胡舞，所以每到公主府，他不是献唱一首突厥歌，就是跳一曲胡旋舞，一边跳着一边唱着，一边就拿眼睛在安乐公主身上睃来睃去。安乐公主见武延秀这枚小鲜肉不但长得比丈夫英俊潇洒，又是如此解风情，便也把持不住了。渐渐地，二人暗通款曲，鬼混在了一起。"及崇训死，延秀得幸，遂尚公主。"（以上引文均见《旧唐书》183《外戚·武延秀传》）现在，武崇训死了，"小三"转正，两人堂而皇之地携手入了洞房。

"是日，假后车辂，自宫送至第，帝与后为御安福门临观，诏雍州长史窦怀贞为礼会使，弘文学士为傧，相王障车，捐赐金帛不赀。"（《新唐书》卷83《安乐公主传》）安乐公主出嫁这天，唐中宗特别下诏，以皇后车驾、礼仪将新娘子从宫中一直送至新房，一路"灯烛供拟，彻明如昼"。（《旧唐书》183《外戚·武延秀传》）唐中宗与韦后来到安福门，亲自见证这一天下无二的盛典。此次婚礼，唐中宗指派雍州长史窦怀贞为礼会使，以弘文馆学士为傧相，令相王李旦为之障车。他前后给新人所赐的金帛财物，那更是不计其数。"翌日，大会群臣太极殿，主被翠服出，向天子再拜，南面拜公卿，公卿皆伏地稽首。武攸暨与太平公主偶舞为帝寿。赐群臣帛数十万。帝御承天门，大赦，因赐民酺三日，内外官赐勋，缘礼官属兼阶、爵。"（《新唐书》卷83《安乐公主传》）婚礼第二日，唐中宗、韦后又在太极殿设宴，请百官都来喝喜酒。安乐公主一身新娘子打扮，喜气洋洋地乘着花轿来到现场。她先是向父皇、母后叩头，然后起身向王公大臣们深深施礼，唬得众人连忙丢下碗箸，跪地叩头答礼不止。太平公主与武攸暨夫妇见此，也走上前来凑个热闹，跳起了一段双人舞给哥哥祝贺拜寿。爱女出嫁，普天同庆，唐中宗不但一次性赐予群臣绢帛数十万匹，还亲临承天门，宣布大赦天下，赏赐民众宴饮三天，内外官员普赐勋爵，缘礼官属则兼赐官阶与爵号。此后，"公主产男满月，中宗、韦后幸其第，就第放赦，遣宰臣李峤、文士宋之问、沈佺期、张说、阎朝隐等数百人赋诗美之。"安乐公主与武延秀结婚不久，生下了一个男孩。孩子满月那天，中宗与韦后又再次幸临新房，宣布大赦天下，令宰相李峤、诗人宋之问、沈佺期、张说、阎朝隐等数百人共同赋诗，齐声赞美这个才一个月大的小外孙。"崇训子数岁，因加金紫光禄大夫、太常卿同正员、左卫将军，封镐国公，赐实封五百户。"（以上引文均见《旧唐书》183《外戚·安乐公主传》）可能是为了再添点儿喜气，安乐公主与前夫武崇训所生的儿子，这个时候还只有几岁大，也被唐中宗封为金紫光禄大夫、太常卿、镐国公，实封五百户。李显爱女儿真可谓是爱得有点儿走火入魔了，家事当作国事，国事成了家事。

跟安乐公主名正言顺地结婚以后，武延秀被"授太常卿，兼右卫将军、驸马都尉，改封恒国公，实封五百户"。（《旧唐书》183《外戚·武延秀传》）有句话叫丈母娘看女婿，越看越欢喜。女婿为丈母娘所喜欢，本无可厚非。然"三思死，韦后复私延秀，故延秀益自肆"。（《新唐书》卷206《外戚·武延秀传》）韦氏居然看上了新晋女婿这枚小鲜肉，两个人很快暗通款曲。母女同侍一夫，这样的事情竟然发生在深宫，发生在皇家，真可谓天下之奇观了！

武延秀得到韦后青睐，可随意出入宫闱，自此便有恃无恐，没有他不敢想不敢干的事儿了。"时安乐公主与驸马武延秀、侍中纪处讷、中书令宗楚客、司农卿赵履温互相猜贰,迭为朋党。"(《旧唐书》卷51《中宗韦庶人传》)一群狐朋狗党直把中宗朝闹得是乌烟瘴气,朝野上下怨声载道。可怜唐中宗李显,不光是被带了一顶又一顶绿帽子,还被最亲近之人挖了无数个坑,下了无数个套。

毒杀父皇,一刀毙命

"时韦庶人干预国政,盛封拜群从子弟。又与悖逆庶人(安乐公主)及驸马都尉武延秀、中书令宗楚客等将图危宗社。"韦皇后和安乐公主不仅淫乱后宫,干预朝政,而且自太子死后,她们还朋党为奸,加紧了篡位夺权步武则天后尘的步伐。对她们的阴谋,朝廷上下除了唐中宗李显,几乎所有的人都看出来了。大唐王朝又一场生死危机,已是迫在眉睫。先是,"定州人郎岌,亦备陈韦庶人及宗楚客将为逆乱之状,中宗不纳,而韦庶人劝杖杀之。"(以上两段引文均见《旧唐书》卷187《忠义·燕钦融传》)有一个叫郎岌的定州(今河北省定州)人,上书唐中宗,说韦后和宗楚客等人有谋反之图,朝廷不能不防。中宗根本就听不进去,倒是韦后知道后,劝丈夫说,郎岌这个乱臣贼子,竟然敢挑拨离间、妖言惑众,一定要严惩。中宗听从韦后的意见,将郎岌乱棒打死。

时任许州(今河南省许昌市)参军的洛州偃师(今河南省中西部)人燕钦融,这时也向李显上了一份机密奏折:"皇后淫乱,干预国政,宗族强盛;安乐公主、武延秀、宗楚客图危宗社。"他向唐中宗直言,韦后、安乐公主、武延秀、宗楚客等人正结党营私,图谋不轨,恐危及社稷,请皇上警醒。"上召钦融面诘之。"唐中宗接到密折,立即召见燕钦融,当面盘问他到底听到了什么,又知道些什么。"钦融顿首抗言,神色不挠;上默然。"(以上引文均见《资治通鉴》卷209《唐中宗景云元年》)燕钦融毫不畏惧,当着中宗的面,把他所知道的韦氏、安乐公主等人的所作所为,和盘托出,李显听后,一句话也说不出来。

其实,对于韦后及安乐公主等人的倒行逆施,中宗是故作不知,对于想当武则天第二的韦后及屡次想当皇太女的女儿的野心,他何尝没有觉察?只是天性懦弱的他一是觉得自己对于妻子、女儿前十几年亏欠太多,现在想以对她们的放纵来加以补偿,二是他觉得如果她们能够适可而止,即便是部分地分享他手中的最高权力,他也就睁一只眼闭一只眼了。但由于他的放纵,韦氏母女已尾大不掉了。所以他明明知道燕钦融绝不是危言耸听,也无言以对。但是他优柔寡断不打紧,韦氏那边可就动手了。"宗楚客矫制令飞骑扑杀之,投于殿庭石上,折颈而死,楚客大呼称快。"不久的一天,宗楚客假称得到韦后指示,亲自调令飞骑营捕杀燕钦融。飞骑营的人抓到燕钦融后,将他头前脚后,朝殿前的石头上狠狠地摔了下去。只听得"咔嚓"一声,燕钦融的脖子当场被摔断,在地上痛苦地挣扎,直到最后被活活疼死。而这整个过程中,站在一旁的宗楚客竟不断大呼大叫:"痛快痛快!真是痛快!""上虽不穷问,意颇怏怏不悦。由是韦后及其党始忧惧。"(以上引文均见《资治通鉴》卷209《唐中宗景云元年》)唐中宗知道这件事后,被韦后等人的冷酷残暴惊呆了。他虽然不再追究此事,但内心里第一次对韦后及其党羽产生了警觉厌恶之情,不再像以往那样信任他们,由着他们胡来了。韦后他们也开始担忧,知道钟摆已摆向了另一边。

此时,"散骑常侍马秦客以医术,光禄少卿杨均以善烹调,皆出入宫掖,得幸于韦后,恐事泄被诛。"散骑常侍马秦客因精通医术,光禄少卿杨均因为烧得一手好菜,均可自由出入宫禁,成了继武三思、武延秀之后韦皇后床上的常客。不过这些人胆量可比不上武三思、武延秀,他们只敢偷偷摸摸地往来于后宫,生怕丑行败露后被中宗砍了头。"安乐公主欲韦后临朝,自为皇太女。"至于安乐公主,自从太子被杀,她的皇太女之梦自然越做越美好。但是她内心十分清楚,自己想当皇太女,首先得让母后临朝称制,这样自己才会有希望。而要让母后临朝,就得把这个死脑筋的,越来越不相信她们的父皇给搬开才行。于是,犹如被拴在一根绳子上的秋后蚂蚱的这几个人,"乃相与合谋,于饼馅中进毒。六月,壬午,中宗崩于神龙殿"。(以上引文均见《资治通鉴》卷209《唐中宗景云元年》)景龙四年(公元710年,也是殇皇帝唐隆元年及唐睿宗景云元年)农历六月初二,这几个野心勃勃胆大包天的人索性一不做二不休,将一包毒药掺进了唐中宗的面饼里,五十四岁的唐中宗李显就这样不明不白地死在了神龙殿。

"帝遇毒暴崩。时马秦客侍疾,议者归罪于秦客及安乐公主。"(《旧唐书》卷51《中宗韦庶人传》)事先无任何征兆,唐中宗莫名其妙崩于神龙殿,大家私下里议论纷纷,认为这是马秦客和安乐公主搞的鬼。我们可以做个大胆的推测,中宗面饼里的毒,是马秦客调制的,而安乐公主将这盘毒面饼端给或者是指使别人端给中宗。作为合谋者之一的韦后应该是知道得一清二楚,所以《旧唐书》说得更加明确了:"时安乐公主志欲皇后临朝称制,而求立为皇太女,自是与后合谋进鸩。"(《旧唐书》卷7《中宗本纪》)唐中宗临终前,应该已然明白是些什么人要了他的命了。不知他除了万箭穿心,内心还有什么样的感受?李显这一生,夹在权欲熏天的武则天、韦后、太平公主、上官婉儿、安乐公主等人之间,被百般戏弄,最后竟然是他世上最亲最爱的两个人,以一种极端不齿的方式送他上路,这位世界上最富强之大唐帝国的皇帝,其人生如此,让人情何以堪。

"后惧,秘不发丧,引所亲入禁中,谋自安之策。"(《旧唐书》卷51《中宗韦庶人传》)毒死了唐中宗,韦后做贼心虚。她知道自己正坐在火海刀山之上,稍有不慎,即满盘皆输,遗臭万年。于是她封锁消息,秘不发丧,找自己信得过的人,来商讨对策。几个人商讨后决定,先给唐中宗立一份遗诏。"太平公主与上官昭容谋草遗制,立温王重茂为皇太子,皇后知政事,相王旦参谋政事。"本来,由太平公主与上官婉儿两人共同草拟的这份中宗遗诏,决定立李显的小儿子,十六岁的温王李重茂为皇太子,皇后韦氏知政事,李显的弟弟,相王李旦参谋政事。然而遗诏未及生效,第二天即成了一张废纸。"宗楚客密谓韦温曰:'相王辅政,于理非宜;且于皇后,嫂叔不通问,听朝之际,何以为礼?'遂帅诸宰相表请皇后临朝,罢相王政事。苏瑰曰:'遗诏岂可改邪!'温、楚客怒,瑰惧而从之,乃以相王为太子太师。"(以上引文均见《资治通鉴》卷209《唐中宗景云元年》)宗楚客等人提出,皇后临朝,中宗弟弟李旦辅政,叔嫂朝堂何以为礼?不顾大臣们反对,几个人串通起来改李旦为太子太师。等于给了他一个荣誉称号,将他排除在新朝政权之外,而让韦后大权独揽了。

几天之后的六月初七,李重茂即帝位,改年号"唐隆",韦氏以皇太后身份临朝摄政。为防止意外,韦太后以自己的哥哥"韦温总知内外兵马,守援宫掖;驸马韦捷、韦灌分掌左右屯营;武延秀及温从子播、族弟璿、外甥高崇共典左右羽林军及飞骑、万骑。"(《旧唐书》卷51《中宗韦庶人传》)她将台阁政职、内外兵马大权以及左右羽林军、飞骑、万骑等中央禁军、诸营统管等要害部门,全部换成自己的党羽和族人来掌控。"韦庶人临朝,引用其党,分握政柄,忌帝望实素高,潜谋危害。"(《旧唐书》卷7《睿宗本纪》)韦太后之心已是路人皆知。李唐王朝再一次面临灭顶之灾,相王李旦等李家宗室,已是危在旦夕。

这时候,有一个人勇敢地站了出来,决定先下手为强,搏一搏以图自救了。他就是此时正居于别处,未曾得到韦氏禁军"保护"的李旦的三儿子李隆基。"上益自负,乃与太平公主谋之,公主喜,以子崇简从。"(《旧唐书》卷8《玄宗本纪》)虽然有一定胜算,但李隆基内心十分清楚,面对数万左右羽林军及飞骑、万骑军,自己实力有限,并无十分把握。于是他主动向姑妈,镇国太平公主求助。早已感觉危机四伏、命悬一线的太平公主不但答应为侄儿提供全方位支持,还把儿子薛崇简叫来,让他代表自己,跟李隆基一起行动。

公元710年7月21日夜,李隆基"率幽求等数十人自苑南入,总监钟绍京又率丁匠百余以从。分遣万骑往玄武门杀羽林将军韦播、高嵩,持首而至,众欢叫大集"。在掌控了万骑军,杀了羽林军将领韦播、高嵩,解决了外围羽林军后,李隆基又命"攻白兽、玄德等门,斩关而进,左万骑自左入,右万骑自右入,合于凌烟阁前。时太极殿前有宿卫梓宫万骑,闻噪声,皆披甲应之"。左右两路大军很快就控制了整个宫殿。"韦庶人惶惑走入飞骑营,为乱兵所害。"(以上引文均见《旧唐书》卷8《玄宗本纪》)韦太后慌不择路地逃入飞骑营,死于乱兵刀下。"主方览镜作眉,闻乱,走至右延明门,兵及,斩其首。"(《新唐书》卷83《安乐公主传》)眼见大军杀到,正揽镜画眉的安乐公主丢下眉笔,慌忙逃至右延明门,被追兵赶上手起刀落,顿时香消玉殒。此后,李隆基"分遣诛韦氏之党,比明,内外讨捕,皆斩之"。(《旧唐书》卷8《玄宗本纪》)当然这其中也包括安乐公主的丈夫武延秀在内了。

韦太后、安乐公主被杀,韦氏一党尽除,太平公主等人策划拥立李旦复位。公元710年7月24日,"时少帝犹在御座,太平公主进曰:'天下之心已归相王,此非儿座!'遂提下之。睿宗即位,御承天门,赦天下"。(《资治通鉴》卷209《唐中宗景云元年》)这一天,小皇帝照例出视早朝,太平公主走到她的这位娘家侄儿面前,高声对他说:"天下人心已归相王,这已经不是你小孩子所应该坐的地方了,赶快下来吧。"李重茂盯着姑妈那张严肃的脸,一下子愣在了那里。太平公主走上前去,一把将他从龙椅上拉了下来,扶四哥李旦坐了上去。

时隔二十年,唐睿宗李旦在继唐中宗李显之后,顺利复位。

此后,韦氏被贬为"庶人",安乐公主被贬为"悖逆庶人"。这对母女,仅比唐中宗多活了十八天。真不知若地下三人相逢,该会是怎么一幅情状。多活了十八天的这对母女,又该如何面对被她们毒死的人世间唯一挚爱着她们的那个男人?假如李显对妻子、女儿,不是那么放纵,假如韦氏及安乐公主,不是那么愚昧骄横,那么这一切想必不会发生。

据《太平广记》记载:"唐景龙年,安乐公主于洛州道光坊造安乐寺,用钱数百万。童谣曰:'可怜安乐寺,了了树头悬。'后诛逆韦,并杀安乐,斩首悬于竿上,改为悖逆庶人。"所谓预兆,当然是不可信的。但安乐公主平日如此胆大妄为,无疑让很多人早已料到她最后那不可避免的悲剧性结局。无论是在当时还是在后人心目中,安乐公主无疑都成了一个祸国殃民的反面典型。直到一百五十余年之后,唐宣宗李忱(公元846年—859年在位)还以安乐公主作为反面教材来教育家人:"上常诲曰:'无轻待夫,无干预时事。'又降御札勖励,其末曰:'苟违吾戒,当有太平、安乐之祸。汝其勉之!'"(王说《唐语林》)

有句话,脏唐乱汉。洪迈在《容斋三笔》中说:"瓜田李下之疑,唐人不讥也。"正因为李唐王室其为汉族与鲜卑族之混血儿,所以在婚恋问题上也继承了胡夷之风,显得较为自由乃至放纵。因之唐朝公主,也多豪侈骄纵,专横淫逸。当然,如果仅是私生活放纵倒也罢了。但是自武则天之后,韦氏、安乐公主、上官婉儿,当然还有下一章我们要说的太平公主,这些顶级的贵族女性都表现出了强烈的权力欲,都深度嵌入大唐最高权力,由此不但决定了唐中宗的悲剧性命运,也造成了大唐政坛这一段时期前所未有的乱象。且不论其他人,就安乐公主而言,她具有她祖母那样的战略眼光、政治才干与治国魄力吗?假如历史给了她机会,她会去兴国安邦,还是祸国殃民?因为她是大唐公主,因了父皇母后超乎常规毫无原则的溺爱,她有了一个一展身手的历史空间。可她却给了大唐一劫,回以她父皇母后致命的一击。

无论是贩夫走卒,还是皇家贵胄,这儿女,还是不要过分惯宠为好。最好他们的祖母也不要给他们树立带有负面效应的榜样。

按辈分,安乐公主是下一章主人公太平公主的娘家亲侄女。不知诸君注意到没有,本书中所写的大唐平阳、高阳、太平以及安乐这四位公主,她们前后互为姑侄(女)关系。当然这是因为她们的父亲,唐高祖李渊、唐太宗李世民、唐高宗李治、唐中宗李显,互为一脉相传的前后父子关系。其实已在这一章偶露峥嵘的太平公主,她的闹腾劲儿可能比不上她的这个娘家侄女,但她比安乐公主可要成熟得多,当然也厉害得多了,所以千百年来,她的名气,也比安乐公主要大得多。

闲话少说,还是且听下回分解吧。

注　释

[1] 唐宋之问《花烛行》:

"帝城九门乘夜开,仙车百两自天来。列火东归暗行月,浮桥西渡响奔雷。龙楼锦障连连出,遥望梁台如昼日。梁台花烛见天人,平阳宾从绮罗春。共迎织女归春幄,俱送常娥下月轮。常娥月中君未见,红粉盈盈隔团扇。玉樽交引合欢杯,珠履共蹋鸳鸯荐。漏尽更深斗欲斜,可怜金翠满庭花。庭花灼灼歌秾李,此夕天孙嫁王子。结褵初出望园中,和鸣已入秦筝里。同心合带两相依,明日双朝入此微。共待洛城分曙色,更看天下凤凰飞。"

[2] 20世纪70年代末,永泰公主陵被发掘。其出土的《墓志铭》上有着"珠胎毁月"字样,可证实其确实死于难产。

[3] 上官婉儿(公元664年—710年),陕州(今河南省三门峡市陕县)人。上官婉儿是西汉上官桀、上官安、上官期祖孙三代的后裔,其祖父上官仪乃唐高宗时名相。公元664年,上官仪因替高宗起草废黜武则天诏书,为武则天所杀,刚刚出生不久的上官婉儿与母亲郑氏一起,被没入掖廷为奴。在母亲的精心培养下,上官婉儿从小熟读诗书,吟诗著文,聪敏异常。公元677年,武则天当场出题,年仅十四岁的上官婉儿文不加点,须臾而成,武则天大悦,当即免其奴婢身份,令其掌管宫中诏命,时称"内舍人"。"自圣

历以后，百司表奏，多令参决。"（《旧唐书》卷51《上官昭容传》）武周后期，上官婉儿更是参与处理百司奏表，参决政务，有"巾帼宰相"之称。太平公主怜其才，通过唐睿宗将上官婉儿的诗作收集编纂成二十卷（今已佚），《全唐诗》收其遗诗三十二首。

[4] 据《旧唐书》卷37《五行志》载："中宗女安乐公主，有尚方织成毛裙，合百鸟毛，正看为一色，旁看为一色，日中为一色，影中为一色，百鸟之状，并见裙中。凡造两腰，一献韦氏，计价百万。又令尚方取百兽毛为鞯面，视之各见本兽形。韦后又集鸟毛为鞯面。安乐初出降武延秀，蜀川献单丝碧罗笼裙，缕金为花鸟，细如丝发，鸟子大如黍米，眼鼻嘴甲俱成，明目者方见之。自安乐公主作毛裙，百官之家多效之。江岭奇禽异兽毛羽，采之殆尽。"

安乐公主有一条由宫中尚方局采用百种鸟雀羽毛精心制作而成的裙子。这条百鸟裙，正看是一种颜色，侧看是另一种颜色；在阳光下看是一种颜色，在暗中看又是一种颜色。一百种鸟雀的形象能同时在裙中显现出来。当时这种价值一百余万元的百鸟裙共织造了两条，另一条献给了韦皇后。安乐公主还命尚方局用一百种野兽的毛编织马鞍上的坐垫，她的母亲韦皇后也用百种鸟毛制作了马鞍坐垫。

安乐公主刚出嫁给武延秀时，益州（今四川境内）进献给她一条单丝碧罗笼裙，这条裙子的花鸟图案全用金丝绣成，其细如丝发，大如黍米，鸟的眼鼻口皆备，神奇而不可思议。而自从安乐公主制作百鸟裙，官宦人家和普通百姓都争相效仿，为了采集鸟毛兽毛，大家争先恐后搜寻山林，扫荡山谷，一时奇禽异兽被捕杀殆尽。后来，唐玄宗李隆基在大殿前将这些百鸟毛裙尽数焚毁，这才扭转了此种风气，制止了一场生态灾难。

太平公主：三次政治争斗，大唐政权三更迭

> 公主丰硕，方额广颐，多权略，则天以为类己，每预谋议，宫禁严峻，事不令泄。公主亦畏惧自检，但崇饰邸第。二十余年，天下独有太平一公主，父为帝，母为后，夫为亲王，子为郡王，贵盛无比。
>
> ——《旧唐书》卷183《外戚·太平公主传》
>
> 太平公主依上皇之势，擅权用事，与上有隙，宰相七人，五出其门。文武之臣，太半附之。
>
> ——《资治通鉴》卷210《唐玄宗开元元年》

故事背景：武则天和她的儿女们（下）

唐睿宗垂拱二年（公元686年）正月，武则天试探性地还政睿宗，李旦深知母亲用意，坚辞不允。载初元年（公元689年），李旦再次上表要求辞让帝位于母后。公元690年9月，武则天改唐为周，自称圣神皇帝，以李旦为皇嗣，赐姓武氏，以皇太子为皇孙。她还专门造了一个字，给自己取名为"曌"，意思是日月当空，目无一切。武周先是定纪元为"天授"，后来又用"天册万岁""万岁登封""圣历""万岁通天"等帝号。圣历元年（公元698年），在大臣们的劝说下，武则天召李显还洛阳，立其为皇太子。神龙元年（公元705年）正月，武则天被迫禅让帝位于李显，由此武周一朝结束，唐

朝复辟，百官、旗帜、服色、文字等皆复旧制。同年12月16日，武则天病逝于上阳宫，遗制去帝号，称"则天大圣皇后"。次年与高宗合葬乾陵，留无字碑。

武则天以皇后身份预政二十四年，以太后身份临朝称制七年，称帝十五年，前后掌政四十六年，乃中国历史上唯一一位女皇帝。母亲如此强势，作为她的儿女，却一个个命运多舛，甚至有几位死于非命。

一提到太平公主，很多人都很熟悉。结过两次婚，情人一大堆，甚至跟母亲共享情人又帮着母亲勒杀情人，多年与兄弟、侄儿分享皇权，但又忘不了争权夺利，差点儿步了母亲后尘，最终被侄儿李隆基赐死家中的大唐第一公主。她的所作所为，以她对大唐最高权力所嵌入的深度与广度，以她当时所取得的财富、权势、地位以及所产生的政治效益、社会影响等，称她为千古中华第一公主，是实至名归。正因为如此，千百年来，这位"方额广颐，多阴谋""沉敏多权略，武后以为类己"，而又"凶猾无比，大臣多为之用""宰相多出门庭"的大唐镇国公主，一直生活在人们的口舌之中、笔墨之下，更是成了各类历史宫斗剧的宠儿。历史造就了太平公主，历史也更忘不了这位权倾一时而又不可一世的公主。

两段婚姻，父皇母后政治棋子

太平公主，是唐高宗李治与武则天的六个孩子中最小的一个。她上面有四个哥哥，三哥即后来的唐中宗李显，四哥李旦即后来的唐睿宗。她有一个姐姐，出生不久即不幸被正剑拔弩张地跟高宗王皇后争宠争位的母亲给掐死了（后追封为安定思公主）。太平公主究竟出生于哪一年，史无记载。根据她最小的哥哥李旦生于龙朔二年（公元662年）来推断，她最早应出生于龙朔三年。太平公主究竟叫什么，当然史书上也没有明确记载。后人根据《全唐文·代皇太子上食表》[1]一文，推断她的本名为李令月。令月公主因为是则天皇后所生，且又是她最小的孩子，所以一出世，即"特承恩宠"，"爱之倾诸女"。

"荣国夫人死,后丐主为道士,以幸冥福。仪凤中,吐蕃请主下嫁,后不欲弃之夷,乃真筑宫,如方士薰戒,以拒和亲事。"太平公主一生有两次出家为女道士的经历。第一次是在唐高宗咸亨元年(公元670年),那一年,其外祖母,武则天的母亲荣国夫人杨氏去世,母亲便让太平公主以替杨氏祈福为名,出家为女道士,太平一名,就是她此次出家时的道号。不过虽然号称出家,她其实一直都住在宫中,绕膝承欢。第二次,则是在唐高宗仪凤(公元676年—679年)年间,太平公主十四岁左右。这一年,吐蕃人来长安要求和亲,点名求娶太平公主。李治和武则天哪里舍得让掌上明珠嫁到这么远的地方去,但又不好直接拒绝,于是赶紧修了个太平观,让太平公主正式出家,以此躲过吐蕃的求娶。

说完了两次出家,再来说说太平公主的两次出嫁。太平公主第一次当新娘,嫁的是她的表哥薛绍。这次婚姻,是她主动争取然后由父皇为她做的主。话说有一天,唐高宗在宫中设宴款待亲族。"主衣紫袍玉带,折上巾,具纷砺,歌舞帝前。帝及后大笑曰:'儿不为武官,何遽尔?'主曰:'以赐驸马可乎?'"(以上引文均见《新唐书》卷83《太平公主传》)太平公主一袭紫袍,腰束玉带,头戴黑巾,手持弓箭,一身军人装束来到唐高宗和武则天面前,深施一礼道:"父皇母后,我给你们跳个舞助兴吧。"说罢,就跳起了一段军中之舞。看着英姿飒爽的女儿,唐高宗和武则天不由得哈哈大笑,问道:"你一个女孩儿家,又不是武官,干吗这身打扮?"太平公主马上回答道:"既然您二位觉得我穿这身衣服不合适,那把它赐给驸马总可以的吧?"

原来是这样!帝后马上明白过来,女儿这是"青春期"萌动,想要寻个如意郎君了。于是给太平公主选驸马的事情,就被提上议事日程了。

李治给女儿选中的驸马薛绍,他是唐太宗李世民与长孙皇后的女儿城阳公主,跟光禄卿薛瓘所生的小儿子,也就是说他与太平公主实际上是姑舅兄妹。不过武则天对女儿的这段姻缘,却不太满意。"天后以顗妻萧氏及顗弟绪妻成氏非贵族,欲出之,曰:'我女岂可使与田舍女为姒娣邪!'或曰:'萧氏,瑀之侄孙,国家旧姻。'乃止。"(《资治通鉴》卷202《唐高宗开耀元年》)她认为薛绍的两个嫂子萧氏和成氏出身都不够高贵,不配跟自己女儿为姒娣。为了女儿,她甚至想逼薛家两兄弟休妻再娶,联姻高门大户。幸亏有人以萧氏出身兰陵萧氏,并非寒门,只是不够豪贵而已相劝说,武则天这才作罢。

开耀元年（公元681年），唐高宗夫妇为太平公主举行了一场超级豪华的婚礼。"假万年县为婚馆，门隘不能容翟车，有司毁垣以入，自兴安门设燎相属，道樾为枯。"（《新唐书》卷83《太平公主传》）婚礼的礼堂，设在当时的万年县县衙。因为县衙的门太窄，为了能让太平公主那辆超级婚车直接"开"到里面去，万年县衙还拆掉了一堵墙。一路上高燃的喜庆火炬，甚至把道旁的槐树都给烤焦了。

在太平公主出嫁的同时，李唐王室的另一场超豪华婚礼，也正在举行。这场婚礼的男主角是太平公主的三哥，李显。因为得罪了武则天，李显的妻子前几年被武则天给关起来活活饿死了，现在李显当上了太子，当然要再给他配一位太子妃。于是好事成双，一个出，一个进，几乎在太平公主与新郎拜天地的同时，少女韦氏进了太子李显的新房。当时谁也未曾料到，这位和太平公主同一天成婚的少女，日后和太平公主成了大唐权力场上你死我活的对手。此时，两位幸福的新娘正享受着超豪华婚礼所带来的快乐。

太平公主跟薛绍的这段婚姻只持续了七年。在这期间，太平公主很是安分守己，从未有不轨的绯闻传出。她先后为薛绍生下了长子薛崇训、次子薛崇简，及两个女儿。但这段本该是白头偕老的美满姻缘，到了公元688年，却因为一起跟他们八竿子也打不着的所谓谋反案，戛然而止了。

武则天执政的垂拱四年（公元688年），唐太宗第八子，越王李贞与其子李冲起兵讨伐武则天。因太过仓促，这次起兵很快失败，不但李贞父子被诛，武则天还趁机来了个大清洗，前后牵连六七百家，将李唐宗室诛杀殆尽。因为有证据表明薛绍的哥哥薛顗参与了此次谋反，薛绍受到牵连被关进了大狱。他先是被打了一百大棒，然后在狱中被活活饿死了。此时，太平公主怀中的第四个孩子刚刚满月，而太平公主也才二十五岁上下。

武则天为何这么狠心，把人给活活饿死了？《旧唐书》卷183《外戚·太平公主传》中有一句话，为我们道出了个中玄机：

"绍，垂拱中被诬告与诸王连谋伏诛，则天私杀攸暨之妻以配主焉。"

薛绍其实是被人冤枉而丢了性命的。那么是谁冤枉他的，是谁来诬告他的？鉴于他这样特殊的身份，且太平公主又是那能通天的角儿，除了受武则天本人指使，恐怕谁也不敢。而且即便真有人斗胆去诬告了，凭他的人脉、身份，很快就能查个水落石出。那么武则天为什么要玩这一出？这除了武则天当年就对这场婚姻不甚满意外，另外一个更重要的原因，在这句话的后半部分透露了出来。

"则天私杀攸暨之妻以配主焉。"武则天私下里派人把一个名叫（武）攸暨的男人的妻子给杀死了，然后把太平公主嫁给了他。那么这个武攸暨又是何许人也？他是武则天伯父的孙子，武则天的堂侄。"绍死，更嫁武承嗣，会承嗣小疾，罢昏。"（《新唐书》卷83《太平公主传》）武则天饿死薛绍，一开始为太平公主挑选的第二任丈夫，并不是武攸暨，而是武承嗣。武承嗣是武则天的大侄子，当时袭周国公。为了武则天能够早日坐上龙椅，武承嗣跑前跑后可没少忙活。在武则天的眼中，她的这个大侄儿是武家最值得重点培养的接班人。只可惜，武承嗣体弱多病，把女儿嫁给这样的病秧子，只会惹人笑话（既然身体不行，继承人之事自然不在考虑之列），所以这桩前景诱人的婚姻只好作罢。武则天又选择了一个堂侄，武攸暨来做她的女婿。既然要让女儿嫁给武攸暨，首先得让这个男人恢复单身。于是她暗地里派人杀死了武攸暨的原配妻子。这样待一切就绪，唐载初元年（公元690年）的七月，又一场豪华的婚礼，武则天将女儿太平公主名正言顺地嫁入了武家。就在这场婚礼之后两个月，这一年的九月，武则天改"唐"为"周"，正式称帝。她封武氏子十四人为王，武攸暨被封为千乘郡王，太平公主顺利地成了一名"王妃"。

现在大家可能已经看明白了。如果往小了说，武则天费尽周折（最起码杀了两个无辜之人）让太平公主与武氏联姻，可以让她作为武家人，被很好地保护起来，避免了作为李家人可能遭遇到的不幸与不测；往大了说，这其实是武则天的一着高明的政治棋：你中有我我中有你，让李、武两家再次联姻，太平公主，其实就是给她作为一个政治筹码在用。

自唐高宗李治去世，大权在握的则天皇后离皇帝的宝座，只有一步之遥了。不过因为其特殊的身份，且又是女流之辈，这一步要跨出去，没那么容易。在中国古代，那是家天下，王朝都是一家一姓的，武则天想要把李唐王朝变成她的武周王朝，不仅是龙椅上换个人坐这么简单。为了能顺利跨出这一步，聪明奸猾的武则天费尽了心机。首先，她利用越王李贞父子起兵谋反之事，狠狠地收拾了一下李唐宗室。之后几年，她又紧锣密鼓办了好几件大事。她废黜了自己的儿子中宗李显（当时还叫李哲），软禁了另一个儿子睿宗李旦，平定了南方徐敬业叛乱，又利用裴炎之狱把朝廷中可能反对她的人彻底肃清。[2]这样一环接一环，无论是程序还是人心向背，她离那把龙椅算是越来越近了。此时此刻，无论从什么角度，她都需要为女儿找一个武家的女婿。而且从政治方面考量，武则天太需要利用女儿和武家的联姻，来增加自己的政治筹码，来加强武家的力量了。

既然要让宝贝女儿承担新的政治使命，那么薛绍必须让位。所以，无论是否参与了谋反，薛绍都得死。而武攸暨的原配妻子，也得让位。两位无辜之人，就这样成为武则天一路攀登的垫脚石。

自结婚直到唐玄宗先天元年（公元712年）武攸暨病故，太平公主与武攸暨一起生活了二十二年，育有两男（武崇敏、武崇行）一女，三个孩子。

我们不难看出，太平公主的两次婚姻都是父母为了自身利益而给她安排的政治联姻。但太平公主跟高阳公主不同的是，她两次都坦然接受了命运的安排，尽力扮演好父母分配给她的角色。这也说明，太平公主有着高于一般公主的政治觉悟与家国使命感。她日后能够深度地涉入武周和大唐政坛，在一群男人中间游刃有余地处理国政大事，正是基于这种不可或缺的基础性素质。

贵盛天下，武则天闺中高参

太平公主的丈夫武攸暨，"沉谨和厚，于时无忤"。（《旧唐书》卷183《外戚·武攸暨传》）他是个比较可靠的男人。不过在第二段婚姻中，太平公主可不是以前那个安分守己的她了，现实早已让她脱胎换骨变成了另外一个人。

"永淳已前朝制，亲王食实封八百户，有至一千户；公主出降三百户，公主加五十户。太平食汤沐之邑一千二百户。"（《旧唐书》卷183《外戚·太平公主传》）薛绍过世后，为了安慰女儿，武则天打破唐公主食封不过三百五十户的惯例，将她的实封户破例加到一千二百户，超过了亲王的实封户（实封就是国家赐给功臣贵戚的封户，食实封也就是能够享受那些户丁交纳的租税）。不过，钱物能买得活死人，换得回丈夫吗？薛绍的冤死使得太平公主无论是内心，还是言行举止，甚至是"三观"，都发生了根本性的变化。母亲逼死自己相濡以沫的丈夫，又杀死武攸暨的妻子，令她改嫁武家，这一系列身不由己的变故，让太平公主彻底明白了，作为昔日唐高宗的掌上明珠，武皇后的爱女，身处政治漩涡中的她，想要摆脱政治，相夫教子做一个贤妻良母，根本是不可能的。

作为本身就是带着政治符号出生的人，又处于政权更迭的非常时期，即便她是个什么都不懂的小孩子，即便她坐在家里什么都不干，都有可能成为被人利用的政治筹码。如果说第一次婚姻体现了父皇这边的政治利益，那么第二次婚姻就是在为母亲做奉献了。太平公主终于明白，无论是父子、母子亲情，还是夫妻深情，在政治利益面前，都不堪一击。自此，随着第一场婚姻的终结，一个闭处深闺，陶醉于甜蜜爱情，享受着幸福生活的太平公主消失了。随着第二场婚姻的开始，一个热衷政治、沉溺于色欲的崭新的太平公主，从此活跃于大唐，活跃于中国历史舞台上。

首先是在对待男人的态度上，太平公主开始恣意放纵和玩世不恭了。从现有史料来看，在第二段婚姻期间，太平公主至少跟四个男人有着私情。其一是"胡僧惠范，家富于财宝，善事权贵，公主与之私，奏为圣善寺主，加三品，封公，殖货流于江剑"。（《旧唐书》卷183《外戚·太平公主传》）这个善事权贵的政治和尚倚仗太平公主，封国公，成为朝廷三品大员，做了许多坏事，还发了大财——跟他相比，被高阳公主"见而悦之"的辩机和尚真是冤屈死了。其二是"美姿仪，早有才名"的崔湜。美男子崔湜一开始"附托昭容上官氏，数与宣淫于外"。（《新唐书》卷99《崔仁师传附孙湜传》）他本来是上官婉儿的情人，后来不知怎的"私附太平公主，时人咸为之惧"。（《旧唐书》卷74《崔仁师传附孙湜传》）其三是司礼丞高戬。"司礼丞高戬，太平公主之所爱也。"（《资治通鉴》卷207《则天顺圣皇后长安三年》）当然，经太平公主推荐入宫侍奉武则天的"莲花六郎"张昌宗，也曾经是太平公主的情人。

据《旧唐书》卷183《外戚·太平公主传》载："公主丰硕，方额广颐，多权略，则天以为类己，每预谋议，宫禁严峻，事不令泄。公主亦畏惧自检，但崇饰邸第。"太平公主长得体丰腰硕，方额广颐，也就是方额头宽下巴，体态丰满，乃标准的唐代美女。不但人长得漂亮，太平公主还足智多谋，遇事沉着机敏，富于权变。武则天常常说女儿像她，可能就是其性格以及"多权略"这个方面而言的吧。在整个武则天时代，太平公主理所当然成了母亲的高参与帮手。除了参与一些军国机密要事的商讨，有些母亲不便出面处理的事情，也都是太平公主出面办妥。但武则天从不允许女儿公开参政，也从不让太平公主将她参与政事的事情外泄出去。母女俩一明一暗，配合默契，前后数十年，外臣们都不知道女皇还有这么一个闺中高参。当然，太平公主内心也十分清楚，高参归高参，对于天生权力欲极强的母亲而言，其手中的权力不容任何人侵犯，哪怕是自己的亲生儿女，也毫不例外。因之她虽常伴母亲左右，有时甚至是一言九鼎，母亲也乐于听取她的意见，但她依然行事收敛低调，从不张扬，只是大肆装修府邸，购买别业，过着她那豪华富贵的小日子[3]。

整个武则天朝，太平公主见诸史书的建树，一是为自卫而与武承嗣等人联名上书，给武则天施加压力，铲除了酷吏来俊臣势力，另外一个，就是帮助母亲处置了其首任男宠薛怀义。

薛怀义，"本姓冯，名小宝。以鬻台货为业，伟形神，有膂力，为市于洛阳，得幸于千金公主侍儿。公主知之，入宫言曰：'小宝有非常材用，可以近侍。'因得召见，恩遇日深"。冯小宝早年闯荡江湖贩卖药材，练就了一身腱子肉。他先是被唐高祖李渊的女儿千金公主的侍女看中，后来成了千金公主的情人。之后不久，千金公主又将其献给了武则天。因侍寝有术，冯小宝一进宫即深得武则天宠爱。为了能让其合乎情理地往来后宫，武则天让冯小宝出家，将洛阳的白马寺修饰一下，让他出任主持。"又以怀义非士族，乃改姓薛，令与太平公主婿薛绍合族，令绍以季父事之。"因嫌其出身寒素，武则天将冯小宝改名薛怀义，让他与太平公主的丈夫薛绍家合族，要求太平公主和薛绍以叔父之礼待之。后来，这位被朝廷上下称呼为"薛师"的薛怀义编写了一本《大云经》献给武则天，称武则天是弥勒佛下生，应当取代李唐成为天子。武则天还让这位男宠多次担任大总管，统率军队，远征突厥。天授元年（公元690年），武则天为他"加辅国大将军，进右卫大将军，封鄂国公、柱国"，真可谓一步登天。"其后益骄倨，则天恶之。"这位日益骄倨的大唐第一面首，为争风吃醋竟然一把火烧掉了由自己督造，耗资巨万的明堂，还纠集了一些不法之徒成天招摇过市惹是生非。忍无可忍之下，武则天"令太平公主择膂力妇人数十，密防虑之。人有发其阴谋者，太平公主乳母张夫人令壮士缚而缢杀之，以辇车载尸送白马寺。"（以上引文均见《旧唐书》卷183《外戚·薛怀义传》）接到母亲密令后，在火烧明堂半个多月后的武周证圣元年（公元695年）的二月初四，太平公主让自己的心腹奶妈张夫人带领一批壮士一拥而上，将薛怀义抓住勒死，并将他的尸体运回了白马寺。[4]

缢杀了薛怀义后，太平公主想到空床独眠的母亲寂寞难耐，把自己的一个叫张昌宗的男宠，推荐给了武则天。"昌宗白进易之材用过臣，善治炼药石。即召见，悦之。"吹拉弹唱样样精通，温文尔雅风度翩翩的张昌宗在深得武则天宠爱后，向武则天推荐了自己同父异母的哥哥张易之，这样"兄弟皆幸，出入禁中，傅朱粉，衣纨锦，盛饰自喜"，哄得武则天一时兴起，"即日拜昌宗云麾将军、行左千牛中郎将，易之司卫少卿，赐甲第，帛五百段，给奴婢、橐它、马牛充人之。不数日，进拜昌宗银青光禄大夫，赐防阁，同京官朝朔望"。一时间兄弟俩"贵震天下。诸武兄弟及宗楚客等争造门，伺望颜色，亲执辔棰，号易之为'五郎'，昌宗'六郎'"。（以上引文均见《新唐书》卷104《张行成传附易之 昌宗传》）一时二张"贵震天下"，就连武家兄弟们以及宗楚客等人都抢着上门讨好巴结，甚至亲自替他俩牵马递鞭，亲切地称张易之为"五郎"，张昌宗为"六郎"。

武周圣历元年（公元698年），武则天权衡再三，召回了自己的儿子，曾经的唐中宗，现在的庐陵王李显，准备立他为自己的皇位继承人。她还通过联姻等一系列行为将武、李两家联系起来，以图消弭未来的纷争，让两家和睦相处。与此同时，武则天开始让太平公主走上前台，让她和上官婉儿以及她的两个男宠张昌宗、张易之执掌部分权力，谋求朝堂上的一种政治平衡跟安定。

整个武则天掌权时期，"二十余年，天下独有太平一公主，父为帝，母为后，夫为亲王，子为郡王，贵盛无比。"（《旧唐书》卷183《外戚·太平公主传》）太平公主经过多年的历练，政治技巧已日臻成熟，其政治资本政治经验，也已积累了不少。虽然此时有她母亲在，她不可能多多走到前台去，其发挥才能的空间，很是有限，但对于这样的女政治家，大唐帝国早已为她搭好了舞台。

神龙、唐隆政变,太平镇国

在武则天朝,太平公主主动参与并发挥重要作用的政治斗争,是逼母亲退位的"神龙政变"。

神龙政变的诱因,可以说正是因为太平公主的推荐而一步登天,此时正专横跋扈的二张兄弟。

由于长期生病,武则天久居长生院,宰相们一般见不到她的面,平日里只有二张等人在她身边侍候着。张昌宗、张易之很快就在武则天的羽翼下形成了一股势力。"后既春秋高,易之兄弟颛政。"到了武周朝末期,这兄弟俩更是倚仗武则天对他们的宠爱,"挟天子以令诸侯",打击异己,把持朝政,大有顺之者昌、逆之者亡的势头。公元701年,"邵王重润与永泰郡主窃议,皆得罪缢死"。张氏兄弟向武则天告状,假武则天之手将私自议论他们的邵王李重润和他的妹妹永泰郡主、妹夫魏王武延基(武承嗣之子)三人均逼死。二张此举同时害死了李、武两家的嫡系继承人,等于跟两家正式宣战了,一时双方关系变得紧张了起来。

公元702年(武则天长安二年)8月,太平公主与三哥李显、四哥李旦联名上表武则天,请求封张昌宗为王。武则天驳回了他们的表请,封张昌宗为邺国公。太平公主他们此举,实际上是想借助讨好张昌宗再来讨好武则天,让武则天别再在李家、武家之间犹豫不决了,让李显能够顺利上位。果然,表奏之后,张氏兄弟对太平公主等人的态度大为好转。后来,正是通过二张,太平公主等人成功巩固了哥哥李显的太子地位。

然而到了公元703年9月,"御史大夫魏元忠尝劾奏易之等罪,易之诉于后,反诬元忠与司礼丞高戬约曰:'天子老,当挟太子为耐久朋。'"张昌宗又向武则天诬告说,御史大夫魏元忠与太平公主的情人、司礼丞高戬,议论说,"皇上老了,我们以后还是多近侍太子以求长久吧。"这话可是戳了武则天的心窝子了。这人老了,谁不怕死?谁不担心落得个众叛亲离的悲惨结局?勃然大怒的武则天将魏、高二人逮捕下狱。

其实,二张此举看似针对魏元忠和高戬,实际上矛头所指是背后的太子李显和太平公主。张昌宗这么一告状，就是明确告知武则天，你的儿子和女儿正盼着你早死呢。眼看着武则天心中的天平倾向了李家，这两个家伙明摆着是要把水搅浑，以便能浑水摸鱼。

由此，二张与太平公主及李家的关系彻底破裂。太平公主更是恨透了曾经的情人张昌宗这兄弟俩。伺机铲除他们，成了李家兄妹心中的既定目标。

神龙元年（公元705年），八十二岁的武则天病重卧床，正月二十二日，"张柬之、崔玄暐等率羽林兵迎皇太子入，诛易之、昌宗于迎仙院，及其兄昌期、同休、从弟景雄皆枭首天津桥，士庶欢踊，脔取之，一夕尽。坐流贬者数十人"。（以上引文均见《新唐书》卷104《张行成传附易之 昌宗传》）宰相张柬之等人率五百余人冲入玄武门，诛杀了张易之、张昌宗俩兄弟及其党羽，迫使武则天传位于太子李显，二月，正式复国号为唐。

在这一场以诛杀二张，提前结束武则天统治，恢复李唐王朝为目标的"神龙政变"中，太平公主因"预诛张易之谋"，被刚刚复位的三哥唐中宗封为"镇国太平公主"。

那么太平公主在这场可以说是生死攸关的神龙政变中，究竟做了些什么呢？从现有资料来看，太平公主可能并没有出面参与具体行动，但是实际上，太平公主对于这次政变的成功，起了实质性的重要作用。首先，她是此次政变的积极赞同者、预谋者。虽然太平公主被母亲嫁给了武家，但是在关键时刻，她还是被各方力量视作李家的女儿，太平公主本人也始终把自己看作是李家人。那么作为李家人，武则天的爱女、高参、心腹甚至"帮凶"，武家的儿媳，如果预先没有得到她的首肯，没能争取到她的支持，恐怕任何人都不可能轻举妄动去搞什么政变。原因很简单，无论是哪一方，只要有谁想要有所行动，都瞒不过太平公主。她只需无意间透露哪怕一丁点儿消息，这人头落地的可就是政变者这一拨人了。其次，除了名义上、道义上的支持，太平公主应该利用了自己各方面的便利，为此次政变提供了关键的情报上的甚至是人员上的支持。对于政变需要对付、提防的武则天、二张以及武家的情况，没有比太平公主更熟悉的了，也没有比太平公主更不会引起他们怀疑的可资利用的人选了。另外，她是否利用自己多年的人脉以及可以自由出入宫闱的这样非同一般的优势，为政变行动提供方方面面的具体支持，甚至是关键性的支持，虽然史无明确记载，但应该也是事实存在的。还有，在二张被诛之后，太平公主应该会亲自来到武则天病床前，安慰、劝说母亲，让母亲顺应形势，将皇位传给儿子。这些场面上的，也是关键性的话，也只有作为女儿的太平公主去说最为合适了——对于武则天而言，其他人的话可以不听，其他的人也可以不信，但对于一直躲在幕后帮助她这么多年，早已成为自己左膀右臂的这个宝贝女儿，她的话一般还是能够听得进去的。

因之，神龙政变，太平公主因"预诛二张功，增号镇国，与相王均封五千，而薛、武二家女皆食实封。主与相王卫王成王、长宁安乐二公主给卫士，环第十步一区，持兵呵卫，僭肖宫省。神龙时，与长宁、安乐、宜城、新都、定安、金城凡七公主，皆开府置官属，视亲王"。唐中宗晋封妹妹为镇国太平公主，让她与安国相王李旦都获得实封五千户。而且，太平公主和前夫薛绍所生的两男两女，还有和第二个丈夫武攸暨生的两男一女，一共七个孩子，也都获得实封。中宗还专门派卫士，在太平公主府邸旁边每十步设一岗亭，实行二十四小时武装护卫，让太平公主府享受着和皇宫完全一样的保卫规格。第二年，李显又特别下诏，让太平公主和其他几位公主一起开府设官——太平公主跟亲王一样，也可以有自己的官署，属官了。这不仅意味着她拥有着特殊的政治地位，还意味着她从此不用再像武则天朝那样躲在幕后指点江山了，而是可以公开参与朝政。

于是乎，自唐中宗李显复位，太平公主逐渐从幕后走到前台，积极参政议政了。此时，一个安国，一个镇国，除了皇帝李显，最有权势的恐怕就是两位了。在《新唐书》卷83《太平公主传》中，记载有这样一件事："长安浮屠慧范畜赀千万，谐结权近，本善张易之。及易之诛，或言其豫谋者，于是封上庸郡公，月给奉稍。主乳媪与通，奏擢三品御史大夫。"长安富翁僧人慧范（《旧唐书》作惠范），本来是巴结张易之的，张易之被诛杀后，有人上言说慧范参与过谋议，由此被封为上庸郡公，每月给俸禄供应，因为太平公主的奶妈与他私通（《旧唐书》记载慧范为太平公主情人，见上文），他便被太平公主保奏为三品官衔的御史大夫。其实，这位善于钻营的政治和尚乃是个贪赃枉法之徒，"御史魏传弓劾其奸赃四十万，请论死。中宗欲赦之，进曰：'刑赏，国大事，陛下赏已妄加矣，又欲废刑，天下其谓何？'帝不得已，削银青阶。大夫薛谦光劾慧范不法，不可贷，主为申理，故谦光等反得罪。"（以上引文均见《新唐书》卷83《太平公主传》）御史魏传弓弹劾其奸赃四十万，应处以极刑。唐中宗知道慧范跟太平公主的关系，就想赦免他。魏传弓当即表示，刑赏国家大事，不可因人而废，否则将失去天下人心。中宗迫不得已，只好下令削夺了慧范银青光禄大夫官爵。这时大夫薛谦光又站了出来，说慧范行为不轨，绝不可如此宽贷，应该予以严惩。结果太平公主出面极力为他申辩，薛谦光等人反倒因此获罪。

从这件事情可看出，此时的太平公主早已不可同日而语，已经是大唐政坛上一个掷地有声，响当当的人物了。不过这时候，除了她跟李旦，又有两个政治新星，且也是女人，在快速崛起。她们想从太平公主，还有李家兄弟这三人手中，分享乃至争夺那至高无上的权力。

"中宗仁善，韦后、上官昭容用事禁中，皆以为智谋不及公主，甚惮之。"（《旧唐书》卷183《外戚·太平公主传》）唐中宗李显是一个性格温和又懦弱的人，他虽然成功复位，但由于种种原因，从他复位那一刻起，即造成妻子韦后与女儿安乐公主干涉、把持朝政的情况。本来，若是多年来同为武则天高参的太平公主和上官婉儿两人联手，完全可以与她们相抗衡，但是因为太平公主看上了上官婉儿的英俊情郎崔湜，上官婉儿自然与太平公主反目成仇，倒向了韦氏、安乐公主这一边。这样围绕着唐中宗，她们合力对付太平公主及李隆基父子。当然，虽然韦后她们很想效法武则天，过一把权力的瘾，但她们清楚，比起多谋善断的太平公主来，她们还太嫩了点儿，根本就不是她的对手。因此对太平公主，她们很是忌惮，遇事宁可绕着走，轻易不敢与她硬碰硬地较量。

虽然如此，自以为略占上风的太平公主也没闲着。"主亦自以轧而可胜，故益横。于是推进天下士，谓儒者多褊狭，厚持金帛谢之，以动大议，远近翕然响之。"（《新唐书》卷83《太平公主传》）太平公主在被允许开府置官之后，招徕四方人才。她觉得文人们往往贫寒困窘而又忠诚仗义，于是派人拿着金帛去资助这些人。一时声名鹊起，远近士人们都对太平公主交口称颂，很多文人士大夫，都成了她的铁杆"粉丝"。

唐隆元年（公元710年）6月，"韦后作逆称制，伪尊温王。玄宗居临淄邸，愤之，将清内难。公主又预其谋，令男崇简从之"。（《旧唐书》卷183《外戚·太平公主传》）

唐隆政变，李旦上位，"公主频著大勋，益尊重，乃加实封五千户，通前满一万户。公主子崇行、崇敏、崇简三人，封异姓王；崇行国子祭酒，四人九卿三品"。(《旧唐书》卷183《外戚·太平公主传》)此时的太平公主，真可谓权倾一时，威震天下了。唐睿宗不但将她的实封户增加到了一万户，还封她的三个儿子为异姓王，任命其子武崇行为国子祭酒，家中有四人位列九卿三品。"主每奏事，漏数徙乃得退，所言皆从。有所论荐，或自寒冗躐进至侍从，旋踵将相。朝廷大政事非关决不下，闻不朝，则宰相就第咨判，天子殆画可而已。"(《新唐书》卷83《太平公主传》)曾经长时间侍奉武后，经历过大风大浪，也参与处理过朝政大事的太平公主，知道在朝堂上什么话该说，什么事该做。所以她每次入朝奏事，都会和四哥李旦坐在一起谈上好几个时辰，直到计时漏壶都换过几次了，方才退下。无论她说什么，唐睿宗都是言听计从；她所推荐的人，睿宗一般都会任用。经她的举荐，有的人从基层一下子窜升至侍从，甚至不久就拜将为相。每每朝廷政事，特别是大事，如果她不表态，有时根本就定不下来。如果她哪一天不上朝了，宰相会亲自上门跟她商议这件事该怎么办，那个事情又该怎么处理。唐睿宗李旦犹如"大秘书长"一枚，只剩下签字画押盖印的份儿了。"每宰相奏事，上辄问：'尝与太平议否？'又问：'与三郎议否？'然后可之。"(《资治通鉴》卷209《唐睿宗景云元年》)每当宰相入朝奏事，李旦都会先问："这件事你们与太平公主商量过吗？"接下来再问："与三郎李隆基商量过吗？"在得到肯定的答复之后，唐睿宗立马钤印表示同意。

此时的太平公主，乃是大唐王朝说一不二的实际当家人，真正的皇帝睿宗，倒成了她手中的傀儡。她对大唐政坛的掌控，丝毫不亚于其母武则天在高宗朝对朝政的掌控程度。她虽无"临朝称制"之名，却是实际上的"临朝称制"。

姑侄斗法，睿宗传位李三郎

太平公主权势如此，一时趋炎附势、争投其门下的人不在少数。"公主由是滋骄，田园遍于近甸膏腴，而市易造作器物，吴、蜀、岭南供送，相属于路。绮疏宝帐，音乐舆乘，同于宫掖。侍儿披罗绮，常数百人，苍头监妪，必盈千数。外州供狗马玩好滋味,不可纪极。"(《旧唐书》卷183《外戚·太平公主传》)太平公主再也把持不住了。她家上等的田产园林,遍布长安城郊各个地方。为她家购置珍宝器物的专职采购人员,足迹远至岭表、巴蜀地区,其物流车辆长年不绝于路。太平公主在礼仪车乘等日常生活方面,处处模仿宫廷排场。府中身披绫罗绸缎的侍儿有数百人之多,各类奴仆监妪达到了上千人。从全国各地进献来的犬马珍玩,更是无法计数。

不过作为女人参政,太平公主碰到了跟她母亲同样的境遇。如果说武则天时期,她前前后后的反对者主要是那些忠于大唐的大臣以及以男人为中心的世权观念,那么镇国太平公主作为李家的女儿,她遇到的对手,是来自自家,此时正以太子身份监国的"三郎"李隆基。

"玄宗以太子监国,使宋王、岐王总禁兵。"(《新唐书》卷83《太平公主传》)"太平公主以太子年少,意颇易之;既而惮其英武,欲更择暗弱者立之以久其权。"(《资治通鉴》卷210《唐睿宗景云元年》)一开始,太平公主认为太子李隆基虽然大权在握,但毕竟年轻,又是自己的亲侄子,两人保国护家目标一致,也曾屡屡联手,应该是同盟,所以并未把他放在心上。可不久她就发现,这个侄儿太过威武、英明了,待将来羽翼丰满,自己哪里是他的对手!于是,为了能长期保住现有的权势地位,"思立孱弱,以窃威权"。她想要废了李隆基,改立一位稍显昏庸懦弱的人当太子。

"数为流言,云:'太子非长,不当立。'"太平公主屡屡散布流言,称现在的太子并不是嫡长子,不应当被立为太子,而应当改立唐睿宗的嫡长子李成器为太子。一时间,朝廷上下议论纷纷。景云元年(公元710年),唐睿宗不得不紧急"制戒谕中外,以息浮议"。(以上引文均见《资治通鉴》卷210《唐睿宗景云元年》)他颁下制书,晓谕天下臣民,称李隆基太子的地位不可动摇,大家不要再讨论这件事了。这样各种流言蜚语才渐渐消散。

见一招不成,太平公主干脆"乘辇至光范门,召宰相白废太子"。(《新唐书》卷83《太平公主传》)她甚至掐好时辰乘辇车来到光范门,拦住刚刚下朝的众宰相,要求他们上奏皇上,改立太子。见她直白地表达出如此动议,在场的宰相们面面相觑,不知道该说什么好了,只有宋璟大声质问道:"东宫有大功于天下,真宗庙社稷之主,安得有异议!"(《旧唐书》卷96《宋璟传》)众所周知,太子为大唐社稷立下了莫大功劳,乃无可替代的宗庙社稷之主人，公主为何突然提出此议？现太子之位，安可动摇！直让太平公主当场讨了个没趣。

"公主每觇伺太子所为，纤介必闻于上，太子左右，亦往往为公主耳目，太子深不自安。"（《资治通鉴》卷210《唐睿宗景云元年》）太平公主在太子身边安插耳目，监视其所作所为，即便是很小的事情，只要是不利于太子的，她都要到唐睿宗那里打小报告。被频频告状，屡屡被父皇敲打的李隆基为了反制姑妈的阴谋诡计，"尝制一大被长枕，将与成器等共申友悌之好。睿宗知而大悦，累加赏叹"。（《旧唐书》卷95《睿宗诸子传·李成器传》）他让人缝制一条超宽的大被子和一只超级长的枕头，让五兄弟像小时候一样同睡一床，共盖一被，共枕一枕，以表示他们兄弟间孝悌和睦如初，任何人想挑拨他们兄弟间的关系，那都是白搭。唐睿宗大为赞赏。

景云二年（公元711年），太平公主同益州长史窦怀贞等结成朋党，想进一步加害于李隆基。她派女婿唐晙邀请"拜太子少保，改封郧国公。俄又历侍中、中书令。景云二年，加开府仪同三司"的韦安石到她的公主府密谈。韦安石当然知道太平公主意欲为何，"拒而不往"。"睿宗尝密召安石，谓曰：'闻朝廷倾心东宫，卿何不察也？'安石对曰：'陛下何得亡国之言，此必太平之计。太子有大功于社稷，仁明孝友，天下所称，愿陛下无信谗言以致惑也。'睿宗矍然曰：'朕知之矣，卿勿言也。'"一次，唐睿宗秘密召见韦安石，对他说："朕听说现在朝廷文武百官全都倾心归附太子，你可要多加留意，谨防有变。"韦安石朗声回答道："陛下从哪里听到这种亡国之言呢！这一定又是太平公主的招儿。太子为宗庙社稷立下大功，而且他一向仁慈明智，孝顺父母，兄弟间又很是友爱，可谓众望所归。陛下，您千万不要被这些谗言所迷惑啊。"李旦听后十分惊异，连忙说道："朕明白了，你今后不要再提这件事了。"可是他们两个人都没有料到，隔"帘"有耳，"太平于帘中窃听之"，太平公主把他们的谈话听了个一字不漏。

敬酒不吃吃罚酒，韦安石是不是找死？不久，太平公主开始了她的报复行动。"乃构飞语，欲令鞫之，赖郭元振保护获免。"（以上引文均见《旧唐书》卷92《韦安石传》）她散布各种流言，对韦安石横加陷害，想要将他逮捕下狱。多亏了郭元振的鼎力相救，韦安石才算保住了一条命。

针对太平公主不达目的誓不罢休的咄咄逼人之势，宋璟与姚崇两位宰辅秘密向睿宗进言："宋王陛下之元子，豳王高宗之长孙，太平公主交构其间，将使东宫不安。请出宋王及豳王皆为刺史，罢岐、薛二王左、右羽林，使为左、右率以事太子。太平公主请与武攸暨皆于东都安置。"（《资治通鉴》卷210《唐睿宗景云二年》）他们针对太平公主在睿宗长子、宋王李成器以及高宗长孙、章怀太子李贤（李旦二哥）之子、豳王李守礼和太子李隆基之间互相构陷，不断制造事端，以动摇李隆基东宫地位的情形，建议睿宗外放宋王和豳王两人为地方刺史，免去李隆基的两个弟弟岐王李隆范和薛王李隆业所担任的左、右羽林大将军职务，任命他们为太子左、右卫率，干脆就让他们到李隆基身边去工作，然后将太平公主夫妇安置到东都洛阳去。

应该说，二人的这番建议，主要是针对太平公主，想把她迁到洛阳以彻底支开她，这样她不但不会再对太子构成威胁，也不可能再像以前那样把持朝政了。这对睿宗父子而言，都是一种解脱。当然，他们也考虑了太平公主的感受，也解除了李隆基心腹岐王和薛王的军权，把他的两个弟弟从羽林中调了出来，让她也没什么闲话好说。

可是对外放太平公主去洛阳，唐睿宗却有点舍不得："朕更无兄弟，惟太平一妹，岂可远置东都！诸王惟卿所处。"朕现在已经没有兄弟了，只剩下太平公主这个亲妹妹，怎么忍心将她外放到东都去！至于其他诸王，则任由你们去安排吧，朕无有不从。于是，唐睿宗先颁下一道制命："诸王、驸马自今毋得典禁兵，见任者皆改他官。"（以上引文均见《资治通鉴》卷210《唐睿宗景云二年》）规定今后诸王、驸马一律不得统率禁军，现正任职的都必须改任其他官职，为下面的一系列人事安排张目。

在这之后不久的一天，唐睿宗突然对侍臣们说："有术者上言，五日内有急兵入宫，卿等为朕备之。"五天之内会有急兵入宫，那就是有人要举兵造反了。听到此言，大臣们不知如何回答才好。大家心里都很清楚，此等言论一定又是太平公主为构陷太子而放出来的，但这话他们怎好跟唐睿宗明说，明说了他又怎会相信。君臣沉默良久，还是宰相张说挺身而出，对睿宗直言不讳："此是谗人设计，拟摇动东宫耳。陛下若使太子监国，则君臣分定，自然窥觎路绝，灾难不生。"（以上引文均见《旧唐书》卷97《张说传》）皇上，这是有小人想离间东宫而以妖言惑众啊。陛下如果能早日颁下诏书，让太子监国，这样君臣名分早定，小人自然难以兴风作浪，一切便都会风平浪静了。

于是,"丙子朔,以宋王成器为同州刺史,豳王守礼为豳州刺史,左羽林大将军岐王隆范为左卫率,右羽林大将军薛王隆业为右卫率;太平公主蒲州安置。"景云二年(公元711年)农历二月初一,唐睿宗先是进行了一系列人事变动。任命宋王李成器为同州刺史,豳王李守礼为豳州刺史,任命左羽林大将军岐王李隆范为左卫率,右羽林大将军薛王李隆业为右卫率。然后,他下诏,将太平公主蒲州(今山西省临猗县)安置。紧接着,"丁丑,命太子监国,六品以下除官及徒罪以下,并取太子处分。"(以上引文均见《资治通鉴》卷210《唐睿宗景云二年》)次日,唐睿宗特别下诏,太子李隆基代行处理政务,凡六品以下官员的任命以及对犯徒刑罪以下罪犯的审核等事项,今后均由太子全权处理,不必再行上奏。

太平公主一番折腾,本来是想把太子扳倒了,自己好独揽大权,结果反倒是太子监国,自己被外放蒲州。太平公主跟李隆基两派,这下算是撕破了脸面,势不两立了。"主大望。"怒火万丈的太平公主把所有的气都一股脑儿撒到了李隆基头上,口口声声说现在侄儿翅膀硬了,容不下她这个姑妈了。

这女人发起疯来,是很可怕的。"太子惧,奏斥璟、元之以销戢怨嫌。"自知还不是姑妈对手的李隆基这时有点害怕了,主动向唐睿宗奏称,是宋璟与姚崇挑拨自己与姑母以及兄长李成器、李守礼之间的关系,请求对他们两人严加惩处。唐睿宗遂将姚崇贬为申州刺史,宋璟贬为楚州刺史,并下令停止执行宋王和豳王外放为刺史的事。"主居外四月,太子表追还京师。"(以上引文均见《新唐书》卷83《太平公主传》)四个月后,李隆基又表奏父亲,让太平公主回到京城。

这一回是因为李隆基的临阵畏惧,唐睿宗李旦的犹豫动摇,让情势逆转。此后,太平公主变本加厉地安插亲信、排斥异己,来巩固自己的阵地。"俄而太平公主引萧至忠、崔湜等为宰相,以说为不附己,转为尚书左丞,罢知政事,仍令往东都留司。"(《旧唐书》卷97《张说传》)不久,太平公主即通过唐睿宗,引荐萧至忠、崔湜为宰相。宰相张说因不肯阿附太平公主,被罢去相位,贬为尚书左丞、东都留守,也就是被赶到洛阳去了。到了睿宗朝末期,"宰相七人,五出公主门,又左羽林大将军常元楷、知羽林军李慈皆私谒主"。(《新唐书》卷83《太平公主传》)不但七位宰相中有五位出自太平公主的门下，就连左、右羽林将军都投靠了公主。一时间"在外只闻有太平公主，不闻有太子"。（《旧唐书》卷106《王琚传》）太平公主卷土重来，所谓太子监国基本上成了一句空话。李隆基白欢喜一场。

太平公主并没有被胜利冲昏头脑。她清楚，如果不能把李隆基从太子的位置上拉下来，将其一棍子打死，那自己这个又聪明又机敏的侄儿早晚会反噬于她。于是回到长安没多久，延和元年（公元712年）六月，太平公主指使一个精通天文历法的专业人士向李旦进言："据玄象，帝座及前星有灾，皇太子合作天子，不合更居东宫矣。"启奏陛下，据臣观察，近日帝座及前星座均有变化，所主之事乃是皇太子不宜久居东宫，应当登基即位，请陛下明察。太平公主此举只是想让唐睿宗对太子产生警惕。谁知早已受够了妹妹跟儿子夹棍气的李旦一听此言，未加思索，即刻招来群道："传德避灾，吾意决矣。"（以上两段引文均见《旧唐书》卷8《玄宗本纪》）既然天象如此，朕就顺应天意将帝位传给有德之人，以避灾免祸吧。

"太平公主及其党皆力谏，以为不可。"太平公主等人以种种理由力劝李旦不可传位于太子。但唐睿宗这次却是"难得糊涂"了，无论别人怎么劝，他都毫不动摇。"中宗之时，群奸用事，天变屡臻。朕时请中宗择贤子立之以应灾异，中宗不悦，朕忧恐，数日不食。岂可在彼则能劝之，在己则不能邪！"（以上引文均见《资治通鉴》卷210《唐睿宗先天元年》）朕心已定，众卿不必再劝。朕想起当年中宗皇帝在位时，一群小人专擅朝政，上天屡屡降下灾异发出警告。朕当时请求他顺应天象选立贤明之子以避灾免祸，但三哥听了很不高兴，朕倒是担忧恐惧得有好几天吃不下饭。朕怎么可以当年劝中宗禅位，现在自己却做不到这一点！就让朕顺应天意，做一回决定吧。

此一役，太平公主惨败。万般无奈之下，"太平公主劝上虽传位，犹宜自总大政"。唐睿宗觉得言之有理，于是对李隆基说："汝以天下事重，欲朕兼理之邪！昔舜禅禹，犹亲巡狩，朕虽传位，岂忘家国！其军国大事，当兼省之。"（以上引文均见《资治通鉴》卷210《唐睿宗先天元年》）你是不是觉得处理天下事务十分繁重，一时还难以适应，想让朕再帮你一把？想当初尧禅位舜，舜禅位禹后，还亲自到各地去巡视。现在朕虽然将帝位传给了你，哪里就能对家国之事漠不关心呢！放心，此后凡遇军国大事，朕还是会参与处理的。

明明知道这是姑妈在捣鬼，让即将成为太上皇的父亲继续当傀儡，她再通过他来干涉朝政，但是对于父皇的叮嘱，除了答应，李隆基还能说什么呢？

公元712年农历八月初三，李旦正式传位李隆基，"自称太上皇帝，五日一度受朝于太极殿，自称曰朕，三品已上除授及大刑狱，并自决之，其处分事称诰、令。皇帝每日受朝于武德殿，自称曰予，三品已下除授及徒罪并令决之，其处分事称制、敕。甲辰，大赦天下，改元为先天"。（《旧唐书》卷7《睿宗本纪》）自此，李旦退为太上皇，自称"朕"，所发布的命令称"诰"，每五天在太极殿接受群臣朝见。大唐新帝李隆基，自称为"予"，所发布的命令称"制""敕"。他每天在武德殿"当值"，处理政务。凡涉及三品以上官员的任命以及重大的刑狱政务，由太上皇亲自决断，其余政务，则由新帝自行署理。

不难看出，唐睿宗虽是让了位，但并非全退，而是有所保留的一种退。朝中大权实际上还是握在他的手里，也就等于握在了太平公主的手里。李隆基这个皇帝当得实在有点窝囊。

"太平公主依上皇之势，擅权用事，与上有隙，宰相七人，五出其门。文武之臣，太半附之。"（《资治通鉴》卷210《唐睿宗开元元年》）虽说已经是玄宗朝了，御座上主人已然换了，但是在御阶下面站着的，大半还是太平公主的人。挟太上皇之势，自认为新皇立足未稳，且又是自己的晚辈，太平公主依旧像过去一样，专擅朝政，我行我素，这样与新帝唐玄宗发生冲突，也就在所难免了。"说既知太平等阴怀异计，乃因使献佩刀于玄宗，请先事讨之，玄宗深嘉纳焉。"（《旧唐书》卷97《张说传》）远在洛阳的张说，深知有心怀鬼胎的太平公主在，李隆基这个皇帝不好当，也当不好。于是他派人给李隆基送来一把佩刀，暗示他要果断行事，伺机铲除太平公主集团。而在长安，面对这种姑侄斗法的局面，有一个人也看不下去了，想主动出来为主子分忧了。谁？就是当年跟着李隆基诛杀韦后、安乐公主集团立下大功，时任尚书右仆射、同中书门下三品的刘幽求。"幽求乃与右羽林将军张暐请以羽林兵诛之，乃令暐密奏玄宗曰：'宰相中有崔湜、崔羲，俱是太平公主进用，见作方计，其事不轻。殿下若不早谋，必成大患。一朝事出意外，太上皇何以得安？古人云：当断不断，反受其乱。'唯请急杀此贼。刘幽求已共臣作定谋计讫,愿以身正此事,赴死如归。臣既职典禁兵,若奉殿下命,当即除翦。'"刘幽求打算与右羽林将军张暐联手,诛杀太平公主他们。他让张暐密禀唐玄宗:陛下,窦怀贞、崔湜、岑羲这些人都是依靠太平公主才当上宰相的,他们结党营私图谋不轨,如果陛下不早日铲除他们,一旦事变,太上皇怎能安生呢!古人说得好,当断不断,反受其乱。皇上,臣已经与刘幽求定好了计策,为了陛下千秋大业,我等万死不辞。只等您一声令下,我们即率羽林军将他们一网打尽。"上深以为然。"唐玄宗初步同意了他们的计划。可是千不该万不该,"暐又泄其谋于侍御史邓光宾",张暐又将这个密谋泄露给了侍御史邓光宾。这下李隆基有点不淡定了。"玄宗大惧,遽列上其状。"惊恐之下,他只好化被动为主动,将刘幽求等人的计划主动报告给了太上皇。"睿宗下幽求等诏狱,令法官推鞫之。法官奏幽求等以疏间亲,罪当死。玄宗屡救获免,乃流幽求于封州,暐于峰州。"(以上引文均见《旧唐书》卷97《刘幽求传》)唐睿宗一听,下令严惩。亏得唐玄宗以刘幽求于国有功为由,多次向太上皇求情,刘幽求这才免于一死,被流放于岭南封州(今广东省封川县),张暐、邓光宾也都遭到流放。

全军覆没,红装时代成绝响

这一次,因为谋事欠密,李隆基临阵畏惧,再加之忌惮于太上皇,太平公主才逃过一劫。但太平公主明白,人为刀俎,我为鱼肉。如果不趁太上皇还在世收拾了李隆基,自己就危在旦夕。一场剑拔弩张,结果尚难预料的姑侄大战,已是箭在弦上。

为了彻底扳倒李隆基,太平公主甚至想到了去投毒,"又与宫人元氏谋于赤箭粉中置毒进于上"。她与宫女元氏合谋,准备在进献给唐玄宗服用的天麻粉中下毒,但未能成功。之后,太平公主"与窦怀贞、岑羲、萧至忠、崔湜及太子少保薛稷、雍州长史新兴王晋、左羽林大将军常元楷、知右羽林将军事李慈、左金吾将军李钦、中书舍人李猷、右散骑常侍贾膺福、鸿胪卿唐晙,及僧慧范等谋废立"。她与两位羽林军将军常元楷、李慈更是打得火热。"元楷、慈数往来主第,相与结谋。"(以上引文均见《资治通鉴》卷

210《唐睿宗开元元年》)在成功笼络了两位羽林军将军,与同党秘密谋划之后,太平公主想要以武力来解决问题了。"使元楷、慈举羽林兵入武德殿杀太子,怀贞、羲、至忠举兵南衙为应。"(《新唐书》卷83《太平公主传》)她的计划是,让常元楷、李慈率领羽林军冲进武德殿,杀掉侍卫,当场解决李隆基,窦怀贞、萧至忠、岑羲等人则在南衙举兵响应,制造声势,控制长安城。动手的时间定在先天二年(公元713年)的农历七月初四。

可就在他们调兵遣将之际,时任户部尚书、同中书门下三品的梁国公魏知古探知了他们的计划。"窦怀贞等将谋逆也,知古独密奏其事。"(《旧唐书》卷98《魏知古传》)魏知古速速进宫,将消息报给唐玄宗李隆基。

这下轮到李隆基先下手为强了,"以中旨告岐王范、薛王业、兵部尚书郭元振、将军王毛仲,取闲厩马及家人三百余人,率太仆少卿李令问、王守一、内侍高力士、果毅李守德等亲信十数人,出武德殿,入虔化门"。他先令岐王李(隆)范、薛王李(隆)业、兵部尚书郭元振以及龙武将军王毛仲等人严加防范。然后通过王毛仲,不通过羽林军,调出内苑马匹以及禁兵三百余人。七月初三,也就是在太平公主确定下手的前一天,李隆基亲率太仆少卿李令问、内侍高力士等十几名亲信,全副武装开出武德殿,进入禁军驻地虔化门,"枭常元楷、李慈于北阙"。他们割下了常元楷和李慈这两位羽林军将军的头颅,而后"擒贾膺福、李猷于内客省以出。执萧至忠、岑羲于朝,皆斩之"。(以上引文均见《旧唐书》卷8《玄宗本纪》)李隆基他们又在内客省逮捕了太平公主同党贾膺福和李猷,在朝堂上抓捕了萧至忠和岑羲,将四人一并斩首。太平公主门下的另一名大将窦怀贞,"惧罪,投水而死,追戮其尸,改姓毒氏"。(《旧唐书》卷183《窦怀贞传》)侥幸漏网的窦怀贞自知在劫难逃,投河而死(一说自缢)。唐玄宗下令鞭戮他的尸体,并将他改姓毒氏。

恐怕短短一个时辰不到,太平公主全军覆没!"主闻变,亡入南山,三日乃出,赐死于第。诸子及党与死者数十人。"惊闻其变,太平公主逃入终南山中。过了三天,太平公主可能觉得李隆基碍于太上皇面子,不会把她怎么样,于是回到家中。但这一次她虽是求生心切,却是谁也救不了她了。她一回到家中,李隆基即下令将她的府邸围了个水泄不通,然后派人送来一纸诏书,一束白绫,将她赐死于家中。李隆基又下令处死了她的儿子及党羽数十人。只有她跟薛绍所生的二儿子薛崇简，因"素知主谋，苦谏，主怒，榜掠尤楚，至是复官爵，赐氏李"。(《新唐书》卷83《太平公主传》)当年，薛崇简曾受母亲指派，与李隆基共同领兵诛杀韦氏集团，两人结下了深厚的战斗友谊。而且李隆基知道，薛崇简对母亲的所作所为深为不满，多次力劝她不要成天想着去争权夺利，特别不要跟自己的侄儿过不去，为此曾多次遭到母亲棍棒相加。所以这一次李隆基不但不去追究他，还让他留任原职，并赐他李姓。

至此，五十余岁的太平公主那多姿多彩、五味杂陈的非凡人生，落下了帷幕。

一个皇帝父亲，一个皇帝母亲，还有三个皇帝哥哥，一个皇帝侄儿。一生参与推翻了一个皇帝，拥立了两个皇帝，最后死于皇帝之手。太平公主，她继承了母亲的政治基因，血管里流动着的是她那极不安分的母亲的血液。武则天晚年，太平公主参与神龙政变，拥立中宗，确保了武周政权向李唐王朝的顺利回归。中宗暴毙，她又参与策划了唐隆政变，消灭了妄图改朝换代的韦氏母女，拥立李旦即位。可以说，正是太平公主关键时刻的重拳出击，确保了李家王朝的血脉相承，大唐帝国的薪火相传。绵延近三百年的大唐王朝功劳簿上，应该给太平公主记上一笔。在从武则天晚年到唐玄宗开元盛世到来之前的这一段历史时期，从某种程度上讲，正是这位"镇国太平公主"，左右着大唐政局的发展方向。尤其是唐睿宗在位的三年，太平公主深度嵌入了大唐政坛。那时的她，其权势跟坐在那把龙椅上的主人，几无实质性的差别。她是继武则天之后，大唐政坛的第二位女杰。然而到最后，她还是失败了。她虽不乏心机和才干，也曾纵横捭阖得意于一时，但时不我待，身处后武则天时代，注定了她难以成为武则天第二。

当然太平公主的失败，除了外部客观因素的制约，更多的还是因为她本身。她参政议政，玩弄政治手腕争权夺利，表现出来的更多的还是她作为一个女人的那种强烈的控制欲，过一把权力的瘾，满足一下极度的虚荣心，等等此类而已。纵观她的一生，像一个成熟的政治家那样以天下为己任，去追求有所建树，太平公主好像还没有这样的自觉意识与自觉行为。紧紧抓住权力，排斥异己为所欲为，实现自身利益最大化，当然还有以攻为守寻求自保，是太平公主最重要的人生目标。而为了实现这一目标，她像她母亲那样不择手段。所以时人评价："姚、宋为相，邪不如正；太平用事，正不如邪。"(《新唐书》卷112《柳泽传》)缺乏远大政治理想，没有使命感正义感，这就是太平公主最终失败的深层次原因吧。

武则天统治结束后，唐朝进入最混乱、动荡的时期。在七八年间，五次宫廷政变，两个皇帝被废，一个皇帝死得不明不白，还有一个被逼无奈，当上了太上皇。究其原因，最重要的一条，当是因为武则天五十多年的统治，极大地挑起了女人们参政议政的欲望，从而打破了常规，引起皇位继承方面的混乱。武则天的成功，无疑极大地颠覆了千古以来只有男人才能称王称帝的观念，刺激了一大批宫廷贵妇们的野心。于是武则天的儿媳韦皇后，孙女安乐公主，武则天赏识提拔起来的才女上官婉儿，当然还有武则天的亲生女儿太平公主，她们效仿武则天，公开地角逐政治权力，都想从男人手中分得一杯羹。在这可谓是空前绝后的中国"红装时代"，自有它历史的、现实的、种族的、文化的、以及社会的、个人的因缘。太平公主之后，大唐这种女人干政的现象再也没有出现过，也结束了自626年玄武门之变首都多次发生兵变以及自武则天以来政坛动荡，社会不稳，权力交替频繁混乱的现象。之后几年，在唐明皇李隆基一统之下，李唐王朝终于迎来了国泰民安、万邦来朝，为千百年来我华夏子孙念念不忘的开元盛世。大唐，也是中国数千年封建社会，进入了它最为强大繁华的鼎盛时期。

韦氏母女、太平公主的失败，女性参政的终结，这是女性之个人历史悲剧，还是时代的选择？就让时代，让历史，让未来去论证吧。

注　释

[1]《全唐文》中崔融的《代皇太子上食表》全文如下：
"臣某言：伏见臣妹太平公主妻李令月嘉辰，降嫔公族。诗人之作，下嫁於诸侯；易象之兴，中行於归妹。又臣铜楼再惕，常荷荫於中慈；金屋相惊，忽承恩於内辅。周官典瑞，旁稽聘女之仪；晋朝加玺，兼采纳妃之制。圣怀感尉，皇泽沾濡，愿垂扶木之光，俯逐甘芹之请。谨上礼食若干举如列。尊师四学，虽有谢於温文；问竖三朝，窃无违於视膳。谨遣某奉表以闻。"

[2] 裴炎（？—684年），字子隆，绛州闻喜（今山西省闻喜县）人，

裴炎以明经及第，历任御史、起居舍人、黄门侍郎、侍中等职。唐中宗即位，裴炎改任中书令。公元 684 年（唐光宅元年），裴炎支持武则天废唐中宗为庐陵王，改立豫王李旦为帝，是为唐睿宗。"豫王虽为帝，未尝省天下事。炎谋乘太后出游龙门，以兵执之，还政天子。会久雨，太后不出而止。"裴炎曾谋划想趁武则天出游龙门时，派兵拘捕她，令其归政于唐睿宗。可惜天公不作美，久雨不晴，武则天取消了出游计划，这事只得作罢。徐敬业扬州起兵，公开打出反武旗号，武则天询问对策，裴炎道："天子年长矣，不豫政，故竖子有辞。今若复子明辟，贼不讨而解。"他说因为天子现在长大了，但是却不参与国政，这样小人才有了起兵的借口。如今太后假如还政于儿子，逆贼不用征讨就会自行瓦解了。这时御史崔詧道："炎受顾托，身总大权，闻乱不讨，乃请太后归政，此必有异图。"说裴炎受先帝顾命之托，大权在手，听说南方叛乱不去征讨，却请求太后归还国政，是何用意？这样武则天便把裴炎抓了起来，派御史大夫骞味道等人审讯他。很多大臣都为裴炎求情。武则天对他们道："炎反有端，顾卿未知耳。"（以上引文均见《新唐书》卷117《裴炎传》）谁说他没有谋反？只是你们不知道罢了。她将裴炎杀害于洛阳都亭驿。裴炎死后，为他申辩过的官员相继获罪。宰相刘齐贤被贬为吉州（今江西省境内）长史，胡元范被流放琼州（今海南省境内），郭待举贬为岳州（今湖南省境内）刺史，左武威大将军程务挺被斩杀于军中。公元 710 年（唐景云元年），唐睿宗复位后为裴炎平反，追赠他为太尉、益州大都督，谥号忠。

[3] 关于太平公主的"好崇饰邸第"，"田园遍于近甸膏腴"，从著名诗人宋之问的《太平公主山池赋》中可见一斑。

[4]《资治通鉴》卷205《则天皇后天册万岁元年》中说武则天"使建昌王武攸宁帅壮士殴杀之，送尸白马寺，焚之以造塔"，似乎击杀薛怀义的是武则天的侄儿武攸宁，太平公主没有参与此事。但太平公主至少是知道且参与了谋划的。这件事可以看作太平公主在武则天执政时期只是幕后参与朝议，而从不走到前台的一个例证。

同昌公主：最亲近的三个人，以她之名义"谋杀"了大唐

> 出降之日，倾宫中珍玩以为赠送之资。寻以保衡为翰林学士，转郎中，正拜中书舍人、兵部侍郎，承旨。不期年，以本官平章事。
> ——《旧唐书》卷177《韦保衡传》
>
> 帝既素所爱，自制挽歌，群臣毕和。又许百官祭以金贝、寓车、廞服，火之，民争取煨以汰宝。及葬，帝与妃坐延兴门，哭以过柩。
> ——《新唐书》卷83《诸帝公主传》

故事背景：唐宣宗·唐懿宗

唐宣宗李忱（公元810年—859年），唐宪宗李纯第十三子，唐朝第十六位皇帝（公元846年—859年在位）。李忱以"至乱未尝不任不肖，至治未尝不任忠贤"为座右铭，将《贞观政要》书于屏风之上，每每正色拱手拜读。他明察沉断，勤政爱民，"上宫中衣浣濯之衣，常膳不过数器，非母后侑膳，辄不举乐，岁或小饥，忧形于色。虽左右近习，未尝见怠惰之容。与群臣言，俨然煦接，如待宾僚，或有所陈闻，虚襟听纳。"李忱对内抑制宦官势力，一举消灭了为患半个世纪的"牛李党争"，"洎大中临驭，一之日权豪敛迹，二之日奸臣畏法，三之日阍寺詟气。由是刑政不滥，贤能效用，百揆四岳，穆若清风，十余年间，颂声载路。"（以上两段引文均见《旧唐书》

卷18《宣宗本纪》）对外则西击吐蕃，收复河湟，安定了塞北、安南地区。史学家把这一时期称之为"大中之治"："故大中之政，讫于唐亡，人思咏之，谓之小太宗。"（《资治通鉴》卷249《唐宣宗大中十三年》）"宣宗精于听断，而以察为明，无复仁恩之意。呜呼，自是而后，唐衰矣！"（《新唐书》卷8《宣宗本纪》）

唐懿宗李漼（公元833年—873年），唐宣宗长子。他是唐朝最后一个以长子即位，也是最后一个有幸在长安平安度过一生的皇帝。不过跟他的父亲正相反，唐懿宗宠信宦官，骄奢淫逸。"上好音东宴游，殿前供奉东工常近五百人，每月宴设不减十余，水陆皆备，听乐观优，不知厌倦，赐与动及千缗。"（《资治通鉴》卷250《唐懿宗咸通七年》）李漼出外游玩，随从多到十几万人。在他之表率下，整个官场都弥漫着穷奢极欲、醉生梦死之风。"咸通时代物情奢，欢杀金张许史家。"（韦庄《咸通》）"瑶池宴罢归来醉，笑说君王在月宫。"（韦庄《贵公子》）时人曾用懿宗朝曹确、杨收、徐商、路岩等几个宰相的姓名编了一首歌谣：确确无论事，钱财总被收。商人都不管，货赂（路）几时休？正如欧阳修所言："懿、僖当唐政之始衰，而以昏庸相继；乾符之际，岁大旱蝗，民愁盗起，其乱遂不可复支，盖亦天人之会欤！"（《新唐书》卷9《懿宗 僖宗本纪》）

秦可卿与同昌公主

说着大家来至秦氏房中，刚至房门，便有一股细细的甜香袭人而来。宝玉觉得眼饧骨软，连说"好香！"入房向壁上看时，有唐伯虎画的《海棠春睡图》，两边有宋学士秦太虚写的一副对联，其联云：嫩寒锁梦因春冷，芳气笼人是酒香。案上设着武则天当日镜室中设的宝镜，一边摆着飞燕立着舞过的金盘，盘内盛着安禄山掷过伤了太真乳的木瓜，上面设着寿昌公主于含章殿下卧的榻，悬的是同昌公主制的连珠帐，宝玉含笑连说："这里好！"秦氏笑道："我这屋子大约神仙也可以住得了。"说着亲自展开了西子浣过的纱衾，移了红娘抱过的鸳枕，于是众奶母伏侍宝玉卧好，款款散了，只留袭人、媚人、晴雯、麝月四个丫鬟为伴。秦氏便分咐小丫鬟们，好生在廊檐下看着猫儿狗儿打架。

上面这一段话，出自《红楼梦》第五回《游幻境指迷十二钗 饮仙醪曲演红楼梦》。是说某一天，贾府东边宁国府花园内梅花盛开，贾珍之妻尤氏于是抬桌治酒请贾母、邢夫人、王夫人等一大帮子人前去赏玩。此等场合，贾母自然忘不了带上她的"开心果"贾宝玉。"一时宝玉倦怠，欲睡中觉，贾母命人好生哄着，歇一回再来。"于是"生的袅娜纤巧，行事又温柔和平，乃重孙媳中第一个得意之人"的贾蓉之妻秦氏便主动"请缨"了。在得到贾母的认可后，秦氏领着"宝叔"来到她的房间。接下来，便是上面曹雪芹对秦可卿卧室陈设的这一段寓意式的描写了。曹雪芹少有的极尽夸张调侃之能事，让每一句话中都赋有韵外之味。不过到底是小说家言，虽然上文中提到的唐伯虎、秦太虚、武则天、赵飞燕、安禄山、杨太真（杨贵妃）以及寿昌公主、同昌公主等人，历史上确有其人，但作者所写的秦可卿房间里的这些摆设，却基本上是胡乱拈来的。所谓"海棠春睡"，是指杨贵妃醉酒（宋释惠洪《冷斋夜话》：唐明皇登沉香亭，召太真妃，于时卯醉未醒，命高力士使侍儿扶掖而至。妃子醉颜残妆，鬓乱钗横，不能再拜。明皇笑曰："岂妃子醉，直海棠睡未足耳！"）唐伯虎也曾经画过《海棠美人图》这样的画，曹雪芹这里是借用杨贵妃的风流娇媚，来比拟秦可卿，暗示秦可卿是怎样一类人。秦太虚，即宋代大词人秦观（字少游），他的词作多半抒写男欢女爱红豆之思，如"十里红楼依绿水，当年多少风流""两情若是久长时，又岂在朝朝暮暮""夜月一帘幽梦，春风十里柔情"等，属于温柔婉约一派。但是上文中这副很是香艳的对联，在秦观的《淮海集》里，我们却找不到。实际上它不是秦少游写的，而是曹雪芹借秦太虚之名暗写秦可卿之一个"情"（秦）字，来为下文贾宝玉神游太虚幻境张本。有史料记载，唐高宗建过一座四壁都是镜子的"镜殿"，后来武则天跟张氏兄弟颠鸾倒凤，秽乱春宫，就是在这镜殿里。但是无论如何，武则天的宝镜也到不了秦可卿的房间里，这里曹雪芹借用武则天故事，隐写秦可卿之淫乱。同样，美而艳、秽乱宫廷的赵飞燕在上边跳过舞的金盘，也是不可能保存在宁国府的，安禄山曾经掷木瓜伤了杨贵妃胸乳，即便确有其事，那当年这木瓜也不可能保存到现在放进秦可卿的卧房中。此等物件和下文西子浣过的纱衾，红娘抱过的鸳枕，其实都是曹雪芹信手拈来要借这些都暗含了一个"淫"字的香艳故事，来暗示这房间的女主人秦可卿乃是个很擅风情、生活较为放纵淫逸的"情种"。而文中所写"上面设着寿阳公主于含章殿下卧的榻,悬的是同昌公主制的连珠帐",则是作者用来说明秦可卿生活之精致,之奢华。寿昌公主,即寿阳公主,乃南朝宋武帝之女。《太平御览》卷三十"时序部"引《杂五行书》云:"宋武帝女寿阳公主一日卧于含章殿檐下,梅花落公主额上,成五出花,拂之不去。皇后留之,看得几时,经三日,洗之乃落。宫女奇其异,竞效之,今梅花妆是也。"曹雪芹所写"含章殿下卧的榻",便是来自于这则寿阳公主梅花妆的故事。这当然带有夸张、调侃的意味了。另一位同昌公主,是唐懿宗李漼的长女。关于她的"连珠帐",唐人苏鹗在《杜阳杂编》下卷中写道:

"咸通九年,同昌公主出降,宅于广化里,赐钱五百万贯,仍罄内库宝货以实其宅。至于房栊户牖,无不以珍异饰之。又以金银为井栏药臼、食柜水槽、釜铛盆瓮之属,仍镂金为笊篱箕筐。制水精火齐琉璃玳瑁等床,悉楷以金龟银鳖。又琢五色玉器为什合,百宝为圆案。又赐金麦银米共数斛,此皆太宗朝条支国所献也。堂中设连珠之帐,却寒之帘,犀簟牙席,龙罽凤褥。连珠帐,续真珠为之也。却寒帘,类玳瑁班,有紫色,云却寒之鸟骨所为也,未知出自何国。"

这一段是说,唐懿宗咸通九年,同昌公主出嫁(同昌公主出嫁实为咸通十年,公元869年)。唐懿宗不但赐给她现钱五百万贯,而且将宫中内库所藏珍宝异物几乎全都搬到了长安广化里同昌公主的新房里。公主新房的门窗,均装饰以各种奇珍异宝,就连宅内的水井、捣药用的药臼、贮放食物的柜橱、存放饮用水的水槽以及铛、釜、盆、瓮等炊具,都是用黄金、白银铸制而成。唐懿宗不但为女儿用金丝编制笊篱、簸箕、箩筐,用水晶、火齐珠、琉璃、玳瑁等镶嵌床铺,就连她睡的床的脚下支着的龟、鳖,也都是用黄金、白银做成。公主府中的各式器皿等,都是用五彩玉石雕琢而成,圆桌则是以各种珍宝镶嵌在一起拼接而成。另外,唐懿宗赏赐给同昌公主以黄金制成的麦子,白银制成的粟米,有好几斗之多。这些金麦、银粟,都是当年唐太宗在位时条支国进贡来的。同昌公主堂屋中架设着连珠帐,悬挂却寒门廉(帘),床上铺着犀牛皮的褥子,竹席是用象牙做装饰的,床上用品绣有龙凤图案。连珠帐是用一个个珍珠串起来编制而成的。却寒帘,类似玳瑁花斑,紫色的,据说是用却寒鸟骨做成的,但是不知道出产自哪个国家。

从这段我们不难想象，同昌公主的婚礼是怎样的一种皇家之奢华与排场，而曹雪芹写秦可卿房中"悬的是同昌公主制的连珠帐"，当然也是为了显示出秦可卿房中陈设之华丽，以暗示其生活如同昌公主般奢侈淫靡。需要特别说明的是，不光是屋内陈设，秦可卿的形象、命运，及她的葬礼情形等，都是由曹雪芹化同昌公主故事而来。即秦可卿这个人物，是以同昌公主作为原型来进行创作的。而如果我们再细细考证一番，秦可卿的淫奢骄纵，她跟贾珍、贾蔷乱伦（据脂砚斋批注本说法）则可见同昌公主母亲的影子。换言之，曹雪芹笔下的秦可卿，是根据九百多年前的同昌公主及其母亲郭淑妃作为生活原型创作而成。

同昌公主，这位堪称是中国历史上最受宠爱的公主，她温文娴雅，娇媚动人。只可惜这样一位可谓大唐公主之表率的公主，因体弱多病，二十余岁即不幸离世。因为她的早逝，二十多位御医惨遭斩刑，刘瞻、温璋等数十位大臣横遭贬谪，令不少人家家破人亡不说，还让大唐元气大伤，间接导致了几年后的王仙芝、黄巢起义，把大唐王朝推上了无可挽回的衰亡之路。

在《红楼梦》中，曹雪芹给金陵十二钗之一的秦可卿写下一曲《好事终》："画梁春尽落香尘。擅风情，秉月貌，便是败家的根本。箕裘颓堕皆从敬，家事消亡首罪宁。宿孽总因情！"他认为正是一心想当神仙，整年烧丹炼汞的贾敬完全放弃了对家事的管理和对后辈的教育，纵容子孙后辈恣意妄为，才使得贾珍、贾蓉父子"只一味高乐不了，把宁国府翻了过来"，公然破坏大家族所应有的伦理道德，从而为后来贾府的消亡埋下了祸端。这跟九百多年前，因李漼对同昌公主那超乎寻常的，几乎变态程度的宠爱，给大唐带来致命祸，两人之因果孽缘，又何其相似。

爱女出嫁，父皇搬空国库

同昌公主李梅灵，生于唐宣宗大中三年（公元849年）的七月初三。她出生时，父亲还不叫李漼，叫李温，被封为郓王。李温虽然是唐宣宗李忱的长子，但是很不讨他的欢心。"宣宗在位，春秋高，恶人言立太子事。王以嫡长居外宫，心常忧惴。"唐宣宗从一开始就没有立他为太子的打算。长子而不能立为太子，那不管你愿意不愿意，不管你是否主动做了什么，都是有希望成为太子的王子们心目中的绊脚石。因此，李温多年来一直战战兢兢地待在自己的郓王府里，生怕哪一天只凭父皇一句话，他就会身首异处，或者不明不白地就一命呜呼了。有一位长得美俏娇艳，有"长安第一美人"之称的郭侍姬，深得李温的宠爱。她对李温也最是体贴关爱，甚至甘冒生命危险，为李温品尝可疑的食物。"妃护侍左右，慰安起居，终得无恙。"正是在郭侍姬的悉心呵护下，李温度过了一个又一个生死难关。在李温十六岁这一年，两人的长女李梅灵降生了。

李梅灵秉承了母亲的天生丽质，从小明眸秀靥，娇俏可人。但是"生女未能言"，她生下来好几年，都未曾说过一句话。就在大家认为郭侍姬可能不幸生了个哑巴的时候，"忽曰：'得活'，王惊异之"。（以上引文均见《新唐书》卷77《懿宗郭淑妃传》）忽然有一天，小梅灵开口说话了。众人大吃一惊，不知道她怎么会突然开了口，而且说出这样让人匪夷所思的话来。但不管怎么样，阖府上下都很开心。尤其李温，女儿突然说出这样的话，无疑是个好兆头，说不定这个特殊时期降临的女儿就是他命中的福星，会给自己带来一生的好运气呢。自此，李温更是将长女视作掌上明珠，百般爱溺，千般呵护。

"大中十三年八月，宣宗疾大渐，以夔王属内枢密使王归长、马公儒、宣徽南院使王居方等。"李温的父亲唐宣宗李忱，比较喜欢吴昭仪所生的夔王李滋，有意将皇位传给他，可由于他不是长子，所以就一直未立其为太子。大中十三年（公元859年）八月，唐宣宗临终前将内枢密使王归长、马公儒、宣徽南院使王居方等叫到病床前，郑重地将李滋托付给他们，要他们辅佐其继位。"而左神策护军中尉王宗实、副使亓元实矫诏立郓王为皇太子。癸巳，即皇帝位于柩前。王宗实杀王归长、马公儒、王居方。"（以上两段引文均见《新唐书》卷9《懿宗本纪》）唐宣宗驾崩后，这三位顾命大臣为稳妥起见，决定先支走一心一意支持宣宗长子郓王李温的左神策护军中尉王宗实，然后再拥李滋登基。几个人以宣宗的名义下了一道诏书，出王宗实为淮南监军。接到诏书后，王宗实本欲直接赴任，但在左神策副使亓元实的提醒下，特地进宫，想当面验证诏命之真伪。在发现宣宗已崩，诏书为伪诏，自己差点成为别人的"盘中菜"之后，他索性来个以其人之道还治其人之身，矫诏以郓王为皇太子。在王宗实拥兵支持下，咸鱼翻身的李温改名李漼，于宣宗灵柩前登基，奇迹般地成为大唐第十七位皇帝——唐懿宗。至于王归长、马公儒、王居方等人，一棋不慎，都被王宗实给杀了。

"及即位，以妃为美人，进拜淑妃。"（《新唐书》卷77《懿宗郭淑妃传》）即位后，唐懿宗先是封郭侍姬为美人，后进封其为淑妃。十岁的长女李梅灵，则被他封为同昌公主。就跟安乐公主一样，昔日跟着父母蜷缩在郓王府，战战兢兢过日子的小姑娘，风风光光进了宫成了光鲜夺目的公主。史书上所记载的"梅灵开言"的故事，如今无法考证真伪。不过喜出望外成了唐懿宗的李漼，自此将女儿当作心头肉，宠爱得无可复加。

在史书以及唐人的一些笔记小说中，关于同昌公主的记载有不少。纯净、乖巧、内敛、宜人，该是她的最为突出的标签了。然而就是这样一位深受宠爱，似"宅女"般娴静而快乐地生活于深宫中的可人公主，却给大唐带来了一场巨大的灾难。

事情要从咸通十年（公元869年）正月，同昌公主的那场轰动一时，堪称空前绝后的豪奢婚礼说起。

唐懿宗为他的爱女选中的夫婿，叫韦保衡。

韦保衡，字蕴用，京兆（长安附近地区）人。其祖父韦元贞、父亲韦悫，都是大唐进士出身。仪表堂堂、英俊潇洒的韦保衡在咸通五年也进士及第。一门三进士，一时羡煞天下无数读书人。

"出降之日，礼仪甚盛。"（《旧唐书》卷19《懿宗本纪》）同昌公主的婚礼究竟是怎样一种盛大场面，诸君自可充分想象，可以肯定的是，比起她的前辈太平跟安乐公主来，肯定是有过之而无不及。

同昌公主下嫁之日，唐懿宗"倾宫中珍玩以为资送，赐第于广化里，窗户皆饰以杂宝，井栏、药臼、槽匮亦以金银为之，编金缕以为箕筐，赐钱五百万缗，他物称是"。（《资治通鉴》卷251《唐懿宗咸通十年》）为了女儿出嫁，李漼把国库翻了个遍，把宫中所有能拿得出手的奇珍异宝，全都搬进了同昌公主的新房里。即便如此，李漼还生怕女儿钱不够花，又派人送去了五百万现金。

唐人苏鹗在《杜阳杂编》中，记载了一份婚礼物品的单子。除了上文提及的"连珠之帐，却寒之帘，犀簟牙席，龙罽凤褥"外，"又有鹔鹴枕、翡翠匣、神丝绣被。其枕以七宝合成，为鸂鶒之状。翡翠匣，积毛羽饰之。神丝绣被，绣三千鸳鸯，仍间以奇花异叶，其精巧华丽绝比。其上缀以灵粟之珠，珠如粟粒，五色辉焕。又带蠲忿犀、如意玉。其犀圆如弹丸，入土不朽烂，带之令人蠲忿怒。如意玉类桃实，上有七孔，云通明之象也。又有瑟瑟幕、纹布巾、火蚕绵、九玉钗。其幕色如瑟瑟，阔三丈，长一百尺，轻明虚薄，无以为比。向空张之，则疏朗之纹如碧丝之贯真珠，虽大雨暴降不能湿溺，云以鲛人瑞香膏傅之故也。纹布巾即手巾也，洁白如雪，光软特异，拭水不濡，用之弥年，不生垢腻。二物称得之鬼谷国。火蚕绵云出炎洲，絮衣一袭用一两，稍过度则燠蒸之气不可近也……"

鸂鶒枕、翡翠匣、神丝绣被、玉如意、瑟瑟幕、纹布巾、火蚕绵、九玉钗……这些都是来自异域的奇异之物了。瑟瑟幕，轻薄柔软，透明得像空气一般。透过阳光，你可以看见它上面有着青绿色的纹路。但是即便下大雨，它也不会湿一点，幕中人也不会淋着雨。火蚕棉，大概就相当于我们现在的超级保暖棉吧，用它做成棉衣，一件衣服只要用一两棉就足够了。如果用多了，穿上它就好像被火蒸烤一样，即使数九寒冬，也会让你热得难以忍受。纹布巾，洁白柔软的手巾，无论你怎样用，用多少年，它上面都看不到一点脏腻的痕迹。另外，嫁妆中还有一种澄水帛："长八九尺，似布而细，明薄可鉴，云其中有龙涎，故能消暑毒也。"这种薄如蝉翼中有龙涎的澄水帛，夏日炎炎的时候拿出来挂在房子里，满屋清凉，暑气全消。另外还有一种由奇异的蛤蜊油所制的香烛，虽然长仅尺余，却能燃很长时间，而且异香扑鼻，烛烟缓缓上升，形成亭台楼阁的形状。陪嫁礼单中像水晶云母、琉璃玳瑁、犀角象牙、翡翠宝石、绫罗绸缎，以及各式豪华家具、器皿等，那更是数之不尽了。

同昌公主所乘的车，叫"七宝步辇"，"四面缀五色香囊，囊中贮辟寒香、辟邪香、瑞麟香、金凤香。此香异国所献也，仍杂以龙脑金屑。刻镂水精、马脑、辟尘犀为龙凤花，其上仍络以真珠玳瑁，又金丝为流苏，雕轻玉为浮动。每一出游，则芬馥满路，晶荧照灼，观者眩惑其目"。据说这种车跑起来如风驰电掣般，而车内却不感到颠簸，每次车过，都会有阵阵异香飘逸，半日不散。

这些记载难免有想象夸张乃至杜撰的成分，但绝不是无中生有。"逮诸珍异，不可具载。自两汉至皇唐，公主出降之盛，未之有也。"无论是高阳、太平、安乐等大唐公主，还是其他朝代公主，她们的婚礼，从场面到陪嫁规格，都无法跟同昌公主相比。而且，在把大唐国库次第搬给了女儿后，唐懿宗对女儿那份超乎常规的关爱，还远远没有完。"上每赐御馔汤物，而道路之使相属。"李漼怕她在韦家受委屈，不能保持从前的生活水准，于是不断地送给她各种各样的美味佳肴。"其馔有灵消炙、红虬脯；其酒有凝露浆、桂花醋；其茶则绿华、紫英之号。灵消炙，一羊之肉取之四两，虽经暑毒终不见败。红虬脯非虬也，但伫于盘中则健如虬。红丝高一尺，以箸抑之无数分，撤则复其故。"（以上引文均见唐人苏鹗《杜阳杂编》下集）

当然，在不断给女儿送这送那的同时，唐懿宗也没有忘了爱婿。自跟同昌公主结婚，韦保衡便一发而不可阻，走上了不断升迁之路。婚前，韦保衡"累拜起居郎"，婚后不久，唐懿宗即"寻以保衡为翰林学士，转郎中，正拜中书舍人、兵部侍郎承旨。不期年，以本官平章事"。（《旧唐书》卷177《韦保衡传》）这位新晋女婿青云直上，由翰林学士，到郎中、中书舍人，再到兵部侍郎承旨，不到一年，火箭般窜至宰辅高位。

娶进了这么一位姿色娇美、温柔乖巧的金枝玉叶，韦家上上下下乐不可支，平日也一点不敢怠慢。一大家子尽量围着她转，不让她受到半点委屈，感到丝毫的不快。但是每日被山珍海味奇珍异宝及娘家、夫家满满的爱所包裹着的同昌公主，日子却过得并不如别人想象的那般舒畅，甚至可以说她每天都是在打起精神强作欢颜。在结婚后没多久，她就病倒了，每天总是恹恹的，一日比一日懈怠，茶饭不思，日渐消瘦。

这可把韦家人急坏了，也把她的父皇母后急坏了！

母亲、丈夫，联手扎刺

曹雪芹在《红楼梦》第十一回，借秦可卿的婆婆尤氏之口写出了秦可卿的病情："他这个病得的也奇。上月中秋还跟着老太太，太太们顽了半夜，回家来好好的。到了二十后，一日比一日懒，也懒的吃东西。""生的袅娜纤巧，行事又温柔和平"，就连贾母都认为"是个极妥当的人，乃重孙媳中第一个得意之人"（见《红楼梦》第五回）的秦可卿，年纪轻轻就这样莫名其妙地病倒了，而且遍请名医，也没诊断出秦可卿到底得的是什么病。

秦氏本人有一次对妯娌王熙凤说："这都是我没福。这样人家，公公婆婆当自己的女孩儿似的待，妯娌的侄儿虽说年轻，却也是他敬我，我敬他，从来没有红过脸儿。就是一家子的长辈同辈之中，除了妯子倒不用说了，别人也从无不疼我的，也无不和我好的。这如今得了这个病，把我那要强的心一分也没了。"（见《红楼梦》第十一回）秦可卿这段话，其一，为自己惋惜；其二，她隐隐地认为，这个病是因为平日太过要强而引起的。关于这一点，《红楼梦》第十回，作者通过两人的嘴，得到了夯实。一是秦可卿的婆婆尤氏对璜大奶奶说："妯子，你是知道那媳妇的：虽则见了人有说有笑，会行事儿，他可心细，心又重，不拘听见个什么话儿，都要度量个三日五夜才罢。这病就是打这个秉性上头思虑出来的。"二是与贾府颇有点渊源的张太医，从专业角度进一步说明："据我看这脉息：大奶奶是个心性高强聪明不过的人，聪明忒过，则不如意事常有，不如意事常有，则思虑太过。此病是忧虑伤脾，肝木忒旺。"如果换成现代医学术语，张太医认为秦可卿其实得的是"心病"，是抑郁症。

既然得的是"心病"，那如果不是如张太医这般对贾府有所了解，对秦可卿的病因有所耳闻，其他哪怕请再多的名医，也看不出什么病来。正如秦可卿所言，"任凭他是神仙，治了病治不了命。"心病还得用"心"来医，"医"不到病人心坎上去，吃什么药都没用。

至于秦可卿为什么会突然间得了这种心病（当然可能还有妇科病），最后又是怎么死的，死后何以会哀荣至盛，数百年来红学家们争得不可开交。不过近年来随着脂抄本的流传，大家似乎已形成一种共识：秦可卿是因为跟公公贾珍（一说是小叔子贾蔷）乱伦，被两个贴身丫鬟撞破，从而怏怏成疾，最后郁郁而终（很可能如很多抑郁症患者那般是自杀）。

上文说过，曹雪芹塑造秦可卿这个人物，是以同昌公主以及她母亲作为生活原型的。那么我们大致可以认为，曹雪芹的脑海中，九百多年前的同昌公主应该也是这般生病，最后不治而亡。也就是说，从伟大作家曹雪芹笔下的秦可卿身上，我们不妨推测揣摩，追溯一下当年同昌公主生病的情形。

关于同昌公主的病因及病情，史书上只字未提。只是说在咸通十一年

（公元870年）农历八月同昌公主去世后，唐懿宗"以待诏韩宗绍等医药不效，杀之，收捕其亲族三百余人，系京兆府"。(《旧唐书》卷19《懿宗本纪》)他一怒之下把为同昌公主治病的二十多名御医即刻处死，还将他们家族的三百多人抓起来一起投进了大牢。由此可知，同昌公主病的时间不算短，有二十几位御医先后被唐懿宗派去为她治病。但同昌公主却病得越来越重，正当花季之年即香消玉殒，永远离开了深爱着她的父皇母后。

在唐人苏鹗的《杜阳杂编》中，有这样一段文字："公主疾既甚，医者欲难其药饵，奏云得红蜜白猿膏，食之可愈。上令访内库，得红蜜数石，本兜离国所贡也。白猿脂数瓮，本南海所献也。《山海经》曰：南方有山，中多白猿。虽日加饵，一无其验，而公主薨。"御医们很难治好同昌公主的病了，怕受到唐懿宗的责罚，于是以集体的名义列出一个看上去不是太出格，但是很难凑齐的奇珍药方送到唐懿宗手上，说要治好同昌公主的病，得吃红蜂蜜、白猿膏等名贵药材才行，否则就很难说了。

为皇亲国戚看病，风险很大。御医们如果无把握，绝不敢胡乱开药。他们这样做，并非是为了冒险治病，而仅仅是为了保命，保他们自己的命。他们指望皇帝上天入地也凑不齐这些药材，到时候公主有个三长两短，皇上也就不好再怪罪他们了。

然而，恨不得替女儿去生病、去死的李漼，没过多久就派人拿来了药方上所有的药材。

无奈之下，御医们只好将错就错，皱着眉头将这些药稀里糊涂全都灌进了同昌公主的口中。同昌公主的病自然也未见丝毫的好转，反而看上去一天比一天加重了。

其实，应该也有御医知晓了同昌公主的病因。但是他们难道就可以对症下药？不成，自然不成！

跟秦可卿一样，同昌公主得的也是"心病"——抑郁症。其病因，是她结婚后"不如意事常有，则思虑太过"之故。那么，尊贵无比的同昌公主，结婚后又从哪里来的"不如意事"呢？

来自于她的两个至亲至爱之人，丈夫韦保衡，及母亲郭淑妃。

《新唐书》卷184《韦保衡传》说韦保衡"性浮浅，既恃恩据权，以嫌爱自肆，所悦即擢，不悦挤之"。唐懿宗为女儿选中的这个出自书香门第的驸马爷,虽然生得英俊潇洒、风度翩翩,却心胸狭隘、贪财好色。我们上文说过,韦保衡是在咸通五年进士及第的,然而"保衡以幸进无艺,同年门生皆薄之"。(《旧唐书》卷179《萧遘传》)韦保衡并非是自己凭本事考上的,而是得到了特殊照顾。在唐懿宗干预下,韦保衡进士及第了。但与他同科的人都知道是怎么回事,所以大家有些看不起他,不屑与他为伍。"保衡举进士王铎第,于籍、萧遘与同升,以尝薄于己,皆见斥。"(《新唐书》卷184《韦保衡传》)于是韦保衡在尚同昌公主,不断升迁直至拜相之后,开始报复、排挤这些当年瞧不起他的人了。这其中尤其是萧遘,最是受到他的忌恨。"遘形神秀伟,志操不群。自比李德裕,同年皆戏呼'太尉',保衡心衔之。及保衡作相,捐遘之失,贬为播州司马。"(《旧唐书》卷179《萧遘传》)同科萧遘因为高大英俊,志向高远,谈吐不俗,自比大唐名臣李德裕,其才情也得到了同科同僚们的称赏,成了韦保衡的重点打击对象。他一就相位,即故意搜寻萧遘过失,将他贬为播州(今贵州省遵义市一带)司马。

从理论上来讲,同昌公主可以从全国所有的适龄青年中挑选如意郎君,但最后却嫁给了这样一个人。结婚后不久,冰雪聪明的同昌公主就觉察到自己所嫁非人,丈夫堂堂仪表之下,包裹的其实是一颗卑污的心。于是犹如一盆冰水从头浇到脚,同昌公主那颗昨日还沉浸于新婚快乐之中正沸腾欢愉的心,刹那间降到了冰点。在失望痛苦之余,她心有不甘,暗暗为自己叫屈。然而委屈又怎么样,不甘又如何?!实际上,同昌公主没有选择良人的权利。现在,无论怎么样的不情愿,她都得跟父皇所选中的这个乘龙快婿去同床共枕了。

但是,更扎心更残酷的打击,还在后头。

据《新唐书》卷77《后妃传下》载,同昌公主的母亲郭淑妃,"以主故,出入娱饮不禁,是时哗言与保衡乱,莫得其端"。郭淑妃经常去公主府看望女儿,而且每次来,无论是跟女儿女婿饮宴,还是饭后各种娱乐活动,都毫无禁忌,大胆放纵。三十多岁的她甚至比女儿还要妖艳多情,有时甚至在公主的新房里彻夜不归。渐渐地,大家看出端倪来了:郭淑妃看上了器宇不凡又很擅风月的女婿,她放下身段,不顾礼义廉耻地卖弄风情,跟女儿争男人来了。

而对于这样的岳母,像韦保衡这样的人,除了顺杆儿往上爬,他还能做什么？！纸总是包不住火的，若要人不知，除非己莫为。

对于这样的不伦之事，同昌公主早就察觉到了。虽然母亲跟丈夫还不至于当着她的面打情骂俏，但平日里不经意间的那份暧昧，她都看在眼里。更何况郭淑妃自认为在女儿面前，无须过分掩饰。真实的证据，肯定抓不到。所有的一切，只能是捕风捉影。但越是这样，越是让她痛楚难耐。

此等羞辱，同昌公主那颗稚嫩的心，哪里能承受得了！但是她除了听之任之，什么都做不了。她甚至无法对人倾诉，所有的羞辱、不堪，只能闷在心里。每日看着丈夫那伟岸的身材，想到他的卑污为人，听着母亲的欢声笑语，感受着她的虚情假意，想到这两人做下丑事，同昌公主不可避免地抑郁了。

为了救治爱女，李漼从太医院挑选了二十多名太医组成专家组，但既然得的是心病，正如《红楼梦》中的秦可卿，只要心里那根刺不拔出来，任凭神仙，也是治不好同昌公主的病。而她心中的那根刺，是亲生母亲跟她的丈夫这两个她最亲的亲人联手狠狠刺进去的！非但是拔不出来，随着时间的推移，还会越刺越深、越刺越痛。

同昌公主吃再多的药，又有什么用？不要说唐朝，即便是科技发达、医术高明的今天，也有一些抑郁症患者走上了不归之路。所以，李漼千挑万选为女儿选了这么个女婿，又倒腾空国库把女儿送进了洞房，可他怎么也不会想到，女儿的婚姻之旅，也就是她的死亡之旅，他把女儿送上了不归路。

为早夭女儿，唐懿宗大开杀戒

咸通十一年（公元870年）农历八月，结婚才一年八个月的同昌公主去世了。看着女儿那渐渐僵硬的小小身躯，李漼夫妇悲痛欲绝。而担心受到唐懿宗怪罪的韦家人（特别是韦保衡），把责任全推到了御医身上。唐懿宗"捕太医韩宗绍等送诏狱，逮系宗族数百人"。

时任宰相的刘瞻找到谏官，要他们上书，劝唐懿宗把那三百多人放了。但谏官们知道唐懿宗此时为了爱女，什么事都做得出来，所以一个个的不肯出头。刘瞻见此，二话不说，自己上了一道奏疏："宗绍穷其术不能效，情有可矜。陛下徇爱女,囚平民,忿不顾难,取肆暴不明之谤。"他劝诫懿宗,御医们已经尽力了,陛下痛失爱女,其痛切之情可以理解,大家也很悲痛。但人死不能复生,陛下如此对待御医和他们的家属,会让天下人觉得你是个昏君、暴君的。"帝大怒,即日赐罢,以检校刑部尚书、同平章事为荆南节度使。"(以上引文均见《新唐书》卷181《刘瞻传》)唐懿宗当即降旨,调刘瞻为荆南(今湖北省中部地区)节度使,将他赶出了京城。

为了女儿,唐懿宗竟然全无理智,如此对待朝臣。有一个人不顾一切挺身而出了,这个人就是京兆尹温璋。"璋上疏切谏,以为刑法太深。"他上疏痛陈唐懿宗以如此刑法处置御医,真是太严酷了。然而唐懿宗哪里听得进去。"帝怒,贬璋振州司马。"他暴跳着将温璋贬为振州(今海南省三亚市)司马。"制出,璋叹曰:'生不逢时,死何足惜?'是夜自缢而卒。"(以上引文均见《旧唐书》卷165《温璋传》)看到诏令,温璋仰天长叹一声,当天夜里即自缢身亡。

一个大臣被贬,一个大臣被逼身亡,然而事情还没结束,就在刘瞻离开长安赴任不久,"路岩、韦保衡从为恶言闻帝,俄斥廉州刺史。"(《新唐书》卷181《刘瞻传》)一向很是忌惮刘瞻的路岩、韦保衡等人,开始落井下石,不断到唐懿宗面前说正在路上的刘瞻的种种坏话,甚至说刘瞻是谋害同昌公主的那二十多名御医的同谋。昏庸的唐懿宗信以为真,把尚在路上的刘瞻再贬为康州(今广东省德庆县)刺史。

事情至此,仍然没有结束。"翰林学士户部侍郎郑畋、右谏议大夫高湘、比部郎中知制诰杨知至、礼部郎中魏纾、兵部员外张颜、刑部员外崔彦融、御史中丞孙瑝等,皆坐瞻亲善贬逐。"(《旧唐书》卷177《刘瞻传》)此时大权在握的韦保衡与路岩串通一气,罗织种种莫须有的罪名,将刘瞻门生故旧三十多人,贬往遥远荒僻的岭南地区。郑畋(公元825年—883年),出身于荥阳郑氏,考中进士后在藩镇幕府为官。"刘瞻为宰相,荐授户部郎中,入翰林为学士,俄知制诰。"咸通九年(公元868年)刘瞻拜相后,推荐郑畋为户部郎中、翰林学士,不久又加知制诰。第二年,朝廷出兵讨伐叛逆庞勋时,郑畋负责草拟诏书工作。因他才思敏捷,文采华丽,所言俱能切中要害,深得懿宗赏识。庞勋之乱平定后,郑畋即被唐懿宗任命为户部侍郎、翰林学士承旨。咸通十一年,"瞻以谏忤懿宗,赐罢,畋草制书多褒言,韦保衡等怨之，以为附下罔上，贬梧州刺史。"（以上引文均见《新唐书》卷185《郑畋传》）当刘瞻因进谏惹怒唐懿宗被罢免相位，郑畋在起草罢相诏书时，说刘瞻"安数亩之居，仍非己有，却四方之赂，惟畏人知"。起草罢免诏书，却用如此褒美之词，韦保衡等人自然不肯放过他。"岩谓畋曰：'侍郎乃表荐刘相也！'"（以上引文均见《资治通鉴》卷252《唐懿宗咸通十一年》）他们说郑畋这是在公然为刘瞻翻案邀功，向皇上公开叫板，这样郑畋被贬为梧州（今广西梧州）刺史。

韦保衡、路岩在趁机大力排除异己把持朝政之后，依然不肯放过已被贬往康州的刘瞻。"岩等殊未慊，按图视驩州道万里，即贬驩州司户参军事，命李庚作诏极诋，将遂杀之。天下谓瞻鲠正，特为逸挤，举以为冤。幽州节度使张公素上疏申解，岩等不敢害。"（《新唐书》卷181《刘瞻传》）他们找来一张地图，见图上大唐最远的地方为离京都万里之遥的驩州（今越南义安一带），又上奏唐懿宗，将刘瞻再贬为驩州司户参军，私下里命起草诏书的李庚在诏书中对刘瞻极力诋毁，积极制造舆论，准备伺机杀了刘瞻。多亏刘瞻平日清正廉明，为世人所景仰，关键时刻京城上下大家一起为刘瞻鸣冤叫屈。特别是幽州节度使张公素，他冒死上疏唐懿宗，极力为刘瞻申解，韦保衡、路岩等人这才有所顾忌，刘瞻有幸逃过一劫。

这场因为同昌公主的死、韦保衡的兴风作浪而掀起的波澜，让当朝宰相和兵部侍郎等众多朝廷大员都遭遇了飞来横祸，直闹得好多人家破人亡。甚至同昌公主的姑父，也是韦保衡姑父的于琮一家人，也无可逃遁地躺着中枪了。

唐懿宗的妹夫于琮，河南人氏，以门荫入仕，后进士及第，尚唐宣宗第四女，唐懿宗之妹广德公主。"八年，同中书门下平章事，进中书侍郎，兼户部尚书。"咸通八年（公元867年），唐懿宗授于琮中书侍郎同平章事，累迁至尚书右仆射、同平章事，等于拜于琮为相了。此后，于琮改任尚书右仆射、门下侍郎。于琮不仅辈分比韦保衡高，人品、才学也是远出其上。于琮的好口碑好声望，让心胸狭隘的韦保衡嫉恨不已。这一次，韦保衡要借同昌公主之死，假唐懿宗之手，狠狠地打于琮一记闷棍了。

"为韦保衡所构，检校司空、山南东道节度使，三贬韶州刺史。"（以上引文均见《新唐书》卷104《于琮传》）很快，在韦保衡不断谗言之下，咸通十三年，唐懿宗罢了于琮的相位，任命其为检校司空、襄州刺史，充任山南东道节度观察处置使，将他赶出了京城。但韦保衡还是不肯放过他，不断在岳父面前无中生有，谗言中伤。不久于琮被贬为普王傅、分司东都，再被贬为韶州（今广东省韶关市）刺史。"琮妻广德公主，上之妹也，与琮皆之韶州，行则肩舆门相对，坐则执琮之带，琮由是获全。时诸公主多骄纵，惟广德动遵法度，事于氏宗亲尊卑无不如礼，内外称之。"（《资治通鉴》252卷《唐懿宗咸通十三年》）于琮的妻子广德公主，是一位贤淑知礼且能洞察秋毫的女人。她知道韦保衡不会就此放过于琮，丈夫此去，肯定凶多吉少。于是她特地跑到宫中对哥哥说，丈夫到哪里，她也要跟着到哪里，她要跟他一起去韶州！唐懿宗答应了她。

在去韶州的路上，广德公主寸步不离丈夫左右，一路上自己的轿子门，始终正对着丈夫，随时监控丈夫周围的一举一动。在停下来休息的时候，她也总是紧挨着于琮，甚至把丈夫的衣带拴在自己手腕上，让他不离自己半步。就这样一路警惕一路提防，夫妇俩总算安全抵达韶州。[1]

于琮倒了，于琮的党羽、故吏，自然也在劫难逃。"癸未，贬工部尚书严祁、给事中李贶、给事中张铎、左金吾大将军李敬仲、起居舍人萧遘、李渎、郑彦特、李藻，皆处之湖、岭之南，坐与琮厚善故也。"至于于琮的兄弟们，那就更不在话下了，"甲申，贬前平卢节度使于珪为凉王府长史、分司，前湖南观察使于瑰为袁州刺史。瑰、珪，皆琮之兄也。"（以上引文均见《资治通鉴》252卷《唐懿宗咸通十三年》）

一场婚礼、一场葬礼，大唐以国运买单

就这样，为了同昌公主的死，唐懿宗，当然还有韦保衡等人，前后折腾好一阵子，直弄得朝廷上下乌烟瘴气，大唐王朝元气大伤。待折腾得差不多了，唐懿宗这才想起来，该为女儿筹办一场葬礼了。

《红楼梦》中秦可卿的丧礼，曹雪芹可谓是穷尽笔力，写了好几回文字，写得极尽豪华气派。秦可卿用的棺材，公公贾珍看了几副杉木板皆不满意，到底买下了薛家木店里的一副出自潢海铁网山，原是给义忠亲王老千岁准备的檣木板。出殡那天，整个宁国府街上白漫漫人来人往，花簇簇官来官去，

那真是令人惊叹不已的大排场。但较之同昌公主的葬礼，曹雪芹那真是笔下留情，相当克制的了。

跟秦可卿一样，同昌公主的葬礼是在她去世几个月后的唐咸通十二年（公元871年）元宵节的前一天举行的。"追赠卫国公主，谥曰文懿。"唐懿宗追赠女儿为卫国文懿公主。"出降之日，礼仪甚盛。"（以上引文均见《旧唐书》卷19《懿宗本纪》）"帝既素所爱，自制挽歌，群臣毕和。"痛不欲生的李漼，亲自为女儿写了一首叹之哀之的挽歌，群臣跟在他后面哽咽和之，以诗词吊唁。"又许百官祭以金贝、寓车、廞服，火之，民争取煨以汰宝。"一路上文武百官烧给同昌公主的珠宝车服祭器，不可胜数，引得京城百姓尾随争抢那些烧不掉的金银宝物。"及葬，帝与妃坐延兴门，哭以过柩。"同昌公主出殡那一刻，唐懿宗与郭淑妃亲到延兴门送行，两人眼看着载着同昌公主的灵柩出了城门，哭得跟泪人儿一般。"仗卫弥数十里，冶金为俑，怪宝千计实墓中，与乳保同葬。"（以上引文均见《新唐书》卷83《同昌公主传》）那天，抬着将要与公主同葬的各种宝器的队伍以及手捧刻印《金刚经》，高数尺的金骆驼、凤凰、麒麟等的旗帐仪仗队，从长安城里一直到东郊少陵原，白漫漫绵延数十里。"辉焕三十余里。赐酒百斛、饼四十橐驼，以饲体夫。"（《资治通鉴》卷252《唐懿宗咸通十二年》）当天仅沿路赏赐给那些役夫作饭食用的糕点，就驮满四十头骆驼，酒达到一百斛（唐时一斛为十斗）——由此我们不难想见其葬礼规模之大，礼仪之盛，人数之多了。

在唐懿宗心中，他的这个心肝宝贝是不能死也不会死的，所谓葬礼，仅仅是送女儿到另一个世界里去继续过她那锦衣玉食尊贵无比的日子罢了。因此，李漼给同昌公主陪葬的衣饰珠玉、龙凤花木、金银陶俑以及其他宝物，根本无以计数。大家都说唐懿宗为了女儿，又一次把国库给搬空了。唐懿宗还下诏让常年陪护同昌公主的保姆一并陪葬，好让女儿在另一个世界也有人侍候着。

值得一提的是，在长长的送葬队伍中，还有一支数百人的特殊队伍，格外引人注目。原来，为充分表达对女儿的不舍之情，唐懿宗令宫廷乐工"可及乃为《叹百年舞曲》。舞人珠翠盛饰者数百人，画鱼龙地衣，用官繂五千匹。曲终乐阕，珠玑覆地"。乐工李可及为这次葬礼创作了大型宫廷女子团体舞《叹百年曲》，由数百名舞女参与表演，其舞蹈布景、演员服饰均极尽奢华，就连舞台地面上，也铺着五千匹（一说八百匹）画着鱼龙纹的高级绸缎。表演即将结束时，舞女们跳舞时不小心掉在地上的珠翠杂宝，薄薄地铺了一地。史载整个《叹百年曲》："词语凄恻，闻者涕流。"[2]（以上引文均见《旧唐书》卷177《曹确传》）其凄婉动人的歌声，飘逸哀婉的舞步，让观者无不潸然泪下。

慈父爱女，哪怕爱到为了女儿把一颗心掏出来，别人叹之惜之，却也无可厚非。可是李漼除了是同昌公主的父亲，还是数千万大唐子民的当家人，大唐帝国的皇帝。为了女儿如此不管不顾，不光是他，注定还有许多人，是要为此付出沉重代价的。

三年之后的咸通十四年（公元873年）七月，四十一岁的唐懿宗李漼在咸宁殿结束了他骄奢淫逸的一生。十二岁的儿子李儇即位，是为唐僖宗。靠山一倒，作恶多端、品行低劣的韦保衡成了过街老鼠。"俄为怨家白发阴罪，贬贺州刺史，再贬澄迈令，遂赐死。"（《新唐书》卷184《韦保衡传》）很快，他与郭淑妃通奸淫乱等事被仇家告到了新皇帝那儿，唐僖宗将他贬为贺州（今广西贺州）刺史。接着，又有人向唐僖宗告发他以前结党营私、排斥异己，以及诽谤他人等诸多不齿行径。唐僖宗将他再贬为崖州澄迈（今海南省海口市郊）县令。那些被他害得家败人亡的人不想就这样放过他，又不断地去告发他，于是在流放的路上，一道旨令追来，令其自尽于途中。昔日不可一世、把持朝政多年的大唐宰相，就这样在被流放的路上草草结束了自己的生命。

当然，昔日狐假虎威飞黄腾达，今日被贬被诛的，远远不止韦保衡一个，我们且不去管他。就在唐懿宗去世后没多久，公元875年，将大唐王朝推入万劫不复之地的王仙芝、黄巢大起义爆发了。起义军从数千人很快发展到数万人，浩浩荡荡转战山东、河南、湖北等地，一路摧枯拉朽所向披靡，应者无数。

公元881年1月，黄巢率农民军攻陷长安，唐僖宗带随从宦官仓皇逃奔蜀中，黄巢建国"大齐"，改年号"金统"，建立起了一个农民政权。"黄巢之难，天子出蜀仓卒，妃不及从，遂流落闾里，不知所终。"（《新唐书》卷77《懿宗郭淑妃传》）唐僖宗仓促出逃，来不及跟从的郭淑妃流落民间，不知所终。据《北梦琐言》卷6记载："寇入京，郭妃不及奔赴行在，乞食于都城，时人乃嗟之。"悲乎！昔日锦衣玉食，金银珠翠堆里打滚多年的郭淑妃，竟然沦落街头，成了一个乞丐。若唐懿宗、同昌公主地下有知，不知会做何感想。

虽然到公元884年，农民军很快失败，第二年的三月，唐僖宗回到长安，保住了自己的位子，但此后的大唐王朝，藩镇割据，民不聊生，已是回天无力。在唐懿宗死后三十四年，即公元907年，中国历史上，也是当时全世界最为强盛的大唐王朝，终于走到了尽头。昏庸无道的唐懿宗，无疑是使这个盛世王朝走上灭亡之旅的有力推手之一，而他在女儿同昌公主身上所表现出来的种种胡作非为病态式的溺爱，更是为这把毁灭之火，狠狠地浇上了一桶油。

原来，李可及之《叹百年曲》，其实不仅仅是为同昌公主，而是为大唐王朝提前唱了一曲哀婉凄切的挽歌啊。

当然这一些，我们都怪不得同昌公主。倒是一个卑污的丈夫，一个昏头涨脑的父亲，再加上一个行为不检的母亲，让这位本该很是幸福快乐的少女，早夭且千古难以安宁。

哎，假如历史上没有同昌公主这个人，假如同昌公主不是身在帝王家，假如同昌公主的父亲不是唐懿宗李漼，母亲也不是郭淑妃，假如同昌公主嫁的不是韦保衡……假如历史可以假如，那我相信，同昌公主肯定选择重新投胎，去做一个平民家的女子。

假如一切可以重来，唐懿宗李漼又是否可以学一学父亲李忱，让大唐在中兴之路上继续走下去呢？那同昌同昌，普天之下大家共同繁荣昌盛之梦想，也就不会如同昌公主般早夭，那中国历史，该是另外一番葳蕤风貌，另外一种发展轨迹了吧！

注　释

[1] 唐僖宗当政，韦保衡被赐死后，于琮、广德公主夫妇又回到长安。黄巢大军攻入京城，唐僖宗弃城而逃，大臣们全都星散了。于琮由于年老多病，且闲居在家，就没有出逃。黄巢部队发现后想逼他出来当宰相。于琮说："吾病亟矣，死在旦夕。加以唐室亲姻，义不受命，死即甘心。"于是黄巢残忍地杀害了他，但放过了广德公主。"主视琮受祸，谓贼曰：'妾李氏女

也,义不独存,愿与于公并命。'"广德公主见丈夫死了,号啕大哭,说:"我堂堂大唐公主,现在丈夫死了,没有独自苟活的道理,你们干脆也给我一刀算了!我要和丈夫一起死!""贼不许,公主入室自缢而卒。"(以上引文均见《旧唐书》卷149《于琮传》)

[2]《旧唐书》卷177《曹确传》:"可及善音律,尤能转喉为新声,音辞曲折,听者忘倦。京师屠沽效之,呼为'拍弹'。同昌公主除丧后,帝与淑妃思念不已。可及乃为《叹百年舞曲》。舞人珠翠盛饰者数百人,画鱼龙地衣,用官䌷五千匹。曲终乐阕,珠玑覆地,词语凄恻,闻者涕流,帝故宠之。尝于安国寺作《菩萨蛮舞》,如佛降生,帝益怜之。可及尝为子娶妇,帝赐酒二银樽,启之非酒,乃金翠也。人无敢非之者,唯确与中尉西门季玄屡论之,帝犹顾待不衰。僖宗即位,崔彦昭奏逐之,死于岭表。"

福庆公主：她救了母亲，母亲拯救了大宋

> 时六宫有位号者皆北迁，后以废独存。张邦昌僭位尊号为宋太后，迎居延福宫，受百官朝。胡舜陟、马伸又言，政事当取后旨。邦昌乃复上尊号元祐皇后，迎入禁中，垂帘听政。
>
> ——《宋史》卷 243《哲宗昭慈圣献孟皇后传》

故事背景：北宋新旧党争

治平四年（1067年），宋神宗赵顼即位。他启用王安石，全面推行以"理财""整军"为中心内容，旨在富国强兵，挽救积贫积弱之北宋政治经济危机的变法新政，却遭到保守派的强烈反对。代表革新势力的王安石、吕惠卿、曾布、章惇、韩绛等人与司马光、韩琦、欧阳修、苏轼等守旧派掀起了一场旷日持久的、对北宋政治产生甚大影响的"新、旧党争"。宋神宗时期，由于王安石曾两度退职，新政时行时废。宋神宗元丰八年（1085年），宋哲宗继位，宣仁高太后垂帘听政。她重新启用司马光，尽可能恢复旧制，尽罢新法，蔡确、章惇等改革派人士尽遭贬逐。宣仁太后病逝后，宋哲宗重新任用章惇为相，以元祐党人为首的旧党官员绝大多被贬至岭南等蛮荒地区，章惇甚至想追废宣仁太后，为哲宗所制止。元符三年（1100年），宋徽宗即位。他试图化解新、旧党争，将章惇以罪贬逐于外，改用韩忠彦、曾布为相，但党争已无可化解。徽宗只好启用新、旧两党均能接受的蔡京，可蔡京却与宦

官童贯等勾结，立"元祐党人碑"，将司马光等人定为奸党。宋朝的新旧党争虽然在宋徽宗时期渐渐偃旗息鼓，但是宋朝的政坛却被拖进了万劫不复的灰暗时期，靖康之难，似乎早就是难以避免的了。

本章主人公福庆公主，她是宋哲宗赵煦的女儿，她的母亲，是宋哲宗的首任皇后孟氏。不幸的是，这位集万千宠爱于一身的小公主，不幸因病早夭。那么这样一位只活了三岁不到的小公主，怎么能够对大宋朝产生影响呢？你还别不信，她对大宋朝的影响，不但存在，而且重大、深远。

两岁夭亡，母后中枪

福庆公主的母亲孟氏，"洺州人，眉州防御使、马军都虞候、赠太尉元之孙女也。"宋洺州，约在今河北省永年县一带。孟氏的祖父孟元，曾任北宋眉州（今四川省眉山市）防御使、马军都虞候，是一名中低级武官。元祐三年（1088年），宣仁高太后（即宋英宗赵曙之皇后，宋神宗赵顼之母，宋哲宗赵煦之皇祖母）想想该给孙儿找个媳妇了，于是"历选世家女百余入宫"，十六岁的孟氏也在被选之列。"后年十六，宣仁及钦圣向太后皆爱之，教以女仪。"经过数轮遴选，宣仁高太后和钦圣向太后（宋神宗之皇后）都觉得孟氏端庄温婉，是个可塑之才。两人亲自教她礼仪女则，重点培养。元祐七年（1092年），宋哲宗赵煦十六岁，长大成人了，高太后对宰相颁下谕旨"孟氏子能执妇礼，宜正位中宫"，正式选定孟氏为孙媳妇，赵煦的正宫皇后。在高太后的亲自安排下，册封典礼极为隆重，先诏有司拟定了详细的迎亲六礼，再选派朝中重臣吕大防、苏辙等十二人为迎亲专使。"帝亲御文德殿册为皇后。宣仁太后语帝曰：'得贤内助，非细事也。'"（以上引文均见《宋史》卷243《哲宗昭慈圣献孟皇后传》）成婚那天，宋哲宗亲临文德殿，册封孟氏为皇后，高太后喜乐之余，再三叮嘱孙儿："得贤内助，非细事也。"这既是她对孟皇后的赞赏，也是对哲宗的告诫。

元丰八年（1085年），年仅三十八岁的宋神宗赵顼病逝，六子赵煦继位。因赵煦只有九岁，就由他的祖母宣仁高太后垂帘听政。这位高太后，为人刚强有决断,"人以为女中尧舜"。(《宋史》卷242《英宗宣仁圣烈高皇后传》)她事必躬亲,勤俭廉政,使得宋哲宗时期,成了北宋最后一个政治清明、天下小康、国势较强的时期。但高太后一向反对王安石变法,她一垂帘,就任用司马光为相,将王安石新法悉数废除。高太后对赵煦,从册立到临终嘱托,费尽了心机,极力为他保驾护航。不过这种过分的呵护,让少年赵煦感到一种窒息般的束缚。多年积聚的不满与压抑,再加之十五六岁这个年龄段所特有的逆反心理,使得赵煦心中早就窝着一团火了。对她为自己选中的这位孟皇后,他难以接受。当然,孙子入洞房时的这番不情愿,祖母已看出来了,所以她再三告诫:"孟皇后如此秉性素养,堪可母仪天下,当你的贤内助,你可别身在福中不知福。"

但是宋哲宗对这位比自己大三岁的孟皇后,还是喜欢不起来。只是出于对祖母的敬畏,与孟皇后勉强维持着一个相敬如宾的状态。一年之后,孟皇后生了个女儿——福庆公主。

1093年的秋天,高太后去世,十七岁的宋哲宗开始亲政。

高太后一死,积怨已久的小皇帝赵煦急不可待地改弦易辙。他追贬司马光,将苏轼、苏辙等旧党党人远远贬到岭南,重用章惇等革新派大臣,恢复王安石变法中的保甲法、免役法、青苗法等法令。

被他和保守党一起踩到脚底下的,还有孟皇后。此时,好色的赵煦找到了自己的最爱,"明艳冠后庭,且多才艺"的刘婕妤。

刘婕妤一开始只是个小宫女,自凭色、艺得哲宗青目,便由御侍到美人,再到婕妤,一路升了上去。但她不满足于此,"时孟后位中宫,后不循列妾礼,且阴造奇语以售谤,内侍郝随、刘友端为之用。"(以上引文见《宋史》卷243《哲宗昭怀刘皇后传》)仗着有几分姿色骄横不可一世的刘婕妤,把孟皇后看作晋升之路上的绊脚石,不仅对哲宗狂吹枕边风,还勾结宰相章惇,及内侍郝随、刘友端,几个人沆瀣一气,处心积虑地寻找着孟皇后的把柄,准备给她以致命一击。

在《宋史》卷243《哲宗昭慈圣献孟皇后传》中,记载了这样一些事情。"绍圣三年,后朝景灵宫,讫事,就坐,诸嫔御立侍,刘独背立帘下,后阁中陈迎儿呵之,不顾,阁中皆忿。"绍圣三年(1096年)某一天,孟皇后驾临景灵宫,众嫔妃毕恭毕敬地侍立左右,唯有刘婕妤透过窗帘若无其事地看起了风景。皇后身边一位叫陈迎儿的侍女走过去大声呵斥她,要她站到自己该站的地方去。可刘婕妤恍若未闻,依旧站在那里悠然地欣赏着外面的风景。大家自是气愤不已,但又无可奈何。

"会朝钦圣太后于隆祐宫,后御坐未髹金饰,宫中之制,惟后得之。婕妤在他坐,有愠色,从者为易坐,制与后等。众弗能平,因传唱曰:'皇太后出!'后起立,刘亦起,寻各复其所,或已撤婕妤坐,遂仆于地。怼不复朝,泣诉于帝。"有一年冬至日,后宫众嫔妃在孟皇后带领下,去向太后请安。宫中的规矩,地位不一样,坐的位置,坐的坐具,也都不一样。孟皇后的位置离老太后很近,而且她坐的是一张有着黄金装饰的椅子。其他人,包括刘婕妤在内,只能远远地坐普通的木椅。对这种宫中多年形成的规矩,大家早就习以为常了,可刘婕妤却赌气地站在那儿,迟迟不肯落座。宫女见此,赶紧给她换了把和皇后一样的椅子,刘婕妤这才坐了下去。众嫔妃看到这一幕,很不是滋味,但谁也没有说什么。过了一会儿,有人传唱:"向太后出。"众人纷纷离座站了起来。这时,一位噘着嘴的侍女乘机抽走了刘婕妤坐的那把椅子,待刘婕妤再回坐,一屁股坐到了地上。

这下丑出大了!恼羞成怒的刘婕妤到哲宗那里又哭又闹,非要讨个说法不可。

逾制在先,哲宗自然不可能给她什么说法。自此刘婕妤深知,自己哪怕再漂亮再受宠,不扳倒孟皇后,她永无出头之日。

机会被她等来了。

绍圣三年(1096年)的一天,正蹒跚学步、牙牙学语的福庆公主突然病倒了,而且病得还不轻。御医们一个个号脉瞧病轮了个遍,药方也开了不少,可就是不见好转。孟皇后有个姐姐,"颇知医,尝已后危疾,以故出入禁掖"。但是姐姐能进宫治好妹妹的病,却对小侄女的病束手无策。福庆公主的病情一天天加重,情急之下,她"持道家治病符水入治"。

见姐姐不顾宫中禁忌,拿来了这种东西,孟皇后吓得脸都白了。"姊宁知宫中禁严,与外间异邪?"我的好姐姐,你难道不知道,宫中向来严禁使用符咒巫术。万一被人知道了,谁知道会闹出什么来?

虽然孟皇后叫人把符咒收了起来,但之后好几天都心惊肉跳。皇宫不比外面,芝麻大的事,有时候也会有人无事生非戳出个大窟窿来。姐姐这是授人以柄，犯了大忌。

这样过了几天，宋哲宗来看女儿，孟皇后便忐忑不安地将这件事告诉了丈夫，并叫人拿出那道符给哲宗看，表明自己并未使用。她还跪了下来，说自己犯了错，任凭陛下处置。

谁知哲宗看了以后，非但没有责怪她，反而认为"此人之常情耳"。但孟皇后觉得自己身为统摄六宫、母仪天下的皇后，不应该破这个例，"后即爇符于帝前"。她当着哲宗的面，把符咒处理掉了。

这一年9月，虽多方延医，两岁多的福庆公主还是在母亲的万分不舍中，永远地闭上了眼睛。孟皇后悲痛欲绝，多日以泪洗面，粒米不沾。为了安慰她，"后养母听宣夫人燕氏、尼法端与供奉官王坚为后祷祠"。孟皇后的养母燕氏、尼姑法端与供奉宦官王坚等人，在后宫找了个地方，搭台做了场法事：一是超度亡灵，让福庆公主能够早早升天；二来为皇后祈福，希望她早日从丧女之痛中解脱出来。

做这种法事，免不了要神神道道一番。待这件事辗转传到刘婕妤耳朵里，她立马有了另外一种解读。她对赵煦说："陛下，皇后他们公然在宫中摆起坛来，祭起了巫咒之术，是想咒您早死呢……"

宋哲宗不大相信皇后会诅咒自己，可是待小情人一顿胡搅蛮缠，就缴械投降了。他"诏入内押班梁从政、管当御药院苏珪，即皇城司鞫之，捕逮宦者、宫妾几三十人"，命梁从政、苏珪彻查此事，让有司把皇后身边的三十多名宦官、宫女，抓了起来。

在宰相章惇和刘婕妤的授意下，这些人被"搒掠备至，肢体毁折，至有断舌者"。大刑伺候，让你说什么，你就得说什么，不说就往死里打。可这些太监、宫女们，不愿昧着良心诬陷正派仁厚的皇后，宁死也不肯往主人身上泼脏水。最后，梁从政等人不得不按照刘婕妤的意思，伪造了一份供词，强逼这些被打得奄奄一息的人按上手印。"狱成，命侍御史董敦逸覆录"，待一切准备得差不多了，案子被移交给侍御史董敦逸，让他来最后走法律程序，审核定案。

"罪人过庭下，气息仅属，无一人能出声者。敦逸秉笔疑未下，郝随等以言胁之。敦逸畏祸及己，乃以奏牍上。"作为执法部门的一名官员，董敦逸一看庭下一个个被折磨得连路都走不稳，只剩下一口气，都无法开口说话的那些犯人,马上就明白是怎么回事了。他迟疑良久,手中的笔迟迟不肯落下。这时,刘婕妤的亲信郝随道:"董大人,您可别不知好歹,敬酒不吃吃罚酒啊。这案子是丞相和刘婕妤亲自抓的,案情早就一清二楚了!皇上和刘婕妤他们可还等着您签字定案呢。"害怕自己也会死于非命的董敦逸,只得拿起笔来战战兢兢地在卷宗上签上自己的名字,将这些也不知从哪里弄来的"口供",一字不改地呈给了宋哲宗。

有了这样一份口供,司法程序又很合法,孟皇后的命运可想而知。"诏废后,出居瑶华宫,号华阳教主、玉清妙静仙师,法名冲真。"宋哲宗立即下旨,废贬孟皇后为华阳教主,玉清妙静仙师,法名冲真,即日移居瑶华宫。

可怜正位中宫才四年的孟皇后,刚刚失去心爱的女儿,又被丈夫打入冷宫。

其实,宋哲宗之废孟皇后,除了是刘婕妤从中作祟,想夺其皇后之位,也是各方合力的结果。"初,章惇诬宣仁后有废立计,以后逮事宣仁,惇又阴附刘贤妃,欲请建为后,遂与郝随构成是狱,天下冤之。"作为一名新党成员,宰相章淳一向痛恨宣仁高太后。高太后去世后,他一面向哲宗诬告高太后曾经想废了他而另立他人,一面迁怒于高太后所挑选的孟皇后,遂与刘婕妤、郝随等人内外勾结,制造了这起天下人皆知其冤的大冤案。再则,以宋哲宗对孟皇后的了解,何尝不知孟皇后是冤枉的。但是孟皇后人品、声望,深孚人心,继祖母高太后后,俨然被奉为旧党一派的领袖。赵煦本来对这桩由祖母做主的婚姻就不太情愿,现在他要除旧布新,对高太后的那一套来个彻底的反叛,孟皇后自然成了他必欲拔除的一颗钉子。"敦逸奏言:'中宫之废,事有所因,情有可察。诏下之日,天为之阴翳,是天不欲废后也;人为之流涕,是人不欲废后也。'且言:'尝覆录狱事,恐得罪天下后世。'"当日后董敦逸良心发现,上书自责,认为此案疑点重重,请求重审,还孟皇后,也还天下一个公道时,赵煦不由得怒火中烧道:"敦逸不可更在言路。"好在另一位宰相曾布当场怼他:"陛下本以皇城狱出于近习推治,故命敦逸录问,今乃贬录问官,何以取信中外?"心中有愧,自知理亏的哲宗这才作罢。"帝久亦悔之,曰:'章惇误我。'"之后,宋哲宗也曾心生悔意,觉得不应该如此对待孟皇后,但他也仅仅是把责任推给了别人,说是被章惇蒙蔽了。其实如果不是他出于新旧党争的考虑一心要废了皇后,清除政治障碍,谁又能奈何哉?!

冷宫三十载，孟皇后变身妙静仙师

一场冤案，一纸诏书，二十四岁的孟氏从一人之下，万人之上的皇后变成了一介庶民，孤单单地在瑶华宫中过着凄清悲苦的日子。没有了金碧辉煌，没有了前呼后拥，有的只是凄风苦雨与漫漫长夜。辗转难眠之时，孟氏不时想起跟她只有两年多母女情缘的女儿。曾经有道士跟她说过，这个女儿日后定是她的救星。真是可笑，女儿早就死了，自己也被打入冷宫，怎么会是自己的救星？女儿啊女儿，你不是我的救星，倒像是我的灾星，你这个小冤家！

尽管她避居冷宫，但不时有人给她带来宫中的消息。先是有人悄悄告诉她，刘婕妤在她被废不久，就进位为贤妃了，但是哲宗不肯封她为皇后。又过了一段时间，大概是元符二年（1099年）吧，有人告诉她，刘贤妃给哲宗生了个儿子，哲宗终于肯立她为皇后了。再后来，有人告诉她，新皇后的小儿子死了。几个月后，元符三年（1100年）春天，忽然有人告诉她：赵煦突然得病死了！

死了？这么快就死了？！听到这样的消息，孟氏一时愣在那里，万般滋味顷刻涌上心头。深居瑶华宫的她不会想到，因为赵煦的早逝，她的悲苦人生，迎来了第一次短暂的转机。

二十四岁的宋哲宗英年早逝，因无子，其弟赵佶继位，是为宋徽宗。

这个时候，虽然宣仁高太后早已去世，但是钦圣太后（宋神宗之皇后）还在世。当年，就是她和高太后一起圈中孟氏为皇后的，现在宋徽宗一继位，她马上想到了瑶华宫中的孟氏。"钦圣太后将复后位，适有布衣上书，以后为言者，即命以官；于是诏后还内，号元祐皇后。"钦圣太后让人给宋徽宗带去口信，要求给孟氏平反昭雪，恢复其皇后之位。恰在这时，有一布衣上书，为孟氏鸣不平。于是这一年5月，宋徽宗下诏，恢复孟氏皇后身份，尊孟氏为"元祐皇后"。

在贬居瑶华宫四年之后，孟氏风风光光回到皇宫，再一次成了大宋皇后。此时，宋哲宗的刘皇后尚在宫中，号元符皇后。这两位不共戴天的皇后，虽然经常会碰面，但有钦圣向太后在，还算平安无事。待建中靖国元年（1101年）正月，向太后病逝，急不可耐的元符刘皇后开始发难了。首先，她让亲信"郝随讽蔡京再废后，昌州判官冯澥上书言后不得复。台臣钱遹、石豫、左肤等连章论韩忠彦等信一布衣狂言，复已废之后，以掠虚美，望断以大义。蔡京与执政许将、温益、赵挺之、张商英皆主其说"。在刘皇后的指使下，大臣蔡京等人向徽宗进言，认为已废之后不宜再复位。宋徽宗当初给孟氏复位，本来就是听了向太后的劝说，现在向太后已死，他听别人这么一说，也觉得自己有点鲁莽了。再则，崇宁元年（1102年），朝廷中又发生元祐党人事件[1]，新党旧党之争，再次白热化，这样孟皇后再次成了政治牺牲品。1102年9月，宋徽宗"诏依绍圣诏旨，复居瑶华宫，加赐希微元通知和妙静仙师"。（以上引文均见《宋史》卷243《哲宗昭慈圣献孟皇后传》）他下诏废去孟氏皇后之位，令其再回瑶华宫，只不过这次她的法号前多加了几个字：希微元通知。

真是造化弄人，人生无常！被两立两废的孟氏在皇后宫转了一圈，人还没有认全呢，又不得不回到荒凉寂静的瑶华宫，继续过着她那凄清寂寥的日子了。

而成功将孟氏撵出皇宫的元符刘皇后，后来也不曾有什么好结果。"明年，尊为太后，名宫崇恩。帝缘哲宗故，曲加恩礼。"宋徽宗看在她是哥哥宋哲宗未亡人的份上，尊她为太后，对她礼遇有加。可是刘太后摆不正自己的位置，"后以是颇干预外事，且以不谨闻"，她干预朝政，且行为不检。宋徽宗便跟大臣们商量，想找个理由把她废了。"而后已为左右所逼，即帘钩自缢而崩，年三十五。"（以上引文均见《宋史》卷243《哲宗昭怀刘皇后传》）

女儿死了，丈夫死了，昔日情敌也死了，可自己还活得好好的。孟氏觉得自己的人生，真是诡异得让她不知道说什么好了。

蜗居瑶华宫，大门不出二门不迈，妙静仙师静静地过着自己的小日子。青灯古卷，月圆月缺，渐渐地，世人不再想起大宋还有这么一位孟皇后。昔日端庄秀美的孟皇后，心如死灰，渐渐面如枯槁，已是垂垂老矣。

然而命运有时候真是爱跟人开玩笑，上天也不会遗忘它的每一位子民。几十年之后，孟氏又奇迹般地从妙静仙师变回了大宋皇后。

侥幸逃过一劫，助力大宋复国

"靖康初，瑶华宫火，徙居延宁宫；又火，出居相国寺前之私第。"(《宋史》卷243《哲宗昭慈圣献孟皇后传》) 靖康元年（1126年）的一天，突如其来一场大火，把瑶华宫烧得一干二净，侥幸逃出来的孟氏不得不临时住到延宁宫。可谁知住了没多久，延宁宫又燃起了熊熊大火。此时，宋徽宗已退位，刚刚继位的宋钦宗正忙着跟正大兵压境的金人谈判，顾不上孟氏这个已被废几十年的前朝老皇后。栖身之所没了，孟氏只得简单收拾好几件衣服，住到了东京（今河南省开封市）相国寺前娘家兄弟一处破败不堪的民房里。

昔日统摄六宫、母仪天下的大宋皇后，竟然沦落到了寄人篱下，看别人脸色过日子！好几次半夜，孟氏从梦中惊醒，黑暗中她睁大双眼，女儿那稚嫩的小脸蛋，仿佛就在眼前。伸手去摸，却怎么也够不着。泪水一次又一次打湿了枕头。可孟氏不会想到，这个只活了两年多的女儿、大宋福庆公主，不但救了她一命，甚至通过她，拯救了大宋王朝。

1127年春，金军攻破东京（汴京），北宋灭亡。4月，在金太宗的授意下，"金人以帝及皇后、皇太子北归。凡法驾、卤簿，皇后以下车辂、卤簿、冠服、礼器、法物、大乐、教坊乐器、祭器、八宝、九鼎、圭璧、浑天仪、铜人、刻漏、古器、景灵宫供器、太清楼秘阁三馆书、天下州府图及官吏、内人、内侍、技艺、工匠、倡优、府库畜积，为之一空。"(《宋史》卷23《钦宗本纪》) 除了烧杀抢掠，金兵还在汉奸指认下，将宋徽宗、钦宗父子，以及赵氏皇族、后宫妃嫔与贵卿、大臣等三千余人以及汴京城中所有的公私积蓄、文书文物以及朝廷礼器等，都掳掠而去。

在这场企图彻底灭亡我大宋、被后人称作"靖康之难"的浩劫中，仅有两位皇室成员得以幸免。他们一个是宋徽宗第九子，正远在济州（今山东省巨野县）的兵马大元帅，宋钦宗的弟弟、康王赵构，另一个，就是此时正寄居在娘家的孟氏。

或许金人也想找到孟氏将她一并带走，但是瑶华宫、延宁宫都已被焚毁，一时谁也不知道到哪里能够找到她。"时六宫有位号者皆北迁，后以废独存。"

(《宋史》卷243《哲宗昭慈圣献孟皇后传》)

金人在灭了大宋,将徽、钦二帝虏获北上之时,立张邦昌为帝,建国"大楚"。

作为多年的宋大臣,张邦昌内心十分清楚,天下思宋,他这个傀儡皇帝根本就没法当,稍有不慎就会遗臭万年,死无葬身之地,金人这是把自己架在火山上烤啊。因此在他即位之时,"升文德殿,设位御床西受贺,遣阁门传令勿拜,时雍率百官遽拜,邦昌但东面拱立"。张邦昌将自己的办公地点选在了文德殿(历代皇帝一般为紫辰殿和垂拱殿),西向放置自己的座椅(皇帝龙椅一般南向放置)。他还要求朝廷官员不必向他行跪拜大礼,当有人跪拜时,他必定"东面拱立",以示不接受和尊重。另外,"见百官称'予',手诏曰手'书'。独时雍每言事邦昌前,辄称'臣启陛下',邦昌斥之"。他自称为"予"而不是"朕",颁布公文时用"手书"而不是用"圣旨",就连首席大臣,时权知枢密院事领尚书省的王时雍以"陛下"称呼他时,他都要毫不留情地狠狠训斥一番。凡此种种,都表明张邦昌只想着与朝廷官员们保持同事而非上下级关系,他只想做个稍有区别的百官首领而已,那个烫屁股的龙椅,他是根本不想也没法坐上去。

金人撤退以后,权领门下省的吕好问提议:"为今计者,当迎元祐皇后,请康王早正大位,庶获保全。"吕好问推心置腹地跟张邦昌讲,相公啊,以前大臣们劝进您,那是慑于金人的暴虐,并不是他们就真的爱戴您。现在金人已去,相公您如何能驾驭眼下时局?如今大宋康王领兵在外,哲宗元祐皇后也尚在人世,为今之计,您当迎元祐皇后入宫,早请康王正位,才可保全自己啊。吕好问这一席话,让张邦昌抓住了一根救命稻草。他"册元祐皇后曰宋太后","迎居延福宫,受百官朝"。(以上引文均见《宋史》卷475《张邦昌传》)

张邦昌此举,无论是出于自愿还是无奈,都是在昭告天下:孟氏乃宋之太后,他之大楚,依然是宋之天下,他以及百官,仍旧是宋之臣子。但是也有人认为,张邦昌此举,无疑是依当年宋太祖赵匡胤陈桥兵变篡后周后,尊符太后为周太后的典故。[2] 他这是在玩花招"曲线救国",要暗度陈仓代宋自立。"胡舜陟、马伸又言,政事当取后旨。"大臣胡舜陟、马伸上书说既然这样,那朝中所有军政大事都应当征求宋太后的意见,请太后定夺。于是,

"邦昌乃复上尊号元祐皇后，迎入禁中，垂帘听政"。（以上引文均见《宋史》卷243《哲宗昭慈圣献孟皇后传》）张邦昌不得不又降下手书，尊孟氏为元祐皇后，将其迎入皇后宫，并请她如当年宣仁高太后一样，垂帘听政。

"书既下，中外大说。"听说昔日宋哲宗之孟皇后又垂帘听政了，京城百姓一时奔走相告。"太后始御内东门小殿，正式垂帘听政。邦昌以太宰退处内东门资善堂。"（以上引文均见《宋史》卷475《张邦昌传》）孟皇后每天来到宫中东门小殿内，垂帘听政，处理国事，张邦昌则以太宰身份，退处资善堂。

两度被废又第三次被立，再次踏进皇后宫的孟氏百感交集，真是辨不清自己的人生到底哪是真，哪是虚幻之景了。三十一年前她第一次入住时只有拇指粗的小树苗，现在已长成参天大树。当年的对手跟朋友，早已踪影难觅。此时的孟皇后，被天下人看作大宋朝君权的象征，论政治影响力无人能出其右。稳定民心，安定天下，大宋复国这副担子，毫无选择地落到了她的肩上。但徽、钦二帝被虏，山河支离破碎，人心惶惶，处于如此险恶的紧要关头，孟皇后如果不能审时度势做出正确决断，哪怕走错一小步，都会纷争四起。可现在，谁又会助她一臂之力，帮助她渡过这个难关？

这个时候，她想到了一个人。

这个人就是宋徽宗第九子，康王赵构。

靖康元年（1126年）春，金兵第一次包围汴京时，赵构曾以亲王身份去金营做了一段时间的人质。当年冬天，金兵再次南侵，哥哥宋钦宗又命他去和金人谈判，走到河北磁州时，守臣宗泽将他拦了下来。当金兵第二次包围汴京时，赵构作为河北兵马大元帅正领兵在外，有幸逃过了一劫。"耿南仲率幕僚劝进，帝避席流涕，逊辞不受。伯彦等引天命人心为请，且谓靖康纪元，为十二月立康之兆。帝曰：'当更思之。'"原北宋百官以及李纲、宗泽等将领都纷纷上书，劝他"早正天位，兴复社稷，不可不断。门下侍郎吕好问亦以蜡书来，言帝不自立，恐有不当立而立者"，但是赵构都没有答应。除了故作姿态，赵构此时内心也十分明白：自己切不可盲目浮躁，轻举妄动。二帝尚在，人心不稳，且有金人拥立的大楚国，自己如果拥兵自立，名不正言不顺，人们会认为你这是趁着国难篡位，弄不好，就会搞得天下分崩离析，自己身败名裂，所以他按兵不动，静观其变。

远在皇宫中的元祐孟皇后,以她数度宫廷经历及政治敏锐性,也想到了这一层。当她以大宋皇后身份一垂帘听政,就"以尚书左丞冯澥为奉迎使。皇后又遣兄子卫尉少卿孟忠厚持手书遗帝"。她马上派了冯澥、李回以及自己哥哥的儿子,卫尉少卿孟忠厚拿着她的手书去了济州。"丁丑,冯澥等至济州,百官三上表,许以权听国事。"(以上引文均见《宋史》卷25《高宗本纪一》)待冯澥等人到了济州,赵构看了孟皇后手书,又在百官再三劝进下,遂答应"权听国事"。

此后,赵构从济州出发,前往宋"南京"应天府(今河南省商丘市),孟皇后生怕他路上出什么意外,"命副都指挥使郭仲荀将所部扈卫,又命御营前军统制张俊逆于道"。(《宋史》卷243《哲宗昭慈圣献孟皇后传》)她派出副都指挥使郭仲荀带所部一路护送,又派御营前都统张俊一路接应。"甲戌,皇后手书告中外,俾帝嗣统。"(《宋史》卷25《高宗本纪一》)待一切停当,孟皇后以手书昭告天下,说康王乃大宋血脉,宜承大统。"王至南京,后遣宗室士亻褰及内侍邵成章奉圭宝、乘舆、服御迎。"赵构辗转来到南京后,孟后派内侍邵成章捧着皇帝专用的圭宝、车乘、服饰等前去迎候。"王即皇帝位,改元,后以是日撤帘,尊后为元祐太后。尚书省言,元字犯后祖名,请易以所居宫名,遂称隆祐太后。"(以上引文均见《宋史》卷243《哲宗昭慈圣献孟皇后传》)这一年农历五月初一,赵构在应天府即帝位,改元"建炎",在汴京的孟皇后同日撤帘还政,宋王朝至此奇迹般地恢复了国祚。为感恩孟皇后,高宗给孟后上尊号为"元祐太后",后因为"元"犯了祖父名讳,改为隆祐太后。

面对二帝被掳,山河破碎之危局,孟后显示出了超凡的政治智慧、谋略与勇气。她先是入驻后宫,并从后宫走到前殿,垂帘听政稳定时局,后又降书赵构,让他得以名正言顺地登基称帝,这样天下甫定,人心稍安,被金兵所掳去的徽、钦二帝,就完全失去了金人所期许的筹码和威胁作用。从靖康之难到高宗即位,只有短短几十天的时间。在如此短的时间内,在极小的社会动荡下,让大宋起死回生,让混乱的局面很快稳定了下来,这样就将此次靖康之难,从北宋到南宋的政权更迭、时局动荡对社会的影响,尽可能地降到了最低。现在看来,孟后巾帼不让须眉,丝毫不输于她的导师高太后。

在赵构登基的当天,孟后即撤帘还政,表明自己绝不贪恋权势,仅仅是作为大宋皇后，不忘报恩，不有辱先人，关键时刻帮了大宋一把而已。虽长期遭受不公正待遇，但紧要关头孟后却挺身而出，对赵宋王朝做出巨大的贡献，其胸襟，其情怀，真的是要活活羞煞包括宋哲宗在内一大帮大宋先人了。

可惜这一些，福庆公主是看不到了。女儿啊女儿，当初你父皇赐你"福庆"二字，你实在是天下万民之福，国家社稷之庆啊。如果不是你，娘亲哪会有今天？

再次垂帘，扶上马又送上一程

宋高宗即位之初，对张邦昌还算不错，"徙邦昌太保、奉国军节度使，封同安郡王"，也算是对他从一开始即有自知之明，主动迎太后、送玉玺的一种认可与补偿吧。但是朝臣们却不愿意再与张邦昌为伍，他们纷纷跑到高宗那里告状。尤其是宰相李纲，他认为"邦昌已僭逆，岂可留之朝廷，使道路目为故天子哉"。张邦昌作为伪楚皇帝，不管是自愿还是被迫，都背叛了大宋，岂可还供职于我大宋朝。宋高宗于是"责授昭化军节度副使、潭州安置"。建炎元年农历六月（1127年），赵构将张邦昌贬到潭州（今湖南省长沙市），并要求他定时向尚书省报告饮食起居情况，等于将他异地软禁了起来。恰在这个时候，有人告发张邦昌僭居内庭期间曾玷污宫人。[3]"诏数邦昌罪，赐死潭州。"（以上引文均见《宋史》卷475《张邦昌传》）同年农历九月，宋高宗数罪并罚，赐张邦昌自尽，命湖南抚谕官马伸持诏执行。

本来，金人立张邦昌建大楚国，是想在他们撤兵后，有人替他们管理黄河以南这大片国土，到时候要钱给钱，要粮给粮，要人给人，年年岁岁，赋贡不断。可现在撤兵还没多久，大楚国没了，张邦昌下台了，大宋国又复活了，再后来，张邦昌居然被杀了。这下金太宗有点坐不住了，他要求元帅府以张邦昌被废为名，继续大举南侵。

宋高宗任用抗金名臣李纲为相，大有上任伊始，跟金人大干一场，迎回二帝，还我河山之架势。可是仅仅过了七十七天，建炎元年的农历八月，他即罢免了李纲，开始宠信汪伯彦、黄潜善等和谈派大臣。面对金人的凌厉攻势，高宗小朝廷一步步放弃中原，从南京应天府一直逃到了扬州。建炎三年农历二月，金人奔袭扬州，高宗狼狈渡江南逃。这一年，金人立刘豫为帝，建国"齐"，以加强对黄河以南地区的统治。此后，南宋与金国基本以淮水至大散关一线为界。"方高宗初政，天下望治。伯彦、潜善逾年在相位，专权自恣，不能有所经画。御史谏官，下至韦布内侍，皆劾奏之。"（《宋史》卷473《黄潜善 汪伯彦传》）复国没几天，就一路南溃，致使中原大好河山全失，本指望能够打败金人恢复河山迎回二帝的大臣们纷纷指责黄潜善、汪伯彦小人误国。宋高宗迫于舆论压力，不得不下诏罢免了他们。但是他没有意识到，祸端早已种下，此时罢免，为时晚矣。

建炎二年十二月，高宗派孟忠厚护卫孟太后的船在呼呼寒风中抵达杭州。仓促中，孟后以凤凰山的旧州治（北宋杭州治所）为行宫，以扈从统制官苗傅手下八千人作为护卫，安顿了下来。"二月庚戌朔，始听士民从便避兵。命刘正彦部兵卫皇子、六宫如杭州"（《宋史》卷25《高宗本纪二》）次年二月，威州刺史刘正彦率部卫护着皇子、六宫等人到达杭州。之后不久，高宗亦经镇江府移驾杭州。这样几拨人马先后都到了杭州，一场差点就让赵构翻船，南宋不再的兵变，在如此的机缘凑巧中，时机成熟酝酿上演了。

赵构在罢免了汪伯彦、黄潜善后，又宠信枢密使王渊及内侍省押班康履等宦官，这些人不但内外勾结把持朝政，且大肆搜刮民脂民膏。"先是，王渊装大船十数，自维扬来杭，杭人相谓曰：'船所载，皆渊平陈通时杀夺富民家财也。'内侍省押班康履颇用事，威福由己出；其徒夺民居，肆为暴横。"建炎三年（公元1129年）金兵进攻时，王渊慌忙建议高宗一路南逃，由他负责断后，可他却把十几条本该用来运送兵士的战船拿来运送自己从各地搜刮来的金银财宝。而在行军过程中，康履等宦官则所到之处，强占民宅，不可一世，就连扈从统制苗傅都有点看不下去了："天子颠沛至此，犹敢尔耶！"他觉得现在情势如此紧迫，皇上一路都是颠沛流离，尔等非但不能为君分忧，反而还如此胡作非为，真是太过分了。

然而，针对王渊的过错及众人的指责，"三月辛巳，拜王渊同签书枢密院事"，赵构只是象征性地免了他枢密使的职位，改任他为同签书枢密院事。如此轻描淡写的处分，激起了许多军官及士大夫的严重不满。这其中，"傅自负宿将，疾渊骤贵。正彦虽由渊进，渊檄取所予兵，亦怨之。"扈从统制苗傅自认为自己家族护驾有功，对王渊"躐跻枢筦，众谓荐由内侍"，与宦官勾结而得以扶摇直上很是不满与不屑，威州刺史刘正彦虽然是王渊提拔的干部，但他对王渊不把他放在眼里，随意征召他的士兵的行径也很是不满，于是两人便在军中联络同党同乡，议定先杀了王渊，再除去宦官，以清君侧。

建炎三年三月的一天，苗傅和刘正彦令王世修在杭州城北桥下预先埋伏下一队兵士，"俟渊退朝，诬以结宦官谋反，正彦手杀渊，以兵围履第，分捕内官，凡无须者尽杀之，揭渊首，引兵犯阙。"等王渊退朝经过，士兵们一拥而上，一把将他拖下马来。刘正彦宣告王渊交结宦官，有谋反企图，将他一剑刺死。随后，这帮人又包围了康履住处，将里面未长胡须的男人杀的一个不剩。杀完了宦官，他们又挑着王渊的首级，直奔皇宫而来。

这时高宗已得知苗、刘叛乱的消息，正调兵遣将应对，可是苗傅、刘正彦等人在内应，镇守宫门的中军统制吴湛的引导下，未遇到任何抵抗就进了内城，将高宗等人团团围住了。

"知杭州康允之闻变，率从官扣阍，请帝御楼，百官皆从。"杭州知州康允之闻变，带着百官来到皇宫，请高宗到城楼上安定军民。高宗登上城楼，凭栏责问苗傅：为何要起兵造反？苗傅厉声指责赵构无底线信任宦官，汪伯彦、黄潜善昏庸误国，却未得到应有的处分，王渊贪婪无能，遇金人不能组织有效抵抗，却因结交宦官而得高位。自己立下这么多功，却只能在偏远的地方担任团练，真是太不公平了！他告诉高宗，他们已经杀了王渊，"更乞斩康履、蓝珪、曾择以谢三军"，要求赵构交出康履、蓝圭、曾择三个他最亲近的宦官，杀了以谢三军。面对气势汹汹的叛军，在僵持了一会儿后，最后高宗只得"命吴湛捕履，得于清漏阁承尘中。傅即楼下腰斩履。"他只好命人用竹篮将康履吊下城楼。康履一落地，立马被砍为两段。

杀了康履，苗、刘等人仍不肯退兵，他们又大声质问高宗："帝不当即大位，渊圣来归，何以处也？"说你赵构的帝位来路不正，以后徽、钦二帝归来，你将何以自处？高宗派宰相朱胜非下楼和苗、刘二人谈判。"傅请隆祐太后同听政及遣使与金议和。"苗傅等人提出，请隆祐太后出来主持大局，还有就是派使者与金人议和停战。话传到城楼上，赵构只好下诏：请隆祐太后垂帘听政。然而，"贼闻诏不拜，曰：'自有皇太子可立。'"诏下，苗、刘二人却拒绝下拜，也就是不肯接诏。他们进一步提出，要求赵构退位，立时年三岁的皇太子赵旉为帝，让隆祐太后垂帘听政。宋哲宗沉思良久，缓缓对宰相朱胜非说："朕当退避，须太后命。"说让他退位可以，但必须太后下谕旨，因为当初他即位，也是奉了太后谕意的，那现在自己去留进退得由太后来决定。于是，派人去请太后。

不久，隆祐太后乘轿直接来到城楼下苗、刘二人面前。"二贼拜曰：'今日百姓无辜，肝脑涂地，望太后主张。'"苗、刘二人拜对太后说，希望由她出来稳定局面，免得百姓遭殃，生灵涂炭。隆祐太后缓颊道："道君皇帝任蔡京、王黼，更祖宗法，童贯起边衅，所以致金人之祸。今皇帝圣孝，无失德，止为黄潜善、汪伯彦所误，已加窜逐，统制独不知邪？"当年徽宗皇帝任用蔡京、王黼等奸臣，又随意更改祖宗法度，听信童贯等人胡闹，致使边境纷争四起，才造成了今天这样被动的局面。当今皇上神明圣孝，只是被汪伯彦、黄潜善那帮奸佞小人所贻误了，现在他们已经被放逐了，一切正在向好的方面转变，你苗傅难道不知道吗？你还闹什么闹？可苗傅还是一再坚持："臣等定议，必欲立皇子。"他仍要求废了高宗，另立太子为新君。太后责问道："今强敌在外，使吾一妇人帘前抱三岁儿，何以令天下？"苗统制你难道不明白：如今外族正大兵压境，情势十分危急，你让我一年过半百的老妇人抱着三岁小儿临朝理政，何以让天下人臣服，又何以能面对如此危局？国家大事，能这样闹着玩吗？可是苗、刘等人软硬兼施，坚持一定要太后采纳他们的意见。

双方正僵持不下，高宗派颜岐前来，"奏曰：'皇帝令臣奏知太后，已决意从傅请矣，乞太后宣谕。'后犹不许，傅等语益不逊。"赵构派人来告诉太后，说就按他们说的办吧，就请太后下旨吧。太后仍然不同意，苗傅等人就更加猖狂起来，胁迫她赶紧做决定，说否则的话引起士兵哗变，可就怪不得他们了。

无奈之下，隆祐太后走上楼去。"帝遣人奏禅位"，高宗当即派人来，再一次表示禅位之意。之后，赵构便离宫前往显忠寺。"太后垂帘，降赦，号帝为睿圣仁孝皇帝，以显忠寺为睿圣宫，留内侍十五人，余悉编置。"（以上引文均见《宋史》卷475《苗傅 刘正彦传》）这样第二天，孟太后不得不开始垂帘听政。她宣布大赦天下，将显忠寺改为睿圣宫，尊赵构为"睿圣仁孝皇帝"。苗、刘二人只肯给赵构留下了十五名宦官，其余都遣派它处。

真是计划赶不上变化！本以为自己任务已经完成，可以静心静意颐养天年的孟氏,怎么也没有想到,一夜之间,她又不得不走到前台来,再次坐到龙椅旁,来接受百官朝拜,处理国家大事了。如果说上一次她之垂帘,多少还有点象征意义,别人只是给了她个名头,借了她的政治影响力与号召力、凝聚力,很多时候,根本就无须她去审时度势,瞬间做出什么决断,处理什么大事情。那么这一次,怀抱三岁小儿,高宗又被软禁,她真正得"君"临天下,大事小事,每天都得由她来处理,来决断了。而更为严峻的是,相较于上一次,此时中原已失,金人正大举南侵,外面强敌环伺,内部又如此纷争不宁,真可谓是如履薄冰,如临深渊啊。每天早上一睁开眼,孟氏都不知道今天到底会发生什么事情,又会从哪里飞出几只幺蛾子来;每天晚上一闭上眼睛,她都不知道明天还能不能再睁开来,睁开来后又会看到什么。

可是尽管如此,隆祐太后每天总是早早起床,让宫女把自己收拾干净了准时去上朝。孟氏内心十分清楚,此时此刻,她绝不能出错,也绝不能示弱。自己一棋不慎,须臾之时毫厘之间,整个朝廷,整个国家就会分崩离析万劫不复啊。当然,作为当年宣仁太后的高足,隆祐太后也深知,对付像苗傅、刘正彦这样的武夫,跟他们硬碰硬肯定是不行,得动脑子,玩点花头精。"朱胜非请令臣僚得独对论机事,仍日引傅党一人上殿,以释其疑。太后从之,每见傅等,曲加慰抚,傅等皆喜。"(《宋史》卷243《哲宗昭慈圣献孟皇后传》)一天,丞相朱胜非奏曰:"母后垂帘,须二臣同对,此承平故事。今日事有密奏者,臣僚独对"(《宋史》卷362《朱胜非传》),太后当即允准。这样,朱胜非等大臣就有了单独面对太后的机会,"故臣僚入对,得谋复辟。"他们就可以避开苗、刘及其同党,慢慢商量如何应对眼前危局,如何尽快让高宗复位等事宜了。而为了不引起苗、刘二人的怀疑,每天朱胜非都会引苗、刘同党入殿,每次去,孟太后都好言好语曲加慰抚,以解除他们的疑虑。过了一段时间,苗傅提出要改年号,刘正彦又提出要迁都建康(今江苏省南京市),太后就与朱胜非计议:"二事如俱不允,恐贼有他变。"觉得如果两个事情都不答应,恐怕他们又会整出其他什么事情来,还是先答应一件,稳住他们再说。于是,"己丑,改元明受"(以上引文均见《宋史》卷475《苗傅刘正彦传》),太后降旨,允准把"建炎"年号改为"明受"。苗傅等又要以所部代替禁卫军守护高宗住的睿圣宫,又想挟持高宗巡幸徽州、越州一带,实际上是想找机会害死他,都被隆祐太后和朱胜非巧妙制止了。

这个时候，在杭州只有苗傅的军队，韩世忠、张俊、杨沂中、刘光世等大将都分守在其他要害地方以防金人南侵。孟太后知道，要想收拾苗、刘二人，唯有调兵入杭。可是没有她的谕旨，谁敢轻举妄动？而此时整个杭州到处是苗、刘他们的人，想要调兵，她的谕旨又怎么才能发得出去？在苦思冥想了好多天之后，孟氏终于想到了一个人。

这个人就是大将韩世忠的妻子梁氏（后人称其梁红玉）。

此时，大将张俊、韩世忠等率部驻扎平江（今江苏省苏州市一带）、秀州（今浙江省嘉兴市一带），"时世忠妻梁氏及子亮为傅所质，防守严密。"苗傅知道韩世忠的厉害，就将梁氏以及韩世忠的儿子作为人质给扣押了起来，每日派兵严加看守。怎么才能让梁氏逃出杭州，去给韩世忠通风报信，让他火速进兵勤王呢？隆祐太后跟朱胜非二人经反复计议，设计了一出金蝉脱壳之计。

首先有一天，朱胜非推心置腹地跟苗傅说："今白太后，遣二人慰抚世忠，则平江诸人益安矣。"老苗啊，韩世忠屯兵秀州，不立即前来，说明他正举棋不定呢。如果我们跟太后商量一下，叫韩世忠的妻子带着他的儿子前去安抚安抚他，让他来投奔你，那么也就用不着惧怕其他人了，局势也就会缓和很多了。头脑简单的苗傅一听，觉得这个计策不错，可以一试。"于是召梁氏入，封安国夫人，俾迓世忠，速其勤王。梁氏疾驱出城，一日夜会世忠于秀州。"（以上引文均见《宋史》卷364《韩世忠传》）于是，太后名正言顺地召梁氏入宫，封她为安国夫人，再秘密向她面授机宜，要她即刻出城，传令韩世忠速速出兵讨贼勤王。梁氏领命出宫，回家抱起儿子跨上马背，一路风驰电掣，一昼夜即赶到秀州见到了韩世忠，当面向他传达了隆祐太后的旨意。"世忠等遂引兵至，逆党惧。"见到了妻儿心无牵挂的韩世忠，即速引兵南下，吕颐浩、张浚等人也兵发平江、次吴江，情势一夜之间发生了逆转。

这下苗、刘二人知道自己上当了，开始恐慌起来，不知怎么办好了。"朱胜非等诱以复辟，命王世修草状进呈。"朱胜非乘势召二人到都堂，告诉他们，此时如果让高宗复位，也许韩世忠他们会停止前进，事情还有转机。苗、刘无奈，只得接受朱胜非的提议，率百官奏请赵构复辟。"太后喜曰：'吾责塞矣。'乃以手札趣帝还宫，即欲撤帘。"隆祐太后听说后，多少天来脸上第一次露出了笑容：哎呀，看来我的任务完成了，我可以撤帘还政了。

她当即给高宗下了一道手书,催促他早日还宫理政。

这样,在二十六天后,高宗又顺利复位。"帝令胜非请太后一出御殿,乃命撤帘。是日,上皇太后尊号。"高宗还宫时,特别要求朱胜非,先请太后出御殿,然后才下令撤帘还政,以示对太后的尊隆。他昭尊隆祐太后为"隆祐皇太后"。

此后,韩世忠在杭州北关临平率先锋力战叛军主力,在张浚、刘光世帮助下,大破之。苗、刘二人见大势已去,带着残部两千余人夜开涌金门仓皇出逃,勤王兵入城。(苗傅、刘正彦后被生擒,凌迟处死。)

建炎三年的这场苗、刘(明受)之变,虽然时间很短,但惊险连连。在南宋小王朝生死攸关之际,又是这位对大宋忠心耿耿的孟氏,于满城风雨中挺身而出,护佑大宋度过一劫!

孟氏,孟皇后,孟太后,孟皇太后,这位饱受磨难、早早就被宋皇室所遗弃的女人,历经四朝,一生坎坷。她三次被立,两次被废,在前后被打入冷宫近三十年后,竟又两次在国势垂危急之际,走出后宫,走到前台,凭借其良好的品德声誉,凭借其特殊的身份、经历所形成的政治影响力以及非凡的政治智慧,不但一肩将一个王朝从北方挑到了南方,协助宋高宗完成了北宋到南宋的过渡,而且还扶上马送上一程,让高宗渡过了一个又一个惊涛骇浪。如此人生经历,如此不朽功勋,这样的巾帼女豪,在中国历史上,即便不是绝无仅有,恐怕也是屈指可数的了。想当年,宣仁高太后在选中孟氏为皇后时曾感叹道:"斯人贤淑,惜福薄耳,异日国家有事,必此女当之。"(以上引文均见《宋史》卷243《哲宗昭慈圣献孟皇后传》)诚哉斯言!每当"国家有事",都是孟氏拯危楼于既倒,救万民于倒悬。[4]

而这数十年的福与祸,都是因了她那早夭的女儿福庆公主。孟氏影响并创造了历史,而创造了孟氏传奇人生的,是她的女儿福庆公主。

总之,如果没有福庆公主短暂的一生,便也没有孟氏这一生,而没有了孟氏这极其传奇的一生,大宋历史必然会是另外一种写法了。

这是历史的偶然性,也是历史的传奇之处。历史,有时候就是如此这般的不可思议。

注 释

[1] 元丰八年（1085年），宋哲宗赵构即位，由宣仁高太后同处分军国事，她全面废除王安石新法，恢复旧制。此后，支持变法的被称为"元丰党人"，反对变法一派的，则被称为"元祐党人"。元祐八年（1093年），高太后去世，哲宗亲政。他部分恢复王安石变法新政，严酷打击元祐党人，苏轼、苏辙、黄庭坚等人皆遭流贬。宋哲宗去世后，赵佶继位，皇太后向氏共同处分军国重事。向太后跟高太后一样，废除变法新政，召回并重用韩忠彦等一批守旧派大臣。向氏去世，宋徽宗亲政，他一开始想兼容"元祐"与"绍圣"，可朋党之争无法平息。崇宁元年（1102年）九月，宋徽宗令中书省进呈元祐中反对新法及在元符中有过激言行的大臣姓名。蔡京以文臣执政官文彦博、吕公著、司马光、范纯仁、韩维、苏辙等二十二人，待制以上官苏轼、范祖禹、晁补之、黄庭坚、程颐等四十八人，余官秦观等三十八人，内臣张士良等八人，武臣王献可等四人，共计一百二十人，分别定其罪状，称作奸党。"御书刻石端礼门。"徽宗亲自书写这些人的姓名，刻于石上，竖于端礼门外，称之"元祐党人碑"。此后，"诏毁吕公著、司马光、吕大防、范纯仁、刘挚、范百禄、梁焘、王岩叟景灵西宫绘像"。（以上引文均见《宋史》卷19《徽宗本纪一》）甚至将司马光等人的谥号也予以剥夺，凡元祐党人子孙，不许留在京城，不许参加科考，碑上列名者"永不录用"。"时元祐群臣贬窜死徙略尽，京犹未慊意，命等其罪状，首以司马光，目曰奸党，刻石文德殿门，又自书为大碑，遍班郡国。"（《宋史》卷472《蔡京传》）后来，蔡京增加元祐党人为三百零九人，由他亲自手书姓名，发至各州县，让地方也仿京师立碑"扬恶"。

[2] 后周显德六年（公元959年），三十九岁的周世宗柴荣病死，七岁的周恭帝柴宗训继位，由符太后主政，军权掌握在殿前都点检、宋州归德军节度使赵匡胤，与禁军高级将领石守信、王审琦等人手中。第二年正月初一，忽然传来辽国契丹兵联合北汉大举入侵的消息。符太后茫然不知所措，求救于宰相范质。范质委以赵匡胤最高军权，令其出征。正月初三，赵匡胤统率大军出东京城，行军至距开封东北二十公里的陈桥驿（今河南省封丘东南陈

桥镇),"有以黄衣加太祖身,众皆罗拜,呼万岁,即披太祖乘马"。正月初四,赵匡胤率军回师开封,京城守将石守信、王审琦开城迎接赵匡胤入城,胁迫周恭帝禅位。赵匡胤即位后,改国号为"宋",仍定都开封。之后,"迁恭帝及符后于西宫,易其帝号曰郑王,而尊符后为周太后。"(以上引文均见《宋史》卷1《太祖本纪》)

[3]《宋史》卷475《张邦昌传》记载如下:"初,邦昌僭居内庭,华国靖恭夫人李氏数以果实奉邦昌,邦昌亦厚答之。一夕,邦昌被酒,李氏拥之曰:'大家,事已至此,尚何言?'因以赭色半臂加邦昌身,掖入福宁殿,夜饰养女陈氏以进。及邦昌还东府,李氏私送之,语斥乘舆。帝闻,下李氏狱,词服。诏数邦昌罪,赐死潭州,李氏杖脊配车营务。"

[4]绍兴元年(1131年),隆祐皇太后患风疾,高宗一连几夜衣不解带,守护在侧。"四月,崩于行宫之西殿,年五十九。遗命择地攒殡,俟军事宁,归葬园陵。帝诏曰:'朕以继体之重,当从重服,凡丧祭用母后临朝礼。'上尊号曰昭慈献烈皇太后,推恩外家凡五十人。殡于会稽上皇村,附神主于哲宗室,位在昭怀皇后上。三年,改谥昭慈圣献。"(《宋史》卷243《哲宗昭慈圣献孟皇后传》)

附录：星星之火，她们也同样对历史产生了影响

1. 娥皇、女英：尧之二女，观德于舜

尧曰："嗟！四岳：朕在位七十载，汝能庸命，践朕位？"岳应曰："鄙德忝帝位。"尧曰："悉举贵戚及疏远隐匿者。"众皆言于尧曰："有矜在民间，曰虞舜。"尧曰："然，朕闻之。其何如？"岳曰："盲者子。父顽，母嚚，弟傲，能和以孝，烝烝治，不至奸。"尧曰："吾其试哉。"于是尧妻之二女，观其德于二女。舜饬下二女于妫汭，如妇礼。尧善之，乃使慎和五典，五典能从。乃遍入百官，百官时序。宾于四门，四门穆穆，诸侯远方宾皆敬。

——《史记》卷1《五帝本纪》

2. 怀嬴：秦穆公嬴任好之女，再嫁重耳，一语降夫

秦伯纳女五人，怀嬴与焉，奉匜沃盥，既而挥之，怒曰"秦晋匹也，何以卑我？"公子（重耳）惧，降服而囚。

——《左传·僖公二十三年》

3. 蔡姬：蔡哀侯姬献舞之女，戏水荡公，引发战争

二十九年（公元前657年），桓公与夫人蔡姬戏船中。蔡姬习水，荡公，公惧，止之，不止，出船，怒，归蔡姬，弗绝。蔡亦怒，嫁其女。桓公闻而怒，兴师往伐。

——《史记》卷32《齐太公世家》

4. 胜玉（滕玉）公主：吴国阖闾之女，吴王杀生以送死，国人非之

吴王有女滕玉，因谋伐楚，与夫人及女会蒸鱼，王前尝半与女。女怒曰：

王食鱼辱我！不愿久生，乃自杀。阖闾痛之。葬于国西阊门，外凿池积土，文石为椁。题凑为中，金鼎玉杯、银樽珠襦之宝，皆以送女。乃舞白鹤于吴市中，令万民随而观之。还使男女与鹤俱入羡门，因发机以掩之，杀生以送死，国人非之。

——《吴越春秋》

5.魏公主：魏武侯魏击之女，最佳女配角，吓走吴起

田文既死，公叔为相，尚魏公主，而害吴起。公叔之仆曰："起易去也。"公叔曰："奈何？"其仆曰："吴起为人节廉而自喜名也。君因先与武侯言曰：'夫吴起贤人也，而侯之国小，又与强秦壤界，臣窃恐起之无留心也。'武侯即曰：'奈何？'君因谓武侯曰：'试延以公主，起有留心则必受之。无留心则必辞矣。以此卜之。'君因召吴起而与归，即令公主怒而轻君。吴起见公主之贱君也，则必辞。"于是吴起见公主之贱魏相，果辞魏武侯。武侯疑之而弗信也。吴起惧得罪，遂去，即之楚。

——《史记》卷65《孙子吴起列传》

6.华阳公主：秦始皇嬴政之女，为国出嫁，成婚于路

始皇二十三年，李信伐楚败归。时王翦谢病家居。始皇疾驾入频阳，手以上将印佩翦身，授兵六十万。后三日，翦发频阳，始皇降华阳公主，简宫中丽色百人为口，此迎翦于途，诏遇处成婚。翦行五十里遇焉。列兵为城，中坚设锦幄，行合卺礼。公主随翦入都。诏频阳国别开府第。今名相遇处为华阳。

——《古今图书集成·职方典》

7.鲁元公主：汉高祖刘邦长女，关键时刻亲爹收买人心的活道具

楚军大乱，坏散，而汉王乃得与数十骑遁去。欲过沛，收家室而西。楚亦使人追之沛，取汉王家；家皆亡，不与汉王相见。汉王道逢得孝惠、鲁元，乃载行。楚骑追汉王，汉王急，推堕孝惠、鲁元车下，滕公常下收载之，如是者三。曰："虽急不可以驱，奈何弃之？"于是遂得脱。

——《史记》卷7《项羽本纪》

8. 曹节：魏太祖曹操之女，掷玺逆弟，大汉气节

建安十八年，操进三女宪、节、华为夫人，聘以束帛玄纁五万匹，小者待年于国。十九年，并拜为贵人。及伏皇后被弑，明年，立节为皇后。魏受禅，遣使求玺绶，后怒不与。如此数辈，后乃呼使者人，亲数让之，以玺抵轩下，因涕泣横流曰："天不祚尔！"左右皆莫能仰视。后在位七年。魏氏既立，以后为山阳公夫人。自后四十一年，魏景（初）元元年薨，合葬禅陵，车服礼仪皆依汉制。

——《后汉书》卷10《献穆曹皇后纪》

9. 彭城公主：北魏献文帝拓跋弘之女，因被逼婚，告孝文皇后乱状

是时彭城公主，宋王刘昶子妇也，年少嫠居。北平公冯夙，后之同母弟也。后求婚于孝文，孝文许之。公主志不愿，后欲强之，婚有日矣。公主密与侍婢及僮从十余人，乘轻车，冒霖雨，赴悬瓠，奉谒孝文，自陈本意。因言后与菩萨乱状。

——《北史》卷13《孝文幽皇后传》

10. 兰陵公主：北魏孝文帝拓跋宏（元宏）之女，丈夫私幸之婢，她开膛破肚

公主颇严妒，辉尝私幸主侍婢有身，主笞杀之。剖其孕子，节解，以草装实婢腹，裸以示辉。辉遂忿憾，疏薄公主。公主姊因入听讲，言其故于灵太后，太后敕清河王怿穷其事。怿与高阳王雍、广平王怀奏其不和之状，无可为夫妇之理，请离婚，削除封位。太后从之。

——《魏书》卷59《刘昶传附子刘辉传》

11. 会稽长公主刘兴弟：宋高祖刘裕长女，情动于衷，泪流于颊

《督护哥》者，彭城内史徐逵之为鲁轨所杀，宋高祖使府内直督护丁旿收敛殡埋之。逵之妻，高祖长女也，呼旿至阁下，自问敛送之事，每问，辄叹息曰："丁督护！"其声哀切，后人因其声，广其曲焉。

——《宋书》卷19《乐志》

会稽长公主，于兄弟为长，太祖至所亲敬。义康南上后，久之，上尝就主宴集甚欢，主起再拜稽颡，悲不自胜。上不晓其意，自起扶之。主曰："车

子岁暮，必不为陛下所容，今特请其生命。"因恸哭。上流涕，举手指蒋山曰："必无此虑。若违今誓，便是负初宁陵。"即封所饮酒赐义康，并书曰："会稽姊饮宴忆弟，所余酒今封送。"车子，义康小字也。

——《宋书》卷68《彭城王义康传》

会稽公主身居长嫡，为太祖所礼，家事大小，必咨而后行。西征谢晦，使公主留止台内，总摄六宫。忽有不得意，辄号哭，上甚惮之。初，高祖微时，贫陋过甚，尝自往新洲伐荻，有纳布衫袄等衣，皆敬皇后手自作；高祖既贵，以此衣付公主，曰："后世若有骄奢不节者，可以此衣示之。"湛之为大将军彭城王义康所爱，与刘湛等颇相附协。及刘湛得罪，事连湛之，太祖大怒，将致大辟。湛之忧惧无计，以告公主。公主即日入宫，既见太祖，因号哭下床，不复施臣妾之礼。以锦囊盛高祖纳衣，掷地以示上曰："汝家本贫贱，此是我母为汝父作此纳衣。今日有一顿饱食，便欲残害我儿子！"上亦号哭，湛之由此得全也。

——《宋书》卷70《徐湛之传》

12. 南阳公主：隋炀帝杨广长女，身遭巨变，大义凛然

年十四，嫁于许国公宇文述子士及，以谨肃闻。及述病且卒，主视调饮食，手自奉上，世以此称之。及宇文化及杀逆，主随至聊城，而化为窦建德所败，士及自济北西归大唐。时隋代衣冠并在其所，建德引见之，莫不惶惧失常，唯主神色自若。建德与语，主自陈国破家亡，不能报怨雪耻，泪下盈襟，声辞不辍，情理切至。建德及观听者莫不为之动容陨涕，咸肃然敬异焉。及建德诛化及，时主有一子，名禅师，年且十岁。建德遣武贲郎将于士澄谓主曰："宇文化及躬行杀逆，人神所不容。今将族灭其家，公主之子，法当从坐，若不能割爱，亦听留之。"主泣曰："武贲既是隋室贵臣，此事何须见问！"建德竟杀之。主寻请建德削发为尼。

——《隋书》卷80《南阳公主传》

13. 常乐公主：唐高祖李渊之女，为大唐舍生取义

常乐公主，下嫁赵瓌。生女，为周王妃，武后杀之。逐瓌括州刺史，徙寿州。

越王贞将举兵，遗璥书假道，璥将应之。主进使者曰："为我谢王，与其进，不与其退。若诸王皆丈夫，不应掩久至是。我闻杨氏篡周，尉迟迥乃周出，犹能连突厥，使天下响震，况诸王国懿亲，宗社所托，不舍生取义，尚何须邪？人臣同国患为忠，不同为逆，王等勉之。"王败，周兴劾璥与主连谋，皆被杀。

——《新唐书》卷83《常乐公主传》

14. 宜城公主：唐中宗李显次女，割人耳鼻，降为县主

宜城公主，始封义安郡主。下嫁裴巽。巽有嬖妾，主恚，刵耳劓鼻，且断巽发。帝怒，斥为县主，巽左迁。久之，复故封。神龙元年，与长宁、新宁、义安、安乐、新平五郡主皆进封。

——《新唐书》卷83《宜城公主传》

15. 定安公主：唐中宗李显第三女，一生三嫁，该与谁合葬

定安公主，始封新宁郡。下嫁王同皎。同皎得罪，神龙时，又嫁韦濯。濯即韦皇后从祖弟，以卫尉少卿诛，更嫁太府卿崔铣。主薨，王同皎子请与父合葬，给事中夏侯铦曰："主义绝王庙，恩成崔室，逝者有知，同皎将拒诸泉。"铣或诉于帝，乃止。铦坐是贬泸州都督。

——《新唐书》卷83《定安公主传》

16. 和政公主：唐肃宗李亨第三女，乱世佳人，为国而薨

安禄山陷京师，宁国公主方嫠居，主弃三子，夺潭马以载宁国，身与潭步，日百里，潭躬水薪，主射饔，以奉宁国。

代宗初立，屡陈人间利病、国家盛衰事，天子乡纳。吐蕃犯京师，主避地南奔，次商于，遇群盗，主谕以祸福，皆稽颡愿为奴。代宗以主贫，诏诸节度饷亿，主一不取。亲纫绽裳衣，诸子不服纨绮。广德时，吐蕃再入寇，主方妊，入语备边计，潭固止，主曰："君独无兄乎？"入见内殿。翌日，免乳而薨。

——《新唐书》卷83《和政公主传》

17. 郜国公主：唐肃宗李亨之女，与多人淫乱，被侄儿软禁

郜国公主，始封延光。下嫁裴徽，又嫁萧升。升卒，主与彭州司马李万乱，而蜀州别驾萧鼎、澧阳令韦恪、太子詹事李昪皆私侍主家。久之，奸闻。德宗怒，幽主它第，杖杀万，斥鼎、恪、昪岭表。贞元四年，又以厌蛊废。六年薨。

——《新唐书》卷83《郜国公主传》

18. 宁国公主：唐肃宗李亨次女，第一位出塞和亲的天子真女

甲午，肃宗送宁国公主至咸阳磁门驿，公主泣而言曰："国家事重，死且无恨！"上流涕而还。

瑀不拜而立。可汗报曰："两国主君臣有礼，何得不拜？"瑀曰："唐天子以可汗有功，故将女嫁与可汗结姻好，比者中国与外蕃亲，皆宗室子女，名为公主。今宁国公主，天子真女，又有才貌，万里嫁与可汗。可汗是唐家天子女婿，合有礼数。岂得坐於榻上受诏命耶！"可汗乃起奉诏，便受册命。翼日，册公主为可敦，蕃酋欢欣曰："唐国天子贵重，将真女来。"瑀所送国信缯彩衣服金银器皿，可汗尽分与衙官、酋长等。及瑀回，可汗献马五百匹、貂裘、白氎。八月，回纥使王子骨啜特勒及宰相帝德等骁将三千人助国讨逆。

——《旧唐书》卷195《回纥传》

19. 咸安公主：唐德宗李适之女，一生四嫁，卒于回纥

维元和三年岁次戊子三月癸未某日，皇帝遣某官某，以庶羞之奠，致祭于故咸安大长公主睹毗伽可敦之灵曰：惟姑柔明立性，温惠保身，静修德容，动中规度。组纽之训，既习於公宫；汤沐之封，遂开於国邑。及礼从出降，义重和亲，承渥泽于三朝，播芳猷於九姓，远修好信，既申洽比之姻，殊俗保和，实赖肃雍之德。方凭福履，以茂辉荣，宜降永年，遽归长夜。悲深讣告，宠极哀荣，爰命使臣，往申奠礼。故乡不返，乌孙之曲空传；归路虽遥，青冢之魂可复。远陈薄酹，庶鉴悲忱。呜呼！尚飨。

——白居易《祭咸安公主文》（《全唐文》卷681）

20. 升平公主：唐代宗李豫次女，深明大义，带头毁碉

齐国昭懿公主，崔贵妃所生。始封升平。下嫁郭暧。大历末，寰内民诉

泾水为碾壅不得溉田，京兆尹黎干以请，诏撤碾以水与民。时主及暧家皆有碾，丐留，帝曰："吾为苍生，若可为诸戚唱！"即日毁，由是废者八十所。

——《新唐书》卷83《齐国昭懿公主传》

21. 汉阳公主：唐顺宗李诵长女，六朝元老，却为人低调、生活俭素

时戚近争为奢诩事，主独以俭，常用铁簪画壁，记田租所入。文宗尤恶世流侈，因主入，问曰："姑所服，何年法也？今之弊，何代而然？"对曰："妾自贞元时辞宫，所服皆当时赐，未尝改变。元和后，数用兵，悉出禁藏纤丽物赏战士，由是散于人间，内外相秾，恒以成风。若陛下示所好于下，谁敢不变？"帝悦，诏宫人视主衣制广狭，遍谕诸主，且敕京兆尹禁切浮靡。主尝诲诸女曰："先姑有言，吾与若皆帝子，骄盈贵侈，可戒不可恃。"开成五年薨。

——《新唐书》卷83《汉阳公主传》

22. 襄阳公主：唐顺宗李诵之女，频频劈腿，以媳妇之礼参拜情人之母

襄阳公主，始封晋康县主。下嫁张孝忠子克礼。主纵恣，常微行市里。有薛枢、薛浑、李元本皆得私侍，而浑尤爱，至谒浑母如姑。有司欲致诘，多与金，使不得发。克礼以闻，穆宗幽主禁中。元本乃功臣惟简子，故贷死，流象州，枢、浑崖州。

——《新唐书》卷83《襄阳公主传》

23. 荆国大长公主：宋太宗赵光义（赵炅）之女，冲淡自若，严苛家人

主善笔札，喜图史，能为歌诗，尤善女工之事。尝诫诸子以"忠义自守，无恃吾以速悔尤"，视他子与己出均。及病目，帝挟医诊视，自后妃以下皆至第候问。帝亲舐其目，左右皆感泣，帝亦悲恸曰："先帝伯仲之籍十有四人，今独存大主，奈何婴斯疾！"复顾问子孙所欲，主曰："岂可以母病邀赏邪？"赍白金三千两，辞不受。帝因谓从臣曰："大主之疾，倘可移于朕，亦所不避也。"主虽丧明，平居隐几，冲淡自若。诫诸子曰："汝父遗令：柩中无藏金玉，时衣数袭而已。吾殁后当亦如是。"

——《宋史》卷248《荆国大长公主传》

24.衮国大长公主：宋仁宗赵祯之女，性俭节，不庆寿

下嫁左领军卫大将军曹诗。主性俭节，于池台苑囿一无所增饬。十年夏，旱，曹族以主生日将盛具为寿，主曰："上方损膳彻乐，吾何心能安。"悉屏之。

——《宋史》卷248《衮国大长公主传》

25.魏国大长公主：宋英宗赵曙次女，中外称贤，人生不幸

下嫁左卫将军王诜。诜母卢寡居，主处之近舍，日致膳羞。卢病，自和汤剂以进。帝厚于姊妹，故主第池藥服玩极其华缛。主以不得日侍宣仁于宝慈宫，居常悒然。间遇旱暵，帝降损以祷，主亦如之，曰："我奉赐皆出公上，固应同其休戚。"帝居慈圣光献皇后丧，毁甚，主曰："吾与上同体，视此亦复何聊！"立散遣歌舞三十辈。

主好读古文，喜笔札，赒恤族党，中外称贤。诜不矜细行，至与妾奸主旁，妾数抵戾主。薨后，乳母诉之，帝命穷治，杖八妾以配兵。既葬，谪诜均州。子彦弼，生三岁卒。

——《宋史》卷248《魏国大长公主传》

26.真假柔福公主：宋徽宗赵佶第二十女，开封女尼李静善，傻傻分不清

又有开封尼李静善者，内人言其貌似柔福，静善即自称柔福。蕲州兵马钤辖韩世清送至行在，遣内侍冯益等验视，遂封福国长公主，适永州防御使高世荣。其后内人从显仁太后归，言其妄，送法寺治之。内侍李忄癸自北还，又言柔福在五国城，适徐还而薨。静善遂伏诛。柔福薨在绍兴十一年，从梓宫来者以其骨至，葬之，追封和国长公主。

——《宋史》卷248《公主传》

27.宁国公主：明太祖朱元璋次女，明成祖朱棣手中政治棋子

王即帝位，殷尚拥兵淮上，帝迫公主啮血为书投殷。殷得书恸哭，乃还京。既入见，帝迎劳曰："驸马劳苦。"殷曰："劳而无功耳。"帝默然。

初，主闻成祖举兵，贻书责以大义。不答。成祖至淮北，贻主书，命迁居太平门外，勿罹兵祸。主亦不答。然成祖故重主，即位后，岁时赐与无算，诸王莫敢望。

——《明史》卷121《宁国公主传》

28. 长平公主：明思宗朱由检次女，被父皇斫臂，九死一生

长平公主，年十六，帝选周显尚主。将婚，以寇警暂停。城陷，帝入寿宁宫，主牵帝衣哭。帝曰："汝何故生我家！"以剑挥斫之，断左臂；又斫昭仁公主于昭仁殿。越五日，长平主复苏。大清顺治二年上书言："九死臣妾，跼蹐高天，愿髡缁空王，稍申罔极。"诏不许，命显复尚故主，土田邸第金钱车马锡予有加。主涕泣。逾年病卒。赐葬广宁门外。

——《明史》卷121《长平公主传》

29. 固伦和孝公主：清高宗爱新觉罗·弘历第十女，乾隆少女，救了和珅后人

乾隆五十四年十一月下嫁丰绅殷德。丰绅殷德，和珅子。

主，高宗少女，素所钟爱，未嫁，赐乘金顶轿。和珅得罪，籍没。仁宗命留资为主养赡。丰绅殷德再赐公爵品级，亦以主故推恩也

——《清史稿》卷166《公主表》

和珅伏法，廷臣议夺爵职。诏以公主故，留袭伯爵。寻以籍没家产，正珠朝珠非臣下所应有，鞫家人，言和珅时於灯下悬挂，临镜自语。仁宗怒，褫丰绅殷德伯爵，仍袭旧职三等轻车都尉。嘉庆七年，川、楚、陕教匪平，推恩给民公品级，授散秩大臣。未几，公主府长史奎福讦丰绅殷德演习武艺，谋为不轨，欲害公主。廷臣会鞫，得诬告状。诏以丰绅殷德与公主素和睦，所作青蝇赋，忧谗畏讥，无怨望违悖；惟坐国服内侍妾生女罪，褫公衔，罢职在家圈禁。

——《清史稿》卷319《和珅传附子丰绅殷德传》

30. 荣寿固伦公主：清文宗爱新觉罗·奕詝抚弟奕訢之长女，《清史稿》中最后一位公主，慈禧颇畏惮

荣寿固伦公主。咸丰四年二月，生。

同治五年九月，下嫁志端。志端，富察氏，都统、袭一等诚嘉毅勇公景寿子，一品荫生。尚主，赐双眼花翎。同治十年，卒。

——《清史稿》卷166《公主表》

因遇事极谏，不少假借。太后亦稔其憨直，常优容之，称之为女汲黯，然所言未必能采用也，但不之罪耳。久之，太后颇畏惮公主，每相见，必为之改容，衣饰匿其奇丽者，容貌态度，力抑其佻巧。宫人窃窃议，反指公主如母教焉。顾公主守礼不阿，无瑕可诋，太后始终谅而敬之。对人语及公主，必曰："此贞洁之女子，人所难能也。"

——许指严《荣寿公主》

附录：星星之火，她们也同样对历史产生了影响